개정판

아동권리와 복지

Children's Rights and Welfare

김호년 · 김성재 · 김현정 · 박 윤
우수경 · 이시진 · 장정애 · 이인원

양 성 원

머리말

아동은 장래 이 사회의 주역이 될 사람들이다. 이들이 바르게 성장한다는 것은 인류의 밝은 미래를 담보해 주는 일이다. 아동이 사회의 동량으로서 귀중한 인적 자원이라는 사실은 두말할 필요도 없을 만큼 중요하지만 그들이 사회를 이끌어갈 도구적 가치 때문에 귀한 것만은 아니다. 아동도 엄연한 인격체로서 존중받아야 하는 존재라는 점 때문에 그들의 욕구와 그들이 인간으로서 추구하는 모든 바람이 무시되어서는 안 되는 것이다.

아동이 가지는 인간으로서의 존엄성은 태어나면서 누구에게나 똑같이 있는 것이지, 헐벗고 가난한 환경에서 태어났다고 존엄성이 경감되는 것도 아니고, 똑똑하지 않은 부모 밑에서 태어났다고 존엄성이 훼손될 수 있는 것도 아니다. 어느 국가를 막론하고 전 세계 아동은 귀하고 사랑받아야 한다.

아동은 아직 홀로 세상을 이해하고, 자신에게 관련된 여러 가지 선택과 판단에서 독립적이지 못하다. 더구나 자신을 안전하게 지켜낼 능력이 부족하고 생존을 위한 기본 욕구를 스스로 충족할 수 없는 나약한 존재다. 이들의 인간으로서 존엄성은 성인에 의해 지켜지기도 하고, 성인에 의해 훼손되기도 한다. 이들의 존엄성을 유지시키고 행복한 삶을 영위할 수 있도록 하는 노력이 아동복지가 할 역할이다.

아동이 현재의 삶에서 행복하고, 미래의 삶을 행복하게 설계하도록 돕는 것은 이들을 위한 갖가지 정책들이다. 그들을 위한 정책은 교육, 의료, 오락, 친교, 보호, 양육, 안전, 놀이, 자유, 노동에서 해방, 가정의 유지 등 다양한 것들이 있다. 아동을 위한 정책을 입안하고 수행하는 입장에서는 아동의 권리와 복지에 대한 포괄적인 지식이 있어야 하고, 아동을 대하는 태도와 행동이 진정한 아동의 행복 또는 이익을 위한 것이어야 한다.

이 책은 아동을 대상으로 하는 교육자, 양육자, 보호자 등이 아동을 위한 정책을 수행하는 과정에서 아동의 최선의 이익이 무엇이며, 아동의 존엄성을 지키고, 아동이 행복할 수 있도록 하는 조건과 환경의 조성, 아동과 함께 상호작용하는 지식을 습득할 수 있도록 구성하였다.

1~7장까지는 아동복지의 이론적 토대가 되는 기초 지식을 살펴보았다. 제1장은 아동의 권리와 욕구를 다루었는데, 세계사에서 아동의 권리를 위하여 어떠한 노력들이 있었는지 파악하고, 아동의

권리가 무엇인지 이해하여 실제 업무수행의 기초가 될 수 있게 하였다. 제2장은 현대사회에서 아동이 처한 생활환경을 살펴봄으로써 아동의 삶을 이해할 수 있고, 아동을 둘러싸고 있는 유해환경이 무엇이 있는지 파악함과 동시에 환경의 조건을 통제할 수 있는 안목을 가질 수 있게 하였다. 제3장은 아동의 발달에 대하여 이론적 고찰을 하여 아동을 상대로 직무를 수행하거나 상호작용함에 있어서 아동의 올바른 이해의 토대에서 이루어질 수 있게 하였다. 제4장은 아동복지의 개념과 관련한 사항들을 다루어 아동복지의 정의, 이념, 원칙, 특징 등에 대하여 논하였고, 제5장은 아동복지의 역사를 살펴봄으로써 우리나라에서 아동복지의 역사적 흐름을 파악하고, 세계의 아동복지와 어떠한 차이가 있는지 이해할 수 있게 하였다. 제6장은 아동복지제도로서 핵심적인 아동복지정책과 아동복지 관련 법에 대하여 알아보았다. 제7장은 아동복지시설과 종사자의 자격을 살펴보았다.

제8~13장까지는 아동복지의 실제 부분으로서 아동복지의 실천기술, 아동보육사업, 아동학대, 장애아동, 빈곤아동, 가정위탁, 입양, 한부모가족, 다문화가족 등 대표적인 아동복지사업의 실제 서비스 내용과 우리나라의 실태 등을 다루었다.

본 교재는 유치원교사, 보육교사, 아동복지시설에서 근무할 아동전문가들이 아동의 복지에 관련된 지식을 가질 수 있게 돕는 것이 목표다. 안타깝게도 아동을 전문적으로 보호하고 교육하는 아동 관련 시설에서 인간으로서의 존엄성을 해치고, 아동의 행복을 빼앗아가는 크고 작은 사고와 사건들이 종종 매스컴을 통하여 보도되는 것이 현실이다. 이러한 불행한 일들이 없어야 하고, 혹시 발생한 불행한 일은 조기에 적절한 개입으로 아동의 상처를 씻어주어 정상적인 발달과 성장을 할 수 있도록 하는 것이 저자들이 바라는 바이다. 저자들은 이러한 목적에 충실하기 위해 노력하였으나 아직 미비한 점이 있다고 본다. 이에 대해서는 독자 여러분께서 지도 편달해 주길 부탁하며, 추후 계속 보완해 나갈 것이다.

아동복지의 발전을 위해서 이 책이 출판될 수 있도록 도와주신 양성원 강철원 대표님과 임직원 여러분께 감사드린다.

2018년 8월

저자 일동

차 례

CHAPTER 04 아동복지의 개념

CHAPTER 05 아동복지의 역사

CHAPTER 06 아동복지 제도

CHAPTER 07 아동복지시설 및 종사자

CHAPTER 08 아동복지의 실천기술

CHAPTER 09 보육사업

CHAPTER 10 아동학대

CHAPTER 11 장애아동과 빈곤아동

CHAPTER 12 가정위탁과 입양

CHAPTER 13 한부모가족 아동과 다문화가족 아동

CHAPTER 01

아동의 권리와 욕구

1. 아동의 지위 변화
2. 아동권리의 배경
3. 아동의 욕구

1. 아동의 지위 변화

가족 내에서 또는 사회에서 아동의 지위는 아동에 대한 관점의 변화와 함께 변화되어 왔다. 고대사회에서는 부족 중심 사회로서 아동은 종족의 보존이나 생산을 위한 노동력의 수단으로 간주되었으며, 집단에서 정한 기준에 미달하는 허약한 아동이나 장애아동은 영아기에 살해당하기도 하였다. 이 시기 아동은 생존을 보장할 수 없는 무력한 존재였다.

중세에서는 봉건제도 속에서 아동이 군사력이나 노동력의 확보 수단으로 이용되었고, 신분에 따라 아동의 대우도 매우 달랐다. 교회를 중심으로 아동의 생명을 귀하게 여기려는 운동이 일어나기도 하였는데, 이는 동정적인 자선행위였으며, 아동의 이익이나 권리를 인정한 것은 아니었다.

근대사회는 산업혁명으로 시민계급이 등장하면서 봉건제도는 붕괴되고, 자본주의가 발달하였다. 산업 자본가는 이윤을 추구하기 위해 임금이 싼 연소자를 고용하여 노동력을 착취하기에 이르렀다. 빈부의 차이가 사회문제가 되자 국가는 국민을 보호하려는 책임을 인식하기 시작하였고, 구민법과 같은 구호제도를 마련하였다. 민간단체들도 자발적으로 빈곤한 아동을 돕는 일에 동참하였다.

20세기에 이르러서 아동을 장래 국가사회를 이끌어 갈 중요한 인재로 인식하기 시작하였다. 인식의 변화는 국가의 제도를 변화시켜 아동을 보호하기 위한 법률을 만들고, 체제를 갖추어 가도록 하였다. 아동은 잠재능력을 가진 개체로 존중되었으며, 가족생활에서 아동이 중심으로 부상하게 되었다. 비로소 아동은 법 앞에 한 인간으로서 권리를 존중받게 되었다.

20세기 후반에 들어서 국가와 공공단체는 아동을 지원하기 위한 구체적인 행동을 시작하였다. 국가는 학대받은 아동, 방임된 아동 등에 대해 특별한 서비스를 제공하여 약자에 대한 배려를 적극적으로 하였다.

아동의 지위는 역사상 크게 세 번의 변화를 맞이하면서 높아졌다(안동현, 1997). 첫째, 아동은 오랫동안 어른의 부속물로 간주되어 오다가 17~18세기에 이르러 계몽사상을 중심으로 '아동의 발견'이 있은 후 아동의 보호가 시작되었고, 아동을 예찬하기 시작하였다. 둘째, 제1차 세계대전 후 사회의 극심한 혼란 속에서 아동에 대한 권리선언과 국제 아동의 해 설정 등 아동의 권리를 선언하는 단계에 이르렀다. 그렇지만 구체적인 실천은 부족하였고, 선언적 수준에 머물렀다. 셋째, 1989년 유엔총회에서 채택한 '아동권리협약'은 국가에 대하여 아동의 권리를 실현시킬 의무를 지우는 강제적 국제법 효력을 갖는 실질적인 권리보장을 규정하는 것이었다. 1990년 '아동을 위한 세계정상회담'은 아동의 권리를 보장하기 위한 구체적인 목표를 세우는 단계까지 이르게 하였다.

2. 아동권리의 배경

1) 아동권리의 개념

권리란 개인이 도덕적 또는 법적으로 정당하게 주장할 수 있는 권한을 말한다. 권리의 속성은 어떤 이익 또는 수혜를 받는다든지 자격을 부여받는 것이다.

아동권리의 개념 정의는 그 권리의 주체가 아동이라는 점 때문에 많은 논란이 있다. 아동의 권리란 아동이 인간으로서 누려야 할 기본적인 제 권리를 총칭하는 것으로 성인의 권리와 많은 공통성을 가지고 있으면서도 아동의 특성상 성인의 권리와 차이가 있다. 아동의 권리는 아동의 자격으로서 승인되는 아동 고유의 권리와 인간의 자격으로서 승인되는 일반 인권으로 구성되어 있다. 여기서 아동 고유의 권리라는 것은 아동이 가지고 있는 정신적 · 신체적 요구, 즉 아동이 전인으로 성장하는 것을 목적으로 하여 생존을 확보하는 것을 법적으로 승인하는 것이다(황성기, 1994).

아동의 권리는 인간이 사회생활을 영위해 가면서 마땅히 누려야 할 권리, 인간이 세상에 태어나서 성장해 가면서 바라는 것, 희망하는 것, 요구하는 것들에 대해 이익을 받을 수 있도록 법질서에 의하여 인정된 자격을 말한다. 또한 1989년 '아동권리에 관한 국제협약'의 내용에는 "아동의 생존과 성장발달을 가능한 최대로 보장하도록 국가에게 의무를 지우는 것"이라고 되어 있어 아동권리는 아동이 생존하고, 발달하는 데 필요한 모든 것을 누릴 수 있는 법적인 자격임을 알 수 있다.

아동이 인간의 자격으로서 누리는 보편적 권리는 기본적으로 성인의 권리와 동등하다고 할 수 있으나 신체적 · 정신적으로 미숙한 아동의 보호를 위해서는 제한이 가능하다고 본다. 아동의 권리를 제한하기 위해서는 타당한 근거가 있어야 하며, 그 제한의 범위는 최소한으로 한정해야 한다.

아동의 권리를 이해하기 위해서는 일곱 가지를 고려해야 한다(유네스코 한국위원회, 1997).

첫째, 권리의 개념 속에는 개인이 특정한 권리의 주체라는 점이 가정되어 있다. 인간은 태어날 때부터 인간으로 태어났다는 점 때문에 권리를 가진다. 아동도 마찬가지로 권리의 주체이다. 권리는 단순한 법적인 권리로서만이 아니라 하나의 사상으로 확대될 때 '사람답게 살 권리'라는 당위적 의미를 내포하게 된다. 그러므로 권리를 통해서 우리가 주장하고자하는 것은 사람이 목적이고, 인간의 가치 근거이며 사람의 사람다움이 최고의 가치라고 할 수 있다.

둘째, 권리라는 것은 인간의 존엄성에서 출발하는 것으로 인간의 존엄성이라는 가치에서 도출되는 모든 법적 권리와 도덕적 권리를 동시에 포함한다.

셋째, 권리는 사회적 신분의 차이, 그리고 인격의 높고 낮음에 관계없이 모든 인간은 마땅히 배분받아야 할 응분의 몫을 누릴 수 있어야 한다는 의미를 포함한다.

넷째, 권리는 국가 권력에 대한 국민 주권으로서의 의미를 지닌다. 공동체적 삶을 영위하기 위해서는 국가의 권력이 없어서는 안 되지만 개인의 권리를 침해해서는 안 되는 것이다. 국가가 개인의 권리를 침해할 때는 이에 맞서 국민으로서 주권을 주장할 수 있다.

다섯째, 권리는 국가 권력이나 타인의 부당한 강압과 간섭 혹은 횡포로부터 벗어나 자신의 행위를 자율적으로 결정할 수 있는 상태를 필요로 한다.

여섯째, 권리는 인간이 삶을 유지하는 일 그 자체, 꼭 생명의 유지를 필수 조건으로 한다.

일곱째, 권리는 특정한 조건을 성립하였을 때 발생하는 타인에 대한 청구권과 자신이 소유하는 유형, 무형의 소유물에 대한 소유권을 포함한다.

2) 아동권리의 발전과정

(1) 근대 이전

아동권리에 관련한 사상의 변화는 인간과 아동을 바라보는 관점의 변화와 일치한다. 근대 이전에는 아동의 권리를 인정하거나 권리를 존중하려는 사상에 눈을 뜨지 못하였다. 고대 아동관을 짐작할 수 있는 것으로서 구약 창세기 22장에는 아브라함이 하느님에게 장자인 이삭을 제물로 바치는 이야기가 나오는데, 이는 아동을 인권을 가진 존재로 보지 않고 어른의 소유물 정도로 보는 것을 단적으로 나타내 주는 것이다. 고대 로마에서 자식은 부모의 소유물로 인정되었다. 해방을 의미하는 'emancipation'이라는 어휘는 고대 로마에서 자식이 아버지로부터 해방되는 것을 뜻하였다. 아동은 빚의 담보물이 되었고, 흥정의 대상이었으며, 임금을 지불하지 않아도 되는 노동자였으며, 부모의 노후를 책임질 존재로 보았다.

중세에 들어와서도 아동은 작은 어른 정도로 인식되었으며, 힘을 기르고, 기술을 배워 노동력을 갖추어야 할 존재로 취급되었다. 중세는 기독교 시대라고 할 수 있을 만큼 기독교가 사회 전체를 지배하고, 생활의 전부였다. 초기 기독교 사상가들은 갓난아이도 영혼을 가진 존재로 보았다. 그러나 아동을 인간으로서 인권을 가진 존재로 인정하기보다는 부모의 소유물로 보고 부모의 요구에 무조건 복종하도록 가르쳤다. 아동의 본성은 원죄설에 따라 이기적이고 사악한 것으로 여겨 구원을 받아야 하기 때문에 엄격한 체벌 등으로 훈육해야 한다고 믿었다.

(2) 근대 이후

근대 이전의 신 중심 세계관과는 달리 근대에 들어오면서 인간성의 재발견이 시도되었다. 17세기에 계몽사상이 싹트면서 인간 중심 세계관이 펼쳐지고, 아동은 성인과는 다른 존재라는 인식을 하기 시작하였다. 산업이 발달하면서 시민계급의 중산층이 형성되고, 가족 단위의 주거 생활은 아동의 발견에 중요한 역할을 하였다. 또 17세기 프랑스에서는 나폴레옹의 민족국가 건설이 본격화되면서 국민교육의 필요성이 절실하였다. 이것으로 인해 아동이 공교육제도의 학교에서 공부하는 과정에서 아동이 새롭게 발견되었다.

① 로크의 아동권리사상

르네상스시대는 인간성 회복을 위한 운동이 전개되었다. 인간의 가치를 존엄한 존재로 인정하려는 사상이 로크(1632~1704)의 자연법사상이다. 자연의 질서를 지배하는 자연법에서는 인간의 자연 상태를 자유의 상태로 보았다. 로크는 인간의 자연권에 대한 설명에서 인간은 본질적으로 자유롭고 평등하며, 각자 스스로의 신체와 행위 및 재산을 처리할 수 있는 권리가 있다고 보았다. 로크의 자연법사상은 영국의 입헌군주제와 민주주의 정책 및 프랑스 계몽사상에 영향을 미쳐 근대 인권운동의 이론적 토대를 제공하였다.

인간은 태어나면서 완전히 평등하고 자유로운 존재가 아니며, 성장해 감에 따라 이성적 존재로서 자유로운 상태로 놓일 가능성이 있다고 본다. 부모는 아이의 결함을 보충하기 위하여 자녀를 양육하고, 교육할 의무를 지고, 아이에 대하여 지배권과 제재권을 가지게 된다고 보았다. 그는 아동이 일정 기간 부모의 지배하에 놓이는 것을 구속이라 할 수 없다고 하였다. 자식에 대한 부모의 이러한 권리는 조건부로 성립된다고 보았다. 부모가 자녀에게 가지는 권력은 자녀의 나이가 어려 불완전한 상태에 있을 때 보살펴주지 않으면 안 된다는 의무로 생기는 것으로서 자녀가 성장하여 자유인이 되면 권력은 소멸하는 것으로 보았다. 자녀가 어리기 때문에 성립되는 부모의 권리 중 자녀의 생명과 재산에 대한 권리는 배제시켰다. 자유, 평등, 이성에 대한 로크의 사상은 힘과 능력에 의한 권리가 아닌 아동 그 자체의 존엄성에서 비롯되는 아동권리라고 보기는 어렵다.

② 루소의 아동권리사상

프랑스의 계몽사상가 루소(1712~1778)는 휴머니즘과 자유주의를 바탕으로 인간의 해방을 추구하였다. 그는 사회계약론에서 아동에 대한 새로운 관점을 정립하였다. 아동은 인간으로서 그리고 자유인으로 태어난다. 아동의 자유는 그들의 것이며, 다른 어떤 사람도 그것을 멋대로 처분할 권리를 가지지 않는다. 아동에 대한 관점은 그의 교육소설『에밀』에 잘 나타나 있다.『에밀』에는 다음과 같은 말이 있다. "만물을 창조하신 하나님의 손을 떠날 때에는 모든 것이 선했으나 사람의 손에 옮겨지게 되자 악해지고 만다. (중략) 인간은 추한 것, 괴상한 것을 좋아한다. 무엇하나 자연이 만들어 놓은 상태 그대로 두지 않는다. 인간 그 자체까지도 그렇다. 인간도 승마용 말처럼 조련시키지 않으면 안 된다. 정원수처럼 자기가 원하는 모양으로 바꾸어 놓지 않으면 성이 차지 않는다." 그는 인간을 선천적으로 선한 존재로 보면서도 문명사회의 편견과 권위 등의 사회제도가 인간의 자연성을 말살하여 아동의 올바른 발달을 방해하고 있다고 보았다. 이 같은 주장은 아동의 자연적 발달을 무시하고 불확실한 미래를 위하여 현재를 희생시키는 잔혹한 교육현실을 비판하는 휴머니즘이 담겨 있다.

루소는 아동도 성인과 마찬가지로 침해받지 않을 자유와 권리가 있음을 주장하였다. 아동의 권리를 존중하는 사상에 바탕을 둔 교육방법은 아동의 요구, 흥미, 관심에 근거해서 하며, 교육은 아동 자신이 아동답게 살아갈 권리를 보장하며 아동을 주체적으로 살아가는 인간으로 육성하는 것이어야 한다. 루소의 사상은 19세기 교육개혁을 일으키는 토대가 되었으며, 이후 교육사상가들에게 영향을 주어 현대교육의 발전에 공헌하였다.

③ 페스탈로치의 아동권리사상

교육의 아버지라 불리는 페스탈로치(1782~1852)의 교육사상의 핵심 배경은 인간성을 회복하고 건전한 사회를 건설하는 것이다. 그는 루소의 사상에 매료되었으며, 그의 아동관 형성에 큰 영향을 받았다. 그의 교육적 노력에는 인간의 본질을 파악하려는 인간적 애정과 존중이 내재되어 있는데 이것은 그의 저서 『은자의 황혼』에 잘 나타나 있다. '인간은 왕좌 위에 앉아 있으나 초가의 그늘에 누워 있으나 본바탕은 평등하다. 인간의 본성이란 대체 무엇일까? 왜 성현은 이를 말해 주지 않는가. 왜 철인은 인간이 무엇인가를 말하려들지 않는가. 소를 모는 농부도 소에 대해서는 잘 알지 않는가. 목자도 양의 성품을 연구하지 않는가?' 이 내용은 인간은 태어날 때부터 평등하며, 누구나 인간으로서 가치를 존중받아야 한다는 것이다. 인간은 선천적 본성을 가지고 태어나는데, 이것은 인간의 근원적인 힘이 되고, 그것은 덕육, 지육, 체육으로 이루어져 있으며, 교육으로 이들 삼육을 조화롭게 발달시켜야만 참된 본성을 드러낼 수 있다고 했다.

④ 프뢰벨의 아동권리사상

페스탈로치의 뒤를 이은 프뢰벨(1782~1852)은 인간은 본래적으로 선하므로 모든 소질을 조화롭게 발전시켜야 하며, 어떤 특수한 소질만을 조장하거나 억압하지 않아야 한다고 하였다. 그의 아동관의 기본 전제는 '아동은 자신의 내면 밖으로 표현하려는 자기 활동적 힘을 가지고 있다'는 것이다. 아동은 내부의 힘을 밖으로 나타내려고 하는데, 이것이 자연적인 성장의 힘으로 작용한다는 것이다. 그는 아동의 창조적 활동충동을 키우기 위해 유치원을 창설하고 은물을 제작하였다. 아동기는 성인시대를 위한 단순한 준비가 아니라 아동기만으로 가치를 지니며, 창조력을 갖추고 있다고 보았다. 어린이들도 자신의 권리를 가지고 신성한 전체에 참가한다. 성인이 자신을 우월하다고 생각하고 어린이의 자연상태에 간섭하는 행동은 옳지 않으며 오히려 인내심과 존중심을 갖고 아동을 이끌어 가지 않으면 안 된다. 프뢰벨은 아동도 하나의 독립된 인격체로 보았다.

⑤ 듀이의 아동권리사상

아동중심교육을 확립한 진보주의 교육철학자 듀이(1859~1952)는 진정한 교육이란 아동이 자신을 발견하는 사회적 상황의 요소에 의하여 그 아동의 본능이 자극될 때 비로소 이루어진다고 보았다. 그는 아동이 '성장하는 힘'을 내적으로 가지고 있다고 믿었다. 성숙의 기초가 되는 것은 미성숙이다. 미성숙이란 말을 성장의 가능력이라는 뜻으로 사용한다면, 이는 결코 후일에 존재할지도 모르는 힘이 현재 존재하지 않는 것을 가리키는 것이 아니라 '적극적으로 발달할 수 있는 능력'을 뜻하는 것이다(Dewey, 1916).

유아 자신의 본능적 힘은 모든 교육의 자료이며 출발점이 된다. 만약 교육자의 노력이 아동의 독립적·자발적인 노력으로 이루어지는 활동과 관련을 맺지 못하면 교육은 외부로부터의 강압으로 전락하고 만다. 이는 아동의 본성을 무시해서는 올바른 교육이 될 수 없다는 의미다.

"교육은 아동의 능력, 흥미 및 습관의 심리학적 통찰로부터 시작해야 하며, 이러한 능력, 흥미, 습관은 부단히 분석되어야 하고 우리는 그것이 무엇을 의미하는가를 알아야 한다." 듀이의 이 말은 아동의 고유한 특성을 이해하고, 아동을 중심에 놓고 교육문제를 해결해야 한다는 것이다. 이는 아동의 인격과 권리를 존중하는 사상을 전제해야 가능한 것이다.

⑥ 방정환의 아동권리사상

소파 방정환(1899~1931)은 일제에 강점된 조국의 독립을 위해서 국민계몽운동을 펼치고, 어린이 교육에 일생을 바쳤다. 아동이 인격자로서 제대로 대우받지 못할 때, 아동에게 관심을 돌리고, 부모들을 계도하여 아동을 하나의 인격자로서 아동을 아동 그대로 인정하게 하기 위하여 노력하였다. 그의 아동에 대한 관점은 그의 수필 『어린이 예찬』에 잘 나타나 있다.

> "새와 같이 꽃과 같이 앵두 같이 어린 입술로 천진난만하게 부르는 노래 그것은 그대로 자연의 소리이며, 그대로 하늘의 소리입니다. 비둘기와 같이 토끼와 같이 부드러운 머리를 바람에 휘날리면서 뛰노는 모양 그대로가 자연의 자태이고, 그대로가 하늘의 그림자입니다. 거기에는 어른들의 욕심도 있지 아니하고, 짐승스런 계획도 있지 아니합니다. 죄 없고 허물 없는 평화롭고 자유로운 하늘나라, 그것은 우리 어린이의 나라입니다." (방정환, 1970)

방정환은 어린이를 천사로 보고 어린이 행복을 옹호하고, 동심의 세계를 그대로 보존해주려는 노력을 하였음을 엿볼 수 있다. 그가 어린이 운동의 목표를 달성하기 위한 방편으로 어린이에게 존댓말을 쓰기로 한 것은 아동을 귀하게 여기는 사상의 발로이다. 천사주의 아동관은 아동의 인권을 회복시키고, 어린이에 대한 부당한 대우를 시정하고 동심의 해방을 이루려는 목적을 가지고 있다.

방정환의 어린이에 대한 관점은 천도교의 인내천(人乃天)과 사인여천(事人如天) 사상에 토대를 두고 있다. 아동을 하느님으로 대해야 한다는 동학의 아동관은 한국에서 획기적인 변화이다. 천도교의 경전은 아동을 인격적인 존재로서 하느님을 대하듯 소중히 대해야 한다는 견지에서 체벌을 금하였다.

방정환은 아동을 위한 활동으로 소년운동협회를 결성하였고, 이 협회의 주체로 1923년 5월 1일 천도교 교당에서 1,000명의 어린이가 참석한 가운데 제1회 '어린이날' 기념식이 성대하게 열렸다. 이 날 선포된 선언문은 세계에서 가장 먼저 생긴 어린이 헌장이다. 이는 세계 최초의 국제아동권리선언인 '제네바선언'이 채택된 1924년보다 1년이 앞서는 것이다. 방정환이 초안을 작성한 이 선언문은 '취지', '소년운동의 기초 조건', '어른에게 드리는 글', '어린이날의 약속', '어린 동무들에게' 등을 포함하고 있다. 그 가운데 '소년운동의 기초 조건'은 아동의 권리를 보장하기 위한 구체적인 실천사항을 '아동의 권리공약 3장'으로 다음과 같이 규정하고 있다.

- 어린이를 재래의 윤리적 압박으로부터 그들에게 완전한 인격적 예우를 허락하라.
- 어린이에 대한 경제적 압박으로부터 해방하여 만 14세 이하의 그들에게 무상 또는 유상의 노동을 폐하게 하라.
- 어린이 그들이 고요히 배우고 즐겨 놀기에 족한 각양의 가정 또는 사회적 시설을 행하게 하라.

이후 우리나라에서는 소파의 아동 해방과 그 정신을 계승하여 아동권리를 증진하기 위한 각종 선언문이나 헌장이 채택되었다. 1923년 5월 1일 제정된 어린이날 정신을 토대로 정부는 1957년 '어린이 헌장'을 선포하였고, 1975년 '어린이날'을 법정 공휴일로 지정하였다. 그 후 새로운 아동상을 정립하고자 1988년 어린이 헌장을 전면 개정하였다. 또한 청소년의 건정한 육성을 위해 1989년 '청소년 헌장'을 선포하였다.

(3) 아동권리선언

현재 아동권리의 기준이 되는 것은 1989년 유엔아동권리협약이지만 아동권리 사상은 18세기 후반 미국의 독립선언(1776)과 프랑스 인권선언(1789)에 의해서 싹트기 시작하였다.

아동권리사상은 1922년 아동복리회(Save the Children Fund)의 창설자인 애글랜타인 잽(Eglantyne Jebb) 여사에 의해 성문화된 아동권리선언(Declaration of the Rights of the Child)

으로부터 싹이 텄다. 아동권리의 발전과정은 국제적으로 논의하고 보장해 온 과정을 기준으로 하여 3기로 나누어 정리할 수 있다.

① 제1기 : 제네바선언(1924)을 중심으로 한 아동권리선언 탄생기

아동은 특별한 보호대상, 구제대상으로만 인식되었다. 유엔의 제네바선언은 전문과 5개 조항으로 이루어져 있는데, 아동의 신체적 · 정신적 건강을 보장하며, 전쟁으로 피해 본 아동의 구호와 치료를 중심으로 삼고, 착취로부터 보호하며, 자립할 수 있도록 인도하여 아동이 자신을 유용한 사람이라는 인식을 갖도록 돕는 것이다(황성기, 1994). 제네바선언은 선언이라는 상징적 의미를 갖고 있고, 아동을 인격과 권리의 주체로 인정하기보다는 불우한 조건에 있는 아동을 특별히 보호해야 한다는 사회보장적 · 시혜적 성격을 지니고 있어 아동을 권리의 주체로 인정하지 못한 한계를 지녔다는 견해가 있다.

② 제2기 : 아동의 권리선언(1959)을 중심으로 한 인권의 보편화와 아동권리의 발전기

아동을 권리 향유의 주체로 인정하고, 인종, 국적, 종교 등의 이유로 아동을 차별하지 못하도록 규정하고, 아동을 가족의 구성원으로서 보호 · 양육되어야 함을 규정하고 있다. 그러나 이 선언은 구속력을 가지고 있지 않기 때문에 아동인권을 증진하고 침해하는 사례 방지에 커다란 역할을 하지 못하였다.

③ 제3기 : 유엔아동권리협약(1989)을 중심으로 한 아동권리의 법제화 시기

아동은 권리 행사의 주체이다. 유엔아동권리협약은 총 3부 54문항으로 제1부에서는 아동의 구체적인 권리에 대한 실제 규정을 하고 있고, 제2부에서는 가맹국과 국제연합의 관계와 의무를 규정하고 있으며, 제3부에서는 절차에 관한 내용을 규정하고 있다.

아동의 권리로는 첫째, 생존의 권리로서 아동이 살아가기에 필요한 기본적인 조건으로 적절한 생활수준을 누릴 권리, 의료서비스를 받을 권리를 포함한다. 둘째, 아동의 잠재력을 육성하기 위한 조건으로 교육, 놀이, 여가, 정보를 누릴 권리, 문화활동, 사상, 양심, 종교의 자유를 누릴 권리를 포함한다. 셋째, 보호의 권리로서 각종 착취와 학대, 가족과의 인격적인 분리, 형법 등의 폐습으로부터 보호받을 권리를 포함한다. 넷째, 참여의 권리로서 자신의 의사를 표현할 자유와 자기 생활에 영향을 주는 일에 대하여 말할 수 있는 권리, 책임감 있는 어른이 되기 위해 아동 자신의 능력에 부응하여 적절한 사회활동에 참여할 기회를 가질 권리를 포함한다.

이 협약은 아동을 단순히 보호의 대상으로서가 아니라 권리 행사의 주체로 보고 있

으며, 이전에는 아동의 권리로 보지 않았던 시민적 자유권, 사회보장을 받을 권리, 상당한 생활수준을 누릴 권리 등 아동의 사회적 권리를 폭넓게 규정하고 있다. 이 협약은 1990년 9월 2일을 기하여 20개국 이상의 비준을 받게 됨에 따라 국제법의 효력을 갖게 되었고, 그 해에 아동을 위한 세계정상회담이 71개국의 국가 원수를 포함한 158개국 대표가 참가한 가운데 뉴욕 유엔본부에서 개최되었다. 그 이후 유니세프에서는 '세계아동현황보고서'로 정기적으로 아동권리 실천과 변동사항에 대해 보고하고 있다(유니세프 한국위원회, 1995).

이러한 아동권리의 발전 속에서 아동의 권리는 점점 구체적으로 명시되어 아동권리를 위해 국가의 역할까지 법제화하는 단계에까지 이르렀다.

3) 아동권리의 내용

아동권리의 내용 범주는 학자에 따라 다양하게 주장되었다. 왈드(Wald, 1979)는 아동권리는 자율성이 진정한 권리의 내용이라는 전제로 아동의 권리를 사회에 대한 일반적인 권리, 성인에 의한 학대·방임·착취로부터 보호될 권리, 국가 행위와 관련되어 성인과 동등한 헌법적 보호와 취급을 받을 권리, 부모의 통제나 지도로부터 독립적으로 행동할 권리, 네 가지로 범주화하였다.

링(Wring, 1981)은 아동의 권리를 법률적 권리, 무엇을 할 수 있는 자유의 권리, 방해받지 않고 주장할 수 있는 자유의 권리, 참여의 권리, 특수한 권리, 복지의 권리로 범주화하며, 황성기(1997)는 아동이 향유할 수 있는 구체적인 권리로서 생존·성장·발달권과 의사표시권, 자기결정권을 제시하였다. 생존·성장·발달권은 아동 고유의 권리로서 생존과 적절한 성장·발달을 국가에게 청구할 수 있는 권리이며, 의사표시권은 헌법이 보장한 인간의 존엄과 가치와 행복추구의 실현을 위한 수단적인 권리이자 아동 자신의 최선의 이익을 확보하기 위한 절차적 권리이다. 자기결정권은 타인에게 위해가 미치지 않는 한 사적인 것에 대하여 공권력의 간섭 없이 스스로 결정할 수 있는 권리로서 개인의 인격적 생존에 불가결한 권리를 포함한다.

유엔아동권리협약(1989)에서는 아동권리로 발달권, 생존권, 보호권, 참가권으로 범주화하고 있다. 아동의 권리의 범주를 구체적으로 설명하면 다음과 같다.

(1) 생존권

아동의 생존 또는 생활에 필요한 제반조건의 확보를 요구하는 권리를 말하는 것으로 다음과 같은 권리가 이에 속한다.

① 건강 의료의 권리

국가가 아동이 최상의 건강 수준을 유지하고, 질병의 치료와 회복을 위한 시설을 사용할 수 있는 권리를 가지고 있다는 것을 인정하는 것을 넘어 아동의 건강을 위한 환경오염의 방지와 충분한 영양식 및 깨끗한 음료수의 제공 등을 통한 질병 및 영양실조 퇴치를 위한 조치를 해야 한다는 것을 말한다.

② 양육지정의 권리

아동이 자기에 대해 취해진 치료나 조치에 대하여 심사를 할 수 있는 권리를 말한다.

③ 사회보장의 권리

아동이 사회보험을 비롯한 사회보장제도의 혜택을 받을 수 있는 권리를 말한다.

④ 생활수준 향유권

아동은 발달에 필요한 영양 · 의복 · 주거 등의 생활수준에 대한 권리를 가지고 있다. 이를 확보하는 1차적인 책임은 부모에게 있으며, 국가는 그러한 부모의 책임 수행을 원조할 책임을 지고, 나아가 부모가 이혼 또는 해외 거주 등의 경우에는 아동의 양육비를 확보하기 위하여 필요한 조치를 취해야 한다.

(2) 보호권

아동에게 자유를 부여하는 것이 종종 그의 생존을 부정하는 경우가 있다. 즉, 아동의 권리행사가 본인에게 불이익을 가져다주는 경우로 이때는 아동을 보호할 필요가 있다. 보호권은 모든 아동이 보호받을 권리와 특별히 곤란한 조건에 있는 아동이 보호받을 권리가 있다.

① 모든 아동이 보호받을 권리

- **부모로부터의 폭력, 학대, 방임, 착취로부터 보호받을 권리** : 아동이 부모, 후견인 기타 아동 양육자의 양육을 받고 있는 동안 모든 형태의 신체적 · 정신적 폭력, 상해나 학대, 유기나 성적 학대를 포함한 혹사나 착취로부터 보호받을 권리를 말한다.

- **마약, 향정신성 약으로부터 보호받을 권리** : 마약과 향정신성 물질의 불법 사용과 이러한 물질의 불법 생산과 거래에 아동이 이용되는 것으로부터 보호받을 권리를 말한다.
- **성적, 착취, 학대로부터 보호받을 권리** : 아동이 모든 위법한 성적 활동에 종사하도록 유인되거나 강제되는 행위를 비롯하여 매음과 같은 성적 활동에 착취되거나 공연 및 자료에 착취되는 행위로부터 보호받을 권리를 말한다.
- **유괴, 매매, 거래를 방지 받을 권리** : 모든 목적과 형태의 약취, 유인이나 매매 또는 거래로부터 보호받을 권리를 말한다.
- **모든 형태의 착취로부터 보호받을 권리** : 아동복지의 어떠한 측면에서든 해로운 모든 형태의 착취로부터 보호받을 권리를 말한다.
- **고문, 사형을 금지 받을 권리** : 어떠한 아동도 고문 또는 기타 잔혹하거나 비인간적이거나 굴욕적인 대우나 처벌을 받지 아니하며, 사형 또는 석방의 가능성이 없는 종신형을 받지 아니할 권리를 말한다.
- **소년 사범에 관련된 권리** : 형사 피의자나 형사 피고인 또는 유죄로 인정받은 모든 아동은 아동의 연령과 아동의 사회 복귀 및 사회에서의 건설적 역할 담당을 촉진하는 것이 바람직스럽다는 것을 고려하여 인권과 타인의 기본적 자유에 대한 아동의 존중심을 강화시키며, 존엄과 가치에 대한 아동의 자각을 촉진시키는 데 부합하도록 처우받을 권리를 가진다.

② 특별히 곤란한 조건에 있는 아동의 권리

- **난민아동의 보호 받을 권리** : 난민으로서의 지위를 구하거나 난민으로서 취급되는 아동은 부모나 기타 다른 사람과의 동반 여부에 관계없이 국가 및 국제인권 또는 인도주의 관련 문제에 규정된 적용 가능한 권리를 향유함에 있어서 적절한 보호와 인도적 지원을 받을 수 있는 권리를 지닌다.
- **장애아의 권리** : 정신적 또는 신체적 장애아동은 존엄성이 보장되고 자립이 촉진되며 적극적 사회참여가 조장되는 여건 속에서 충분히 품위 있는 생활을 누릴 권리와 특별한 보호를 받을 권리를 가진다. 또한 장애아동이 가능한 한 전면적인 사회참여와 문화적·정신적 발전을 포함한 개인적 발전의 달성에 이바지하는 방법으로 그 아동이 교육, 훈련, 건강관리 지원, 재활 지원, 취업준비 및 오락 기회를 효과적으로 이용하고 제공받을 수 있도록 국가는 지원해야 한다.

- **소수자, 원주민 아동의 권리** : 인종, 종교, 언어적 소수자나 원주민이 존재하는 국가에서 이러한 아동은 자기 집단의 다른 구성원과 함께 고유문화를 향유하고, 고유의 종교를 믿으며, 고유의 언어를 사용할 권리를 가진다.
- **무력 분쟁 시 아동의 보호를 받을 권리** : 국가는 아동과 관련이 있는 무력 분쟁에 있어서 15세에 달하지 아니한 자가 적대행위에 직접 참여하지 아니할 것을 보장하기 위하여 실행 가능한 모든 조치를 취해야 하며, 15세에 달하지 아니한 자의 징병을 삼가고, 15세에 달하였으나 18세에 달하지 아니한 자 중에서 징병하는 경우 최연장자에게 우선순위를 두도록 노력하여야 한다.
- **피해아동이 사회에 복귀 받을 권리** : 모든 형태의 유기, 착취, 학대, 고문, 기타 잔혹하거나 비인간적이거나 굴욕적인 대우나 처벌 또는 무력분쟁으로 희생된 아동의 신체적·심리적 회복 및 사회복귀를 촉진시키기 위한 모든 적절한 조치를 국가로부터 받을 수 있다.

(3) 발달권

발달권은 아동이 성장하면서 가질 수 있는 모든 권리를 말하는 것으로 여기에는 다음과 같은 것이 있다.

- **부모를 알 권리** : 아동이 출생과 더불어 곧 등록되고, 이름을 가지고, 국적을 취득하고, 부모를 알고, 어버이에 의해서 양육될 권리를 가진다는 것을 의미한다.
- **정체성의 보전권** : 아동이 위법한 간섭을 받지 않고 국적, 성명 및 가족관계를 포함하여 법률에 인정된 정체성을 보존할 수 있는 권리를 가진다는 것을 의미하며, 국가는 아동이 정체성을 위법적으로 박탈당했을 경우 그의 신분을 신속하게 회복하기 위하여 적절한 원조와 보호를 제공하여야 한다.
- **부모로부터 분리되지 않을 권리** : 부모로부터의 분리가 아동 최상의 이익을 위하여 필요하다고 결정되는 경우 외에는 아동이 그의 의사에 반하여 부모로부터 분리되지 않도록 국가로부터 보장받을 수 있는 권리를 말한다.
- **가족 재회 시 출입국이 자유로울 권리** : 국경을 넘어서 친자가 분리되고 있는 경우 부모와 자식이 국경을 넘어서 재회함에 있어서 국가로부터 그를 위한 신청을 적극적으로, 인도적으로 그리고 신속하게 취급받을 수 있는 권리이면서, 양친이 다른 나라에 거주하고 있을 때는 정기적으로 부모와 접촉할 수 있는 권리를 국가가 보

장해야 한다는 것을 말한다.

- **국외 불법 이송을 금지 받을 권리** : 아동은 불법으로 국외 이송되거나 강제 송출된 경우 송환받아야 한다는 권리이다.
- **부모에게 1차적으로 양육 받을 권리** : 아동의 최선의 이익이 고려된 상태에서 부모가 아동의 양육책임을 다할 수 있도록 국가가 그 조건을 정비해 주어야 한다는 것이다.
- **대체적으로 양호를 받을 권리** : 가정환경을 박탈당하고 자기의 가정에 머무르는 것이 용인될 수 없는 아동은 국가에 의한 보호와 원조를 받을 권리를 가지며, 이에 대응하여 국가는 일정한 양호조치를 취해야 한다는 것이다.
- **양자결연을 받을 권리** : 어쩔 수 없이 양자결연을 할 수밖에 없는 아동의 경우 권한 있는 기관에 의하여 그리고 신중한 절차를 거쳐 이루어져야 하며, 특히 국제 양자결연은 아동 자신의 출신국에서 양육되는 것이 불가능한 때에 한하여 대체적으로 인정되고, 그 경우에도 국내 양자결연과 동등한 것이 되어야 한다.
- **교육받을 권리** : 초등교육을 무상 의무교육으로 받을 권리를 포함하여 기회균등의 원칙에 입각하여 중등, 고등교육을 받을 기회와 학습권까지도 가질 수 있는 권리를 말한다. 이때 아동교육의 목적은 첫째, 아동의 인격, 재능, 능력을 최대한으로 발달시킨다. 둘째, 아동에게 인권과 기본적 자유, 유엔헌장의 원칙을 존중하도록 한다. 셋째, 아동이 자기와 부모, 국가의 문화를 사랑하는 동시에 다른 나라의 문화를 존중하도록 한다. 넷째, 인종, 종교, 성별 등의 차별을 없애고, 평등과 우호의 정신으로 자유 사회의 책임 있는 인간을 기른다. 다섯째, 자연환경을 존중하고, 하나밖에 없는 지구를 사랑하는 마음을 기르는 것으로 해야 한다.
- **휴식권, 여가권, 문화참가권** : 휴식과 여가를 즐기고, 자신의 연령에 적합한 놀이와 오락 활동에 참여하며, 문화생활과 예술에 자유롭게 참여할 수 있는 권리를 말한다.

(4) 참가권

아동이 하나의 인격체로서 그리고 권리행사의 주체로서 여러 가지 사항에 참여할 수 있는 권리를 말한다.

① 생활참가권

- **의견표명권** : 자신의 견해를 형성할 능력이 있는 아동은 본인에게 영향을 미치는

모든 문제에 있어서 자신의 견해를 자유롭게 표현할 권리를 가지며, 사법적 · 행정적 절차에 있어서도 직접 또는 대표자나 적절한 기관을 통하여 진술할 기회를 국내 법적 절차에 합치되는 방법으로 부여받는다.

- **사생활 · 통신 · 명예를 보호받을 권리** : 어떠한 아동도 사생활, 가족 또는 통신에 대하여 자의적이거나 위법적인 간섭을 받지 아니하며, 명예나 신망에 대한 위법적인 공격을 받지 아니하고, 이러한 간섭 또는 비난으로부터 법의 보호를 받을 권리를 가진다.

② 사회참가권

- **표현 · 정보의 자유** : 아동은 표현에 대한 자유권을 가진다. 이 권리는 구두, 필기, 인쇄, 예술의 형태 또는 아동이 선택하는 기타의 매체를 통하여 모든 조율의 정보와 사상을 국경에 관계없이 추구하고 접수하며 전달하는 자유를 포함한다. 이 권리의 행사는 일정한 제한을 받을 수 있다. 그 제한은 오직 법률에 규정되고 다음 사항을 위하여 필요한 것이어야 한다.
- **사상 · 양심 · 종교의 자유** : 아동도 사상 · 양심 · 종교에 대한 권리를 가진다. 종교와 신념을 표현하는 자유는 오직 법률에 의하여 규정되고 공공안전, 질서, 보건이나 도덕 또는 타인의 기본권적 권리와 자유를 보호하기 위하여 필요한 경우에만 제한할 수 있다.
- **결사 · 집회의 자유** : 아동도 결사의 자유와 평화적 집회의 자유를 가진다. 이 권리의 행사에 대하여는 법률에 따라 부과되고 국가 안보 또는 공공안전, 공공질서, 공공보건이나 도덕의 보호 또는 타인의 권리와 자유의 보호를 위하여 민주사회에서 필요한 것 이외에 어떠한 제한도 해서는 안 된다.
- **정보접근권** : 아동은 다양한 국내적 및 국제적 정보원으로부터의 정보와 자료에 대한 접근권을 가진다. 특히, 아동은 사회적, 정신적, 도덕적, 복지와 신체적 · 정신적 건강의 향상을 목적으로 하는 정보의 자료에 대한 접근권을 가진다.

4) 국제사회의 아동권리 보호

국제사회는 아동의 권리보호를 위해 각종 제도적 장치와 각종 선언, 협약, 조약 등의 형태로 아동의 인권을 보장하고 있다.

(1) 우리나라 아동권리선언

우리나라에서 최초로 아동의 권리를 언급한 선언은 1923년 5월 1일 제1회 어린이날 기념식에서 소파 방정환에 의해 선포된 '아동의 권리공약 3장'과 '어린이 선언문'이다. 이 선언은 그 시대상황에서 아동의 보편적 인간의 가치와 천부적인 권리부여를 다룬 획기적인 것이다.

아동의 권리공약 3장과 어린이 선언문의 내용은 다음과 같다.

아동의 권리공약 3장

- 어린이를 재래의 윤리적 압박으로부터 해방하여 그들에 대한 완전한 인격적 예우를 허락하라.
- 어린이를 재래의 경제적인 압박으로부터 해방하여 만 14세 이하의 어린이에 대한 무상 또는 유상의 노동을 폐하라.
- 어린이에게 그들이 고요히 배우고 즐거이 놀 만한 각 양의 가정 또는 사회적 시설을 행하라.

어린이 선언문

■ 어른들에게

- 어린이를 내려다보지 마시고 쳐다보아 주시오.
- 어린이를 가까이 하시려 자주 이야기하여 주시오.
- 어린이에게 경어를 쓰되 보드랍게 늘 하여 주시오.
- 이발이나 목욕, 의복 같은 것을 때 맞춰 하도록 하시오.
- 산책이나 원족 같은 것을 가끔가끔 시켜주시오.
- 어린이를 책망하실 때는 쉽게 성만 내지 마시고 자세자세 타일러 주시오.
- 어린이들이 서로 모여 즐겁게 놀만한 놀이터와 기계 같은 것을 지어 주시오.
- 대우주의 뇌신경 미로는 늙은이에게 있지 아니하고 젊은이에게도 있지 아니하고 오직 어린이에게만 있는 것을 늘 생각해 주시오.

■ 어린 동무들에게

- 돋는 해와 지는 해를 반드시 보기로 합시다.
- 어른들에게는 물론이고 당신들끼리도 서로 존대합시다.
- 뒷간이나 담벽에 글씨를 쓰거나 그림 같은 것을 그리지 말기로 합시다.
- 꽃이나 풀을 꺾지 말고 동물을 사랑하기로 합시다.
- 전차나 기차에서는 어른들에게 자리를 사양하기로 합시다.
- 입을 꼭 다물고 몸을 바르게 가지기로 합시다.

(2) 유엔아동권리선언

유엔아동권리선언(Declaration on the Right of the Child)은 1959년에 유엔이 세계인권선언의 내용을 보완하고 확대한 아동 고유의 인권선언이다. 이 선언은 아동의 특수성에 초점을 맞추어 전문 및 10개 조로 되어 있다. 이는 국제연맹이 1924년 제네바에서 채택한 5개조로 된 '제네바 어린이 권리선언'을 1948년 7개 조문으로 개정하였다가, 1959년 완벽한 권리선언문으로 채택하여 세계에 선포한 것이다.

제네바선언

모든 나라의 남녀는 인류가 아동에 대해 최선의 의무를 지닌다는 것을 인정하고 인종·국적 또는 신념에 관한 어떠한 사유에도 관계없이 모든 아동에게 다음과 같은 사항을 보장할 것을 선언하고 또한 자기의 의무로서 수락한다.

- 제1조 : 신체적·정신적 면에서 아동이 정상적으로 발달하는 데에 필요한 모든 수단을 반드시 제공하여야 한다.
- 제2조 : 굶주린 아동에게 음식이 제공되어야 하고, 병든 아동은 치료받아야 하고, 발달이 늦은 아동은 도와주어야 며, 비행아동은 갱생되도록 하며, 미아와 부랑아는 주거와 원조를 받도록 한다.
- 제3조 : 아동은 위험에 처한 경우 제일 먼저 구제를 받아야 한다.
- 제4조 : 아동은 생계를 연명할 수 있어야 하며, 모든 형태의 착취로부터 보호받아야 한다.
- 제5조 : 아동이 지닌 재능의 개발이 결국 인류에게 공헌한다는 인식 아래서 아동을 양육하여야 한다.

아동권리선언은 "아동은 신체적으로나 심리적으로 미숙하기 때문에 그 출생 전후부터 적절한 법적 보호는 물론 특별한 경우의 보호를 제공하는 것이 필요하다."는 권리보장의 국제적 승인이다. 우리나라는 1957년 대한민국 어린이헌장을 기초하여 유엔아동권리선언이 채택된 해인 1959년 5월 5일 어린이날에 선포한 바 있다.

유엔아동권리선언은 다음 조항으로 되어 있다.

- 모든 아동은 인종, 피부색, 성별, 언어, 종교, 정치적 견해, 출생지, 재산, 문벌 및 기타 지위로 인한 차별 없이 다음과 같은 권리를 갖는다(차별 금지).
- 아동은 특별한 보호를 받으며, 건강하고 정상적으로, 자유롭고 존귀하게 신체적, 지능적, 도덕적, 정서적 및 사회적으로 성장할 수 있는 기회나 혜택이 제공되어야 한다. 이 목적을 위해 법률에서는 아동 최선의 이익에 대해 고려되어야 한다(발달·아동 최선의 이익).

- 아동은 출생 시부터 성명과 국적을 가질 권리가 있다(발달).
- 아동은 사회보장의 혜택을 받을 권리, 특별한 보살핌과 보호, 좋은 음식, 주거 및 의료서비스를 받을 권리가 있다(사회보장 · 치료 · 보호).
- 장애아동은 특별한 치료, 교육 및 보호를 제공받을 권리가 있다(교육 · 치료 · 보호).
- 아동은 가능한 한 부모와 가족의 책임 아래 양육되며, 이것이 불가능할 경우에는 정부가 특별한 양육과 보호를 제공할 의무가 있다(생존 · 보호 · 발달).
- 아동은 무상교육을 받을 권리, 유희 및 오락 권리, 자신을 발달시키기 위하여 동등한 기회를 가질 권리, 교육받을 권리가 있다. 아동의 부모는 아동의 교육과 지도에 대하여 특별한 책임이 있다(교육 · 보호).
- 아동은 언제나 최우선적으로 보호와 혜택을 받을 권리가 있다(아동 최선의 이익).
- 아동은 방임, 학대나 착취로부터 보호받을 권리가 있다. 아동은 일정 연령이 되기 전까지는 노동을 해서는 안 되며, 건강을 해치거나 신체적 · 정신적 · 도덕적 발달을 가로 막는 직업에 종사하거나 고용되어서는 안 된다(교육 · 보호).
- 아동은 인종적, 종교적, 기타 형태에 의한 차별을 조장할 우려가 있는 관습으로부터 보호되어야 한다. 아동은 평화, 이해, 관용, 세계시민의 정신으로 교육받아야 한다(보호 · 발달 · 교육).

(3) 세계인권선언

세계인권선언은 제2차 세계대전의 참혹상에서 벗어나 인류의 공존과 평화의 이상을 실현하기 위해 1948년 국제연합이 채택한 것으로 인권에 관하여 최초로 온 세계에 천명한 것이다. 이 선언은 인권의 국제적 보장을 위하여 보편적 규범을 명시하고 있으며, 전문과 보문 30조로 되어 있다.

전문에는 인간의 존엄과 권리를 강조하고 있으며, 본문 30조에서는 자유권적 인권조항 21개와 사회권적 조항 9개를 포함하고 있다. 아동의 권리에 관한 조항은 제25조와 제26조이다. 아동권리보호에 관한 규정을 보면 제25조 2항에서 모자의 보호, 제26조 제1항에는 모든 사람은 교육을 받을 권리를 가진다는 규정과 교육은 적어도 초등과 기초단계에서는 무상으로 해야 한다는 것을 규정하고 있다. 제2항에서는 교육은 인격의 완전한 발전과 아울러 인권과 기본적 자유의 존중을 강화하는 것을 목적으로 한다는 교육목적을 명시하고 있으며, 3항에서는 부모는 자녀에게 제공되는 교육의 종류를 선택함에 있어 우선권을 갖는다고 규정하고 있다.

인권선언은 의무보다는 권리를, 집단의 권리보다는 개인의 권리를 더 강조하고 있으며, 국가에 법적 의무를 부과하지는 않고 국가가 실현하기 위한 목표를 제시하고 있다.

(4) 대한민국 어린이헌장

'대한민국 어린이 헌장'은 '세계인권선언' 정신을 존중하고, '제네바선언', '아동권리공약 3장', '아동권리선언'의 이념을 살려 1957년 한국아동작가협회에서 성문화하였다. 그 후 정부부처 간에 협의를 거쳐 1975년에 대통령이 선언하였다. 그 내용은 다음과 같다.

대한민국 어린이헌장

대한민국 어린이헌장은 어린이날의 참뜻을 바탕으로 하여, 모든 어린이가 차별 없이 인간으로서의 존엄성을 지니고, 나라의 앞날을 이어 나갈 새 사람으로 존중되며, 바르고 아름답고 씩씩하게 자라도록 함을 길잡이로 삼는다.

1. 어린이는 건전하게 태어나 따뜻한 가정에서 사랑 속에 자라야 한다.
2. 어린이는 고른 영양을 취하고 질병의 예방과 치료를 받으며 맑고 깨끗한 환경에서 살아야 한다.
3. 어린이는 좋은 교육시설에서 개인의 능력과 소질에 따라 교육을 받아야 한다.
4. 어린이는 빛나는 우리 문화를 이어받아, 새롭게 창조하고 널리 펴나가는 힘을 길러야 한다.
5. 어린이는 즐겁고 유익한 놀이와 오락을 위한 시설과 공간을 제공받아야 한다.
6. 어린이는 예절과 질서를 지키며, 한겨레로서 서로 돕고, 스스로를 이기며, 책임을 다하는 민주시민으로 자라야 한다.
7. 어린이는 자연과 예술을 사랑하고 과학을 탐구하는 마음과 태도를 길러야 한다.
8. 어린이는 해로운 사회환경과 위험으로부터 먼저 보호되어야 한다.
9. 어린이는 학대를 받거나 버림을 당해서는 안 되고, 나쁜 일과 힘겨운 노동에 이용되지 말아야 한다.
10. 몸이나 마음에 장애를 지닌 어린이는 필요한 교육과 치료를 받아야 하고, 빗나간 어린이는 선도되어야 한다.
11. 어린이는 우리의 내일이며 소망이다. 나라의 앞날을 짊어질 한국인으로, 인류 평화에 이바지할 수 있는 세계인으로 자라야 한다.

(5) 유엔아동권리에 관한 국제협약

아동권리 보호를 위한 국제사회의 노력과 국가에서 인권 관련 법이 제정되었음에도 불구하고 아동학대, 착취, 빈곤, 질병 등 아동문제는 줄어들지 않았다. 이에 유엔은 아동권리선언(1959)이 선포된 지 20주년을 맞이하는 1979년을 '국제 아동의 해'로 선포하였고, 아동권리선언을 협약으로 바꾸어 법률적 구속력을 강화하게 되었다. 마침내

1989년 11월 20일 제44회 유엔총회에서 '유엔아동권리에 관한 국제협약(UN Convention on the Rights of the Child)'이 채택되었다.

① 유엔아동권리에 관한 국제협약의 내용

'유엔아동권리에 관한 국제협약'은 전문, 제3부, 총 54개 조문으로 구성되어 있다. 전문에서는 인간의 기본 인권에 따라 아동도 특별한 보호와 원조를 받을 권리를 가진다는 내용이 포함되어 있고, 제1부(제1조~42조)는 아동의 권리와 국가의 아동보호 의무를 규정하고 있고, 제2부(제42조~45조)는 협약의 이행조치로서 국가보고제도와 아동권리위원회에 관하여 규정하고 있으며, 제3부(제46조~54조)는 서명, 가입, 비준서기탁, 개정 절차, 유보 등에 관하여 규정하고 있다.

아동권리위원회는 1991년 제1차 회의에서 당사국 정부의 제1차 보고서의 작성 방법에 관한 지침을 마련하였다. 그 지침들은 유엔아동권리에 관한 국제협약의 바탕을 이루는 기본 가치를 '일반 원칙(general principles)'이라고 하고, 그 내용으로 4가지 원칙인 ① 아동차별금지의 원칙, ② 아동 최우선 이익의 원칙, ③ 아동의 생존 · 보호 · 발달의 원칙, ④ 아동의 의사 존중의 원칙을 포함하고 있다. 또한 아동권리위원회는 아동의 시민적 권리로 아동의 경제적 · 사회적 · 문화적 권리, 가정환경과 대리보호를 받을 권리, 기초 보건과 복지에 관한 권리, 교육 · 여가 및 문화적 활동에 관한 권리, 특별보호조치를 받을 권리로 구분하고 있다.

② 아동권리협약의 기본원칙

첫째, 아동 최우선 이익의 원칙이다. 아동에 관한 모든 활동에 있어서 공적 혹은 사회복지기관, 법원, 행정부, 입법부 등 어떤 기관에 의해 행해지든 아동 최선의 이익이 제1차적으로 고려되어야 함을 의미한다. 국가 기관 등이 아동에 어떠한 영향을 미칠 수 있는 공식적인 결정을 할 때마다 아동의 이익이 중요하게 고려되어야 하며, 부모 혹은 국가의 이익만이 전적으로 중요성을 가지고 평가되어서는 안 된다는 것을 말한다.

최선의 이익이라는 기준은 이 협약의 가장 중심적 기능을 담당하며, 당사국의 국내법과 관행을 평가하기 위한 기초가 된다. 최선의 이익의 원칙은 주로 아동의 이익과 부모들의 사생활의 이익 혹은 국가 당국의 편의 등과 충돌할 때 적용될 수 있다. 그런데 그것은 의사결정권자의 가치체계에 의존하게 될 수 있다. 따라서 그러한 불확정적인 개념은 때로는 막연한 것이어서 당사국의 국내법과 관행을 평가하기 위한 확실한 기준이 될 수 없을 수도 있다.

둘째, 아동 의견 존중의 원칙이다. 아동이 자신의 견해를 밝힐 수 있는 능력이 있는 아동에 대하여 본인에게 영향을 미치는 모든 문제에 있어서 자신의 견해를 자유롭게 표현할 권리를 보장하며, 아동의 견해에 대하여는 아동의 연령과 성숙도에 따라 정당한 비중이 부과되어야 한다는 것이다. 이 원칙은 아동 자기 결정권을 의미함과 아울러 아동에게 어떠한 영향을 미칠 결정을 함에 있어서 아동 자신의 직접 참여를 의미한다.

셋째, 아동 생존과 발달의 원칙이다. 모든 아동은 생명에 관한 고유의 권리를 가지며, 당사국은 최대한도로 아동의 생존과 발달을 보장하여야 함을 의미한다. 여기서 생명권은 단순히 아동에게 죽음을 당하지 않을 권리를 부여하는 데 그치는 것이 아니라 그것은 아동의 생존과 발달을 포함한다. 따라서 여기서 생명권은 시민적·정치적 권리의 성격뿐만 아니라 경제적·사회적 및 문화적 권리로서의 성격도 아울러 가지는 것으로 해석된다.

넷째, 아동차별금지의 원칙이다. 모든 아동은 차별 당함이 없이 그들의 권리를 향유할 수 있어야 함을 의미한다. 이것은 곧 권리의 평등 내지 평등권을 의미한다. 당사국은 자국의 관할권 안에서 인종·성별 등에 관계없이 협약에 규정된 권리를 존중하고 각 아동에게 보장하여야 하고 모든 형태의 차별이나 차별로부터 보호되도록 보장하는 모든 적절한 조치를 취하여야 한다. 남아와 여아가 동일한 대우를 받아야 하고, 난민아동, 소수민족 아동, 장애아동도 다른 아동과 동일한 권리를 가져야 하며, 정상적인 생활을 할 수 있도록 기회가 주어져야 한다.

③ 유엔아동권리에 관한 국제협약 당사국의 의무사항

우리나라는 '유엔아동권리에 관한 국제협약'에 1990년 9월 25일에 서명하였고, 협약의 내용 중에서 국내 관련 법들과 상치되는 세 조항에 대해서 유보를 조건으로 1991년 11월 20일 비준서를 기탁했다. 유보 조항은 부모와의 면접교섭권 보장(제9조 제3항), 입양에 있어서 관계 당국의 허가 규정(제21조 1호), 아동재판에 관한 상소권 보장(제40조 2항 2호-5) 등이다. 이에 따라 우리나라는 1991년 12월 20일 유엔아동권리에 관한 국제협약 당사국이 되었다.

국제협약 당사국들은 협약에서 제시한 아동의 권리를 실현하기 위하여 모든 적절한 입법적·행정적 및 여타의 조치를 취할 의무를 짐과 동시에 나아가 실제적으로 그 법을 집행하고, 집행 결과를 점검한 국가보고서를 제출하는 의무를 갖는다.

이에 따라 우리나라는 1994년 11월 8일 제1차 국가보고서를, 2000년 5월 1일 제2차 국가보고서를 제출한 바 있으며, 2008년 12월말 3·4차 통합보고서를 제출하였다. 그

동안 우리나라는 협약의 규정과 국내법 및 정책의 조화를 위해 각종 아동권리 관련 법규를 제정하고 개정을 하였다.

유엔아동권리에 관한 국제협약상의 주요 원칙 및 아동권리

(1) 일반 원칙

① 아동차별금지의 원칙(제2조)
② 아동 최우선 이익의 원칙(제3조)
③ 아동의 생존·보호·발달의 원칙(제6조)
④ 아동의 의사 존중의 원칙(제12조)

(2) 시민적 권리와 자유

① 이름과 국적(제7조)
② 신분의 자유(제8조)
③ 표현의 자유(제13조)
④ 사상, 양심 및 종교의 자유(제14조)
⑤ 결사 및 집회의 자유(제15조)
⑥ 사생활의 보호(제16조)
⑦ 정보접근권(제17조)
⑧ 고문 및 기타 비인도적 취급을 받지 않을 권리(제37조 제1항)

(3) 가정환경 및 대리보호

① 부모의 지도와 책임(제5조, 제18조 제1항 및 2항)
② 부모로부터의 분리(제9조)
③ 가족의 재결합(제10조)
④ 아동을 위한 양육비 회수(제27조 제4항)
⑤ 가정의 보호를 받지 못하는 아동(제20조)
⑥ 입양(제21조)
⑦ 불법 해외 이송 및 미귀환(제11조)
⑧ 아동학대, 유기 및 신체적·심리적 회복과 사회복귀(제19조 및 제39조)
⑨ 양육 및 보호기관에 대한 심사(제25조)

(4) 기초 보건 및 복지

① 보건서비스(제24조)
② 장애아동(제23조)
③ 사회보장 및 아동보호시설(제26조 및 제18조 제3항)
④ 생활수준(제27조 1, 2, 3항)

(5) 교육, 여가 및 문화적 활동

① 교육(제28조)
② 교육의 목표(제29조)
③ 여가, 오락 활동 및 문화적 활동(제31조)

(6) 특별보호 조치

① 법적 분쟁상의 아동 : 소년형사행정(제40조), 자유 박탈된 아동(제37조 제2, 3, 4항), 아동에 대한 사형 및 종신형 금지(제37조 제1항), 사회복귀 지원(제39조)
② 착취 상황하의 아동 : 경제적 착취(제32조), 마약(제33조), 성적 착취와 학대(제34조)

④ 유엔아동권리협약의 특징

유엔아동권리협약은 다음과 같은 특징이 있다(UNICEF, 1999).

첫째, 포괄적(comprehensive)이다. 즉, 아동권리협약은 아동에게 시민권, 정치권, 경제권, 사회권, 문화권을 보장해 주는 유일한 협약이다.

둘째, 보편적(universal)이다. 즉, 아동권리협약은 모든 상황에 놓여 있는 모든 아동에게 적용된다.

셋째, 무조건적(unconditional)이다. 즉, 아동권리협약은 자원이 거의 없는 정부에게조차도 아동권리를 보호하기 위해 조치를 취할 것을 요구한다.

넷째, 전체적(holistic)이다. 즉, 아동권리협약은 모든 권리가 본질적이고, 분할할 수 없고, 상호 의존적이고, 동등하다고 주장한다.

5) 아동권리에 관한 우리나라 아동 관련 법 개정 및 제정 현황

우리나라는 아동권리를 보장하기 위하여 각종 법규에서 아동권리 보호를 위한 규정을 가지고 있다.

〈표 1-1〉 아동 관련 법령 개정 현황

연 도	법 령	관련 내용
2004 ~ 2007	아동복지법	• 아동정책조장위원회 설치, 아동학대 신고의무자 확대 • 가정위탁 개념, 가정위탁센터에 대한 근거 규정 마련 • 학대피해 아동보호 체계 확대
2004	정보통신망 이용 촉진 및 정보보호 등에 관한 법률	• 불법 청소년 유해정보 차단, 온라인 청소년 보호 강화 청소년 보호 책임자 지정제도
2004	영유아보육법	• 표준보육과정 마련
	소년원법	• 소년원학교를 정규 학교화함
2005, 2007	청소년의 성보호에 관한 법률	• 청소년 대상 성범죄자 취업제한제도 및 정보등록열람제도 신설 • 청소년 대상 성범죄자 신상정보 등록 · 열람제도, 취업제한 제도 강화 및 친고죄에서 반의사불벌죄로 변경
2004	성폭력 범죄의 처벌 및 피해자 보호 등에 관한 법률	• 전담검사, 경찰관 지정 · 운영, 진술녹화제도 도입 • 조사 시 신뢰관계가 있는 자의 동석 • 13세 미만 아동 및 장애인 성폭력피해자 조사지침 개정
2005	청소년기본법	• 청소년정책 관계 기관 협의회 마련 • 청소년 특별회의 개최 등 참여기회 확대
2005, 2007	민법	• 호주제 폐지, 친양자입양제도 도입, 여성의 결혼연령 상향조정, 아동의 부모면접교섭권 신설, 협의 이혼 시 아동양육자 결정

연 도	법 령	관련 내용
2005	학교보건법	• 보건교육 강화, 학교 주변 유해환경 설치 금지 강화
	입양촉진 및 절차에 관한 특례법	• 입양의 날 및 입양주간 • 국내입양 활성화 대책 마련
2007	초 · 중등교육법	• 헌법과 국제인권조약에 명시된 학생인권보장 의무화 규정 신설
	소년법	• 교화 · 선조 중심의 소년사법 체계 개선 • 적용 연령 20세 미만에서 19세 미만으로 조정 • 검사의 결정 전 조사제도 마련
	형의 집행 및 수용자의 처우에 관한 법률	• 구금자 보호장비가 징벌의 수단이 되지 않도록 함
	형사소송법	• 13세 미만의 피해자에 대한 수사상 진술 및 재판상 증언 시 신뢰관계에 있는 자의 동석 의무화

〈표 1-2〉 아동 관련 법령 제정 현황

연 도	법 령	내 용
2004	유아교육법	• 교육과정 운영을 위한 프로그램 개발 보급
	청소년복지지원법	• 청소년복지 및 권리보장
	청소년활동진흥법	• 청소년의 다양한 활동 보장 및 참여
	성매매 방지 및 피해자 보호 등에 관한 법률	• 성매매 알선, 성매매 목적의 인신매매 근절 • 피해자의 인권보호
	학교폭력 예방 및 대책에 관한 법률	• 학생인권보호 • 학교폭력 피해학생 보호 및 가해학생의 선도 · 교육
2005	문화예술지원법	• 문화예술교육 활성화, 학교문화예술 지원
	실종아동 등의 보호 및 지원에 관한 법률	• 실종아동 등 발생 예방, 조속한 발견과 복귀 및 복귀 이후의 사회적응 지원
2007	장애인 차별금지 및 권리구제 등에 관한 법률	• 장애인의 완정한 사회참여와 평등권 실현 • 모든 생활영역에서 차별금지 및 정당한 편의 제공
	장애인 등에 대한 특수교육법	• 장애아동에 대한 통합된 교육환경 제공
2007	가족관계의 등록 등에 관한 법률	• 출생 · 혼인 · 사망 등 가족관계 등록제도 마련 • 가족관계 등의 사무를 대법원 관장
	재한외국인처우기본법	• 재한외국인 및 자녀에 대한 차별금지
	특정 성폭력범죄자에 대한 위치추적 전자장치 부착에 관한 법률	• 아동성폭력 범죄 등에 대한 전자위치추적 제도 도입
	가족친화 사회환경의 조성 촉진에 관한 법률	• 가정생활고 직장생활을 조화롭게 병행할 수 있는 사회적 분위기 및 제도적 장치 마련
2008	다문화가족 지원법	• 다문화가족 복지 및 인권보장

6) 우리나라 아동권리증진사업

우리나라는 국제협약에 따라 아동의 권리를 증진하기 위하여 아동권리증진사업을 실시한다. 이 사업의 목적은 아동·청소년의 권리 증진을 통해 민주시민으로서의 역량을 강화하고, 포괄적인 감시체계망 구축을 통해 아동·청소년의 권익 침해를 사전에 예방하는 것이다. 주요 사업내용은 다음과 같다.

첫째, 아동·청소년 맞춤형 권리교육 실시이다. 아동·청소년의 권리침해가 일어나기 쉬운 학교, 복지시설, 보육시설 등의 종사자에게 맞춤형 권리교육을 실시하여 권리침해를 사전에 예방한다. 교육대상은 공무원, 복지시설실무자, 초등학교교사, 보육교사 등이다.

둘째, 국제기준에 부합하는 유엔아동권리협약 이행 추진이다. 유엔아동권리협약이란 유엔총회(1989. 11. 20.)에서 채택된 아동의 생존, 보호, 발달, 참여의 권리 등 어린이 인권과 관련된 모든 권리를 규정한 국제 인권조약이다. 이 협약 제44조에 의하여 조문별 이행사항, 유엔아동권리위원회 권고 이행사항 등에 대한 보고서를 작성하여 유엔아동권리위원회에 제출해야 한다.

셋째, 아동권리협약 모니터링 및 홍보이다. 아동의 권익 향상과 적극적인 권리 주체로서 인식하는 사회 분위기 정착과 협약이행 노력과 국제사회에서 위상을 강화한다. 아동권리에 관심이 많은 성인(옴부즈맨)과 장애·이주·일반아동(옴부즈키즈) 등으로 구성된 옴부즈퍼슨 운영으로 아동의 권리침해를 감시·조사수행, 공공기관의 아동정책 실태 모니터링을 통해 문제점 도출 및 개선 방안을 모색한다.

넷째, 기획포럼 개최이다. 아동의 권리에 관한 국제협약 등 국제적인 기분에 맞는 아동청소년 권리정책을 개발하고, 아동·청소년이 체감할 수 있는 권리정책 및 중장기 발전방안을 모색한다.

3. 아동의 욕구

아동의 행복은 아동을 둘러싸고 있는 사회문화적 환경과 깊은 관련이 있기 때문에 국가적 차원에서 아동이 행복할 수 있는 조건으로 환경을 만들어 줄 필요가 있다.

연세대 사회발전연구소 염유식 교수팀이 '2011년 한국 어린이·청소년 행복지수 국제 비교' 결과 한국 어린이와 청소년들이 느끼는 주관적 행복지수는 65.98점에 그쳤다. 이는 비교지표가 있는 23개 OECD 국가 중 3년 연속 최하위인 것이다. 주관적 행복지수에는 자신의 건강상태, 학교생활을 좋아하는 정도, 삶의 만족도, 소속감, 외로움의 크기 등이 반영된다. 반면에 교육 및 행동과 생활양식은 1위로 나타났고, 물질적 행복은 4위로 나타나 행동과 생활양식 및 물질적 행복 측면에서는 비교적 크게 만족하는 것으로 나타났다.

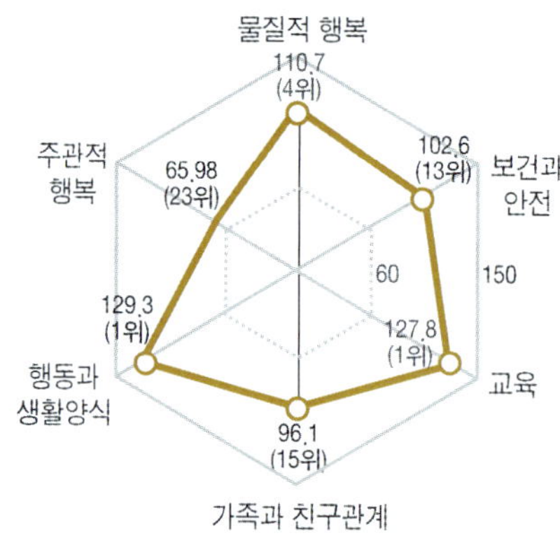

[그림 1-1] 2011년 한국 어린이 · 청소년 행복지수

출처 : 박종일 · 박찬웅 · 서효정 · 염유식(2010). 한국 어린이 · 청소년 행복지수 연구과 국제 비교.

염유식 교수팀은 이러한 결과의 원인으로 '입시 스트레스'를 꼽았다. 학생들은 "학교와 학원을 오가는 경쟁적인 삶에서 가족과의 연결고리도 탄탄하지 않아 외로움을 느낀다."고 응답하였다. 주관적 행복지수가 고학년으로 갈수록 낮아져 입시 스트레스가 주관적 행복에 영향을 주고 있음을 알 수 있다.

아동이 행복해지기 위해서는 인간으로서 기본적인 욕구를 충족해야 한다. 기본적인 욕구가 충족되지 않으면 아동이 성장하는 데 지장이 생기고, 행동의 방향이 부정적으로 흐를 수 있다. 욕구는 행동의 방향을 제공하며, 원하는 방향으로 발달하도록 지도를 제공한다(Harris, 1989). 또한 아동은 3세경부터 마음의 작동에 대한 욕구를 가진다고 가정했다(Wellman & Bartsch, 1988).

욕구란 개인의 생리적 상태나 기본적인 감정을 기초로 한 심리현상으로 개인의 소망, 목표, 희망 등을 나타낸다. 욕구는 인간의 뇌 속의 생리적 · 심리적 성질을 포함한 어떤 힘으로, 현재의 불만족한 상황을 바꿀 수 있도록 지각, 통각, 지각 작용, 의욕, 행위 등 어떤 특정한 방향으로 체계화하는 힘으로 볼 수 있으며, 이것은 행위와 지각과 기타 인지과정을 만족으로 이끌어 가도록 조직하는 힘으로 정의할 수도 있다. 욕구는 내적 과정에 의해서 나타나기도 하지만 환경의 강한 압력에 의해 욕구가 발생할 수도 있다.

매슬로는 다른 욕구 개념과 구별하기 위하여 욕구를 두 가지 형태로 구별하였다. 제1의 형태는 기본적 욕구 혹은 결핍성의 욕구로 음식, 물, 쾌적한 온도, 신체의 안전, 애정, 존경 등에 대한 욕구이다. 제2의 형태는 성장욕구 혹은 자아실현욕구로 잠재능력, 기능, 재능을 발휘하려는 욕구이다. 매슬로는 결핍성의 욕구를 저변으로 하여 자아실현욕구를 정점으로 하는 체계를 가정하였다.

매슬로에 의하면 인간은 삶에 의미와 만족을 주는 일련의 선천적 욕구에 의해 동기화된다고 보았다. 이 욕구는 강도와 중요성에 따라 일종의 계층적 단계로 배열된다. 강도의 순서에 따라 욕구의 위계는 생리적 욕구, 안전욕구, 소속감과 애정 욕구, 자존의 욕구, 자아실현의 욕구 순이다(Maslow, 1954).

1) 생리적 욕구

음식, 물, 수면, 배설, 성에 대한 욕구 등이다. 생리적 욕구는 유기체의 생물학적 유지에 직접적으로 관련된다. 다음 단계의 욕구들은 충족시키기 전에 생리적 욕구가 충족되어야 한다. 생리적 욕구는 모든 욕구 중 가장 강력하다.

2) 안전욕구

안전욕구는 생리적 욕구가 채워지면 그 다음 단계로 나타나게 되는 욕구로서 신체적 위험, 경제적 재난, 예기치 않은 실패 등으로부터 자기보호를 하여 자기보전에 대한 욕구를 충족시키고자 하는 욕구이다.

3) 소속과 애정욕구

생리적 욕구와 안전욕구가 충족되면 동반자와 가족에 대한 욕구가 생겨 남들과 어울리고 애정을 나누고 싶어 한다. 집단의식이 개인의 주요 목표가 되는 것이다. 애정의 욕구는 애정을 주는 것과 받는 것 양쪽 다 포함된다.

4) 자존욕구(존경 추구 욕구)

자존욕구는 자기 자신과 다른 사람들로부터 존경받고 싶은 욕구를 말한다. 자기존중은 능력, 신뢰감, 개인의 힘, 적합성, 성취, 독립, 자유 등을 의미하며, 다른 사람으로부터의 존경은 명성, 수용, 주목, 평판, 영광과 명예를 말한다. 다른 사람이 소중하게 대해 주는 데서 생기는 자존감이 일차적이다. 다른 사람이 자신을 귀하게 여겨주지 않는다면 자기 자신을 중요한 사람이라고 느끼기 어렵다. 자존의 욕구 충족은 자신감, 가치, 힘, 능력을 갖게 하며, 이 욕구가 좌절되면 열등감, 무력감을 낳는다.

5) 자아실현욕구

자신의 잠재력을 성취하고 싶은 욕구이다. 자아실현욕구는 개인의 본성에 따라 다르다. 어떤 사람은 미술가가 되는 꿈을 가지고 있고, 어떤 사람은 선생님이 되는 꿈을 가지고 있다. 욕구단계이론은 낮은 단계에 있는 욕구가 어느 정도 충족되어야 더 높은 단계의 욕구를 의식하거나 동기가 부여된다.

참고문헌

박종일 · 박찬웅 · 서효정 · 염유식(2010). 한국 어린이 · 청소년 행복지수 연구과 국제 비교. 한국사회학, 44(2), 121-154.

방정환 (1970). 소파 수필선. 을유문화사.

안동현 (1997). 아동의 권리-필요성, 역사성과 과제. 아동권리 창간호.

유네스코한국위원회 (1995). 인권이란 무엇인가? 유네스코와 세계인권선언의 발전과 역사. 오름.

황성기 (1994). 아동의 인권에 관한 연구. 서울대학교 대학원 석사학위논문.

Dewey, J. (1916). *Democracy and education.* NY: MacMillan Company.

Maslow, A. H. (1954). *Motivation and personality.* NY: Harper & Brothers.

Harris, P. L. (1989). *Children and emotion: The development of psychological understanding.* Oxford: Basil Blackwell.

Wald, M. (1979). Children's rights: Framework for analysis. 12U.C.D.L. Rew.

Wellman, H. M. & Bartsch, K. (1988). Young children' reasoning about beliefs. *Cognition, 30,* 239-277.

CHAPTER 02

아동의 생활환경

1. 가족환경

1) 가족환경의 의의

인간과 환경은 분리될 수 없으며, 인간은 환경과 상호작용하는 가운데 변화하고, 주변을 인식하는 기초를 형성할 뿐만 아니라 환경을 해석하는 것에 따라 자신의 행동을 취한다. 가족은 남녀의 사랑으로 맺어진 부부와 그들의 자녀가 가족의 기본 성원이 된다. 그러므로 가족은 애정집단이고, 같은 장소에서 기거하고, 취사하며, 공동생활을 영위하기 때문에 동거집단이며, 공동의 경제생활, 공동의 재산을 공유하기 때문에 동재집단이다. 가족은 시대와 국가, 민족의 고유한 문화를 지니고 있으므로 문화집단이며, 인간이 태어나서 성장하고 양육되어 각 개개인의 고유한 성격, 인품을 형성하므로 인간형성의 근원적 집단이다(유영주, 1990).

가족은 인간의 가장 일차적인 환경으로서 가족구성원의 발달, 양육, 보호, 사회화는 물론 각 구성원의 인격형성에 관여한다. 아동이 태어나서 사회화 과정을 겪게 되는데, 가장 기초적인 사회적 경험을 하고 인간으로서 갖추어야 할 가장 기초적인 인성을 갖추는 곳이 가정이다. 가정을 구성하는 가족의 규모와 구성원이 어떠한가에 따라 아동의 사회화는 영향을 받는다. 부모의 성격, 양육태도, 사회·경제적 지위, 교육 수준 등이 아동의 가치관이나 태도, 지식 등에 영향을 미친다. 또한 가족은 아동에게 안정, 동정, 지지의 근원이 되며, 건강에도 영향을 끼친다. 이렇게 가족은 아동에게 인간형성의 모든 것에 영향을 주기 때문에 '인격의 요람'이라고 한다.

시대가 변하고, 사회가 변화함에 따라 가족의 구조와 역할 및 기능도 함께 변화되어 왔다. 가족제도가 변화하여도 아동에 있어서 가족의 중요성은 변함없이 강조되어 왔고, 가족의 기능이 활성화될 때 아동의 행복도 그만큼 증가될 수 있게 된다.

2) 가족관계의 변화

가족관계란 가족구성원 간의 인간관계를 의미한다. 따라서 가족 간의 인간관계에서 나타나는 권력구조나 역할구조 등과 같은 사회적 관계와 개인 간의 심리적·정서적 구조인 심리관계를 포괄하게 된다. 가족관계로는 결혼으로 결합된 부부관계, 혈연으로 연결된 부모-자녀관계 및 형제자매 관계가 있는데, 이들 관계에 있어서도 사회에서 제도적 · 규범적으로 허용하는 사회적 관계와 인간 간의 심리적 관계가 포함된다(유영주, 1984).

가족관계의 입장에서 볼 때 가족구성원은 가족감정이란 특별한 애정으로 결합되어 있거나 가족구성원 간 연대적 책임의식이 강하며, 전면적인 관계를 맺고 있다. 이러한 가족관계는 시대와 문화에 따라 변화한다.

한국에서 가족관계는 부부관계, 형제관계, 부자관계에 바탕을 두고 있다. 가족 전체 관계는 가장 윗세대의 적장자를 중심으로 서열화 되어 모든 권위가 가부장에게 집중되는 가부장제의 형태를 취해 왔고, 지배와 복종의 종속적인 관계로 유지되어 왔다(이동원 · 함인희, 1992). 이러한 가부장제는 사회가 급변하고, 가족관계가 변하면서 가장의 권위와 통제력이 약해졌고, 구성원 간에 평등한 관계가 나타났다. 부자관계보다 부부관계가 점차 중요하게 인식되고 수직적 · 상하적 가족관계 대신에 평등과 사랑을 강조하는 수평적 가족관계로 변하고 있다(양옥경, 2001).

가족관계에서 만족한 인간관계는 개인의 성장과 발달을 촉진하고, 정신건강에 영향을 주기 때문에 중요성이 부각된다. 가족관계를 나타내는 요소는 응집력, 표현, 갈등으로 구분된다(Moss & Moss, 1976). 응집력은 가족성원이 서로서로 도와주고 지지해 주며 참여하는 정도로서 가족지지 개념이다. 균형 잡힌 응집력은 효과적인 지지체계로서 가족기능과 최적의 개인적 발달에 영향을 준다. 표현은 가족구성원 간 명백하고 기능적인 의사소통으로 자아존중감을 발전시키고 내재화하는 매개체이며, 기능적인 의사소통은 성공적이고 건강한 가족의 기본이다. 가족의 의사소통 패턴은 개인에게 중요한 영향을 미치며, 건강한 가족은 다양한 감정을 표현하는 반면, 역기능적인 가족은 감정의 표현이 정서적으로 제한되고 엄격하다.

갈등은 관계의 발전 유지를 위해 필요하며, 가족에 대한 숨은 적개심의 감정을 완화시킴으로써 관계 유지에 도움이 된다.

가족기능이 잘되고, 좋은 관계를 유지하는 가족은 ① 가족구성원이 모두 부부관계와 부자관계에서 행복도가 높고, 서로의 욕구를 충분히 만족시켜 주는 가족, ② 가족구성원의 인격이 존중되고 인정받으며 안전감을 느끼는 가족, ③ 다양한 활동을 함께 하며 함께 즐기는 가족, ④ 가족 간에 친목을 도모하고 가족의 사회성을 도모하는 가족, ⑤ 정서적으로 유대감을 가지고 있는 가족이다(최희진 · 유영주, 1999).

사회가 급변하면서 가족의 역할, 구조, 기능 등에 많은 변화를 가져오고, 가족 내에서 가족구성원들의 심리 · 사회적 상호작용 관계에도 많은 변화를 초래하고 있다. 이혼율의 증가와 가족 간에 패륜적 사건들은 심각한 사회문제로 되고 있다.

특히, 우리나라는 전통적 유교사상을 중심으로 한 보수적인 가족의 형태가 1980년대 이후 급격히 변화함으로써 이러한 변화에 순응하지 못한 결과 가족관계가 위기에 직면하게 되었다. 아동이 건강하게 성장하기 위해서는 건강한 가족관계가 필수적이라고 볼 수 있다. 가족관계에서 기인된 아동의 문제는 가족관계를 건강하게 복원하는 서비스가 요구되고, 좋은 가족관계를 유지하기 위한 지원이 필요하다.

3) 가족구조

가족구조는 사회구조에 대응하여 변화하는데, 일반적으로 가족은 부부를 중심으로 친자나 형제 등 근친자를 구성원으로 하는 혈연적 집단이다. 그러나 이들 요건이 모두 갖추어야만 가족이 성립되는 것은 아니다. 부부 중 한쪽이 없는 경우, 부모 양쪽이 없는 경우, 혈연은 아니지만 법률적으로 친자관계를 맺고 있는 양친자의 경우 등도 가족이기 때문이다.

가족집단은 동일 거주, 동일 생계, 동일 가족의식을 갖는 보통의 가족형태를 갖지만 현대사회에서는 직업이나 학업으로 인해 거주의 동일성과 생계의 동일성이 희박해지는 경우도 있다. 그러나 동일 가족에 속해 있다고 하는 의식만큼은 빠질 수 없는 중요한 요소이다(김양희, 1998).

가족구조는 다음과 같은 속성을 갖는다. 첫째, 가족은 결혼, 혈연, 입양에 의해 맺어진 친밀한 관계로 그 관계는 법적으로 보호를 받으며 영속적이다. 둘째, 가족은 법적 유대, 경제적 협조, 부부간의 성적 욕구충족, 정서적 상호 협조 등으로 통합되어 있다. 셋째, 가족에는 성별, 연령에 따라 각 구성원들의 지위와 위치가 배정되고 그것에 따라 역할이 분배된다. 넷째, 가족의 문화에 따라 정도의 차이는 있지만 남성이 더 우월한 지위를 갖는다.

가정 소득이 증가하면서 삶의 질은 향상되었지만 사회변화와 더불어 가족의 구조 또한 변화하고 있다. 가족제도는 사회제도와 서로 영향을 주고받는데, 가족제도는 산업화, 도시화, 정보화 등과 같은 사회구조의 변화에 적응하면서 변하고 있다.

현대 가족은 전통사회의 3세대 이상의 확대가족에서 1세대 가족이 증가하고 있으며, 가구원 수도 최소화되고 있는 실정이다. 한국의 전통 가족제도인 가부장적 직계가족이던 것이 부부 중심의 핵가족화 되며, 한부모가족, 새싹가정, 노인단독가구, 미혼단

독가구, 딩크족(DINK : Double Income, No Kids)이라고 하는 무자녀가족 등으로 변화고 있다.

이렇게 다양한 가족의 출현 배경 중 하나는 가치관의 변화이다. 혼인가치관의 변화는 가족 형성, 가족의 지속 여부, 가족구성원의 변화 등을 초래한다. 자녀에 대한 가치관은 전통사회에서는 가계계승, 노동력의 확보, 노후부양기대 등의 의미에서 매우 중요시되어 왔으나 근대 산업화 사회에서는 많은 수의 자녀가 부부의 자녀부양부담을 증가시키고, 부부중심의 가족생활이 강조되는 것으로 인하여 소자녀관이 형성되었다. 경제활동, 자녀양육, 가사분담 등에 있어서 성역할관이나 부부간의 의사결정에 관한 가치관이 평등주의적으로 변화되어 가고 있다.

가족의 구조에 따라 아동의 발달에도 영향을 미친다. 정명숙(2009)의 연구에 의하면 양부모가 있는 가정의 아동이 한부모가족의 아동보다 인성발달과 사회성 발달에서 더 높았으며 사회적 지지도 많이 받는 것으로 나타났다. 이처럼 가족구조는 아동에게 직접 영향을 미치기 때문에 가족구조에서 오는 결손을 최소화하는 노력이 필요하다.

(1) 한부모가족

남녀가 결혼으로 가족이 되었다가 성격 차이나 배우자의 부정, 가정폭력, 가족기능불능 등의 이유로 가정이 해체되는 경우를 맞으면 한부모가족이 된다. 결혼관의 변화로 인하여 불만족한 결혼 상태를 억지로 유지하며 살아야 한다고 생각하는 사람은 그리 많지 않기 때문에 해체가족이 증가하고 있다. 뿐만 아니라 각종 사고와 질병으로 한쪽 부모가 사망하면 한부모가족이 되는 것이다. 한부모가구는 1985년 59만 4천 가구에서 1990년 66만 가구, 1995년 74만 4천 가구 2005년 87만 1천 가구로 늘어나는 등 가족해체 및 결손가정의 비율이 급속하게 증가하고 있다(통계청, 2008). 과거에는 구조적 결손의 가장 큰 원인은 부모 사망에 있었지만 최근에는 이혼이 가장 중요한 원인이 되고 있다.

(2) 미혼모가족

미혼모가족은 아버지의 존재를 전혀 모르거나 알더라도 아버지의 역할을 기대할 수 없는 가족을 말한다. 한부모가족은 가족해체로 나타나는 결과인데, 미혼모가족은 해체보다는 가족 형성 자체가 되지 않아 전통적 가족구조와는 다르다. 미혼모는 합법적이고 정당한 절차 없이 자녀를 임신 중이거나 출산한 여성이므로 자녀를 양육하는 데 더욱 어려움을 겪는다.

(3) 무자녀가족

최근 들어 두드러진 현상 중에 하나가 무자녀가족의 증가다. 인구주택총조사에서 드러난 부부 1세대로만 구성된 부부가구는 1970년대 5.4%이던 것이 1980년에는 6.4%, 1990년에는 9.3%, 2000년에는 14.8%로 증가세를 유지하고 있다.

무자녀가족은 대체로 교육 수준과 소득, 초혼 연령이 높고 종교가 없으며 전문직 부부와 맞벌이 부부, 그리고 평등한 성역할 태도를 가진 부부들이 많다.

자발적 무자녀가족은 부부가 합의에 의해서 자녀를 갖지 않기로 한 가족이고, 비자발적 무자녀가족은 신체적 혹은 생리적 이유로 임신되지 않거나, 생존아를 출산할 수 없는 가족이다. 이들은 잠재적으로 자녀를 입양하여 양육할 수 있는 가능성을 가지고 있다고 볼 수 있다.

(4) 재혼가족

재혼가족은 부부 중 한 명 이상이 초혼이 아닌 남녀의 결혼으로 구성된 가족을 말한다. 이는 아동의 입장에서 생부모가 아닌 부모와 아동으로 이루어진 가족형태이다. 무자녀 재혼인 경우는 초혼자의 가족구조와 유사하지만 유자녀 재혼인 경우는 새로운 가족의 구성으로 적응과정에서 여러 가지 문제가 발생할 수 있다. 통계청 인구동태통계연보에 의하면 재혼건수는 1990년에 18,838건에서 2000년에는 32,015건, 2008년에는 42,077건으로 증가하였다. 재혼가족의 아동에 대한 지원 대책이 필요한 시점이다.

(5) 입양가족

입양가족은 출산에 의한 가족관계 성립이 아닌 입양이라는 법적 과정을 통하여 새로운 부모-자녀관계가 형성되는 것을 말한다. 즉, 혈연관계가 아닌 가족구성을 말한다. 입양가족이 되는 것은 주로 불임으로 인한 무자녀가족인 경우 입양을 통해 자녀를 얻으려는 것이 대부분이었다. 그러나 최근에는 입양에 대한 사회적 인식이 확대되고, 사랑과 인류애라는 인도주의적 관점에서 유자녀가족이라도 입양을 하는 사례가 늘어나고 있다. 입양가족은 새로운 가족관계의 형성으로 가족구성원이 적응과정에서 스트레스가 발생할 수 있고, 가족구성원의 조화와 통합을 이루는 데 어려움이 따른다. 입양가족에 대한 지원은 입양된 아동뿐만이 아니라 가족구성원 전체에 대한 서비스가 이루어져야 한다.

(6) 국제결혼가족

국제결혼가족은 국적을 달리하는 남녀가 결혼하여 가족을 이루는 것이다. 국제결혼은 언어, 종교, 문화가 다른 남녀가 결합하므로 결혼생활에서 여러 가지 어려움을 겪는다. 배우자의 친인척과 관계를 맺는 것에서부터 상대의 문화를 이해하고 받아들이는 데 시간과 노력이 필요하다. 무엇보다도 자녀를 출산하여 양육하는 과정에서 자녀들의 정체성 문제가 발생하고, 자녀들은 또래들과 다른 자신의 모습에 위축되고, 언어 습득의 어려움과 같은 문제를 갖게 된다. 국제결혼가족의 자녀들을 위해 특별한 서비스가 마련되어야 할 것이다.

(7) 맞벌이가족

맞벌이가족은 부부가 함께 경제활동에 참여하는 가족을 말한다. 이들은 성역할, 가사분담, 양육분담에 있어서도 평등한 관계를 추구한다. 그러나 부인이 전통적인 역할에 추가하여 경제활동까지 참여하는 역할 확대 현상을 보인다. 이에 비하여 남편의 가정 내 역할 보충이나 확대는 서서히 나타나기 때문에 서로의 기대와 현실은 많은 괴리가 있다. 맞벌이 가족의 아동은 부모의 보호를 충분히 받지 못하는 어려움이 있다. 이들에 필요한 서비스를 개발할 필요가 있다.

(8) 기러기가족

현대사회는 생활방식이 다양하게 나타난다. 직업과 자녀교육을 위하여 가족과 떨어져 생활하는 경우가 많아졌다. 기러기가족은 가족의 일반적인 관념을 완전히 탈피한 가족형태이다. 기러기가족은 자녀교육을 위해 어머니와 자녀가 해외로 떠나는 경우와 직업을 위해 아버지가 해외로 떠나는 경우가 있는데, 아버지와 함께 생활하지 못하는 아동은 한부모가족들이 겪는 어려움을 가질 수 있다.

4) 가족의 기능

가족은 일련의 발달단계를 거치면서 상호작용하는 사회적 체계로서(Ackerman, 1966), 각 가정마다 고유의 특성을 가지며, 각 발달단계에서 요구되는 여러 과업을 효과적으로 수행하기 위한 규칙과 역할 및 권력구조, 의사소통 유형을 발달시켜간다. 가족의 기능은 구성원들과의 관계와 가족 간 조화를 이루도록 하는 것인데, 특히 가족원의 상호작용을 중심으로 적응, 협력, 애정, 친밀감 등 정서적 기능을 강조한다.

가족의 기능에 영향을 주는 요인들은 경제적 수준, 부부의 교육 수준, 결혼에 대한 만족도 등인데, 경제적 수준이 높을수록 가족기능이 높다(홍성애, 1988). 또한 부부의 교육 수준이 높을 때 가족의 응집성, 적응성이 높게 나타났다(조옥미, 2005).

가족의 분위기와 상태가 기능적인 가족은 그 가족구성원이 성공적이고, 행복한 삶을 영위할 수 있는데, 반대로 역기능적 가족은 가족구성원 간의 상호작용이 줄고, 위기에 대한 적응력을 상실하여 가족구성원의 심리적인 안정감을 해친다. 그뿐만 아니라 구성원 간 갈등과 긴장을 유발하여 가족의 정상적인 기능을 해치게 된다. 가족기능이 높은 가족의 아동은 자아개념과 자아존중감이 높게 나타난다(조성자 · 문소연, 1999). 또한 가족이 잘 기능하지 못하는 경우 아동이 불안, 과잉행동, 회피행동 같은 부적응 행동을 더 많이 한다(엄명용, 1997).

이와 같이 가족의 기능이 어떠한가에 따라 아동의 발달과 적응에 긍정적일 수도 있고, 부정적일 수도 있다. 이러한 가족의 기능에 가장 큰 영향을 주는 것은 부모라고 할 수 있는데 부모는 기능적인 가족을 만들기 위해 노력해야 하고, 부득이 부모가 그러한 역할을 하지 못할 때는 부모를 지원하는 프로그램이 있어야 아동에게 좋은 영향을 줄 수 있다.

5) 부모의 역할

인간이 처음으로 태어나 최초로 상호작용하는 대상이 부모다. 아동은 부모로부터 사랑을 받고, 부모의 권위에 복종하고, 부모의 행동을 모방하여 자신의 가치관을 만들어 간다.

부모역할이란 자녀양육에 있어서 부모로서 갖게 되는 지식, 기술, 태도 등으로 부모로서 기대되는 행동이라고 볼 수 있다. 부모가 자녀양육에서 역할을 다하는 것은 사회에서 자녀들이 생존하고 성장할 수 있도록 자녀들을 보호하고 능력을 갖춰 주고, 행동양식을 습득시켜 주기 위한 것이다. 부모역할은 자녀를 양육하는 과정에서 수행하는 것으로 양육태도나 양육행동으로 말하기도 한다. 양육태도는 부모의 문화양식으로 부모가 자녀의 성장과 발달을 위해서 기르고 가르치는 방식으로 행동에 대한 경향성과 반응양식이다(Fishbein & Aizen, 1975).

부모의 양육태도는 아동의 발달과 깊은 관련성을 갖는데, 쉐퍼(Schaefer, 1959)의 모형인 부모의 양육태도에 따른 아동발달의 관계를 설명하면 다음과 같다.

- **애정적-자율적 태도** : 애정적이고 자율적으로 양육하는 부모의 자녀는 능동적 · 외향적 · 독립적이며, 사회에 잘 적응하고, 사교적이고, 창의적이다.
- **애정적-통제적 태도** : 자녀에게 애정을 주면서도 통제를 많이 하는 부모의 자녀는 애정적-자율적으로 양육된 아동보다 더 의존적이고, 사교성과 창의성이 적은 편이다. 또 아동은 상상적으로 어떤 대상에게 적대감을 품는다.
- **거부적-자율적 태도** : 부모가 자녀를 거부하면서 자율을 주는 아동은 공격적이고, 자신의 행동을 조절하지 못하는 특징이 있다.
- **거부적-통제적 태도** : 자녀를 따뜻하게 포용하지 않을 뿐만 아니라 행동을 체벌로 규제하는 태도이다. 이러한 부모 밑에서 자란 아동은 자아에 대한 분노가 발생하며, 내면화된 갈등과 고통을 많이 갖고 있다.

부모역할의 범위는 자녀의 안전을 관리하고, 기본적인 욕구를 충족시켜 주고, 성장발달을 할 수 있도록 돕는 것뿐만이 아니라 생존과 관련된 기술을 가르치고, 정서적인 안정을 위하여 사랑을 주며, 긍정적인 자아개념과 정체성을 가질 수 있도록 지지해 주는 것이다.

가정에서 부모역할은 아버지 역할과 어머니 역할로 나누어 살펴볼 수 있다. 아버지는 주로 경제적 책임과 대외적인 역할을 맡고, 어머니는 가족의 소비생활과, 대내적 역할을 맡는다. 아버지는 훈육의 책임자로서 자녀가 독립적으로 살아갈 수 있도록 능력을 길러 주는 역할, 사회의 전통이나 가치를 전수하는 역할을 하고, 아들에 대해서는 남성역할의 모델이 된다. 어머니는 애정적인 정서를 제공하여 가족관계를 부드럽게 하고, 가족이 단합하고 안정된 생활을 할 수 있도록 분위기를 조성하고, 딸에 대해서는 여성역할의 모델이 된다.

현대사회에서는 사회가 복잡하고 다변화됨에 따라 부모역할 수행에도 많은 변화가 있다. 부모의 기능적인 면뿐만 아니라 가치관의 변화, 성역할 개념에도 많은 변화를 맞고 있다. 부모가 당연히 하던 아동의 보호, 교육, 종교, 오락 등이 사회집단에 의해 수행되고 있고, 특히 유아들은 어릴 때부터 부모가 아닌 다른 사람에 의해 양육되고, 유아교육기관에 위탁하게 된다.

아동은 부모가 역할을 다 해주는 가정에서는 안정적으로 성장할 수 있지만 그렇지 못할 때는 문제가 발생한다. 정신적인 문제로 부모역할을 잘못하는 것도 문제지만 부모의 폭행과 유기, 방임 등은 아동에게 심각한 문제를 준다.

2. 교육환경

교육환경은 형식적인 교육을 받을 수 있는 학교환경을 말하는데, 가정과 사회는 아동 외에 성인들과 함께 구성된 사회인 데 비하여 학교환경은 오로지 아동만을 위한 환경이다. 학교사회는 또래들로 평등하고 대등하게 구성되고, 체계적인 교육을 통하여 가정에서 배울 수 없는 지식과 태도, 기술을 익힌다. 아동이 바람직하게 성장하기 위해서는 좋은 교육환경에서 또래들과 사회적 관계를 형성하고, 경쟁과 협력을 통해서 사회적 기술을 습득해야 한다.

교육환경을 결정짓는 요소는 학교의 교육과정을 비롯하여 교사 및 학교시설 같은 교육기관의 환경과 부모의 교육열 등이 있다. 교육과정은 시대와 사회적 요구를 반영하고 교육철학에 근거하기 때문에 국가와 사회의 분위기에 따라 달라질 수 있다. 교육과정의 내용과 방법이 아동의 입장에서 조직되는 아동중심교육과정이라면 학교에서 아동의 행복지수는 높아질 것이다. 학교의 시설 설비와 교사의 지도 철학이 아동을 존중하여 개성을 살리기 위한 것일 때 아동은 편하고, 자신의 잠재능력을 최대로 발휘할 수 있을 것이다.

부모들은 종종 아동이 장래 사회에 나가 경쟁력을 갖추고 앞서가기를 바라는 마음에서 아동에게 과도한 기대를 하게 되는데, 아동은 과도한 학습 압력을 받으면 오히려 아동의 정서를 억압하게 되어 성장발달에 나쁜 영향을 미칠 수 있다. 부모가 교육열이 있으면 좋지만 아동의 능력과 소질을 이해한 후에 그에 맞는 교육을 하는 것이 중요하다.

1) 학교환경

아동이 가정 이외의 장소에서 처음으로 의미 있는 성인을 만나는 곳이 학교이고, 의미 있는 성인은 교사이다. 교사는 지식을 전달하는 역할을 하는 것 외에 부모의 역할을 대신할 수 있는 성인이다. 아동의 교육환경을 나타내는 지표로는 학급당 학생 수, 교사 1인당 담당하는 학생 수, 학생 1인당 건물 면적 등이 있다. 우리나라 연도별 교육환경 추이는 〈표 2-1〉, 〈표 2-2〉, 〈표 2-3〉과 같다.

학급당 학생 수는 유치원이 가장 적고 초등학교와 중학교로 올라갈수록 학생 수가 많아진다. 유치원과 초등학교, 중학교 모두 지난 과거보다는 최근에 이를수록 학급당 학생 수는 줄어드는 추세이기 때문에 아동에게는 그만큼 좋은 환경이 조성되고 있다.

교사 1인당 담당하는 학생 수는 2015년을 기준으로 유치원이 13.4명으로 가장 적고, 초등학교가 14.9명으로 가장 많다. 연도별 유치원, 초등학교, 중학교 모두 최근으로 오면서 교사 1인당 담당하는 학생 수가 점차 줄어들고 있다. 이러한 변화 추이는 아동의 교육환경이 점차 개선되고 있다고 볼 수 있는 것이다.

〈표 2-1〉 연도별 학급당 학생 수

단위 : 명

구 분	2000	2005	2008	2010	2011	2012	2013	2014	2015
유치원	26.3	24.2	21.9	21.0	20.9	21.6	21.5	19.7	20.0
초등학교	35.8	31.8	29.2	26.6	25.5	24.3	23.2	22.8	22.6
중학교	38.0	35.3	34.7	33.8	33.0	32.4	31.7	30.5	28.9

출처 : 한국교육개발원 교육통계연구센터(2015). 교육통계연보.

〈표 2-2〉 연도별 교사 1인당 학생 수

단위 : 명

구 분	2000	2005	2008	2010	2011	2012	2013	2014	2015
유치원	19.5	17.5	15.5	14.8	14.6	14.5	14.3	13.4	13.4
초등학교	28.7	25.1	21.3	18.7	17.3	16.3	15.3	14.9	14.9
중학교	20.1	19.4	18.8	18.2	17.3	16.7	16.0	15.2	14.3

출처 : 한국교육개발원 교육통계연구센터(2015). 교육통계연보.

〈표 2-3〉 연도별 학생 1인당 건물 면적

단위 : m2

구 분	2000	2005	2008	2010	2011	2012	2013	2014	2015
초등학교	6.0	7.9	9.5	11.1	12.0	13.0	14.0	14.6	15.5
중학교	6.7	8.5	9.4	10.2	10.9	11.5	11.9	12.7	14.0

출처 : 한국교육개발원 교육통계연구센터(2015). 교육통계연보.

학생 1인당 건물면적은 2015년도 기준으로 초등학교가 15.5㎡이고, 중학교가 14.0㎡로 초등학교가 중학교보다 학생 1인당 더 많은 공간을 사용하고 있다. 최근으로 올수록 학생 1인당 사용하는 건물 면적이 많아지는 것을 알 수 있다. 아동에게는 교실환경이 그만큼 좋아지기 때문에 서로 부딪칠 확률이 줄어들고, 과밀로 인한 스트레스나 공격성이 줄어들 수 있다.

아동이 학교생활에서 얼마나 행복한지를 나타내는 지표로 학교생활 만족도 조사 〈표 2-4〉를 보면 과거보다는 최근으로 오면서 비교적 만족 정도가 높아지는 것을 알 수 있다. 이는 〈표 2-1〉, 〈표 2-2〉, 〈표 2-3〉에서 제시한 학교환경이 개선되는 것과 비례하는 것을 알 수 있다. 학생들은 교우관계에서 가장 만족하며, 그 다음으로 교사와의 관계, 교육 내용 순으로 만족하고, 학교시설과 주변 환경에는 덜 만족하는 것을 알 수 있다.

〈표 2-4〉 학생의 학교생활 만족도 단위 : %

구 분	2000			2008			2014		
	만족	보통	불만	만족	보통	불만	만족	보통	불만
전반적인 학교생활	41.4	45.5	13.1	51.0	43.1	5.9	50.2	43.1	6.7
교육 내용	30.7	78.9	20.4	50.8	39.2	10.0	45.3	43.7	11.0
교우관계	67.7	28.6	3.7	70.0	27.3	2.7	73.7	23.4	2.9
교사와의 관계	36.2	48.4	15.4	46.9	45.0	8.2	55.7	38.1	6.1
학교시설 및 설비	23.0	35.8	41.2	34.8	40.9	24.3	39.0	42.7	18.2
학교 주변 환경	23.4	44.0	32.6	30.7	43.2	26.1	39.2	44.7	16.1

출처 : 통계청(2014). 사회조사보고서.

교육환경은 아동들의 행복지수와 밀접한 관계를 가진다. 학교교육의 정책과 교우관계는 아동들의 삶의 가장 많은 부분을 차지하기 때문에 아동의 삶의 질을 결정하는 인자가 된다.

한국은 6년째 굳건하게 '꼴찌'의 자리를 지켜온 분야가 바로 아동들의 '행복지수'다. 2014년 한국 어린이의 행복지수는 OECD회원국 중 최하위로 조사됐다. 행복지수가 OECD평균인 100점에 훨씬 못 미치는 74점에 불과하다.

2015년 5월 18일 발표된 국제 아동구호단체와 서울대의 공동연구에서도 한국 어린이 행복지수는 조사대상 15개 국가 중 가장 낮았다. 만 8세, 10세, 12세 아동 대상 설문조사에서 한국은 네팔, 에티오피아, 남아프리카공화국에도 뒤졌다. 물건 소유에 따른 물질적 만족감은 노르웨이에 이어 두 번째를 차지했으나 학업성적과 자신의 외모에 대한 만족감은 15개국 평균에 크게 미달했다.

한국 어린이들이 가장 불행하게 느끼는 것은 학습 부담이다. 교육환경은 OECD국가 중 상위권에 속하지만 그 속에서 공부하는 아이들은 불행하다. 한국 어린이들은 부모와 사회가 정해 놓은 기준과 자신을 항상 비교하며 살기 때문에 외모와 성적에 대한 만족감이 크게 떨어진다는 분석이다.

정부는 2015년 5월 13일 아동들의 행복지수를 높이겠다는 '제1차 아동정책 기본계획'을 발표하였다. 2019년까지 아이들을 행복하게 만들겠다는 것이다. 또한 10년 안에 아동의 삶의 만족도를 OECD평균 수준으로 끌어올린다는 목표도 세웠다. 같은 기간 행복지수도 74에서 85점까지 높인다는 '구체적인' 수치도 발표됐다.

2) 방과 후 아동보육

최근 들어서 맞벌이부모가 증가하면서 아동의 방과 후 활동에 더욱 관심이 높아졌다. 맞벌이부모의 자녀들이 학교를 마친 후 집에 귀가하지 않고, 거리에서 방황하거나, 유해한 환경에 노출될 가능성이 있기 때문에 이들 아동의 부모가 퇴근할 때까지 적합한 환경에서 보호해 주는 서비스가 절실히 필요하게 되었다.

우리나라에서 방과 후 아동을 돌보기 위한 노력은 1970년대 저소득층 자녀를 대상으로 하는 도서관 형태의 소규모 청소년 공부방 설립 운동에서 비롯되었다. 1990년에는 방과 후에 도시 빈민 자녀에게 공부할 공간을 제공하는 공부방에 대해 국가와 지방자치단체가 재정지원을 시작했다. 2003년 아동복지법 개정을 통해 지역아동센터를 아동복지시설의 하나로 추진하여 행정적·재정적 지원을 제공하였다.

아동의 방과 후 생활에서 아동에게 보호적·교육적 서비스를 제공하는 것으로는 방과 후 보육이 있다. 방과 후 보육은 '방과 후 아동지도', '공부방', '방과 후 교실' 등의 용어를 같은 개념으로 혼용해서 사용되어 왔으나 2004년 아동복지법 개정에 따라 종래의 '공부방'은 '지역아동센터'로서 아동복지시설로 제도화되어 지역아동보호와 보충적 서비스를 실천하고 있다.

방과 후 아동보육은 첫째, 학교를 마친 후 성인의 보호 없이 지내는 아동을 위험하고, 유해한 환경으로부터 안전하게 보호하는 활동이다. 둘째, 학교와 가정교육의 연계

성을 제공해 주는 것이다. 셋째, 학교에서의 공식적 활동 이외에 자유로운 활동을 통해 아동의 주도성과 독창성을 길러주는 것이다. 방과 후 보육은 아동을 건전하게 육성함으로써 스스로독립적인 생활을 행복하게 영위할 수 있는 능력을 함양하기 위한 것이다.

이제 아동의 전인적 발달과 안전한 보호는 더 이상 개인적인 문제로 국한할 수 없는 사회공동의 문제로 인식되면서 아동양육의 사회적 책임이 더 강화되고 있다. 우리나라에서 방과 후 아동보육 유형별 서비스 현황을 보면 〈표 2-5〉와 같다.

〈표 2-5〉 방과 후 아동보육 유형별 비교(2008년 기준)

구 분	지역아동센터	방과 후 아카데미	방과 후 학교	방과 후 보육시설	청소년 공부방
적용대상	18세 미만 빈곤지역 아동 및 청소년 3,013개소	초4~중2	초등·중고생	초1~초6	지역사회 저소득 청소년
수	3,013개	186개	11,098개	383개	343개
이용자	87,291명		396만 명	12,642명	
서비스 내용	교육, 예체능, 문화, 보호, 생활교육 프로그램	자기주도적 학습 특기적성교육 급식 지원	교과, 특기적성 보육	급식, 상담, 건강, 보호	학습지원 문화체험
예산	555억 원	300억 원	2,257억 원	9.6억 원	27억 원

출처 : 조기석(2009). 방과후 아동보육의 활성화 방안. 가야대학교 행정대학원 석사학위논문.

아동은 방과 후 생활을 학교에서 실시하는 방과 후 학교 서비스를 가장 많이 이용하며, 그 다음으로 지역아동센터를 이용한다. 모든 아동이 부모의 보호를 받는 가정으로 돌아가기 전에 유익한 서비스를 받으면서 안전하게 보호받기 위해서는 서비스의 종류를 다양하게 준비하고, 전문적인 아동지도 인력을 양성하는 것이 필요하다.

3) 사교육환경

우리나라 사교육은 교육정책의 변화에 따라 민감하게 변화하면서 공교육의 기능을 일부 보완하거나 보충하는 역할을 하였다. 사교육환경은 점점 다양해지고, 규모가 커지는 추세에 있으며, 지식정보화 사회가 도래하면서 학교에서 담당하던 지식의 공급을 학교가 아닌 곳에서도 활발히 진행되는 특성을 보인다. 따라서 사교육이 차지하는 비중이 점점 커지고 있으며, 사회에 기여하는 바도 적지 않다. 그러나 학생들에게는 과도한 학업부담을 지우고, 학부모들에게는 과도한 경제적 부담을 지우는 부작용도 매우 크다고 할 수 있다. 이러한 문제는 한 개인이나 학부모들만의 문제가 아니라 사회문제로 대두되고 있으며, 아동의 삶의 질에까지 영향을 미치고 있다. 우리나라 사교육 현황을 보면 〈표 2-6〉과 같이 초등학교 아동이 81.1%로 가장 많이 참여하고 있으며, 중학생이 69.1%, 고등학생이 49.5% 참여하고 있어 절반 이상의 학생들이 사교육에 참여하고 있다. 사교육참여율은 2009년도에 정점을 찍고 점차 줄어드는 경향을 보이고 있다.

〈표 2-6〉 사교육 현황

구분		계	초등학생	중학생	고등학생
2009	참여율(%)	75.0	87.4	70.1	45.9
	사교육비(월)	242,000	245,000	260,000	217,000
2011	참여율(%)	71.7	84.6	71.0	51.6
	사교육비(월)	240,000	241,000	262,000	218,000
2014	참여율(%)	68.6	81.1	69.1	49.5
	사교육비(월)	242,000	232,000	270,000	230,000

출처 : 국가통계포털 www.kostat.go.kr/wnsearchNew

3. 사회환경

아동도 사회의 구성원으로서 사회규범을 익히고, 사회에서 기대하는 행동을 할 수 있어야 한다. 아동은 사회의 여러 가지 제도와 문화적 배경에 영향을 받아 성장한다. 사회의 각종 유해환경이 아동에게 직접 노출된다면 아동의 정신건강을 해칠 수 있다.

현대사회는 산업의 발달로 물질적 풍요를 누리지만 고상하지 못한 문화의 범람으로 정서와 정신에는 부정적인 영향을 초래하였다. 특히, 최근에는 인터넷의 발달과 게임산업의 발달로 아동이 무분별한 불량 사이트의 접속과 폭력적인 게임에 노출되고, 과도한 시간동안 게임에 몰두하여 게임중독에 빠지기도 한다. 상업성 대중매체에서 범람하는 선정적이고 자극적인 프로그램은 아동의 맑은 영혼을 혼탁하게 하고, 정상적인 성장 기조를 파괴하는 역할을 한다. 성인들을 위한 오락물이 아동에게 여과 없이 노출되는 문제는 아동이 아이다움을 잃어버리도록 하는 주범이다. 아동은 순수함을 유지해야 하며, 혼탁한 환경으로부터 보호되어야 한다.

1) 대중매체의 환경

대중매체는 불특정 대중에게 정보를 공중파, 인터넷, 신문, 출판물을 통해 전달하는 매스커뮤니케이션의 핵심 수단이다. 대중매체를 통해 전달되는 내용은 매우 다양하다. 이러한 내용은 각 계층에게 맞도록 구성되어 수용자에게 신속하게 전달된다.

대중매체는 사회에 축적된 가치, 사회적 규범, 지식, 기타 문화를 사회구성원에게 전달하는 기능을 한다. 이러한 기능은 사회를 통합하고, 성원들 간의 결속을 다지는 데 도움이 되기도 한다. 개인의 입장에서는 공동의 사회규범과 문화적 산물에 접촉함으로써 사회적응에 도움을 받을 수 있다. 그러나 한편에서는 규격화된 문화들이 성원들의 다양성을 상실하게 하고, 창의성을 방해하는 역기능을 하기도 한다. 사람들에게 휴식과 오락을 제공하는 프로그램은 휴식과 즐거움을 주지만 지나친 몰입과 현실 도피 성향을 가져와 사회에 대한 무관심과 사회적 참여를 외면하게 될 수 있다.

아동은 발달 정도가 미숙하여 대중매체가 아동의 가치관, 태도 등에 주는 영향이 클 수밖에 없다. 아동의 교육적인 측면에서 볼 때 역기능적 효과가 지적된다. 자극적인 오락물은 아동의 가치관, 태도, 사고방식, 행동양식 형성에 문제를 드러낸다.

TV, 인터넷을 통해서 전달되는 내용은 시각적 자극으로 아동을 매료시키기에 충분하고, 아동이 과다 몰입하는 중독성이 있기 때문에 문제가 있다. 이러한 매체들은 상업성을 띠고 있기 때문에 선정적이고, 폭력적인 내용을 여과 없이 방출되기 때문에 아동에게 그대로 노출되는 위험이 있다. 영상매체에서 묘사되는 폭력 또는 외설은 아동이 그대로 모방하여 아동 범죄나 비행을 저지르게 할 수 있다.

인터넷이 아동에게 미치는 역기능은 첫째, 학습에 지장을 초래한다. 아동이 장시간 인터넷을 사용하면서 상대적으로 학습할 시간이 줄어들게 된다. 아동이 새벽까지 인터넷을 하면 신체적 리듬을 상실하고, 피로가 쌓여 학교에서 정상적인 학습활동을 방해한다. 인터넷은 현재 이용하는 독서, 신문 읽기 시간을 감소시키기도 한다. 요즘은 온라인 게임의 발달로 인터넷을 통해 게임을 즐기는 아동이 대다수이며, 게임중독에 빠져 현실과 게임을 혼동하여 범죄를 저지르기도 한다. 인터넷에 중독된 아동은 인터넷을 하지 않으면 백일몽에 빠지기도 하고, 초조해하고, 불안해하기도 한다.

둘째, 음란물 접촉으로 인해 왜곡된 성의식이 형성된다. 호기심이 왕성한 아동은 음란물을 접하게 되면 강한 호기심을 느끼며, 계속 보고 싶은 욕망을 가지게 된다. 그러다 보면 음란물을 탐닉하는 음란물 중독 현상을 보이며, 나중에는 성범죄를 저지르게 된다.

셋째, 가족 간에 대화시간이 감소된다. TV 또는 인터넷 게임을 몰입하고 있을 때는 가족이 중요한 이야기를 해도 들리지 않고, 가족과 이야기를 나눌 생각을 하지 않게 된다.

넷째, 과도한 영상 시청으로 시력이 감퇴된다. TV, 컴퓨터 모니터는 강한 빛의 발산과 색의 변화로 눈이 피로하며, 안구건조증과 같은 증상을 일으키고, 장시간 가까이에서 시청하게 되면 시력이 나빠진다.

특히 최근 들어 아동청소년들은 각종 컴퓨터 게임에 과몰입함으로써 현실과 가상세계를 혼동하여 정상적인 발달을 할 수 없으며, 게임에서의 폭력성을 그대로 현실에서 저지르는 심각한 정신착란을 가져오기도 한다. 행정안전부에서 조사한 바에 의하면 우리나라 청소년의 12%인 79만 명이 인터넷 중독 상태라는 결과가 나왔다. 이는 성인의 2배를 넘는 수준이고, 특히 저소득가정이나 한부모가족 자녀들이 중독이 심각한 것으로 나타났다.

게임에 중독된 아동은 바깥활동이 줄고, 대인관계를 기피하며, 신경이 예민해져 행동이 거칠어지고 말투가 험해진다. 장시간 컴퓨터 앞에 앉아 있어 시력 감퇴와 체력저하는 물론 끼니를 거르거나 인스턴트식품으로 불규칙한 식사를 하기 때문에 몸이 마르고, 척추측만증 같은 질병에 걸리기도 한다.

인터넷 유료게임을 하기 위해서는 아바타 꾸미기, 게임 아이템 구입 등에 돈을 지불해야하기 때문에 몰래 부모의 신용카드나 핸드폰 결제를 하다가 친구의 돈을 훔치거나 갈취하는 범죄를 저지르기도 한다.

아동이 게임에 중독되는 것을 막기 위해서는 가정과 학교에서 관심을 가져야 하고, 아동이 스스로 게임을 자제할 수 있는 힘을 길러 주는 것이 필요하다. 게임 대신 친구와 함께하는 운동 및 여가 프로그램을 제공해 주는 것이 중요하다. 또한 게임프로그램에 셧다운제를 도입하여 일정 시간 이후에는 청소년들이 접속하지 못하도록 하거나 피로도 시스템을 적용하여 일정 시간 이상 게임프로그램을 사용할 경우는 작동이 느려지게 만들어 게임을 더 이상 즐길 수 없도록 하는 방법도 필요하다. 청소년들이 게임 과몰입으로 폐해가 심각해지자 국회에서는 2011년 4월 29일 셧다운제를 포함한 청소년보호법 개정안을 통과시켜 2011년 11월부터 시행에 들어간다.

2) 또래환경

또래집단은 연령, 신분, 흥미가 서로 비슷하고 행동 경향이 비슷하기 때문에 우리라고 하는 공동감정(we-feeling)을 가질 수 있고, 또래들끼리 통하는 규칙, 성원에 대한 기대가 있고, 평등과 대등의 관계를 유지하며, 동지적 감정으로 단결할 수 있는 특성을 가지고 있다(구광현 · 이희경, 2002).

아동은 또래집단 내에서 책임과, 권위, 경쟁을 통해서 사회적 가치를 내면화할 수 있다. 또래환경은 아동의 인지, 사회, 정서발달에 의미 있는 영향을 줄 수 있다. 또래는 서로 평등한 관계이므로 인지적인 갈등과 논쟁을 경험하게 되면서 더 높은 수준의 사고단계로 발달하게 된다. 또한 아동은 혼자서 과제를 수행할 때보다 유능한 또래와 협력할 때 아동 자신의 발달 수준을 넘어서는 성취를 이루게 된다. 자기중심적인 사고를 하는 어린 시기 아동은 또래와 관계 맺기를 통해 인지적 발달뿐만 아니라 도덕성, 의사소통 기술, 조망수용능력 등을 발달시킬 수 있고, 사회적 지지자로서의 역할도 하게 된다. 아동은 또래와 함께 있거나 경험을 공유하는 것을 통해 동반자적인 지지를 받게 된다(송명자, 1999).

아동에게 또래는 강화자로서 모델, 사회적 비교의 준거로 중요한 역할을 하게 되는데, 또래는 아동에게 자신의 행동이나 능력 등을 비교하고 평가할 수 있는 사회적 비교 준거가 된다.

또래는 긍정적인 지원을 많이 제공해 주지만 가까운 관계일수록 갈등과 경쟁도 존재한다. 아동은 또래집단에서 공통된 문제를 경험하며, 또래관계를 통해 사회적 기술을 향상시키고 정서적 지지를 받아 자아개념을 발달시킨다.

또래관계는 긍정적인 지원 기능뿐만이 아니라 갈등과 경쟁 또는 배신과 같은 부정적인 측면도 포함한다. 또래관계에서 긍정적 기능은 ① 정서적 안정을 줌으로써 자신감을 부여해주고, ② 또래와의 지속적인 신뢰 관계를 통해 서로 의지할 수 있고, ③ 서로 필요한 것에 도움을 주고, ④ 친밀감으로 자신의 감정을 솔직히 표현하고, 상대방의 고백을 수용해줄 수 있고, ⑤ 상대방을 격려해 주고, 인정함으로써 자신의 가치에 대하여 확신을 가질 수 있게 한다.

한편, 또래관계의 부정적 기능은 갈등, 다툼, 괴롭힘과 같은 것으로 인해 상실감과 배신감 등을 가져 자신의 존재 가치를 떨어뜨리고, 사회에 대한 불신을 가지게 한다.

또래환경을 구성하는 요인은 정서적 지지를 비롯하여 공동생활, 교환적 협동 등이 있다(이주리, 1994). 정서적 지지는 또래 간에 위로와 충고, 애정, 칭찬, 인정 등과 같은 정서적 지원을 말한다. 공동생활은 또래 간에 함께 놀기와 함께 지내기 등이다. 교환적 협동은 또래 간에 수고의 교환을 통한 협동을 말한다.

또래환경은 가족환경 다음으로 아동이 깊게 관련되는 사회적 관계를 맺을 수 있는 환경이기 때문에 매우 중요하다. 또래에게 지지받는 경험을 많이 하는 아동은 그만큼 자신감을 가질 수 있고, 긍정적 자아개념을 형성할 수 있다. 또래집단의 응집성이 높으면 구성원 간 의사소통이 활발하며, 긍정적인 상호작용을 하고, 서로 잘 수용하고 이해하며, 아동은 집단에서 행복감을 느낄 수 있다. 이와 같이 아동이 자신에 대한 개념을 만들어 가는 데 또래는 결정적인 역할을 한다. 아동은 또래들의 반응과 대하는 태도를 통해 자신을 평가할 수 있다.

또래집단은 주로 학교를 중심으로 형성되는데 학교에서 또래집단으로부터 따돌림을 받거나, 집단폭력을 당하는 사례들도 나타나고 있다. 집단따돌림은 한 집단의 구성원 중 자기보다 약한 상대를 대상으로 또는 집단의 암묵적인 규칙을 어긴 자를 대상으로 여럿이 함께 또는 개인이 돌아가며 신체적·심리적인 공격을 가하여 반복적으로 고통을 주는 행동이다. 이와 유사한 형태로 나타나는 집단 괴롭힘은 다수의 아동이 반복적이고 지속적으로 특정 아동에게 신체적·심리적으로 고통을 주는 행위이다. 집단따돌림이나 괴롭힘을 당하는 아동은 학교에서 외롭고 무기력하며, 학교생활에 흥미를 갖지 못할 뿐만 아니라 낮은 자존감과 우울증으로 자살하기도 한다.

참고문헌

구광현·이희경 (2002). 유아사회교육. 동문사.

김양희 (1998). 가족관계학. 수학사.

송명자 (1999). 발달심리학. 학지사.

양옥경 (2001). 가족관계 측정을 위한 척도 개발연구. 한국가족복지학, 8, 119-147.

엄명용 (1997). 아동의 부적응행동 및 가족기능 양상과 가족체계 유형과의 상호관계. 한국사회복지학, 32, 235-266.

유영주 (1984). 신 가족관계학. 교문사.

유영주 (1990). 가정발달학. 교문사.

이주리 (1994). 유아 및 아동의 가정환경 및 또래환경과 역량지각. 서울대학교 대학원 박사학위논문.

정명숙 (2009). 가족구조가 아동의 인성 발달과 사회성 발달에 미치는 영향. 백석대학교 기독교전문대학원 박사학위논문.

조기석 (2009). 방과후 아동보육의 활성화 방안. 가야대학교 행정대학원 석사학위논문.

조미옥 (2005). 유아기 부모의 놀이성과 가족기능에 관한 연구. 숙명여자대학교 대학원 석사학위논문.

조성자 · 문소연 (1999). 아동이 지각한 가족기능이 자아개념에 미치는 영향. 대구효성가톨릭대학교 사회과학연구소. 사회과학논총, 1, 17-35.

최희진 · 유영주 (1999). 가족기능 척도 개발에 관한 연구—Tavitian, Lubiner, Green, Grebstein, Velicer의 가족기능도 척도(FFS)에 기초하여. 한국가정관리학회지, 17(1), 57-71.

통계청 (2008). 2008년 인구주택총조사.

홍성애 (1998). 가족환경과 가족체계 상호작용 유형이 청년기의 자아정체감 형성에 미치는 영향. 성신여자대학교 대학원 석사학위논문.

Moss, B. S. & Moss, R. H. (1976). A social climate family environment scale manual. *Consulting Psychologist Press*. Palo Alto Ca.

Ackerman, M. (1966). *Treating the troubled family*. NY: Basic Books.

Fishben, M. & Aizen, I. B. (1975). *Attitude intention and behaviour: An introduction theory and research reading*. Addison Wesley.

Schaefer, E. S. (1959). Circumflex model for mental behavior. *Journal of Abnormal and Social Psychology, 59*, 226-235.

CHAPTER 03

아동발달이론

1. 아동발달의 개념과 발달요인
2. 발달의 원리
3. 아동발달의 특성
4. 주요 발달이론

1. 아동발달의 개념과 발달요인

1) 발달의 개념

남녀의 결합으로 정자와 난자가 만나고 수정이 일어난다. 수정이 된 이후부터는 자궁 속에서 변화가 지속적으로 일어나 인간의 모습이 형성되고, 각종 신체 구조와 장기들이 만들어진다. 엄마의 자궁 속에서 10달 동안 성장한 아기는 세상에 나와서 신체의 성장과 더불어 인지적·사회적·정서적으로 기능이 점점 좋아지는 변화를 한다. 이러한 변화는 늙어서 사망할 때까지 지속적으로 일어난다. 물론 신체를 비롯한 대부분 영역에서는 노화단계에 접어들면 기능이 쇠퇴하는 방향으로 변화한다. 이러한 변화의 총체를 인간발달이라 한다.

발달이란 변화를 뜻하며, 그 변화가 신체의 기능이 진보되는 경우에 발달이라 하고, 그 반대 방향의 변화를 쇠퇴 또는 퇴화라고 한다. 그러나 넓은 의미의 발달은 유기체가 생활하는 동안에 일어나는 모든 변화로 신체적인 구조의 변화이든, 기능의 변화이든, 심리적인 변화이든 모두 발달이라고 할 수 있다(임창재, 1999).

따라서 발달이란 수정에서부터 사망할 때까지 개인에게서 일어나는 체계적인 연속성과 변화를 말한다(송길연 외, 2000). 여기서 변화에는 어떤 순서가 있고, 패턴이 있으며, 비교적 지속적인 것을 말한다. 그러므로 일시적인 기분 변화와 외모, 생각 그리고 행동의 이행적인 변화는 제외된다.

유기체의 이러한 변화는 개체가 그를 둘러싸고 있는 환경에 적응하는 과정에서 일어난다. 그러므로 발달이란 개체가 생활하는 데 있어서 환경에 적응하여 가는 과정이라고도 할 수 있다. 따라서 인간의 발달은 성장과 성숙, 그리고 학습과 관련되어 있다.

발달과정에는 특정의 경험이 개체의 발달에 결정적인 영향을 미치는 시기가 있다. 결정적인 시기(critical period)란 해야 할 경험을 이 시기에 하지 못하면 영원히 배우지 못하며, 이후에 보완하기가 어렵다는 것이다. 생후 1~2년간 어머니로부터 사랑을 받지 못한 어린이는 후에 사랑을 주어도 받아들일 줄 모르고 남을 사랑할 줄도 모른다.

(1) 성 장

성장(growth)이란 신체적인 면의 신장이나 체중이 증가하는 양적인 변화로서 외적인 자극이 없이도 자연이 일어나는 비교적 환경의 영향을 적게 받는 변화를 말한다. 그러나 발달은 양적으로만 커지는 것이 아니라 구조나 기능이 세분화되는 것이다. 즉, 신체 각 부분이나 전체 크기가 늘어나는 생명체의 양적인 크기의 증가이며, 기능의 분화와 계속적인 증가를 의미한다(Chaplin, 1971). 그러나 발달이란 양적 증대의 변화와 질적 변화가 함께 이루어지는 것이다. 성장은 주로 양적인 면, 즉 키나 몸무게의 증가를 의미하며, 발달의 한 측면을 말한다.

(2) 성 숙

성숙(maturation)이란 학습에 의하지 않고 생득적으로 가지고 태어나는 유전에 의한 변화를 말한다. 성숙은 주로 유전적으로 결정되고 특수한 경험이나 훈련에 의해서 좌우되는 일이 적다. 그러니까 부모로부터 물려받은 유전자에 들어 있는 유전적 계획에 의한 생물학적 변화과정이라고 할 수 있다.

유전적 성숙 프로그램에 의해 아기는 생후 1년이 되면 걸음마를 하고, 말을 하기 시작하며, 11~13세가 되면 성적인 성숙이 일어나 2차 성징이 나타난다. 성숙은 신체구조뿐만 아니라 운동기능, 인지구조, 사회정서 등에서 일어나는 질적인 변화이다. 성숙은 유전적인 힘에 의해 일어나는 변화이다.

(3) 학 습

학습(learning)이란 후천적 경험에 의해 일어나는 변화와 능력의 획득을 말한다. 즉, 심신의 모든 분야에서 생기는 기능의 변화가 영속적일 때 그 변화를 학습이라 한다. 학습은 기본적으로 성장 또는 성숙 단계를 고려하여 이루어진다. 예컨대 게젤에 의한 46주 된 쌍생아의 계단 오르기 실험에서와 같이 계단 오르기 훈련은 계단을 오를 수 있는 어느 정도의 성숙이 필요하다는 것이다. 연습은 일정한 성숙 단계에서 행해져야 그 효과가 나타나는 것이다. 학습에는 신체기능의 향상, 언어 및 인지능력 등과 같이 눈에 보이는 행동적 변화도 있고 습관과 태도, 가치관 등 눈에 보이지 않는 정신적 변화도 있다.

2) 발달의 요인

(1) 유 전

발달을 일어나게 하는 것은 무엇인가? 이 같은 물음에 대한 대답은 발달의 관점에 따라 다르게 대답할 것이다. 유전론자들은 인간의 성장발달이 유전적 소질에 의해서 지배되며, 환경의 힘으로는 변화시킬 수 있다고 본다. 여기서 소질이란 인간의 신체적 기능 내지는 정신적 기능의 잠재적 능력을 말한다.

멘델에 의하면 생물의 특질은 생식세포에 있는 유전형질 또는 유전자에 의하여 선천적으로 결정지어지는 것이며, 후천적 영향으로 유전형질을 변화시킬 수 없다고 한다. 또한 고다드(Goddard)의 칼리카크 가계연구에서 정상인 자손 496명은 정상 이상의 훌륭한 인물이었으며, 저능의 자손 480명 중 정상 또는 준정상 46명 외에는 모두 문제를 가진 사람들이었던 것으로 밝혀졌다. 이러한 연구결과는 유전적인 요인이 발달에 양향을 미친다는 것을 알 수 있다.

(2) 환 경

환경이란 인간의 생활이나 발달에 영향을 미치는 모든 외적인 조건을 말한다. 인간의 성장발달에 있어서 환경의 영향이란 교육적인 측면에서 매우 중요한 것이다. 교육적 노력은 모두 외적 환경을 자극하는 것이기 때문이다. 환경의 조건이 어떠한가에 따라 전혀 다르게 발달하는 실례들이 있다.

그리고 자연적·지리적 조건이나 사회문화적 차이는 지능뿐 아니라 성격적 특징에 많은 영향을 미친다. 즉, 기후 조건이 인성에 미치는 것은 추위와 더위, 습도, 주야의 길이 등의 관계이며 이러한 기후조건은 인간에 영향을 미친다.

환경에 의해 전혀 다르게 발달한다는 사례로 인도의 야생소녀 이야기가 있다.

인도의 야생소녀 이야기

1920년 인도에서 한 선교사에 의해 늑대굴에서 카말라(Kamala, 8세)와 아말라(Amala, 1세 반)라는 두 여자 어린이가 발견되었다. 발견 당시 두 손과 두 발로 기고 일어서질 못했고, 네 발로 걷고 뛰었으며, 음식을 혀로 핥아 우유와 고기만을 먹었다. 감각기관이 잘 발달되어 있어서 어두운 곳에서도 잘 볼 수 있었고, 멀리 떨어진 곳의 냄새도 잘 맡았다. 의사소통은 불가능했고, 하룻밤에 세 번씩(10시, 1시, 3시) 짖었다. 아말라는 1년 후 죽었지만 카말라는 9년을 더 살았는데, 9년 동안 배운 언어가 5, 6세 어린이 정도밖에 안 되었다.

카말라는 보통 지능을 소지한 정상아로 태어났으나 사람과의 접촉이 없었기 때문에 일반적인 인간과 달랐던 것이다.

환경은 독자적으로 존재하는 것이 아니라 인간과 상호작용함으로써 성장발달을 이루게 한다. 일란성 쌍생아가 가정환경으로 인하여 한 아이는 남의 집 하녀로 보내지고, 다른 아이는 부유한 집의 양녀로 보내져 성장한 후 비교한 결과 지능과 성격 등에서 많은 차이를 발견하였다. 영리한 쥐들과 우둔한 쥐들이 섞인 한 집단은 평이한 환경에서 기르고, 다른 한 집단의 쥐들은 장난감과 같은 자극을 주는 환경에서 기른 다음 쥐들이 성체가 되었을 때 미로검사를 하였다. 평이한 환경에서 자란 쥐들은 유전적으로 우둔한 쥐와 우수한 쥐들 간에 아무런 차이가 없었으며, 우수한 쥐들의 유전능력은 발달하지 못하고 우둔한 쥐처럼 행동하였다. 이처럼 환경은 개체가 발달하는 데 중요한 요인이 됨을 알 수 있다. 교육은 환경을 조성하고, 자극을 주는 것으로 개체의 발달을 조장하는 작용을 하는 것이다.

(3) 유전과 환경의 상호작용

인간의 발달에서 유전과 환경 중 어느 것이 더 영향을 미치는가 하는 문제에 관해서 아직 명확한 결론은 없다. 인간의 발달은 어느 한 가지 요인으로만 설명하지 못한다. 인간의 신체적 특징인 체격, 용모, 체질, 혈액형, 피부색, 눈동자색 등은 종족이나 민족의 일반적인 특징인데, 이러한 것들은 유전의 힘이 커서 환경에 의해 변화할 여지가 없다. 그러나 심리적 내지 정신적 능력인 성격, 예의, 개성, 흥미, 언어, 문화성은 환경의 영향을 많이 받는다(임창재, 1999). 이처럼 인간의 발달은 유전적 소질과 후천적 교육의 두 가지 힘에 의해서 이루어진다고 할 수 있다. 이러한 입장에 서서 인간발달을 이해하려는 관점을 유전과 환경의 상호작용론이라고 한다.

[그림 3-1] 인간발달의 유전과 환경의 상호작용

유전과 환경의 상호작용 방식은 개체마다 다르다. 유전과 환경의 상호작용 양상이 개개 아동마다 다르다는 것은 호로비츠(Horowitz, 1987)의 모델로 설명된다. 유전과 환경 간의 관계가 단순히 선형적이라면 유전적으로 우수한 아동이 좋은 환경에서 자랄 경우 가장 최적의 발달을 이루는 반면, 유전적으로 우둔한 아동이 열악한 환경에서 자랄 경우 가장 최악의 발달을 이룰 것이다.

우드워드(Woodworth)는 발달의 가능성은 환경을 세로로, 유전을 가로로 한 직사각형의 면적과 같다고 보아 유전과 환경의 관계는 더하기의 관계가 아니라 곱하기의 관계와 같다고 하였다.

또 고샬트(Gottschaldt)는 유전과 환경을 삼각형에 비교하여 설명하였다. 밑변(유전)이 같다고 해도 다른 두 변(환경과 교육)이 다르면 다른 삼각형(발달)이 되므로 유전의 성장발달의 한 요소이며, 환경과 교육이 큰 영향을 주기 때문에 두 요인이 동시에 좋아야 한다.

아동이 최선의 성장발달을 이루기 위해서는 유전적 소질을 충분히 발휘할 수 있도록 환경을 조성해 주는 일이 중요하다. 이러한 노력이 바로 교육적 노력인 것이다.

2. 발달의 원리

1) 발달의 상호작용성

발달은 아동의 부모로부터 물려받은 유전과 외부로부터 주어지는 환경 요인 간의 상호작용 결과로 이루어진다. 유전과 환경이 독립적으로 아동의 발달에 관여하는 것으로는 설명하기는 어렵다. 따라서 현대 심리학에서는 인간의 발달은 유전과 환경의 상호작용에 의해 이루어지는 것으로 보고 있다.

2) 발달의 연속성

발달은 연속적이며 점진적인 과정이다. 인간의 성장은 비약적으로 일어나지 않고 계속적인 과정이다. 그러나 변화의 폭은 일정한 간격으로 이루어지는 것은 아니다. 특정 시기에 특정 영역의 발달이 급격히 이루어지나 어느 시기에는 천천히 발달하기도 한다. 예컨대, 아동의 신장은 유아기에 급격한 성장을 보이지만 아동기에 들어서면 그 속도가 떨어지고 청년기에 다시 급속한 성장을 보인다.

3) 발달의 순서성

발달에는 일정한 순서가 있다. 머리가 먼저 발달하고, 손발이 나중에 발달한다. 중심부에서 말초 방향으로, 전체—세부 방향으로 발달한다. 중심부에서 말초 방향은 근원발달원칙이라고도 하는데, 중심부가 말초신경보다 먼저 발달한다는 것이다. 아동은 몸 전체를 사용하는 행동에서 점차 분화되어 정밀한 행동으로 변화되어 가는 것을 뜻한다.

4) 발달의 개인차

발달에는 개인차가 있다. 발달에는 일정한 순서가 있으나 개인에 따라 발달 속도나 모양이 각기 다르다. 아동에 따라서 신체, 인지, 정서발달이 다른데, 이는 가정의 사회경제적 조건, 부모의 교육 정도 등에 따라 영향을 받는다. 어떤 아동은 신체가 일찍 발달하는가 하면 어떤 아동은 인지가 일찍 발달하기도 한다. 이와 같은 개인차는 선천적인 유전에 의하기도 하지만 아동이 환경과 상호작용하는 가운데 나타난다. 개인차는 아동과 아동 사이에만 있는 것이 아니라 개인 내에서도 발달 영역에 따라 차이가 있을 수 있다.

5) 발달의 결정적 시기

아동은 여러 가지 발달 영역 중 어느 시기에 가장 왕성하게 발달하며, 그 시기에 꼭 이루어지는 발달이 있다. 그 시기에 발달하지 못하면 심각한 결손이 생겨 이후에도 발달이 만회되지 않는다. 예를 들어, 영유아기에 정상 애착발달을 못했다면 이후 생에서 대인관계를 형성하는 데 어려움을 겪는다.

6) 발달 영역 간의 영향

아동의 발달 영역은 서로 영향을 주고받는다. 하나의 발달 영역에 문제가 생기면 그 영역에만 문제로 그치는 것이 아니고 다른 영역의 발달까지 문제를 일으킨다. 예를 들어, 신체발달이 지체되면 인지발달과 사회정서발달에도 영향을 미쳐 학습에 어려움을 겪거나, 또래를 사귀는 데도 어려움을 겪는다.

3. 아동발달의 특성

1) 신체 및 운동발달

(1) 신체발달

신체는 일정한 순서, 즉 머리에서 하체로, 중심에서 주변으로 발달해 나간다. 나이가 들어감에 따라 신체가 성장하는데, 이 과정은 연속적으로 일어난다. 즉, 앞 단계의 변화를 기초로 하여 다음 단계의 변화가 이루어진다. 신체 성장이 연속적이라고 하더라도, 신체부위마다 성장 속도는 다르다.

아동기는 일생 중에서도 신체발달이 가장 빠른 시기이다. 아동기의 신체 변화를 살펴보면, 출생 시 평균 몸무게는 3.3kg, 키 50cm 정도에서 생후 1년 이내에 급속한 성장으로 몸무게가 3배 정도로 증가하고, 키는 약 26~27cm가 더 자라게 된다. 걸음마기 아동(만 2~4세)은 영아기(0~2세)처럼 급속한 성장은 이루어지지 않지만 그래도 꾸준히 성장하고, 영아기에 비하여 팔다리가 확장되며 머리의 비율은 작아진다. 이에 비해 아동기의 신체적 발달은 점진적이고 지속적이며, 이전 단계들과 같은 급속한 신체적 성숙은 일어나지 않는다. 아동이 만 11~12세경이 되면 여아들의 신체적 성숙이 남아들보다 앞선다. 그러나 여아들의 우세한 발육은 청소년기에 들어서면 곧 남아들에게 뒤지게 되며, 이후에는 남자들이 체중과 신장에서 우위를 나타낸다. 생식기관은 청소년기 이전에는 서서히 발달하다가 청소년기에 들어와 급속히 성장하며 20세 무렵에는 기초적인 신체적 성숙이 거의 다 이루어진다.

뇌의 발달은 신체 어느 부분보다 가장 먼저 이루어지는데, 뇌의 기능은 0~4세에서 빠르게 발달하며 아동기까지 현저한 발달을 이룬다. 뇌의 무게도 출생 시 성인의 25% 가량에서 5세경에는 성인 뇌 무게의 약 95%에 이르게 된다.

(2) 운동발달

출생 시 운동 반응은 바빈스키반사, 빨기반사, 잡기반사, 모로반사, 수영반사 등 반사운동이다. 이 반사운동은 생후 한 달이 지나면 사라지는데, 대뇌피질의 발달과 함께 점차 의식적이고 자발적인 운동으로 대치된다. 영아기의 운동발달로는 2개월에 엎드린 상태에서 머리 들어 올리기, 3개월에 구르기, 6개월에 혼자서 앉기, 9개월에 붙잡고 걷기, 11개월에 혼자서 서기, 12개월에 혼자서 걷기, 16개월에 손잡고 계단 오르내리기, 24개월에 달리기 및 혼자서 계단 오르내리기 등이 발달한다.

만 2~4세가 되면 아동은 달리기, 뛰기를 할 수 있고, 다양한 방식으로 몸을 사용하고 싶어 할 뿐 아니라 필요한 동작을 매우 빨리 배운다. 만 3세가 지나면 아동은 옷을 혼자서 벗을 수 있으며, 혼자서 옷을 입는 것이 부분적으로 가능한 나이는 만 4세경이다. 만 5~6세경에는 모든 근육의 기능이 아주 높은 수준까지 발달하기 때문에 다양한 운동이 가능하다. 5세경에는 신발을 혼자서 신거나 옷을 혼자서 입을 수 있는 능력이 생기게 된다. 또한 젓가락으로 음식을 먹을 수 있고, 사각형과 삼각형을 그릴 수 있으며, 작은 공도 주고받을 수 있다.

초등학교 시기의 아동은 여러 가지 게임과 스포츠를 통해 힘을 기르고 신체 각 부분의 조정 통합을 추구하며 몸의 유연성도 증가한다. 아동은 자신의 몸을 이용하는 달리기, 줄넘기, 축구, 등산, 자전거, 수영 등의 운동을 선호한다. 운동발달은 신체발달과 함께 아동의 성격 형성에 중요한 역할을 하게 된다.

2) 인지발달

감각을 통하여 들어오는 사물의 성질, 운동관계 등에 대한 정보를 파악하는 정신작용을 지각이라 한다. 지각은 아동의 인지발달에 기초적인 것으로 생후 1개월이 지나면 색채와 소리에 민감하게 반응함으로써 발달하게 된다. 아동은 외부의 정보를 감각에 의존하여 지각하며, 지각한 것은 정신작용의 재료가 되어 인지를 발달시킨다.

피아제(1970)는 유아에게 인지발달의 기본적 기제는 감각운동과정이라 하여 인지발달의 첫 단계로 보았다.

아동이 태어나서 2세까지 중요한 인지적 발달은 대상영속성(object permanence)의 습득이다. 아동이 생후 9~10개월 정도가 되면 환경에 있는 대상은 그 존재가 영속적이며, 자신의 눈앞에서 또는 자기가 잡을 수 있는 거리에서 사라진다 해도 그 존재가 영원히 사라지는 것은 아님을 알게 된다.

2~6세의 전조작기의 아동은 언어와 같은 상징적 기호를 사용하면서 사고능력이 좋아진다. 아동은 이 시기에 실제 행동을 하지 않더라도 상징적으로 대상을 다룰 수 있게 해 주는 능력을 습득한다. 즉, 모방할 수 있는 능력, 정신적인 영상을 간직할 수 있는 능력, 상상 속에서 묘사할 수 있는 능력, 언어능력 등이 여기에 포함된다.

7~11세의 구체적 조작기 아동은 보존기술, 분류기술, 조합기술 등의 개념적 기술들이 점차적으로 발달한다.

- **보존기술** : 형태가 변화하거나 담는 그릇이 달라져도 질량, 부피와 같은 물리적인 부분은 변화하지 않음을 이해하는 능력
- **분류기술** : 대상이 공통적으로 지니고 있는 속성에 따라 물체를 분류, 통합하는 능력과 위계적 방식으로 하위 집단으로 나열하여 하나의 새로운 집단으로 분류할 수 있는 능력
- **조합기술** : 수를 조작하는 능력으로서 일정한 수의 사물이 있으면 그것을 펼쳐 놓든지 모아 놓든지 또는 형태를 바꾸더라도 그 숫자는 동일하다는 것을 이해하는 능력

12세 이후의 청소년기는 형식적 조작기로 상징적 추론이 가능하다. 이 시기의 청소년은 가설을 설정하고, 체계적으로 검증할 수 있을 뿐 아니라 가능한 해답을 논리적으로 검토할 수 있다. 이 단계의 사고는 세 가지 면에서 구체적 조작기와 구분된다. 첫째, 가설 연역적 인지구조이다. 구체적 조작기의 아동은 시행착오적 방법으로 문제해결을 도모하므로 시간 소모가 많다. 반면, 형식적 조작기의 청소년은 문제해결을 위해 가능한 한 모든 방법을 생각하여 그 결과를 가정하여 가장 가능성 있는 것을 시도한다. 둘째, 조합적 분석능력이다. 구체적 조작기의 아동처럼 시행착오적 접근 방법이 아닌 체계적으로 가능한 조합을 차례로 시도하는 것이다. 셋째, 추상적 사고이다. 형식적 조작기에는 삶의 의미를 음미하고, 사회적 규범과 가치관을 이해하게 된다(이인정 외, 1995). 넷째, 삼단논법적 추리가 가능하게 되고, 시간적·공간적 제약으로부터 점차 벗어난다.

3) 언어발달

언어는 의사소통을 위한 수단으로써 사회생활을 가능하게 하고, 문화의 창조, 발전, 계승을 가능하게 하는 도구이다. 언어에 필요한 기술로는 소리를 구별하고 내는 능력, 낱소리를 단어로 연결하고, 단어를 문법에 맞는 문장으로 연결하는 능력, 언어에서 의미를 도출하는 능력, 메시지가 전달되는 사회적 맥락을 파악하는 능력 등이 있다(김경중 외, 2003).

생후 2, 3개월부터 6개월이 되면 옹알이가 거의 끝나고, 생후 8~9개월이 되면 절정

에 이르러 10개월이 되면 뜻이 있는 실제 언어로 바뀌게 된다. 2세경에는 두 단어로 이루어진 문장을 사용할 줄 알게 된다. 3세경이 되면 사고, 관찰, 욕구를 전달하기 위해 언어를 사용하며 구어에 대한 이해는 거의 완성된다. 아동은 점점 발음을 정확하게 할 수 있게 되고 4세가 되면 발음한 소리 중 77%는 정확히 발음할 수 있고, 어휘도 1,500단어를 사용할 수 있다. 읽기와 쓰기는 학습에 의하여 발달되는데, 아동의 사고의 기초도구로서 중요한 역할을 한다. 학령기에 들어가면서 아동의 인지능력과 언어기술이 풍부해지며 언어를 사회적 의사소통 도구로 사용하는 역량도 함께 발달한다.

4) 정서발달

정서란 외부의 자극에 대하여 동요되고 흥분될 때에 경험하는 심리 상태나 감동을 말한다. 다시 말해서, 아동이 외적 자극이나 내적 상념에 관련되어 느껴지는 쾌·불쾌의 차원을 감정이라 하며, 감정의 분화된 상태를 정서라 한다.

정서는 생후 2주일 전후부터 나타나는데, 흥분 상태에서 어떤 자극을 주면 공포, 분노, 애정의 정서반응을 나타낸다. 공포감은 큰 소리가 나거나 돌보아 주는 사람이 없을 때 생기는데, 신생아는 질겁하거나 가쁜 호흡을 하며 손을 꽉 움켜쥐고 입술이 파래진다. 분노는 욕구 충족이 안 되거나 신체운동에 억제를 당하였을 때 나타난다. 애정은 신체를 쓰다듬어 주거나 안아 주어서 즐겁게 해줄 때 생긴다.

출생 시 정서는 미분화된 흥분 상태를 나타내지만 3개월이 되면 쾌와 불쾌의 상태로 분화된다. 6개월이 되면 불쾌한 정서는 분노, 혐오, 공포 등으로 분화되고, 쾌의 정서는 애정 등으로 분화된다. 5개월에서 1년 사이의 영아는 낯선 사람에 대한 불안을 나타낸다. 이 시기 유아들은 부모와 떨어질 때 격리불안을 느낀다.

유아기의 정서적 특징은 첫째, 정서의 경과시간이 짧고, 둘째, 정서가 강렬하며, 셋째, 정서가 변하기 쉬우며, 넷째, 정서가 자주 나타난다.

아동기가 되면 정서를 표현하는 수단으로서 언어나 다른 방법을 사용할 줄 알게 된다. 정서를 표현하는 데 있어서 거친 행동으로는 문제가 해결되지 않으며, 목적을 달성할 수 없다는 것을 알게 된다. 아동은 무서워한다든가, 골을 낸다든다 해서 정서를 있는 그대로 나타내게 되면 또래들의 놀림을 받게 되기 때문에 이를 억제해야 된다는 것을 알게 된다. 정서적 경험은 아동이 성장하는 데 영향을 준다. 정서적 긴장과 불쾌한 정서를 경험한 아동과 행복하고 유쾌한 정서를 느끼는 아동과는 성격이 다르게 형성된다.

5) 사회성 발달

영아는 8~9개월이 되면 다른 사람의 음성과 단순한 행동, 몸짓 등을 조금씩 모방하게 된다. 영아는 부모로부터 사랑과 권위를 경험하면서 부모의 행동을 모방하고, 부모의 가치관을 내면화한다. 부모의 양육태도는 영아의 사회화의 기본방향이나 인성형성의 기초를 이루는 데 영향을 미친다. 생후 6~12개월 사이의 영아는 사람과 사물에 대한 강한 정서적 애착을 가진다.

유아기가 되면 부모와 더불어 형제 등 다른 가족에게로 상호작용의 대상이 확대된다. 유아기 후기부터는 상호작용의 범위가 가정 내에 한정되지 않고, 밖으로 확대되어 간다. 유아는 가정 밖에서 주체성을 형성하기 시작하여, 제1의 반항기에 이른다. 반항은 자아의식의 발달에서 생기는 것으로 의지표현의 시작이며, 자기주장의 표현이라고 할 수 있다.

유아는 2세경부터 협동적 반응이 많아지고 집단생활에 민감해진다. 4세까지는 혼자놀이, 방관자적 놀이, 평행적 놀이 등 혼자 행동이 많으나, 4~6세에는 협동적 놀이가 가능해진다.

초등학교에 입학하는 아동기가 되면 사회생활의 영역이 질적으로나 양적으로 크게 변화하게 된다. 저학년은 아직 유아기적 특징이 남아 있기 때문에 성인에게 의존하는 경향이 있으며, 수평적인 교우관계보다는 수직적인 인간관계에 의존하여 부모나 교사의 말을 비교적 잘 듣는다. 그러나 저학년 말부터 도당시대(gang age)가 시작되면서 사회적 의식이 급속하게 발달하게 된다. 또래집단을 통해서 아동은 대인관계를 익히고 적대감을 처리하는 방법, 통솔자를 대하는 방법 등을 배우게 된다.

(1) 애착발달

애착은 다른 사람과의 가까운 관계를 유지하려는 행동 혹은 가까운 관계가 손상되었을 때 회복하려는 행동이다(Bowlby, 1973). 보울비는 인간의 사회적·정서적 발달을 위한 민감한 시기를 생후 3년간으로 보고 이 시기의 어머니와의 애착형성이 중요하다고 보았다. 유아기에 부모에게 애착을 경험하는 것은 후에 친근한 인간관계를 확립할 수 있는 능력의 기초가 된다. 유아기의 양육자와의 안정적인 애착이 중요한 이유는 이것이 이후의 행동과 상관이 있기 때문이다. 안정적인 애착을 경험한 아동은 나중에 또래 관계에서도 친구와 긍정적으로 상호작용하며 적응적인 성향을 보이는 데 반해, 불안정한 애착을 경험한 아동은 부적응과 문제행동을 나타낼 가능성이 높다(Dunn & McGuire, 1992).

영아는 대부분 부모나 주요 양육자에게 애착을 형성하지만 어머니와 아이가 접촉하는 양과 아이의 요구나 감정에 대한 어머니의 반응, 상호작용 양상에 따라 아이가 느끼는 안정성 수준은 달라진다. 에인스워드(Ainsworth, 1973)는 낯선 상황에서 아이가 어머니에게 보이는 행동양식과 어머니와 떨어져 있다가 다시 만날 때 아이의 반응 양식에 따라 세 가지로 구분하였고, 마인(Main)과 솔로몬(Solomon, 1990)은 여기에 불안정-혼돈 애착을 추가하였다.

① 안정애착

영아는 어머니와 있을 때 편안하게 놀고 낯선 사람에게도 긍정적인 반응을 하며 어머니를 안전기지로 삼아 낯선 상황을 탐색한다.

② 불안정-회피애착

어머니를 탐색의 기지로 삼지 않는다. 어머니나 낯선 사람 모두에게 비슷한 반응을 보인다.

③ 불안정-저항애착

낯선 상황에서는 엄마와 함께 있어서 울음을 터뜨리고 탐색활동을 거의 하지 않고 어머니 옆에만 있으려 한다.

④ 불안정-혼돈애착

낯선 상황에서 어머니가 돌아오면 처음에는 다가가서 안겼다가 이내 화난 듯이 밀어버리거나 어머니에게서 떠나는 양극적인 반응을 보인다. 보울비는 애착의 형성과정을 4단계로 설명하였다.

- **1단계(출생부터 8~12주)** : 1단계는 요구를 채워 주는 사람이면 누구에게든지 애착전조행동을 보이는 단계이다. 영아는 애착의 전조행동으로 울기, 빨기, 미소 짓기, 움켜잡기를 하여 상대방과 가까운 거리를 유지하려고 한다. 상대를 변별하지 않고 애착전조행동을 보이는 이유는 영아가 아직 여러 사람을 분별해서 지각할 수 있는 능력이 없기 때문이다.
- **2단계(6주~8개월)** : 2단계는 한 명 또는 여러 명의 특정인에게만 애착행동을 보이

고 접근하는 단계이다. 영아가 선호하는 사람이 놀아 줄 때 더 적극적으로 반응한다.

- **3단계(8개월~2세)** : 3단계는 신호 또는 움직임을 사용하여 애착을 느끼는 특정 인물과 가까운 거리를 유지하려는 단계이다. 이 시기는 영아는 어머니가 떠나려 할 때 능동적으로 접근하고 어머니를 안전기지로 생각하여 탐색하며, 특히 곤경에 빠졌을 때 누구보다도 어머니를 찾는다. 영아들은 어머니가 곁을 떠날 때 격리불안을 보이며 저항하거나 어머니의 관심을 유지하기 위해 의도적으로 행동한다.
- **4단계(생후 2세 이후)** : 4단계는 다인수 애착단계이다. 2세 이후에 유아는 다른 사람의 존재를 인식하기 시작한다. 유아들은 다른 사람과 상호작용을 하려면 상대방의 요구를 고려해야 한다는 사실을 인식하기 시작한다.

(2) 자아개념

자아개념(self-concept)은 신체적 특징, 개인적 기술, 특성, 가치관, 희망, 역할, 사회적 신분 등을 포함한 '나'는 누구이며, 무엇인가를 깨닫는 것을 의미한다. 자아개념은 자신이 독특하고 타인과 구별되는 분리된 실체라고 인식하는 데서 발달하기 시작한다(정옥분, 2004).

영아가 자신이 다른 사람과 분리되어 있다는 것을 이해하기 시작하는 때는 약 9~12개월이고, 1년이 지나면 거울에 비친 자신의 모습을 알아볼 수 있고, 약 15~18개월 경에는 분리된 자기의 관념이 비교적 명확해지며, 자아개념이 거의 확립되는 시기는 21~24개월 경이다(Lewis & Brook, 1979). 신생아부터 아동기까지 셰이퍼(Shaffer, 1996)의 자아개념의 발달단계는 다음과 같다.

- 1세 미만은 외적 환경으로부터 자아를 구분할 수 있는 존재적 자아 인식이 형성되고, 타인과 자신의 얼굴을 구분할 수 있으며 개인적 행위감이 나타난다.
- 1~2세의 영아는 자신의 이름을 말할 수 있고 자아인지가 나타난다.
- 3~5세 유아는 성, 나이, 키, 몸집 등의 범주적 자아가 발달하고 소유개념이 형성됨에 따라 자아개념이 확장되고, 신체적 특성, 행동, 성취의 평가에 기초한 자아개념이 출현할 뿐만 아니라 이 시기에는 자아존중감과 사적 자아가 나타난다.
- 6~10세 아동은 자아개념에서 개인적 특성이 강조되고 자아존중감이 학문적·신체적·사회적 유능감 등으로 세분화된다.

유치원 및 초등학교 초기의 어린이는 자부심이나 자신의 가치에 대한 감정의 기복이 심하다. 이 시기의 아동은 자신의 능력과 다른 아이들의 능력의 차이를 비교할 줄 알고 가족 외의 어른들이나 친구들의 평가의 중요성을 인식하게 된다. 청소년들은 자신의 성향적 특성, 예컨대 신념, 태도, 가치 등과 같이 좀 더 통합되고 추상적인 자아개념을 갖게 된다(Asendorph, Warkentin, & Badoniere, 1996).

(3) 친사회적 행동발달

친사회적 행동이란 타인을 돕거나 도우려는 어떤 행동을 포함하는 폭넓은 개념이다. 친사회적 행동은 반사회적 행동의 반대되는 개념이며 타인에 대한 배려에서 오는 건설적인 사회적 행동으로 친사회적 범주에는 협동, 양보, 나누어주기, 감정이입, 돕기, 우정, 도덕적 행동이 포함된다(Walsh, 1980).

친사회적 행동은 타인들에 대한 감정이입적 관심에서 자극된다. 감정이입은 다른 사람의 감정 상태를 대리적으로 경험하는 것으로서, 친사회적 행동을 매개하는 중요한 요인이다. 타인에 대한 감정이입적 이해를 할 수 있는 능력은 매우 일찍 발달하기 때문에 신생아들도 감정이입의 능력을 지니고 있어 한 아기가 울기 시작하면 다른 아기들도 따라서 울기 시작한다.

영아는 생후 1년이 되기 전에도 손짓이나 몸짓을 하면서 다른 사람과 함께 흥미 있는 장면과 물건을 보려는 행동을 한다. 이러한 친사회적 행동은 지시나 칭찬이 없어도 나타나는데 어린 유아도 집안일을 하는 부모를 도와주거나, 고통스러워하는 사람을 위로하기, 돌봐주기 같은 친사회적 행동을 한다. 친사회적 행동의 시기별 발달은 다음과 같다(Hay & Rheingold, 1983).

① 생후 6개월

- 다른 사람에게 미소 지으며 긍정적으로 반응한다.
- 사회적 게임에 참여한다(깍꿍놀이 등).
- 다른 사람의 고통에 정서적 반응을 한다.

② 6~12개월

- 사회적 게임에 능동적인 역할을 한다.
- 나누는 행동을 보여 준다.
- 친숙한 사람에게 애정을 표시한다.

③ 2년

- 간단한 요구에 순응한다.
- 협력적 게임에 대한 규칙을 안다.
- 고통스러워하는 다른 사람을 위로한다.

④ 3년

- 다른 사람을 돌봐주며 도와준다.
- 도와주려는 자신의 의도를 표현한다.

(4) 성역할 및 성개념 발달

성역할(sex roles)이란 한 사회에서 여성 또는 남성으로서 역할의 일부인 일련의 행동, 태도, 권리, 의무, 책임을 말한다(Bee, 1997). 아동은 그가 속한 문화 속에서 여성은 여성의 역할과 그에 적합한 사고, 태도, 행동양식을 가지게 되고, 남성은 남성에게 적합한 사고, 태도, 행동양식을 가질 것이 기대된다. 아동은 가정이나 학교교육을 통해 이러한 기대를 지각하고 역할을 훈련한다.

아동이 자신의 성역할에 대한 인식을 갖게 되고, 전체적인 자아개념에 자신의 성(性)을 연결하게 되는 시기는 학령 전기이다. 이 시기의 아동은 자신의 성과 그에 맞는 행동 및 사회적 관계에 관심을 갖는다. 그래서 자기와 같은 성의 친구들과 어울리며 옷차림, 놀이, 직업에 대한 사회적 기대를 의식하고 이를 따르고자 한다. 부모는 자신이 생각하는 문화적인 성역할 기준에 맞추어 자녀가 행동하도록 격려한다. 이러한 과정을 통하여 학령 전기의 아동은 부모의 기대와 문화적 기준에 맞는 성역할 기준을 이해하고 역할능력을 획득해 가는 성유형화가 이루어진다.

아동은 성장하면서 특정 행위나 행동이 남성 또는 여성에게 배타적으로 적용된다고 사고하는 성역할 고정관념이 형성된다. 성고정관념의 발달은 자신의 성을 구별하는 시기부터 발달하기 시작한다(Shaffer, 1996). 아동은 2세 정도가 되면 남아는 남성스럽게 여아는 여성스럽게 놀이하는 모습을 보이며, 3세가 되면 더욱 고정화된 방법으로 놀이한다. 아동은 자신의 성과 장난감, 의상, 도구, 가장놀이, 게임, 직업, 색깔과도 관련시키기도 한다. 5세 정도가 되면 여성은 부드럽고 애정적이며, 남성은 강하고 지배적이고 공격적인 특성을 갖는다. 이러한 성고정관념은 11세까지 계속 증가하여 미묘한 특성까지 포함한 성격 특성에 관한 성역할 고정관념을 지각하게 된다.

아동은 생후 3세가 되면 자신의 성을 안다. 그리고 성에 의해 사람을 분류하기 시작하고, 아버지는 남자이고 어머니는 여자라는 것을 안다. 4세경이 되면 사람의 성은 시간이 지나도 여전히 같은 성임을 아는 성의 안정성에 대해 이해한다. 4세 미만의 어린이는 성을 구별할 때 머리길이, 옷 등을 기준으로 삼는다. 6, 7세 어린이는 개인의 성은 상황의 변화나 개인적 소망에도 불구하고 변화되지 않는다는 것을 인식하는 성의 일관성에 대해 이해한다. 이처럼 아동이 자신에게 기대되는 성역할을 하기 위해서는 자신의 성에 대한 정확한 이해가 선행되어야 한다.

〈표 3-1〉 성개념 발달단계

발달단계	연 령	발달내용
성 정체감	3세경	자신이 남성이거나 여성임을 인식하는 성정체감의 시기이다. 그러나 성이 고정된 것이 아니라 경우에 따라서 바뀔 수 있다고 생각한다.
성 안정성	4세경	성은 변할 수 없다는 것을 안다. 남자아이는 장차 커서 남자 어른이 되고 여자아이는 장차 커서 여자 어른이 된다는 것을 안다.
성 일관성	6~7세경	성인과 다름없는 성개념을 획득한다. 시간과 상황이 아무리 변해도 성은 변하지 않는다는 것을 안다. 여자아이가 남자 옷을 입는다 해도 남자가 되지 않는다는 것을 안다.

6) 도덕성 발달

도덕성이란 개인이 사회구성원이 요구하는 규범을 행위 준칙으로 인정하고 그것을 내면화하여 사고하고 행동하는 성향이다. 도덕성 입장에 따라서 세 가지로 설명할 수 있다. 정신분석학은 도덕성을 양심으로 보았고, 인지발달론은 도덕성을 갈등사태를 해결하는 데 사용되는 판단의 근거나 이유의 특성으로 보고, 또한 학습이론은 도덕성을 학습된 행동으로서 공동체 내에서 생활하는 사람들이 기대하는 규범에 어긋나지 않는 행동으로 본다. 도덕성을 어떤 입장에서 설명하든지 해당 문화에서 용인되는 문화규범이라고 할 수 있다.

아동의 도덕성 발달은 세 가지 관점에서 설명할 수 있다.

(1) 정신분석학적 관점

프로이트의 정신분석학적 입장은 양심의 존재를 도덕성의 필수 요인으로 보고 있다. 아동은 부모의 영향을 받아서 동일시하는 과정에서 도덕성이 발달한다. 양심의 역할을 하는 것은 초자아(superego)이며, 초자아는 사회 내의 가치규범에 대하여 생각하고, 행동하도록 한다. 도덕성은 3~6세 사이의 남근기 동안 나타나는 오이디푸스 콤플렉스와 관련하여 유발되는 동일시에 기인한다. 이 시기 아동은 반대성의 부모에 대한 강한 욕구를 나타내며, 이로 인해 같은 성의 부모에 대해 적개심을 발달시킨다. 그러나 아동은 자신의 적개심을 억압하고 부모의 행동을 따르게 되는 동일시 현상이 발생한다. 동일시 과정에서 아동은 부모에 대한 적개심을 자신에게 돌리게 되는데, 이러한 자기 징벌이 내면에 죄책감으로 나타난다. 정신분석학에서는 죄책감을 내면적 규범으로서 초자아로 설명하고 있다. 초자아는 양심과 자아 이상의 두 가지 기능을 한다. 양심은 사회의 규칙을 어기게 되는 본능을 억압하거나 다른 방향으로 전환시키는 기능으로 양심의 발달은 초자아발달의 선행조건이 된다. 자아 이상은 사회가 설정한 행동의 긍정적인 이상을 초자아로 하여금 실천하도록 하는 기능이다.

아동은 부모의 금지사항이나 행동이 아동의 초자아를 형성시키고, 부모의 도덕적 규범에 따르려는 행동기제를 만들어 냄으로써 도덕성을 발달시킨다.

(2) 사회학습이론

사회학습이론은 아동이 사회규범을 내적인 신념으로 내면화하는 과정을 통하여 도덕성을 획득한다고 보며, 도덕성은 모방과 강화에 의해 학습되는 행동으로 본다. 특히, 반두라(Bandura)는 아동이 일찍부터 부모나 교사 등 어른을 모델로 하여 이들의 도덕적 행동을 보고 배우는 모델학습을 통해 도덕성을 획득한다고 본다.

(3) 인지발달이론

인지발달론적 이론에 의하여 도덕성 발달을 설명하는 시도는 피아제에 의해서 최초로 이루어졌으며, 콜버그에 의해서 성숙되었다.

피아제에 의하면 인간의 도덕적 행동은 그 사람의 도덕적 사태에 대한 해석의 한 반영이다. 피아제는 사람들은 인지구조를 머릿속에 가지고 있으며, 그 구조는 주어진 문제 사태에 일관된 해석의 틀을 제공한다고 보았다. 도덕적 사태와 관련된 인지구조는 크게 두 가지이다. 하나는 타율적 구조이고, 다른 하나는 자율적 구조이다. 타율적 도덕성을 가진 사람은 자율적 도덕성을 가진 사람보다 덜 성숙된 도덕성을 나타낸다.

① 피아제의 도덕성 발달

피아제는 도덕적 추리력을 갖지 못한 아동이 인지능력이 발달하면서 일상생활 속에서 자신이 따라야 할 규칙과 질서, 사회정의가 있다는 것을 깨닫고 이를 준수하는 도덕적 추리력이 생긴다고 보았다.

- **제1단계(타율적 도덕단계)** : 피아제에 의하면 3~7세 무렵까지 아동은 인지능력의 한계로 인하여 타율적 도덕성을 가질 수밖에 없다. 이 시기 아동은 도덕규칙을 자연의 법칙과 혼돈하기 때문에 도덕규범은 인간의 목적과 자기 존중을 위해 인위적으로 만들어진 것이라 생각하지 않고, 외부로부터 주어진 절대적이고 불변한 규칙으로 이해한다. 이러한 현상이 나타나는 이유는 상황을 타인의 입장에서 보지 못하는 자기중심적 사고 때문이다. 이 시기 또 하나의 특징은 부모가 제시하는 도덕규칙은 절대적인 것으로 생각하고 무조건 순종해야 하는 것으로 인식한다.
- **제2단계(자율적 도덕단계)** : 자율적 도덕성은 7~8세에 발달하기 시작한다. 이 시기 아동은 자신의 도덕적 판단을 중시한다. 아동은 사춘기를 지나면서 타율적 도덕성이 자율적 도덕성으로 대치된다.

② 콜버그의 도덕성 발달

콜버그는 도덕성은 사회적 고유 가치에 입각해서 역할 채택을 하는 과정에서 가치들이 갈등할 때 반성적으로 사고하여 옳고 그름, 선악의 논리적 서열을 매기는 인지적 행위라고 보았다. 그는 아동의 도덕성 발달을 알아보기 위하여 가상적인 갈등상황을 제시하여 대답을 근거로 도덕발달단계를 3수준 6단계로 나누었다.

- **수준 1** : 인습 이전 수준
  - 1단계(벌과 복종의 단계) : 아동은 구체적이고 외부적인 결과만으로 도덕적 판단을 하며, 벌이나 고통을 피하기 위해서 도덕적 행위를 하는 단계이다.
  - 2단계(욕구충족 수단으로서의 도덕성) : 아동은 자신의 욕구를 만족시키는 도구적 가치 유무를 도덕적 판단의 근거로 택하는 단계이다. 규율이나 규칙은 고정적이거나 절대적인 것이 아니라고 생각하며, 어떤 문제든지 한 가지 이상의 측면이 있다는 것을 알게 된다.
- **수준 2** : 인습 수준
  - 3단계(인간의 조화를 위한 도덕성) : 다른 사람으로부터 인정을 받고, 비난을 피하

기 위해서 도덕적 행동을 하는 단계이다.

- 4단계(법과 질서 준수로서의 도덕성) : 아동은 법과 질서의 권위 및 책임을 존중하며, 이를 준수하는 것을 절대 의무로 받아들이고 이를 도덕적 판단근거로 삼는다.

■ **수준 3** : 인습 이후 수준

- 5단계(사회계약 정신으로서의 도덕성) : 남의 의지나 권리에 위배되는 행동을 피하고 법률과 계약에 의해 의무를 이행하고 대다수의 복지를 위해 행동하는 단계이다.
- 6단계(보편적 도덕원리에 대한 확신으로서의 도덕성) : 사회규칙에 의해서가 아니라 윤리적 보편성과 윤리관에 따라 행동하는 단계이다. 사회계약보다는 개인의 양심에 더 비중을 두며, 보편적이고 타당한 긍정적인 정의와 옳은 행동의 원칙을 찾으려고 하며 그에 준해서 판단한다.

4. 주요 발달이론

1) 정신분석이론

(1) 프로이트의 심리성적 발달이론

프로이트는 신경계통을 전공한 의사로서 신체적 이상은 정신적 갈등에서 비롯된다고 믿었다. 그래서 그는 히스테리 환자의 무의식 속에 잠재된 생각이나 욕망 같은 정신적 문제를 자유연상, 꿈 해석, 아동기 때의 경험, 가족관계 분석 등의 기법을 개발하여 치료하였다. 그는 인간의 모든 행동, 사고, 감정은 신체적 긴장 상태에 의해 유발되는 무의식적인 성적 본능과 공격적 본능에 의하여 결정된다고 보았으며, 인간은 이러한 본능적 긴장을 해소하기 위하여 행동을 한다고 보았다.

인간의 성격은 원초아(id), 자아(ego), 초자아(superego)로 구성된다고 보았다. 이것들은 각각 독특한 기능, 특성, 구성요소, 작용원리 및 기제들을 가지고 있으며, 서로 밀접하게 관련되어 있다. 원초아는 무의식적이며, 본능과 충동의 원천으로 정신 에너지의 저장고이다. 프로이트에 의하면 신생아는 정신에너지의 근원인 원초적이고 학습되지 않은 힘으로 구성된 단순하고 미발달된 성격을 가지는데, 이것이 원초아이다. 자아는 현실 세계와 접촉하는 성격의 한 부분이다. 자아의 주된 임무는 원초아에 담긴 내부의 본능적 욕구들과 외부의 현실 세계를 중재하는 일이다. 사람들의 마음속에서는 현실을 지향하는 자아와 쾌락을 지향하는 원초아 간에 끊임없는 경쟁과 마찰, 그리고 갈등이 진행되고 있다. 초자아는 양심과 자아 이상으로 이루어진 정신 구조의 최고 단계를 일컫는다. 이는 성장과정에서 부모로부터 영향을 받은 전통적인 가치관과 사회적 규칙, 그리고 도덕규범, 이념 등이 자리 잡은 곳이다. 초자아는 완전과 완벽을 지향하며, 이상을 추구한다. 따라서 초자아는 도덕이나 가치에 위배되는 원초아의 충돌들을 견제하며, 자아의 현실적 목표를 도덕적이며 이상적인 목표로 유도하려 한다. 사람의 행동은 이러한 성격 요소들의 상호작용의 결과로 나타난다.

심리성적 발달은 단계별로 구강기(출생~1세), 항문기(1세 또는 1.5~3세), 남근기(3~6세), 잠복기(6~12세), 생식기(12세부터)의 다섯 단계에 걸쳐 이루어지는데, 이 단계들 중 앞의 세 단계가 성격 형성에 결정적 역할을 한다는 것이다. 또한 각 발달단계마다 나름의 독특한 심리적 특성이 있다.

〈표 3-2〉 프로이트의 심리성적 발달단계

연 령	단 계	특 징
0~1세	구강기 (oral stage)	• 입과 구강 부위의 자극으로 쾌락을 추구하며, 자아가 발달되지 않은 상태에서 원초아에 의해 쾌락만 추구하는 시기 • 구강 쾌락의 과도한 만족 또는 좌절은 과식, 지나친 흡연, 과음, 손톱 물어뜯기 등 구강기에 고착된 반응을 보인다.
1~3세	항문기 (anal stage)	• 괄약근의 발달로 배설을 통제하게 된 유아는 대소변을 배출하거나 보유함으로써 쾌락을 경험한다. • 항문기에 고착되면 청결이나 질서에 대한 강박적 욕구를 보이거나 수전노, 낭비벽이 심한 사람이 되기도 한다.
3~6세	남근기 (phallic stage)	• 성기에 대한 관심이 고조되는 시기 • 남아는 어머니를 애정의 대상으로 추구하고, 아버지를 경쟁자로 인식하며, 오이디푸스 콤플렉스, 거세불안을 경험한다. 여아는 아버지에 대한 애정표현이 어머니에 의해 좌절되는 엘렉트라 콤플렉스를 경험하며 남근선망을 보인다.
6~12세	잠복기 (latent stage)	• 성적인 욕구에 대한 흥미가 약해지고 그 욕구를 억누르고 있는 시기이다. • 이 시기에 과업 수행을 실패하고 고착되면 성인이 되었을 때 이성에 대한 안정감을 갖지 못하고, 이성과의 성관계를 회피하게 된다.
12세~	생식기 (genital stage)	• 생식기가 성숙되고 호르몬이 분비되면서 생식기 부위를 통한 성적인 만족을 얻고자 한다.

인간의 성격발달은 크게 삶의 본능(eros)과 죽음의 본능(thanatos)에 의해서 이루어진다. 삶의 본능이란 주로 성욕으로 구성되어 있고, 죽음의 본능은 공격욕으로 구성되어 있다. 삶의 본능의 심리적 에너지인 리비도(libido)가 집중되는 부위, 즉 성감대(erogenous zone)는 연령에 따라 달라지는데, 리비도가 신체적 특정 부위에 자리 잡고 그 부위에서 만족을 추구한다. 리비도가 정상적으로 만족되면 정상적 성격이, 리비도가 불만족되거나 비정상적으로 만족되면 이상 성격이 되거나 다음 단계로 발달되지 못하는 고착(fixation)이 나타난다고 한다.

인간의 성격은 5세까지 대부분 형성되고, 그 후의 성장은 초기의 기본적인 구조가 마무리되는 과정으로 본다. 성격은 생리적 성장과정, 좌절, 갈등, 위협이라는 네 가지 긴장의 원천에 응함으로써 발달된다.

(2) 에릭슨의 심리사회적 발달이론

에릭슨(Erikson)의 심리사회적 발달이론은 기본적으로 정신분석학적 관점에 기반을 두고 있으나, 프로이트가 성적인 에너지를 강조한 것과는 달리 사회적인 에너지를 강조하였다. 또한 프로이트는 부모의 중요성을 강조한데 비해 에릭슨은 부모뿐만 아니라 가족, 친구 등 사회문화적 환경을 중요시하였다. 프로이트는 발달단계를 청년기까지만 나누었지만 에릭슨은 발달을 전 생애에 걸쳐 일어나는 과정으로 보고 출생에서 노년기까지 단계별 발달과업을 제시하였다.

에릭슨은 아동들이 부모에 의해서 성격이 만들어지는 것이 아니며, 자신의 환경에 적응하려는 능동적이고 호기심이 많은 탐험가임을 강조하였다. 아동이 발달의 정상패턴을 보여주기 위해서는 사회현실을 극복해야만 한다고 믿었다. 사람은 일생 동안에 8개의 중요한 위기나 갈등에 부딪치는데, 각각의 갈등은 일생 동안 별개의 시간에 나타나고 각각의 위기는 다음 번의 위기를 만족스럽게 해결하기 위한 준비를 위해 반드시 성공적으로 해결되어야 한다.

에릭슨의 이론은 인간의 발달이 성적 본능에 지배된다고 믿는 프로이트의 이론보다는 설득력을 갖지만 발달의 원인에 대해 확실한 근거를 제시하지 못한 점은 비판받는다.

〈표 3-3〉 에릭슨의 심리사회적 발달단계

단 계	심리사회적 위기	특 징
유아기 (출생~1세)	기본적 신뢰감 대 불신	• 사회적 관계는 주로 어머니와의 관계이다. • 어머니가 자녀의 심리적인 욕구를 적절히 일관되게 충족시켜주면 신뢰감을 형성하게 된다. • 신뢰감은 이후 사회적 관계에서 성공 여부를 결정한다.
초기 아동기 (1~3세)	자율성 대 수치심과 회의	• 충동을 스스로 선택함으로써 자율성을 갖는다. • 대소변 훈련을 통해 사회의 기대와 압력을 알게 된다. • 사회의 기대에 적절히 행동하지 못하면 수치심과 회의감을 갖게 된다.
학령 전 아동기 (3~6세)	주도성 대 죄책감	• 아동은 목표나 계획을 세울 수 있고, 목표지향적 행동을 한다. • 목표를 이루지 못하면 사회가 금지하는 것이라는 것을 알게 되어 죄책감을 느낀다.
학령기 (6~12세)	근면성 대 열등감	• 인지적 기술과 또래와 어울리는 사회적 기술을 열심히 배우려는 근면성이 형성된다. • 이 시기에 실패나 실수를 반복하면 열등감을 갖게 된다.
청소년기 (12~20세)	자아정체감 대 역할 혼미	• 자기존재에 대한 새로운 의문과 탐색이 시작된다. • 자기의 위치, 능력, 역할, 책임에 대한 인식을 확립한다. • 자기정체감을 확립하지 못하면 고민하고 방황하게 된다. 고민과 방황이 길어지면 정체감의 혼미가 온다.
성인 초기 (20~40세)	친밀성 대 고립감	• 직업과 배우자를 선택하는 시기로 타인과의 관계에서 친밀성을 이룩하는 것이 중요하다. • 친밀성을 형성하지 못하면 자신에게 몰두하여 고립된다.
성인기 (40~65세)	생산성 대 침체감	• 가정적으로 자녀를 낳아 키우고 교육하며, 다음 세대를 양성하는 데 관심과 노력을 기울인다. • 직업적 성취나 학문적 · 예술적인 업적을 통해서 생산성을 나타낸다. • 생산성을 제대로 나타내지 못하면 침체하게 된다.
노년기 (65세 이후)	자아통합 대 절망감	• 신체적으로 노쇠하고 은퇴, 친구나 배우자의 사망으로 인생에 대한 무상함과 무력감을 느끼게 된다. • 지금까지 살아온 과정이 보람되었다고 느끼게 되면 인생의 지혜를 터득하게 되어 통정을 이룬다. • 자신의 삶이 무의미한 것이라고 느끼면 절망감에 빠진다.

2) 피아제의 인지발달이론

피아제는 성장과정 중에 아동의 인지가 어떻게 발달하는가에 대해 연구함으로써 아동발달이론과 교육이론에 지대한 영향을 주었다. 그는 인지활동은 지각한 환경에 대한 지적 조직의 활동이며 환경에 대한 적응의 활동으로 본다. 모든 유기체는 환경에 적응하려는 경향이 있는데, 적응은 동화(assimilation)와 조절(accommodation)이라는 과정에 의해서 이루어진다. 인지발달이란 유기체가 적응하는 과정에서 환경과 상호작용함으로써 이루어진다.

인간은 자신에게 주어진 환경을 해석하고 행동을 일으키는 데 필요한 인지적 구조를 갖는데, 이를 도식이라고 한다. 인지발달은 이러한 도식의 변화라고 본다. 도식은 고정되어 있지 않고 끊임없이 복잡한 구조로 변화되어 간다. 아동은 출생 시 가지고 있는 기본도식(파악반사, 빨기반사)을 반복하는 가운데 초보적인 도식을 형성하게 되고, 동화와 조절, 평형화, 과정을 반복하면서 점차 복잡하고 다양한 고차원적인 도식으로 발전시킨다.

〈표 3-4〉 인지발달이론의 핵심 용어

용어	정의
적응(adaptation)	유기체가 환경에 알맞게 대처하는 것
도식(scheme)	행동이나 사고의 체계화된 형태, 즉 인지구조 또는 개념
동화(assimilation)	새로운 자극을 이미 만들어져 있는 도식으로 해석하는 과정
조절(accommodation)	새로운 도식을 동화해 내는 데 적합한 인지구조가 없을 때 기존의 도식을 수정하거나 새로운 도식을 만드는 과정
평형화(equilibrium)	동화와 조절 중 어느 하나가 우세하지 않은 상태
조직화(organization)	두 가지 이상의 서로 분리된 체제나 구조를 좀 더 고차원적인 체제나 구조로 통합시키는 기능

아동은 새로운 경험으로 지적 갈등이 생기면 아동은 이 갈등을 해소하고 새로 평형을 이루고자 한다. 피아제는 지적 갈등을 해결하고 새로운 평형을 이루는 과정을 평형화 과정이라 하고, 새로운 평형은 아동이 자신의 인지구조를 변화시켜 갈등을 해결함으로써 가능하다고 보았다. 따라서 피아제이론의 인지발달이론은 평형화 과정이 핵심이라고 볼 수 있다. 인지구조는 반복되는 평형화 과정을 통해서 보다 상위의 심리적 구조로 발달되며, 아동이 어떤 특정 상황에서 보여 주는 행동은 인지구조의 특성에 의해서 결정되는 것이다.

인지구조의 특성은 어린 영아부터 성인에 이르기까지 매우 천천히 발달되므로 생의 일정 기간 동안에 보여 주는 행동은 다양한 과제와 상황에 대하여 일관성을 보이며, 이러한 일관성은 발달단계를 형성한다.

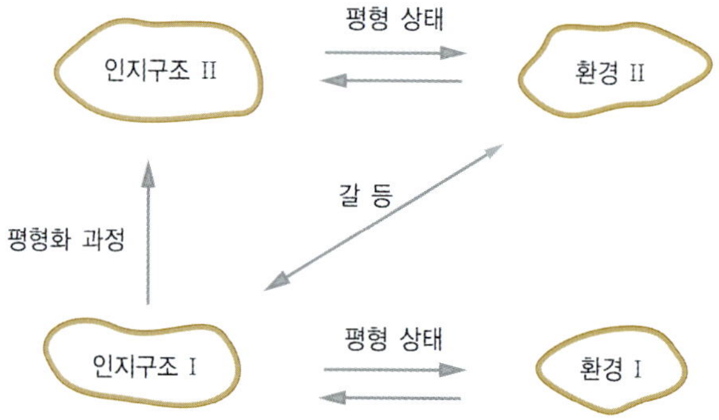

[그림 3-2] 인지발달 과정

〈표 3-5〉 피아제의 인지발달 단계

단 계	연 령	특 징
감각운동기	0~2세	• 감각동작에 의한 학습, 의도적인 반복 활동 • 모방, 기억, 사고의 시작 • 대상연속성 인식 • 단순 반사행동에서 목적을 가진 행동으로 발전
전조작기	2~7세	• 직관적 · 자기중심적 · 물활론적 사고 • 언어발달, 상징을 사용하여 사고 • 일방적 관점에서 사고 • 자아중심적 사고
구체적 조작기	7~11세	• 논리적 · 가역적 사고 · 보존개념 습득 • 논리적 문제해결 • 보존개념 이해, 유목화 · 서열화할 수 있음
형식적 조작기	11세 이후	• 추상적 · 가설적 사고 • 추상적인 문제를 논리적으로 해결

아동은 이후의 단계로 발달하기 전에 앞의 단계를 통과해야 하며, 단계를 뛰어 넘는 비약적 발전은 없다고 한다. 인지발달은 인지구조의 계속적인 질적 · 양적 변화로 일관되는 과정이며, 4단계를 거쳐 발달한다.

피아제의 인지발달단계는 ① 감각운동기(출생~2세) → ② 전조작기(2~7세) → ③ 구체적 조작기(7~12세) → ④ 형식적 조작기(12세~성인기)의 네 단계로 나뉜다. 각 발달단계는 인지의 구조적 변화를 설명하고 있으며, 각 단계는 지속적이고 상호 의존적이다.

참고문헌

임창재 (1999). 교육심리학. 학지사.

송길연 외 (2000). 발달심리학. 시그마프레스.

Ainsworth, M. S. (1969). Object relation, dependency, and attachment: A Theoretical review of the infant-mother relations. *Child Development, 40*, 969-1025.

Bowlby, J. (1973). *Attachment and loss*(Vol. 2): *Separation. anxiety and anger.* NY: Basic Book.

Horowitz, F. (1987). *Exploring developmental theories: Toward a structural/behavioral model of development.* Hillsdale, NJ: Erlbaum.

Lewis, M. & Brooks-Gunn, J.(1979). *Social cognition and the acquisition of self.* NY: Plenum Press.

Main, M. & Solomon, J. (1990). *Procedures for identifying infants as disorganized/disoriented during the Ainsworth strange situation.* In M. T. Greenberg, D. Cicchetti, & E. M. Cummings(Eds.), Attachment in the preschool years. University of Chicago Press.

Shaffer, D. R. (1996). *Development psychology*(4th ed.). Pacific Grove, CA: Brooks/Cole.

CHAPTER 04

아동복지의 개념

1. 아동과 아동기
2. 현대 아동기의 특징
3. 아동관의 변화
4. 아동복지의 개념
5. 아동복지의 이념
6. 아동복지의 원칙
7. 아동복지의 기본 요소

1. 아동과 아동기

1) 아동의 개념

아동에 대한 사전적 정의를 살펴보면 아동은 일반적으로 유아기와 청소년기의 중간에 있는 6~12세 정도의 어린이라고 정의하고 있다. 그러나 아동의 개념은 입장에 따라서 다양하게 정의된다. 일반적으로 아동이란 태어나서 신체적·정신적 성숙이 마무리되기 이전의 발달단계에 있는 연령층의 집단으로서 보호와 교육의 대상이 되는 사람을 말하는데, 어린이, 유아, 청소년 등의 용어와 혼용하여 사용된다.

아동은 생물학적 측면에서는 신체적 성숙이 마무리되기 이전의 생애주기 내에 있는 연령을 의미하고, 심리학적인 측면에서는 아동기에 해당하는 집단의 보편적인 특성과 욕구를 가진 연령을 의미하며, 그리고 사회학적 측면에서는 사회에서 아동에게 부여하는 아동으로서의 역할과 기대를 가진 연령을 의미한다.

법적인 측면에서도 법률에 따라 아동의 연령을 약간씩 다르게 정의하고 있다. 유엔(UN)에서 제정한 '아동권리협약'에 따르면 아동(children)은 "18세 미만의 모든 사람"으로 정의하며, 우리나라의 '아동복지법'과 '입양촉진 및 절차에 관한 특례법'에서도 아동은 18세 미만의 사람을 가리킨다. 우리나라 교육법에서는 아동을 만 6~12세까지의 초등학교 의무교육을 받아야 할 학령아동으로 규정하고 있다.

미국의 전국사회사업가협회(NASW)가 간행한 『사회사업사전』에서는 아동이란 "자신에 대해 책임지는 법정 나이보다 어린 젊은이나 부모 간섭으로부터 벗어나는 법정 나이보다 어린 젊은이"를 가리킨다. 또한 미국의 '아동학대방지·치료법'에서도 아동은 18세에 이르지 못한 사람을 의미한다.

몇몇 법률에서는 아동이란 용어 대신 미성년자(minor)로 바꾸어 사용되며, 아동에 대한 법적 정의는 국가마다 다를 수 있다. 우리나라 법에서 아동을 의미하는 연령은 일정하지 않다. 법률의 종류마다 아동을 의미하는 용어와 연령은 〈표 4-1〉과 같다.

〈표 4-1〉 우리나라 법률에서 아동 및 유사개념의 연령

법 률	아동 및 유사개념	연령 범주
유아교육법	유아	3세부터 초등학교 취학 전까지의 어린이
영유아보육법	영유아	6세 미만의 취학 전 아동
아동복지법	아동	18세 미만
교육법	아동	6~12세
청소년보호법	청소년	19세 미만
청소년기본법	청소년	19세 미만
입양촉진 및 절차에 관한 특례법	아동	18세 미만
민법	미성년자	20세 미만
형법	형사 미성년자	14세 미만
근로기준법	연소자	18세 미만
도로교통법	유아/어린이	유아: 6세 미만, 어린이: 13세 미만

출처 : 김성경 외(2009) 참고.

2) 아동기

아동기(childhood)가 지니는 의미와 아동기에 대한 이해는 시대에 따라서 변하고 문화권에 따라 차이가 있다. 17세기 이전의 중세기에는 아동기를 사회의 중요한 시기로 인식하지 않았다. 이 시대에는 아동이 5~7세가 지나면 바로 성인의 세계로 들어가는 것으로 간주하였다. 아동을 권리는 없고 의무만을 가진 성인의 축소판(miniature adults)으로 보았기 때문에 성인은 아동을 소모해도 괜찮은 존재로 생각하여 학대와 방임이 공공연하게 일어났다.

15~17세기에 들어와 아동기의 발견이 시작되어 아동을 '성인의 세계에 들어가기 전 사회적 분리'와 같은 특별한 취급을 필요로 한다는 시각을 갖게 되었다(Aries, 1962). 이것이 근대적 아동기 개념의 출현이며, 아동기 역사학자들은 이것을 아동기의 발명(Invention of Childhood) 내지는 아동기의 발견(Discovery of Childhood)으로 표현한다. 아동기의 발견에서 아동을 보는 시각의 변화는 다음과 같다.

첫째, 중세 사회에서 아동을 성인과 구분할 만한 아동기에 대한 특별한 생각이나 인식은 존재하지 않았다.

둘째, 산업화와 산업화에 따른 가족구조의 변화에 따라 점차 아동기는 인간 생애에 있어 특별한 단계로 인식되었다.

셋째, 아동기 개념은 15세기 부르주아 계층에서 나타나기 시작하였는데, 상류층에서부터 아동은 곧 성인이라는 인식이 바뀌어 갔고, 점차 아동은 매우 연약한 존재여서 성인의 보호가 필요하다는 의식이 생겨났다.

넷째, 핵가족의 발달과 학교교육제도는 획기적으로 아동을 성인사회로부터 분리시키며, 아동기는 고유하고 특별한 단계로 인식하도록 하였다.

다섯째, 이러한 아동기의 발견은 산업화에 따른 결과로서 가정이 노동공간에서 분리되고, 산업화 진전에 따른 경제적 부로 인해 가족의 경제적 기능이 향상되고, 여성은 집에서 아동을 양육하는 것에 집중할 수 있었던 것에서 기인한다.

현대적 의미에서 아동기는 아동이 인간발달의 단계에서 특별하고 고유한 단계에 있으므로 아동과 성인을 질적으로 다른 존재로 인정하는 것을 말한다. 이러한 아동기의 의미는 현대 심리학의 발전과 함께 형성되어 왔으며, 아동이 성인과 질적으로 다르므로 학교와 가정에서 성인과 다르게 다루어져야 한다(Postman, 1994). 아동과 성인이 질적으로 다른 것은 발달 특성이 다르기 때문이며, 따라서 아동기는 성장의 단계로서 이해될 수 있고, 사회는 성숙을 위한 준비기간으로서의 아동기를 위해 최적의 환경을 제공할 필요가 있는 것이다.

또한 아동기의 의미는 아동과 성인의 관계 속에서 사회가 아동에게 바라는 기대의 특성으로 설명할 수 있는데, 이는 사회문화적 배경, 시대적 변화에 영향을 받는다. 이와 같이 아동기의 개념이해는 발달 특성과 사회문화적 맥락에서 포괄적으로 이해되어야 한다.

2. 현대 아동기의 특징

20세기에 들어와서 19세기의 관념이었던 아동중심 가족제도는 상당히 확대되었고, 아동중심의 사회가 나타나기 시작하였다. 많은 부모는 아동을 중요한 존재로 간주하였고, 부모는 자식의 미래에 희망을 걸었다. 아동은 안락과 건강이 배려되는 보호를 받았다. 많은 아동이 자신의 방을 가지게 되었고, 아동의 요구를 충족시켜 주기 위한 상품이 등장하여 소비경제의 중요한 축을 이루었다.

미국에서 아동보호법(The Child Care Act)과 아동지원법(The Child Support Act, 1991)은

부모에게 자녀양육에 대한 긍정적인 자극을 주었다. 이로 인해 아동은 고유한 권리를 가진 존재로 인식되었으며, 아동지원법은 아동을 보호하고, 배려하게 하였으며, 부모가 이혼이나 별거를 하더라도 아동을 보호할 수 있도록 하였다.

그러나 이와는 달리 후진국가에서는 많은 아동이 노동에 동원되고, 생계를 책임지거나 전쟁으로 인한 고통을 감수해야 하였다.

최근 들어 경쟁이 심화되고, 적은 수의 자녀출산, 자녀에게 거는 기대가 커지면서 아동은 학교에서는 많은 교과목을 배워야 하고 방과 후에도 또 다른 학습으로 하루를 바쁘게 지내야 하는 처지가 되었다. 현대의 아동은 생계를 위한 노동이나 인간적인 무시를 당하지는 않지만 자신의 발전과 경쟁에서 우위를 점하기 위한 과중한 학습 압박에 시달리고 있다.

아동기에 누려야 할 걱정 없음, 순수함, 기쁨, 웃음과 같은 것은 지나친 압박 때문에 잃어가고 있는 현실을 엘킨드(Elkind, 1981)는 '바쁜 아이들(hurried child)'로 표현하였고, 윈(Winn, 1981)과 메이로비츠(Meyrowitz, 1985)는 현대사회의 아동은 새로운 암흑의 시대를 살고 있다고 지적하였고, 수란스키(Suransky, 1992)는 아동기의 상실(erosion of childhood)을 주장하기도 하였다.

산업화 이후 아동기는 성인의 세계로부터 분리되고 보호되어야 할 인생의 특정 시간이자 공간이라고 생각했는데, 이러한 인식은 급격하게 그 종점으로 치닫고 있다.

3. 아동관의 변화

아동관이란 아동을 어떻게 생각하며, 취급하고, 살아가기를 기대하는가에 대한 관점으로서 아동에 대한 존재인식이라고 말할 수 있다.

고대에는 아동이 지금처럼 존중받지 못했다. 고대 그리스의 스파르타에서는 튼튼한 국민을 양성한다는 목적으로 갓 태어난 아동을 점검하여 건강하지 못하면 산속에 유기하여 동물의 먹이가 되게 하거나 호수에 던져 살해하였다.

중세에는 아동은 원죄를 안고 태어난 구원을 받아야 할 존재로 보고 부모로부터 분리하여 일정 기간 동안 교회에서 훈육한 후 가정에서 양육하였다. 아동은 특별하고 고유한 발달단계에 있다는 점을 인정하지 않았으며 아동은 성인의 축소물로 간주되었다. 연약하고 의존적인 존재라는 이유로 영아는 사회구성원으로도 간주되지 않았다. 원죄를 가진 사악한 아동을 구원하는 데 가장 좋은 방법은 엄격하고, 권위적인 양육방법이라고 간주되었으며 자율성은 무시되었고, 오로지 복종만 있었다.

17세기 말이 되어서 인간의 존엄성을 깨닫게 되었고, 아동을 보는 관점도 변화되기 시작하였다. 로크(Locke)는 아동은 태어날 때부터 사악한 존재가 아니라 아동의 마음은 백지와 같고, 태어나 성장하면서 경험하는 바에 따라 관념을 그 표면에 그려 넣는다고 한 백지설(The doctrine of the tabula rasa)을 주장하였다. 로크는 부모에게 자신이 바라는 대로 자녀가 성장하게 하려면 연합, 반복, 모방, 보상, 처벌을 합리적으로 사용할 것을 권고하였다. 이러한 원리들은 행동주의이론의 기초가 되었다.

18세기에는 프랑스의 철학자 루소(Rousseau)에 의해 아동에 대한 관점의 혁명이 일어났다. 아동은 사악한 본성을 가지고 태어나는 것이 아니고 선천적으로 선한 존재이며, 내적인 성장 잠재력에 따라 스스로 성장하는 존재로 보았다. 아동의 본성은 선이며 자연 속에서는 선의 성격을 가진 본성과 자연은 서로 위배되지 않으며, 자연적으로 성장해 갈 수 있으나, 타락한 교육과 사회적 환경 속에서 성장하면서 본래의 선한 인간성을 잃어버리고 자연을 거스르게 된다고 보았다. 즉, 성인의 간섭이나 통제 때문에 아동의 선천적인 선과 독특한 사고와 감정 양식의 발달이 방해를 받는다고 주장하였다. 아동은 발달단계가 있으며, 학습과정에서 아동의 발달단계를 고려해야 한다고 주장하였다. 루소의 이러한 주장은 게젤(Gesell)의 성숙이론과 피아제(Piaget)의 인지발달이론에 영향을 미쳤으며 오늘날 아동중심교육, 인간중심교육의 토대가 되었다.

19세기 산업이 발달되면서 사람들의 생활에 커다란 변화가 왔다. 산업기술이 발전되어 감에 따라 노동력이 덜 필요하게 되어 도시지역에서 아동을 사회적으로 담아내기 위한 제도로서 학교교육이 확산되고, 아동복지법에 영향을 주었다. 아동관에도 많은 변화가 있었다. 아동기는 독특한 생의 시기로서 성인기와 구별되며, 아동기는 특별한 성장과 변화의 시기로 중요한 가치를 지니기 때문에 아동양육과 교육에 많은 자원을 투자해야 할 필요성이 대두되었다.

20세기는 일명 아동의 세기(century of the child)라 일컬어지며, 역사상 아동이 가장 주목받는 시기였다. 아동의 교육에 관심이 모아지면서 아동에 대한 연구들이 활발히 진행되었다. 게젤은 아동의 행동을 관찰하고, 정보를 수집하여 발달예정표를 만들어 아동의 행동에 대한 규준적 정보를 제공하였다.

1930~1940년대에는 프로이트(Freud)의 영향으로 유아기의 경험이 성격발달에 미치

는 영향에 대한 연구가 이루어지고 아동이 경험하는 정서와 감정을 중요시하였다. 1950년대 이후에는 피아제의 인지발달이론의 영향으로 아동의 인지적 사고의 특성과 발달이 연구되었다. 이러한 사회적 분위기는 아동과 아동의 흥미에 초점을 두고 교육, 정책, 법, 복지, 의료 등에 영향을 주었다.

4. 아동복지의 개념

1) 아동복지의 개념

복지의 개념은 인간의 욕구에 대한 서비스를 말한다. 인간의 욕구는 의식주와 안전과 같은 생존을 위한 기본적인 것에서 관심, 사랑, 존경, 자아실현과 같은 사회적 욕구까지 있다. 인간은 욕구가 결핍되었을 때 불행해지는데, 복지는 인간의 욕구 결핍을 채워 주고, 결핍을 방지하는 서비스를 하여 불행으로부터 구하고 행복한 상태가 훼손되지 않도록 하는 것이다.

복지라는 용어는 영국의 대주교인 윌리엄 템플(William Temple)이 처음으로 사용한 사회복지(social welfare)라는 말에서 비롯되었다. 웰페어(welfare)는 사전적 의미로 행운, 건강, 행복, 번영 등을 뜻한다.

아동복지란 아동의 행복한 삶을 위한 모든 노력이라고 할 수 있는데, 사회복지의 한 분야로서 아동의 기본적인 욕구 및 그 가족의 욕구를 충족시켜 주기 위한 서비스와 관련되어 있다. 아동복지의 개념은 시대에 따라 초점이 변화되고, 학자에 따라 다양하게 정의되어 왔다.

(1) 협의의 아동복지

카두신과 마틴(Kadushin & Martin, 1988)은 좁은 의미로 아동복지를 특수한 욕구를 가진 아동과 가족을 대상으로 사회복지기관을 비롯한 특정 기관에서 제공하는 서비스라고 설명하였고 특히, 카두신(1984)은 부모가 아동에 대한 책임을 이행할 수 없거나 아동 및 가족이 요구하는 자원과 보호를 제공하지 못할 때 그 아동에 대하여 봉사하는 것이라고 말했다. 즉, 좁은 의미의 아동복지란 구조적으로나 기능적으로 부적절한 양육환경에서 자라는 아동이나 발달상의 문제나 장애를 가진 요보호아동을 대상으로 서비스하는 것을 말한다.

좁은 의미의 아동복지는 과거 아동복리법(1961)에 의한 복지 개념인데, 그 예로는 빈곤아동, 학대받은 아동, 해체가정 아동, 장애아동 등을 서비스의 대상으로 여겼다.

(2) 광의의 아동복지

넓은 의미의 아동복지는 요보호아동뿐만 아니라 모든 아동과 그 가족을 대상으로 서비스를 제공하는 것을 말한다. 카두신(1984)은 넓은 의미로 아동복지를 모든 아동의 행복 및 사회적응을 위한 각종 활동이라고 정의하였고, 카두신과 마틴은 넓은 의미의 아동복지를 모든 아동의 행복을 위해 그들의 신체적 · 사회적 · 심리적 발달을 보호하고 촉진하기 위한 모든 대책이라고 설명하였다. 넓은 의미로 아동복지는 아동과 가족의 욕구를 지역사회와 조화를 이루어 아동의 잠재 능력 발전을 위한 다양한 서비스 및 제도와 정책을 의미한다.

이러한 정의를 고려하여 종합하면 아동복지란 모든 아동의 기본 욕구를 충족시킬 뿐만 아니라 이들이 정신적 · 정서적 · 신체적으로 최상의 발달을 하도록 육성하기 위해서 아동에게 직접적으로 또는 가정이나 사회를 통해서 간접적으로 제공되는 모든 사회적 활동을 말한다고 할 수 있다(주정일 · 이소희, 1993). 지금은 대부분 국가에서 넓은 의미의 아동복지를 채택하여 모든 아동의 기본적 권리 보장을 주요 문제로 다루고 있다.

2) 아동복지의 특징

(1) 예방성과 비용효과성

문제아동에게 아동복지 프로그램을 조기에 투입한다면 아동이 더 이상 악화되지 않을 수 있고, 비교적 쉽게 정상의 궤도로 복원될 수 있다. 아동은 이러한 프로그램에 힘입어 학교에 더 잘 적응하고, 사회문화적 환경에 더 잘 적응할 수 있게 발달한다. 조기에 개입하는 사회복지 프로그램은 현재 발생한 문제를 해결할 뿐만 아니라 아동에게 발생할 수 있는 문제를 예방하는 기능을 한다. 아동복지가 예방적 기능을 하기 때문에 문제아동을 방치하여 차후에 발생할 수 있는 사회적 비용을 효과적으로 절감하는 비용효과성이 있다.

아동에게 조기 개입을 하였을 때, 조기 개입에 들어간 프로그램의 비용보다 아동이 학교에서 받는 높은 학업성취도나 성인이 되어 직업을 통해 얻는 수입, 건강한 몸을 유지할 수 있는 가치는 훨씬 크다. 또한 아동이 잘못되어 범죄를 저질렀을 때 들어가는 사회적 비용을 고려하면 조기 개입에 들어가는 비용은 향후에 발생할 수 있는 비용을 원천적으로 차단하는 효과가 있다.

가장 확실한 대가가 돌아오는 투자 : 영유아기 어린이에 대한 투자

아기가 태어나면 36개월 안에 뇌세포가 빠르게 연결되어 평생 동안의 사고와 행동에 영향을 미칠 신경조직이 완성된다. 말하기, 만지기, 걷기, 사고하기 등을 배우면서 선과 악, 공정함과 불공정함을 판단하는 가치체계도 형성된다. 이 시기는 인생의 시기 중에서 가장 상처받기 쉬운 시기이므로 사회의 보호가 가장 절실히 필요해진다. 영유아기 어린이의 보건과 교육, 영양사업에 충분한 투자를 하게 되면 국민들의 보건과 생활수준이 그만큼 향상되어 미래에는 보건사업이나 사회복지서비스에 쓰일 예산을 절약할 수 있다.

출처 : 2001 유니세프 세계아동현황보고서

(2) 생산성

생산성이 큰 사회가 되려면 교육을 잘 받은 건강하고 역동적인 아동이 필요하다. 왜냐하면 아동은 성장하여 사회의 중심인물이 되기 때문이다. 아동복지 프로그램은 아동을 건강하게 하며, 건전한 사회구성원으로 성장되도록 지원하기 때문에 아동복지는 향후 생산성이 큰 사회로 만들어 주는 역할을 한다. 국가와 사회가 잘되기를 바란다면 아동에게 투자해야 한다. 이러한 명제가 참이라는 사실은 다음의 사례들에서 잘 나타나 있다(DSS, 2000; Micklewright & Stewart, 1999; Bolander, 1987; Crosson-Tower, 2004).

- 영국 정부가 2000년에 발간한 복지국가 관련 보고서에서는 미래의 정책방안으로 일곱 가지를 제시하는데, 그중 하나가 '아동을 지원하여야 한다'이다. 영국이 성공할지 여부는 영국의 모든 아동이 자기 생애를 어떻게 가장 잘 시작하느냐에 달려 있기 때문이다.
- 미클라이트와 스튜어트(Micklewright & Stewart)는 아동이 어떻게 발달하는지를 보면 유럽의 미래가 어떤 모양을 갖출지를 파악할 수 있다고 주장한다. 아동은 자라서 나중에 성인이 되기 때문이다.
- 미국의 후버(Hoover) 대통령은 아동은 가장 귀중한 자연 자원이라고 말한 바 있다.
- 크로슨 타워(Crosson-Tower)는 모든 아동은 우리의 미래라고 주장한다. 즉, 모든 아동은 우리의 가장 중요한 자원이기 때문이다.

5. 아동복지의 이념

이념이란 이상적으로 여겨지는 생각이나 견해로서 판단의 기준이 되는 신념과 가치가 바탕이 된다. 어떤 현상이나 사건, 사물을 처리하고 판단할 때는 그러한 것과 관련된 신념이나 가치에 근거한다. 아동복지의 이념은 아동을 바라보는 견해, 복지를 개념 정의하는 사회의 신념과 가치에 따라 다양하게 설정될 수 있다. 아동복지의 이념은 아동복지의 핵심주체인 국가, 가족, 아동의 입장에서 어느 쪽에 무게중심을 두느냐에 따라 네 가지 유형으로 나눌 수 있다(Harding, 1991).

1) 자유방임주의와 가부장제(Laissez-faire and Patriarchy)

자유방임주의와 가부장제 관점은 아동의 욕구를 해결해 주는 데 있어서 국가의 역할을 최소화하는 것이다. 이러한 관점은 19세기에 형성되어 20세기 후반에 유행하여 정부의 역할을 축소하는 대신 부모-자녀관계의 신성성과 은밀성은 중요시되어야 한다는 것이다. 가족과 가족생활은 사적인 영역으로 간주되며, 가정은 형사사건과 관련된 법적인 사건 외에는 정부가 침해해서는 안 되는 영역으로 본다.

가족학자인 마운트(Mount)는 가정을 수세기 동안 지켜온 바람직한 사적 단위로 보았으며, 개인들은 가정에 큰 가치를 두고, 정부와 교회라는 거대한 기관의 침입에 대항하여 왔다고 하였다. "가족만이 역사를 통하여 존속되어 왔고 여전히 존속되며 정부를 약화시켜 왔고, 가족은 모든 계급과 교회와 이데올로기의 영원한 적"이라고 언급했다. 가족문제에 대해서 정부의 불간섭 원칙은 가장의 권위와 역할을 증가시켰다. 남편과 아버지의 역할을 맡은 남성은 가부장으로서 권력과 모든 가정의 문제를 해결하는 권한을 가지게 된다.

아동복지에 있어 자유방임주의의 관점을 지지하는 입장을 정리해 보면 다음과 같다.

첫째, 가족문제에 최소한으로 개입하는 작은 정부의 사회가 유익하다는 의미이다. 정부가 약할수록 가족은 더 강해지며 개인은 더 자유로워진다. 따라서 약한 정부가 유리하다고 본다.

둘째, 성인이 선택한 방식으로 아동을 양육하는 정상적인 가정생활은 자녀를 포함해서 가족에게 가치 있다는 믿음이다. 극단적인 경우에 정부가 개입할 필요가 있지만,

이러한 유대를 방해하는 것은 해롭다고 생각한다.

이들은 부모–자녀관계와 아동의 심리를 고려할 때, 생물학적 유대도 중요하지만 그보다는 심리적인 유대를 강조한다. 정부는 아동이 적어도 한 사람의 부모를 갖도록 보장해야 한다고 주장한다. 아동이 정상적인 가정에서 가족의 구성원으로 존재하는 한 아동의 최상의 이익은 보장된다. 국가는 생물학적인 관계를 기반으로 한 아동의 보호조건이 성립되지 않는 경우에만 개입하게 된다. 즉, 아동보호의 문제가 발생하거나, 국가가 아동의 문제에 개입해야 하는 상황은 부모의 심리적 결함이나 경제적 어려움 등으로 부모로서의 자질에 문제가 발생할 경우이다.

국가는 아동의 부모가 아니다. 아동의 부모가 지닌 우선적 책임을 인정한다(Archad, 1993). 자녀양육에 있어서 부모의 권리가 중시되고, 부모는 자녀양육의 책임자로서 지위를 갖는다고 인정하는 것이다.

2) 국가부권주의와 아동보호(State Paternalism and Child Protection)

19세기 후반과 20세기 초 국가는 복지에 개입해야 한다는 관점이 형성되었다. 따라서 아동보호에 관한 광범위한 국가의 개입을 인정하고, 부모–자녀 간의 생물학적인 유대는 과소평가되며, 부모의 보호가 부적절할 때 국가는 권위주의적 개입이 되더라도 가족과 아동에게 개입할 수 있다고 본다.

국가는 부모의 보호가 부적절하다고 판단될 경우 양질의 보호가 제공되는 새로운 영구적 가정에서 아동이 양육되는 것을 선호한다. 부모의 권리와 자유에 대한 권한은 낮은 반면, 아동이 가장 중요하게 된다. 구체적으로 아동의 양육과 보호의 안정성에 관한 아동의 권리가 보장되어야 하는 것이 중요한 관건이 된다.

혈연관계보다 심리적 유대에 근거한 부모–자녀관계를 중시하며, 부모와의 분리나 어떤 형태의 개입이든 미래에 심리적 결속이 형성될 수 있는 좀 더 나은 보호자인 타인에게 아동을 맡김으로써 아동의 복지를 좀 더 일찍 준비하고 문제 있는 보호의 위협을 줄이는 것이 중요하다고 본다.

입양이나 위탁보호를 통한 대리보호에 긍정적이며, 특히 입양은 아동보호를 위한 최선의 해결책으로 보는 경향이 있다. 이 관점은 입양과 위탁보호에 과잉기대를 갖고 있다는 비판을 받을 수도 있다. 뿐만 아니라 아동보호에 관한 전문가의 판단을 강조하는데, 실제로 그러한 판단이 부당하고 강제적일 수도 있음을 간과하기도 한다. 아동양육에 관한 감시와 개입을 강조하는 국가의 역할 역시 시민의 자유를 무시 또는 불필요한 아동-부모 간의 분리를 초래할 수 있다는 문제점을 내포하고 있다. 따라서 국가의 아동보호기제는 이 관점에 있어 잠재적으로 권위주의적 특성을 지닌다. 이 관점의 또 다른 용어는 '아동구제주의(child salvationist 또는 child rescue)'이다.

국가부권주의에서 아동은 가족과 부모와 구별되는 존재로 아동복지(양육과 보호)에 있어 최우선이 된다. 국가는 미래의 사회를 나타내는 아동에 관심을 갖는다는 도구주의적인 입장도 반영되어 있으며, 동시에 아동과 성인 간의 관계는 아동의 선택에 의한 것이 아니며 아동은 자신을 방어하기에는 약한 존재이므로 이를 보호할 특별한 도덕적 의무를 국가가 갖고 있다는 것이다.

부모의 권한은 자유방임주의의 관점처럼 신성불가침의 영역이 아니며, 부모가 되는 것 자체에는 특별한 권리를 부여하지 않는다.

3) 가족중심주의와 부모의 권리 (Pro-family/Defence of the Birth Family and Parent's Rights)

제2차 세계대전 이후 복지국가의 증가와 더불어 형성·발전된 관점으로 생물학적 부모-자녀관계에 가치를 두고, 국가는 부모-자녀관계를 보호·유지하는 데 도움을 주고, 지지하는 역할을 한다. 생물학적 가족이 아동이나 부모 모두에게 중요하며, 가능하다면 이는 보호되고 유지되어야 하는데, 이때 국가의 역할은 국가부권주의와 같은 간섭주의도 아니며, 자유방임주의와 같은 불간섭주의도 아니다. 즉, 국가는 생물학적 가족이 유지되도록 서비스를 제공하면서 가족을 지지해 주는 역할을 해야 한다.

이 관점의 주된 관심은 생물학적 부모-자녀관계의 유지에 있다. 따라서 국가는 부모로부터 아동을 분리해서 대리적 보호를 제공하기보다는 아동이 대리적 보호가 필요하지 않도록 가족을 지지할 수 있는 서비스 제공을 강조한다.

국가는 아동이 속한 가족을 돕는 데 적극적이어야 하며, 이는 국가부권주의에서처럼 국가의 강제적인 개입보다는 국가역할의 강조가 상대적으로 약하다고 볼 수 있다. 그러나 강제적이지는 않지만 광범위한 국가 개입을 주장한다. 국가역할에 관한 낙관적인 관점을 취하고 있다는 점에서 두 관점은 유사하나, 국가의 역할에 있어 가족중심주의는 덜 권위적이면서 예방적이고 지지적인 역할을 강조하고 있다.

아동이 부득이하게 국가의 보호를 받게 되는 경우, 입양이나 위탁을 강조하는 국가부권주의와는 달리 아동이 다시 자신의 가정으로 돌아갈 수 있도록 가족을 돕고 유지시켜야 한다. 아동에게 최선의 이익이란 친부모와 함께 가정에 있는 것으로 보고 있다. 따라서 아동은 대리 보호되어서는 아니 되며, 가능한 친부모에게로 돌려보내져야 한다.

이 관점의 기초는 아동을 낳은 부모의 중요성에 있다. 부모의 관심과 욕구를 무시하지 않고 부모를 아동복지의 목적을 성취하는 수단으로 본다. 아동보호의 문제가 발생되는 원인은 부모 개인의 심리적 결함이나 병리 때문이 아니라 사회적 환경의 영향 때문이라고 본다. 따라서 '취약한 부모, 즉 편부모와 가난한 부모, 그리고 기타 불행한 조건에 처한 부모'에게 상당한 동정심을 갖고 있다. 국가는 이러한 관점을 반영하여 폭넓은 역할을 수행할 수 있을 것으로 보는데, 강제적이고 차별적이기보다는 지지적이며, 복지국가의 개념을 강조한다.

4) 아동의 권리와 해방(Children's Right and Child Liberation)

아동이 성인의 소유물이 아니고, 아동이라 하더라도 독립된 인격체로서 자유와 권리가 있음을 강조하는 관점이다. 국가나 성인이 아동의 뜻에 반하여 통제하거나 보호하려는 것은 옳지 않다는 것이다. 성인이 아동을 지나치게 보호하거나 성인의 기준으로 아동에게 요구하는 것은 아동을 억압하는 것이며, 아동의 감정, 사고를 무시하는 처사가 되는 것이다.

이러한 관점에서 아동은 시민이 가지는 권리를 동등하게 가짐으로써 주거와 여행, 함께 살고 싶은 사람 등 아동 선택권을 보장하고 국가는 아동이 성인의 속박에서 벗어나 자유를 가질 수 있도록 보장해 주어야 한다는 것이다. 정부는 연령으로 구분하지 말고 성인이 법적으로 할 수 있는 모든 것을 아동에게도 허용해야 한다고 주장한다. 심지어는 재산 소유와 성적 선택권도 아동의 결정권에 포함된다고 본다.

일반적으로 성인이 통제하고 제한하는 사회는 아동의 사고, 감정, 말을 진지하게 받아들이지 않고 아동이 의도하는 것과 달리 성인의 잣대로 해석한다. 아동의 권리와 해방이라는 측면에서 성인의 의무는 아동의 행동을 허락하고, 아동의 말을 듣고, 원하는 것을 존중해주는 것이다.

아동의 권리를 극대화하는 것이 곧 아동복지라고 보는 이 관점은 부모의 권리에 대한 비중을 낮게 둔다. 오히려 부모와 같은 성인의 권리를 아동에게도 부여하는 것이 우선이며, 따라서 부모는 오히려 아동의 문제를 해결하는 데 방해가 될 수 있다.

위에서 살펴본 아동복지 이념의 4가지 유형을 아동 및 가족, 아동복지, 국가의 역할에 입각하여 비교·분석하면 〈표 4-2〉와 같다(송주미, 1998).

〈표 4-2〉 아동복지 이념의 유형

구분 \ 유형		자유방임주의	국가부권주의	가족 중심주의	아동권리주의
아동 및 가족	아동관	의존적 존재, 부모의 보호를 받아야 하는 존재	성인의 보호를 받아야 하는 존재, 성인과 다른 욕구와 권리를 지닌 존재	의존적, 미성숙, 부모의 보호를 받아야 하는 존재	성인과 같은 자유와 자율을 지닌 존재, 자기 결정권과 선택권을 지닌 존재
	부모-자녀관계	부모-자녀 간의 심리적 유대 강조, 외부로부터 자유로운 가족	심리적 유대에 기초한 가족 중시, 대안적 가족(입양)에 의한 양육에 적극적	생물학적 부모-자녀관계 중시	• 아동의 선택이 반영된 가족 중시 • 대안적 가족의 형태(집단가정, 지역사회보호 등) 선호 • 아동 견해가 배제된 부모-자녀관계 반대
	아동보호 문제의 원인	• 부모 자신의 심리적 결함 • 입양 등 대리보호에 호의적	• 부모 자신의 심리적 결함 • 입양 등 대리보호에 호의적	• 사회적 환경과 관련, 부모는 사회의 희생자(빈곤, 스트레스, 자원의 결여는 외부 환경에 기인) • 대리보호에 대해 회의적	• 성인의 부당한 아동 대우(성인의 아동 취급이 원래 부정적) • 아동이 선택한 보호형태 강조 및 인정
	아동의 권리	아동의 권리보다 부모의 권리를 옹호(부모 및 가족에 관한 불간섭)	양육·보호에 대한 아동의 권리 강조(이에 대한 부모권리는 비중을 낮게 둠)	부모의 친권을 강조(아동권리에 관해서는 부모친권 강조로 대신함)	• 아동권리 강조(성인과 같은 권리를 지닌 존재로서의 아동 강조) • 부모권리에 대한 비중을 낮게 둠
아동복지	아동복지 정의	부모-자녀관계의 심리적 안정 중시, 외부의 침해로부터 이를 보호하는 것이 복지	• 부적절한 부모의 보호로부터 아동을 보호하는 것이 복지 • 가능한 최선의 보호를 위해 대리양육자에게 호의적	생물학적 부모-자녀 관계 유지를 위한 보호와 지원이 복지	아동의 자유, 즉 결정과 선택의 자유보장과 보호가 복지
	아동복지 대상	이탈된 아동만 대상 요보호아동(잔여적)	요보호아동(잔여적)	가족(부모의 보호 아래에 있는 아동)	아동(성인과 대립되는 개념으로서, 독립적 개인으로서 인간)
	아동복지 서비스	• 1차적(보호) 서비스 • 2차적(변화와 치료) 서비스 • 대리적 서비스	• 1차적(보호)서비스 • 2차적(변화와 치료) 서비스 • 대리적 서비스	• 2차적(변화와 치료) 서비스 • 3차적(예방과 강화) 서비스 • 보완적 서비스와 지지적 서비스	아동권리 보장을 위한 가능한 모든 서비스

구분	유형	자유방임주의	국가부권주의	가족 중심주의	아동권리주의
국가의 역할	국가 개입 시기	사후(문제 발생 후)	사후	사전, 사후	사전, 사후
	국가 개입 정도	최소한의 개입 (작은 국가 지향)	강제적 개입(부적절한 가족에 대한 강제적, 광범위한 개입)	지지적 개입(아동 및 가족에 관한 지지적 개입 강조)	강제적 개입(아동권리 보장에는 강제적이나 그 외에는 최소 개입)
	국가–가족–아동 간 관계 및 복지책임	• 가족과 아동 간의 강한 동맹(책임)관계 형성 및 강조 • 근본적으로 가족 및 부모(심리적 부모 강조)책임, 국가는 최소한의 보호의 책임	• 국가와 아동 간의 강한 동맹(책임)관계 형성 및 강조 • 근본적으로는 부모의 책임, 부모의 문제(부적절한 보호) 발생 시 국가가 책임(보호에 대한 국가의 책임 강조)	• 가족과 아동 간의 강한 동맹(책임)관계 형성 및 강조 • 근본적으로 가족 및 부모(생물학적 부모 강조) 책임, 국가는 지원의 책임	• 가족과 아동 간의 약한 동맹(책임)관계 형성 및 강조 • 근본적으로 아동 자신이 책임, 국가는 아동권리를 보장하는 책임
	국가 개입 및 역할에 관한 견해	회의적	• 낙관적 • 권위주의적이며 강제적 개입에 대해 긍정적	• 낙관적 • 복지국가의 개념 : 다양한 서비스를 통한 광범위한 복지를 제공하는 국가 역할 강조	• 회의적(아동권리 확보에 적극적인 국가 역할 강조) • 권리 확보 이후에의 국가 역할은 최소

6. 아동복지의 원칙

아동복지 서비스는 아동의 건전한 성장과 행복한 삶의 영위를 우선적으로 고려되어야 한다. 아동기는 생애 발달단계에서 가장 특별한 요구가 있고, 특별한 보호와 성인의 지도를 필요로 하기 때문에 아동복지 정책과 서비스를 실천하기 위해서는 기본원칙이 필요하다. 아동복지가 기본원칙에 입각해서 충실히 계획되고 실천될 때 아동은 건전하게 성장하고 행복한 삶을 영위할 수 있게 될 것이다. 장인협과 오정수(2001)는 아동복지 기본원칙으로 권리와 책임의 원칙, 보편성과 선별성의 원칙, 개발성의 원칙, 포괄성의 원칙, 전문성의 원칙을 들었고, 김성경 외(2005)는 예방성과 치료성을 더하여 6가지로 정리하였다.

1) 권리와 책임의 원칙

아동을 위한 복지정책 및 서비스는 아동, 부모 및 사회, 세 주체 간의 권리와 책임이 균형을 이루어야 한다. 즉, 아동은 하나의 인격체로서 권리를 가지며, 동시에 건전하게 성장할 책임이 있고, 부모뿐만 아니라 국가 및 사회는 아동을 양육하고 보호할 권리를 가진 동시에 책임이 있다. 아동복지는 어느 한 주체가 일방적인 권리와 책임을 갖는 것이 아니라 각각에게 부여된 사회적 역할과 위치에서 세 주체의 권리와 책임의 원칙하에 이루어져야 하는 것이다. 전남련 외(2008)는 권리와 책임의 원칙으로 아동의 권리와 책임, 부모의 권리와 책임, 국가·사회의 권리와 책임으로 설명하였다.

(1) 아동의 권리와 책임

아동은 하나의 주체적 인간으로서 독립적인 인격과 권리를 가진 존재임과 동시에 성인의 보호 아래 스스로 건전하게 성장하려는 책임도 지니고 있다. 아동은 자기 자신의 생명을 유지하기 위해서 인적·물적 자원을 제공받을 권리와 유해한 환경이나 행위로부터 보호를 받을 권리, 자신의 삶에서 중요한 결정에서 참여하여 자신의 의사를 마음대로 표현할 권리, 건강 및 의료지원을 받을 권리, 종교의 자유를 가질 권리, 사생활에서 보호를 받을 권리, 각종 사회보장을 받을 권리 등을 가졌다.

아동은 권리를 가지고 있는 것과 동시에 책임도 가지고 있다. 아동은 성인이 가지고 있는 기대에 부응하고, 성인이 아동에게 보내는 건전한 성장에 대한 요구를 수용하여 자발적 활동에의 참여로 스스로 발전하는 책임을 가지고 있다. 따라서 아동복지를 실천하기 위해서는 이러한 권리와 책임을 기초로 이루어져야 한다.

(2) 부모의 권리와 책임

부모의 권리와 책임은 친권이라는 개념에 포함되어 있다. 친권은 부모가 자녀에 대하여 가지는 권리이자 의무로서 성격을 가지고 있지만 친권이 권리라고 하여도 그 것은 자녀에 대한 지배권이 아니며, 더구나 부모의 이익을 위한 권리는 아니다. 부모는 부모로서 의무를 누구에게도 방해받지 않고 행사할 수 있는 권리를 가진다.

부모의 책임은 크게 자녀의 사회화 역할과 양육 역할로 나누어 볼 수 있다. 사회화의 역할은 자녀가 사회의 구성원으로 성장하는 데 필요한 지식과 기술, 태도를 갖출 수 있도록 지원하는 역할로서 자녀의 인지발달을 위하여 대화와 문화적 경험을 제공해주기, 사회성 발달을 위해 규범을 가르치고 가치관을 심어주기 등이 있고, 양육 역할은 자녀가 건강하고 안전한 생활을 영위하도록 환경을 마련해주고, 정서적 안정과 만족을 주어 행복한 생활을 할 수 있도록 해야 한다.

(3) 국가 · 사회의 권리와 책임

국가는 아동의 복지를 위한 국가의 책임을 다하기 위하여 부모와 아동에 대하여 개입할 수 있다. 아동을 위험으로부터 보호하기 위하여 국가는 아동을 그 부모 또는 후견인으로부터 적절한 보호를 받도록 하고 있다. 만약 아동이 부모의 적절한 보호, 통제, 감독을 받지 못하는 경우 정부는 공권력을 행사하거나 부모의 권리를 제한하게 된다. 우리나라의 「아동복지법」은 시 · 도지사 또는 시장 · 군수 · 구청장은 아동의 친권자가 그 친권을 남용하거나 현저한 비행, 기타 친권을 행사할 수 없는 중대한 사유가 있는 것을 발견한 경우 아동의 복지를 위하여 필요하다고 인정할 때는 법원에 친권 행사의 제한 또는 친권상실의 선고를 청구하여야 한다고 규정하고 있다.

특히 국가의 개입은 주로 아동이 학대를 받을 때, 아동이 비행이나 범죄에 빠질 때 이들을 일시적으로 강제보호하거나 위탁가정, 시설보호를 받도록 하고 있다. 이와 같이 아동복지 실현을 위해서 국가의 권리와 책임이 강조되고 있다.

2) 보편성과 선별성의 원칙

복지 서비스에서 보편주의를 적용하느냐 선별주의를 적용하느냐는 정책노선의 결정에 중요한 변수가 된다. 이는 복지정책에서 누가 혜택을 받을 것이며, 그 자격조건을 어떻게 규정할 것인가라는 문제로 격렬한 논쟁을 일으킬 쟁점이 될 수 있다. 어떠한 국가도 복지의 실현에 있어서는 어느 한 가지 원칙만 취하기 어렵고 보편성과 선별성을 모두 포함하고 있다고 볼 수 있다. 서비스의 종류가 무엇인가에 따라 보편성과 선별성을 택하거나 보편선과 선별성을 혼용해서 적용하는 경우도 있을 수 있다. 이는 보편성과 선별성의 개념을 대립되는 개념이 아니라 상호 보완하는 개념으로 이해하는 것이다.

일반적으로 보편성은 서비스의 대상에 소득에 관계없이 모든 아동을 포괄한다는 것을 의미하고 선별성은 조건이나 기중을 정하고 이에 따라 서비스의 대상을 제한하는 것을 의미한다. 보편성의 원리에 의한 서비스의 예로는 아동수당, 무상보육 등을 들 수 있는데 이러한 서비스의 비용은 대체로 일반조세에서 재정이 충당된다. 반면 선별성의 원칙에 의한 서비스의 예로는 주로 수용시설 아동을 중심으로 이루어진다.

보편성과 선별성을 혼합해서 사용하는 경우는 모든 아동의 권리로서의 보편성을 기반으로 하고, 개별 아동의 차이에 대한 존중을 의미하는 선별성을 적용하는 것이다. 보편성은 일반적 가치체계와 공동체성을 제공하고 복지를 부담으로서가 아니라 상호보완적인 것으로 보게 함으로써 사회통합을 위한 도구가 될 수 있게 한다. 이는 특정 범주의 욕구를 가진 아동에게 우선적으로 서비스가 제공되는 것을 권리로서 받아들이게 하는 기반을 제공한다. 보편성은 아동복지 정책이 모든 아동에게 존엄성, 자존감의 상실 없이 서비스를 받도록 하는 것이며, 아동들 간의 차별을 하지 않으면서 욕구가 있는 아동과 가난한 아동들을 다른 아동들로부터 분리하지 않기 위해 보편성 원칙이 필요하다.

3) 예방성과 치료성의 원칙

아동복지의 바람직한 방법은 아동이 문제를 일으키기 전에 미리 예방하는 것이다. 아동기에 당한 상처는 일생에 영향을 미치기 때문에 가능한 한 문제가 발생하지 않도록 하는 것이 중요하다. 예방성의 원칙은 아동이 문제를 당하지 않도록 미리 예방적 차원에서 복지서비스를 제공하는 것이다. 아동에게 문제가 발생되지 않는 것이 최선이나 부득이 문제가 발생하였다면 그 문제를 해결해야 하는데, 치료의 원칙은 일단 확인된 문제는 해결이 가능하다고 하는 전제 속에서 출발하고 있다. 문제의 치료는 문제의 발견이 중요하며, 조기 발견은 치료의 성과가 좋을 뿐만 아니라 쉽게 치료할 수 있게 된다.

4) 개발성의 원칙

아동에게 사후적 서비스를 제공하는 것은 소극적 대처일 수밖에 없다. 아동복지서비스는 아동이 더 나빠지기 전에 현재 아동의 잠재능력을 개발할 수 있도록 선제적이면서 적극적으로 대처할 필요가 있다. 개발성의 원칙이란 아동이 가진 능력을 최대한 발휘할 수 있도록 하는 것이다. 잠재적 능력개발은 모든 아동에게 해당되지만 특히 특별한 욕구를 가진 아동의 경우 현재 상태를 개선할 역량을 스스로에게 부여하는 것이 무엇보다도 중요하다. 단순히 부족한 것에 대한 보충적 의미의 서비스는 소모적이며, 지속가능한 발전을 보장하지 못한다. 장애아동의 경우 그가 가진 잔존 능력이 개발되지 않으면 잔존 능력마저 소멸되어 자립을 불가능하게 할 수 있다.

5) 포괄성의 원칙

아동이 전인으로 성장하기 위해서는 삶의 모든 측면에서 지원되어야 하고, 아동이 균형 있는 발달을 하고, 건전한 사회구성으로 성장하기 위해서는 아동복지의 기본 전제가 되는 제 요소, 즉 건강한 가정생활, 경제적 안정, 교육, 보건, 노동, 오락 및 특수보호 등에 대한 프로그램이나 서비스가 어느 하나도 제외되거나 소홀함 없이 포괄적으로 제공되어야 한다.

포괄성의 원칙은 아동복지를 실천하는 데 있어서 아동의 삶에 관련된 모든 것이 포함되도록 하는 것이다. 아동이 행복한 생활을 하기 위해서는 지식, 기술 등을 함양해 주는 교육과 정서적 안정, 영양, 건강, 사랑 등을 충족시켜 주는 따뜻한 보호가 있어야 하며, 아동에게 즐거움을 주는 여가, 오락, 놀이 등의 기회가 주어져야 하고, 유해한 환경으로부터 보호, 폭력, 인신매매, 노동, 착취 등으로부터도 보호되어야 한다.

6) 전문성의 원칙

전문성의 원칙은 아동에게 나타나는 여러 가지 복잡한 문제를 잘 풀어가기 위해서는 전문적인 지식과 기술을 가지고 접근해야 한다는 것이다. 아동의 욕구나 사고 및 행동을 이해하기 위하여서는 아동심리학과 같은 전문적인 지식이나 상담기법 등 전문 기술이 필요하다고 할 수 있다. 따라서 아동복지 전문인력의 양성과 배치는 치료적 아동복지에서는 필수 요건이 되고 있다. 아동복지 전문인력이 전문 기관에 배치되어 아동의 문제를 전문 지식과 기술에 근거하여 사정하고 개입한다면 문제를 올바르게 이해하여 적합한 방법으로 해결할 수 있다. 종종 아동의 문제를 해결하려다가 아동에게 치명적인 2차 상처를 안기는 우를 범하는 일이 있다. 특히, 아동성폭력이나 학대받은 아동의 문제를 다루는 일에서 전문성이 요구된다.

7. 아동복지의 기본 요소

1) 안정된 가정생활

가정은 혈연공동체로서 한 사회를 구성하는 최소의 기본 단위이다. 인간은 가정을 통해서 삶에 필요한 기초적인 행동양식, 의사소통, 상호협력 기술 등을 습득하고 사회의 구성원으로 적합한 인격을 형성해 간다. 무엇보다도 가정은 각 개인에게 생활의 근거지가 되고, 가족구성원 간 사랑과 존중을 통해 정서적 욕구를 충족할 수 있는 공간이다. 가정은 아동에게 성장과 교육, 정서적 유대감을 주기 때문에 안정된 가정은 매우 중요하다.

현대의 가정은 구성원의 수가 적고, 부모는 경제활동에 바쁘고, 각자 자신의 개인적인 활동이 많아 가족 간에 대화할 시간이 부족하여, 가족 간에 유대관계가 느슨해지는 경향이 있다. 그로 인해 가족 간에 제일 중요한 사랑이 부족하여 아동에게 악영향을 미치게 된다.

가정이 건전하지 못하면 가정의 1차적 기능인 자녀부양의 기능, 사회화의 기능을 발휘할 수 없으며, 2차적 기능인 경제적 생산기능, 보호의 기능, 오락의 기능, 휴식의 기능 등을 할 수 없다. 가정의 기능이 붕괴되어 야기될 수 있는 문제는 가정폭력, 자녀와 부모의 관계 단절, 비행아동, 이혼 등이 있다.

가정폭력은 가족구성원의 한 사람이 다른 가족에게 의도적·반복적으로 물리적 힘을 사용하거나 정신적 손상과 고통을 주는 행위로 주로 아동과 같은 약자가 피해를 받는다. 폭력으로 인해 아동이 직접적으로 학대를 받는 경우도 있지만 가족 간에 발생하는 폭력은 아동이 불안과 공포를 느끼게 하여 심리적인 상처를 받게 한다.

맞벌이 부부가 많아지면서 아동은 어릴 때부터 다른 사람의 손에 양육되거나, 유아교육기관에 맡겨지는 경향이 있어 부모와 자식 간에 정서적 교감을 나눌 수 있는 기회가 줄어들게 된다. 자연적으로 부모와 자식 간에는 대화가 줄어들고, 자녀의 욕구가 해결되지 못한 채 그대로 남아 있게 된다. 이렇게 욕구불만이 쌓이게 되면 아동은 비행을 하게 된다.

2) 적절한 가족의 수입과 주거

가정의 중요한 기능 중의 하나는 경제활동이다. 안정된 가정생활을 위해서는 지속적인 수입이 있어야 하며, 가족이 편안하게 쉬고 머물 수 있는 주거 공간이 있어야 한다. 경제적 불안정은 아동에게 충분한 영양을 공급하기 위한 양질의 음식을 섭취할 수 없게 하며, 안락한 주거 공간과 따듯한 의복을 입을 수 없는 등 아동의 기본적 욕구를 충족시킬 수 없게 한다. 성장이 왕성한 유아기에 충분한 영양을 공급받지 못하면 신체 발육뿐만이 아니라 인지발달 및 정서발달에도 악영향을 끼친다. 경제적인 불안정은 0

그것에 그치지 않고, 가정불화의 원인이 되어 잦은 부부싸움과 이혼, 가정폭력 등으로 발전되어 아동에게 더욱 피해를 주게 된다.

3) 영양 · 보건

아동이 생명을 유지하고 성장을 계속하기 위해서는 필요한 영양이 지속적으로 공급되어야 한다. 아동은 자신이 필요한 영양을 스스로 음식을 섭취하여 공급하는 능력이 부족하므로 부모의 도움이 절대적으로 필요하다. 아동기의 성장은 인생의 다른 어떤 시기보다도 왕성하며, 모든 발달의 결정적 시기이기 때문에 균형 있는 영양의 섭취는 매우 중요하다. 아동이 충분한 영양공급을 받지 못하고 영양결핍이 되면 신체적 성장뿐 아니라 정서적 · 심리적 성장발달에도 심각한 영향을 준다. 즉, 유아기의 영양실조는 뇌의 크기나 구성에 있어서 치명적인 손상을 가져오며 중추신경체계의 발달을 방해한다(Decker & Decker, 1992).

유아기는 성장이 왕성하므로 영양 소요량을 체중 1kg당으로 환산하여 성인의 필요량과 비교해 보면 필요한 영양소가 성인의 2~3배나 된다(허혜경 · 김성희, 1997). 또한 아동의 두뇌는 만 4세까지 90%가 발달하므로 두뇌의 신경세포 형성과 기능을 위해서 중요한 영양소가 이 시기에 필수적으로 공급되어야 한다. 뿐만 아니라 영양이 결핍되면 몸이 허약해져서 아동은 질병에 걸릴 위험이 많아진다.

아동의 건강을 위해서는 모성의 보호가 절대적이며, 어머니가 임신과 출산, 수유를 하는데 불편함이나, 부당한 노동과 유해한 환경으로부터 보호되어야 건강한 아동을 출산하고 건강하게 양육할 수 있는 것이다. 모성의 건강을 보호 및 증진하여 건강한 자녀를 출산하고, 태어난 아동을 건강하게 양육하는 것은 아동을 위한 복지 차원을 넘어 사회의 안녕과 국민 보건이라는 큰 과제를 해결하는 것이다. 모자보건의 대상은 임신, 분만, 육아를 담당하는 모성집단과 출생, 발달이라는 성숙과정을 거치는 아동의 집단이다. 아동의 건강한 성장을 위한 보건사업은 모성과 아동에게 동시에 이루어져야 효과적이다.

4) 교육기회

헌법에는 교육을 받을 권리는 기본적인 인권으로 규정하고 있다. 모든 국민은 균등하게 교육을 받을 권리가 있다. 교육을 받을 권리에는 의무교육을 받을 권리를 비롯하여 정치나 종교로부터 중립적인 교육을 받을 권리, 적절한 교육환경에서 교육을 받을 권리 등이 포함 된다. 또한 교육권은 아동이 교육을 받는 것을 방해받지 아니할 뿐만 아니라 교육을 받을 수 있도록 국가가 적극적으로 배려해 줄 것을 요구할 수 있는 권리를 말한다. 교육을 받을 권리는 단순히 학습권이나 수학권으로 인식하는 것이 아니라 인간적 성장 발달권으로 의의를 가지며, 인간으로서의 존엄과 가치를 실현하는 직접적인 기본권이 되는 것이다. 이러한 기본권은 아동이 인간다운 생활을 할 권리의 가장 기본적이고 당연한 것이다.

아동은 교육을 통하여 개인의 잠재적 능력을 계발시킴으로써 인간다운 문화생활과 직업생활을 할 수 있는 기초를 마련할 수 있다. 또한 합리적이고 계속적인 교육을 통해 민주시민의 윤리적 생활을 어렸을 때부터 형성할 수 있다. 나아가서 능력에 따른 균등한 교육을 통해 직업생활과 경제생활의 영역에서 실질적인 평등한 삶을 누릴 수 있다.

5) 근로에서 해방

우리나라의 근로기준법에서는 15세 미만인 자는 근로자로 고용하지 못하며 18세 미만인 자는 도덕상 또는 보건상 유해한 환경 또는 위험한 사업에 고용하지 못한다고 규정되어 있다. 모든 아동이 연소근로와 유해근로에서 보호되어야 함은 아동복지의 기본 전제이다. 아동기에 근로에 동원되면 신체의 발달을 저해하여 건강을 위태롭게 할 뿐만 아니라 지능발달과 인격발달에도 나쁜 영향을 미치게 된다. 아동은 충분한 놀이로 즐거운 생활을 해야 하는데, 근로로 인하여 신체적 · 정신적 고통을 받는다면 아동다움의 상실과 행복한 삶을 잃게 되는 것이다.

6) 여가와 오락활동

여가란 개인이 휴식과 오락을 위하여 모든 의무로부터 벗어나 구속됨이 없이 휴식, 기분전환, 사회적 성취 및 개인적인 발전을 위해 시용되는 활동의 시간이다. 아동기의 여가와 오락활동은 전인적 성장의 밑거름이 되며, 여가를 잘 활용함으로써 자아를 재발견하고, 창조의 원동력을 갖게 한다.

아동의 여가와 오락은 학업에서 오는 육체적 피로를 회복시킬 수 있고, 자신을 되돌아 볼 수 있는 시간적인 기회를 갖는다. 아동은 여행, 영화나 음악감상 등 활동을 통해 의무적 속박에서 벗어날 수 있다. 무엇보다도 여가는 기계적인 일상적 사고나 행동으로부터 해방시키고, 아동이 폭넓은 자유로운 사회적 활동에 참가하여 자기완성을 위한 가치를 실현하는 데 사용된다.

7) 특수보호

아동 가운데는 특수한 문제나 요구를 지니고 있어서 특별한 사회적 보호를 요하는 아동이 있다. 신체장애아, 정서장애아, 심신장애아, 부랑아, 정신박약아, 비행아들에게는 요구에 알맞은 특수한 보호와 치료의 기회를 주어야 하며, 그들의 부자유함을 보충해 주어 자신감을 가지고 사회에 적응할 수 있도록 필요한 서비스를 제공해야 한다.

참고문헌

김성경 · 김혜영 · 최현미(2009). 아동복지론. 양서원.

송주미 (1998). 한국아동복지관의 변천과정 연구. 숙명여자대학교 대학원 박사학위논문.

장인협 · 오정수(2001). 아동 · 청소년복지론. 서울대출판부.

전남련 외(2008). 아동복지론. 학현사.

허혜경 · 김성희 (1997). 유아건강교육의 이론과 실제. 창지사.

Aries, P. (1962). *Centuries of childhood: A social history of family life*. NY: Random House.

Decker, C. A. & Decker, J. R. (1992). *Planning and administering early childhood program*(5th ed.). NY: MacMillan Publishing Co.

Elkinf, D. (1981). *The hurried child: Growing up too fast soon*. MA: Addison Wesley.

Haring, L. F. (1991). *Perspectives in child care policy*. Longman.

Kadushin, A. & Martin, J. A. (1988). *Child welfare service*(4th ed.). NY: MacMillan.

Meyrowitz, J. (1985). *No sense of place: The impact of media on social behavior*. NY: Oxford University Press.

NASW (1999). 사회복지대백과사전. 이문국 외 역. 나눔의 집.

Postman, N. (1994). *The disappearance of childhood*. NY: Vintage Books.

Suransky, V. P. (1992). *The erosion of childhood*. 윤종희 · 이재현 역(2001). 아동기의 실종. 교보문고.

Winn, M. (1983). *Children without childhood*. NY: Pantheon Book.

CHAPTER 05

아동복지의 역사

1. 한국의 아동복지 발달과정
2. 외국의 아동복지 발달과정

1. 한국의 아동복지 발달과정

우리나라 아동복지의 발달과정은 조선 사회 이전의 전통사회 아동복지, 구한말부터 해방 전까지의 근대사회 아동복지, 그리고 해방 후 오늘에 이르기까지의 현대사회 아동복지로 구분할 수 있다. 시대 변화에 따라 아동복지의 이념, 원리, 법과 제도, 서비스 형태 등이 다양하게 변화되어 왔다. 장인협과 오정수(2003)는 현대사회 한국 아동복지의 발달과정을 아동복지의 사상, 서비스의 성격과 기능을 기준으로 1945~1950년까지를 사회구호 단계, 1960~1970년까지를 선별주의 단계, 1980~현재까지를 보편주의 지향 단계로 구분하였다. 이러한 기준에 의해 발달과정을 살펴본다.

[그림 5-1] 우리나라 아동복지의 발달과정

1) 전통사회

고대 우리나라 아동은 아동 자신에 대한 권리 및 인격체로서가 아닌, 가계를 계승하기 위한 수단으로서 보호의 대상이었다(김성경 외, 2009). 우리나라 전통사회에서 아동복지는 고아, 자연재해로 인한 기아 등에 대하여 구휼적 차원에서 이루어졌다. 한국의 고대국가들은 혈통을 중요시하여 고아에 대한 보호의 책임을 친족에게 맡겨 대가족제도 내에서 이루어지도록 하였으며, 고아에 대하여 민가의 수양을 허용하여 노비나 양자로 민가에 수양되었다. 국가는 자연재해와 같은 위기 시에 고아와 부랑아 등을 일시적으로 구제하였다. 삼국시대에 유교의 전래로 중국 고대의 구제법인 '주례'의 몇몇 조항들을 적용하여 구제사업을 하였다.

(1) 삼국시대

기록을 통해 알 수 있는 전통사회의 아동복지는 구휼적인 차원에서 실시되었음을 알 수 있다. 『삼국사기』에 의하면 신라 제3대 유리왕 때에 환과고독노병(鰥寡孤獨老兵 : 홀아비, 과부, 고아, 늙어서 자식 없는 사람, 늙고 병든 이 등)을 요보호 대상자로 정해 무료급식과 양육을 왕명으로 하였다. 백제에서는 온조왕 33년(서기 15)에, 고구려는 태조왕 56년(서기 108)에 재해를 당한 사람들 속에 아동을 포함하여 관곡을 배급하였다고 기록되어 있다(공계순 외, 2006).

(2) 고려시대

고려는 불교를 국가 통치이념으로 하였으므로 사찰을 중심으로 사회사업이 이루어졌다. 불교의 자비정신에 바탕을 두고 고아, 기아, 빈곤아동에 대해 사찰을 중심으로 보호사업이 이루어졌다. 성종 10년(991)에는 부모나 친족이 없는 아동은 관에서 양곡을 주어 구호하고, 성종 13년(994)에는 왕명으로 부양할 부모나 친족이 없는 어린 고아는 10세까지 관에서 수용·양육하였으며, 10세가 지나면 본인의 희망에 따라 거주하도록 하였는데, 이것이 우리나라의 고아를 대상으로 수용·보호한 시설구제의 효시라고 볼 수 있다(하상락, 1989). 충목왕 3년(1347)에는 관립의 영아원이라 할 수 있는 해아도감(孩兒都監)을 설치하여 유아들을 보호·양육하였다.

전쟁과 흉년으로 부모를 잃은 가난한 아동들을 사찰에 수용·양육하여 승려 또는 사역승으로 양성하는 일이 성행하게 되었다. 이를 본받아 민가에서도 양육 후에는 양자녀 또는 노비로 삼았다(표갑수, 2002). 민가에서 고아를 양육하는 일은 아동을 위해서 좋은 일을 하는 것 같지만 수양을 빙자한 인신매매나 유괴 등의 폐단도 있었다.

(3) 조선시대

조선시대는 국가를 운영하기 위한 각종 법이 만들어졌는데 고아와 기아 및 빈곤아동에 대한 법령도 제정되었다. 현종 2년(1561)에 요보호아동 보호에 관한 법령이 제정되었다. 정조(1783)가 제정한 자휼전칙 중 유기 및 부랑걸식아동보호법령에 의해 허가제에 의한 고아에 대한 민가수양이 실시되고, 수양한 아동이 10세에 이르면 양육한 사람으로 하여금 그 아이를 사역할 권리를 가지게 하였다.

숙종 22년(1696)에는 수양임시사목(收養臨時事目)이 제정·실시되고 이어 영종 20년(1774) 때에는 동사목이 속대전 속에 편찬되어 제도가 더욱 확립되었다. 자휼전칙(字恤典則)은 이러한 일련의 제도를 집대성하여 정돈한 것이라고 할 수 있다. 자휼전칙의 9개 절목을 살펴보면 나이 및 구제기간, 행걸아 구제에 있어서 1차적으로 친족책임의 원칙, 행걸아 구제방법, 유기아의 발견 및 보고 절차, 유기아 구휼에 있어서 젖어미제도,

행걸아·유기아 입양과 추거, 행걸아 유기아의 죽 먹고 젖먹이는 절차와 진휼청 난관에 의한 사후 감독, 의복과 의료시행을 포함하고 있다.

수양임시사목이나 자휼전칙은 아동의 생명을 보호하기 위하여 실시되었지만 아동을 수양한 후 노비로 삼을 수 있게 한 것은 신분사회의 한계이기도 하다.

2) 근대사회

(1) 구한말

근대사회의 아동복지는 조선 말기부터 일제강점기를 거쳐 해방 이전까지의 기간 동안 아동보호 및 구호사업을 의미한다. 조선시대 말인 1894년 갑오개혁 이후에는 외국의 선교사들이 입국하면서 포교를 위한 구호와 교육사업이 실시되었다. 일제 강점기에는 식민지 통치 수단으로 부랑아들에 대한 수용보호가 있었다.

1855년 프랑스의 메스트르(Maistre) 신부에 의해 '영해회'라는 조직이 설립되어 고아구제사업을 실시하였는데, 이것이 근대적 육아사업의 효시라고 할 수 있다. 그 이후 1880년에 프랑스 장 블랑(Jean Blanc) 신부가 한양에 양로원과 고아원을 설립하였다. 1888년에는 '영해회'가 종로의 수녀원 부속 고아원을 설립하여 양육사업을 시작하였다. 한국인에 의한 최초의 고아원은 1906년 3월에 이필화가 설립한 경성고아원인데, 황실하사금과 정부보조금으로 설립되었고, 이는 근대적인 영유아 복지사업의 발판이 되었다(윤혜미 외, 2005).

1910년 한일병합 이후 총독부는 제생원(濟生院)이라는 수용시설을 설립하여 빈곤아동과 맹아들의 자활을 도왔고, 사회과가 신설되면서 보육원의 수가 점차 증가하여 1934년에는 96개소로 늘어났다. 1923년 공적비행청소년 감화구제시설인 영흥학교가 설립되고, 총독부 직영으로 운영되면서 사회사업의 범위가 확대되었다.

(2) 총독부 시대

1909년 미국에서 제1차 백악관회의의 영향으로 우리나라 천도교 소속의 소파 방정환을 주축으로 '조선소년운동협회'를 조직하고, 아동의 권리운동을 전개하였으며, 마침내 1923년 5월 1일을 '아동의 날'로 정하여 첫 행사를 하였다. 천도교의 소년운동은 봉건시대의 아동관을 불식하고, 시대에 맞는 새로운 아동관의 계몽에 힘썼으며, '어린이'라는 순 한글 말을 만들어 보급하고, '어린이날'을 제정하는 등 아동문화를 확산시키는 한편, 민족독립운동의 성격을 지닌 사회운동의 성격을 띠고 있었다.

1921년 서양 감리교 선교사들이 개관한 서울의 태화기독교사회관에서 빈민아동을 위한 구제사업의 일환으로 보육사업을 실시하였다. 태화관의 사회사업은 이후 '시국에 맞지 않는다'는 이유로 일제에 의해 완전 중지 명령이 내려지게 되었다. 박영효는 1922년 교북동 4번지 1호에 보육원을 설립하였다. 1926년에 부산 공생탁아소와 대구탁아소 등의 2개 시설이 설치 · 운영된 것을 계기로 1939년에는 전국에 11개소의 공 · 사립 보육시설에서 435명의 아동을 보육한 것으로 기록되어 있다.

1940년에는 조선총독부 구호령은 생활이 빈곤한 임산부와 13세 이하의 아동을 대상으로 가택구호를 원칙으로 한다고 규정하였다. 이 시기 일본은 극심한 전쟁을 치르고 있었기 때문에 구호령은 명목만 유지되었고 통치를 위한 최소한의 구제만 있었다.

3) **현대사회**(1945~현재)

(1) 사회구호 단계

① 미군정시대

1945년 광복을 맞았으나 스스로 국가를 통치할 여력이 없었으므로 미군정이 실시되었다. 광복 후는 사회가 안정되지 못하였는데 일제의 탄압을 피해 외국으로 도피했던 사람들이 입국 하였고, 38선을 경계로 양분하여 남과 북이 서로 다른 이념으로 갈라지는 과정에서 가족이 헤어지고 고아가 발생하거나 빈곤한 가정이 많이 발생하였다. 어려운 사람들에 대한 구호를 위한 자선활동이 등장하였다.

1946년에는 이우선에 의해 최초의 한국인이 세운 고아원이 생겼으며, 그해 9월에는 아동노동법규가 공포되어 전 세계 문명국가가 채택하는 인도적 · 계몽적 원리에 따라 아동의 노동을 보호하였다. 그 내용은 다음과 같다.

가. 14세 미만의 어린이를 공사간(公私間) 상공업에 고용함을 금한다.

나. 14세 미만의 어린이는 학교수업시간 중 누구라도 노동에 종사시키지 못한다.

다. 16세 미만 어린이는 공사(公私)의 중공업 또는 유해한 사업에 종사시키지 못한다.

라. 16세 미만 어린이는 생명 자체가 위험하거나 도덕 또는 건강에 유해한 공사 간 사업에 종사시키는 것을 금한다.

마. 노동시간도 16세 미만의 아동은 8시간 이내로, 18세 미만의 아동은 10시간 이내로 규정한다.

② 한국전쟁 이후

1950년 한국전쟁이 발발하여 많은 전쟁고아, 부랑아 등이 발생하였는데 이들을 보호하기 위해 국가 및 민간단체에서 많은 아동보호시설을 설립하여 응급구호를 하였다. 전쟁이 끝난 후 440개의 아동보호시설에서 54,000여 명의 아동이 보호를 받았다. 이러한 보호사업은 정부의 힘만으로는 부족하였고, 외국의 원조단체들의 활동에 의존하였다.

한국전쟁을 전후로 수용아동 수가 급증함에 따라 정부는 충분한 시설을 갖추지 못한 기존의 육아시설로는 양질의 아동양육과 보호를 할 수 없다고 판단하여 1950년 2월 27일에 '후생시설 설치기준'을 발표하고 관리를 강화하였다.

외국의 각종 원조단체들의 지원이 증가하였다. 보호시설은 격증하였을 뿐만 아니라 보호시설의 종류도 다양해져서 영아원, 육아원, 모자원, 부랑아 보호시설 등이 설립되었다. 외부의 원조를 바라고 너도 나도 고아원을 세우는 폐단을 통제하기 위해서 시설장은 재단법인을 설립하고 시장이나 도지사의 인가를 받아 시설을 운영할 수 있게 하였다.

한국전쟁으로 인하여 한국 여성과 참전 외국군과의 사이에 태어난 혼혈아동 문제가 대두되었고, 정부는 혼혈아동 해외입양사업을 시작하였다.

(2) 선별주의 단계(1960~1970)

이 시기 아동복지는 시설 중심의 아동복지가 실시되었다. 1960년대 들어서면서 전쟁으로 인한 고아문제는 어느 정도 해결되었으나 극심한 빈곤으로 새로운 고아들이 발생하였다. 많은 가정에서 기본적인 의식주를 해결하지 못하였고, 이러한 부모는 은밀하게 자녀를 시설에 입소시키는 일이 많았다. 그러나 우리 정부는 고아들에 대한 보호에 미온적이었으며, 외국 원조단체들에 의해 아동보호 활동이 지원되었다.

1961년 9월 31일에는 고아입양특별법이 공포되어 실시되었는데, 이 법의 주요 목적은 고아의 권리를 증진하고, 사적인 입양을 할 수 없게 하며, 입양 관련 단체 설립을 규제하는 것이었다. 1961년에는 아동복리법의 제정으로 탁아사업이 정책적으로 실시되어 어머니들이 일하는 동안 아동의 양육을 맡아 하였다. 이 시기 아동복지시설의 역할은 요보호아동의 긴급구호였고, 시설운영 재원의 상당부분은 외국 원조에 의존하였다.

전쟁 후 외국 원조로 유지하던 시설들이 차차 외국 원조가 감소되면서 정부의 지원을 받기 위하여 재단 또는 사단법인을 만들었으며 아동복리법과 1964년 제정된 사회복지법에 의거하여 기존의 법인을 사회복지법인으로 변경하게 되었다.

아동복리법의 보호 대상은 '보호자로부터 유실, 유기 또는 이탈되었을 경우, 보호자가 아동을 양육하기에 부적당하거나 양육할 수 없는 경우'로 명확히 한정하여 이 법에 의한 아동복지제도는 사후 조치적이고 잔여적인 성격을 갖고 있음을 명시하고 있다.

1970년대 말까지는 법적으로나 실제 행정에 있어 요보호아동만을 대상으로 하면서 개인적인 책임을 강조하는 잔여적 아동복지정책의 시기로 볼 수 있다. 그러나 외원기관의 철수 및 사업 축소는 아동보호에 대한 국가 개입을 불가피하게 만들었으며, 1970년대부터는 상대적으로 국가 보조는 증가하기 시작하였다.

① 아동복지 관련 법 제정

1960~1970년대에는 아동복지의 근본이라 할 수 있는 '아동복지법'(1961) 그리고 아동복지에 영향을 미치는 사회복지 관련 법인 '보호시설에 있는 고아의 후견직무에 관한 법률'(1961), '고아입양특례법'(1961) 등이 제정되었다. 아동복리법에서는 요보호아동에 대한 정의를 명확히 하고, 이들에 대한 국가의 보호책임을 명시하였다. 즉, 아동이 보호자로부터 유실, 유기 또는 이탈되었을 경우, 아동의 건강한 출생을 기할 수 없는 경우, 그리고 기타의 경우에 아동이 건전하고 행복하게 육성될 수 있도록 하였다. 입양특례법은 가정에서 아동보호가 불가능할 경우 다른 가정에서라도 아동을 보호하도록 함으로써 입양사업이 확대되도록 하였다. 1960년대와 1970년대에는 국내입양보다는 해외입양이 활발하였다. 이 시기에 만들어진 법들은 초기에는 국가 개입을 최소화하는 잔여적인 성격을 나타내다가, 1970년대부터 외국의 원조기관이 철수하기 시작하면서 아동보호에 대한 국가 개입이 불가피한 상황이 되었다. 이에 따라 모자보건법(1973), 입양특례법(1976), 특수교육진흥법(1977) 등이 공포되었다.

이 시기 아동복지는 일반아동을 중심으로 하는 보편적 원칙이 아닌 요보호아동을 대상으로 가정의 책임을 강조하고, 선별적 원칙에 기초한 잔여적인 성격의 아동복지를 위한 법제정기라고 할 수 있다.

1977년 제정된 특수교육진흥법은 장애인들에게 필요한 생활지식과 기능을 전수함으로써 장애인도 일반 사회생활에 참여할 수 있도록 기여하였다.

② 시설보호의 증대

이 시기 아동복지의 주력사업은 수용시설에서의 보호사업으로 보아도 무리가 없다. 이러한 이유는 국민 대다수가 빈곤층이기 때문에 대리가정 보호와 같은 사업을 활성화되기 어려웠으며, 국가는 아동복지를 위한 투자에 관심이 부족하였고, 외국원조를 받기 위한 기관이 난립하는 상황에서 기관을 중심으로 한 보호가 쉬웠기 때문이다.

③ 입양의 활성화

1961년 제정된 고아입양특례법은 한국전쟁으로 급격히 증가한 전쟁고아를 위해 입양사업이 적극적으로 추진되는 근거가 되었다. 입양사업은 외국의 지원을 받는 민간 아동복지기관이 주도적인 역할을 하였다. 입양사업을 추진하는 기관으로는 한국아동양호회(1954), 가톨릭구제회(1955), 안식교성육양회(1955), 홀트양자회(1956), 국제사회봉사회(1957) 등의 외국 민간원조단체가 있었다. 해외입양사업은 1988년 올림픽을 개최하면서 해외입양에 대한 반성의 시각이 형성되고, 해외입양 대신 국내입양을 권장하게 되었다. 그러나 국내입양 정책은 국민들의 혈통주의에 대한 고정관념으로 활성화되지 못하였다.

④ 탁아시설의 확충

아동복리법(1961)의 제정으로 탁아사업이 적극적으로 추진되었다. 탁아사업을 추진하게 된 이유는 가난한 가정의 어머니들이 일하는 동안 자녀를 양육하기가 어려워 유기한 아동이 시설에 수용·보호된다는 사실을 확인하는 데 있다. 이러한 아동이 가정에서 부모 밑에서 성장할 수 있도록 어머니가 일하는 동안 대신 돌봐줄 시설이 필요하다고 판단하였다. 또한 탁아사업은 산업화 과정에서 부족한 일손을 확보할 수 있게 해줄 뿐만 아니라 가난한 가정의 경제적 지원을 위해서도 필요한 사업이었다. 탁아시설의 증설을 위해 미인가 탁아시설 임시조치령(1969)을 마련하여 재단법인이 아니더라도 탁아를 할 수 있도록 하는 동시에 어린이집이라는 명칭을 사용할 수 있도록 하였다.

(3) 보편주의 지향 단계(1980~현재)

① 1980년대

1981년 아동복지법이 제정됨에 따라 전체 아동이 아동복지서비스의 보편적 대상이 되었다. 아동복지법은 제1조(목적)에 "이 법은 아동이 건전하게 출생하여 행복하고 건전하게 육성되도록 그 복지를 보장함을 목적으로 한다."고 명시하여 아동복지의 대상을 모든 아동으로 규정한 복지의 보편주의를 취하고 있다. 1960년대 초의 아동복리법은 요보호아동이 아동복지 서비스의 주요 대상이었던 것에 반해, 아동복지법은 요보호아동을 포함하여 모든 아동이 복지 서비스의 대상이다. 이 시기 아동복지는 시설수용보호, 입양사업 위주의 아동보호로부터 지역사회 중심의 가정위탁, 결연사업, 국내 입양, 재가복지서비스 확대 등 다양한 아동복지서비스를 강조하기 시작하였다.

1979년에는 한국사회복지협의회가 서울에 '아동학대고발센터'를 개설하여 아동학대에 대한 사회의 관심을 촉구하였고, 1985년에는 서울시립아동상담소가 공립기관으로서는 처음으로 '아동권익 보호신고소'를 개설하였다. 1989년에는 한국아동학대예방협회가 발족되어 전국 9개 시도 지역사회복지관 내에 '아동학대신고센터'를 개설하여 아동학대에 대한 예방활동을 펼쳐나갔다.

심신장애자복지법(1981), 유아교육진흥법(1982)의 공포와 아동복지법(1981)과 생활보호법(1982)의 개정, 청소년육성법(1987), 모자복지법(1989)이 제정되었다.

② 1990년대

산업화에 따라 여성의 경제활동 참여가 늘어나 취업모가 증가하고, 가족구조가 핵가족화되면서 보육수요가 늘어나게 되었다. 1990년에는 아동복지법 시행규칙에서 시설탁아 및 가정탁아시설의 시설 기준을 마련하여 보육수요를 충족시키려 하였으나 보육사업의 전문화 필요성이 제기됨에 따라 1991년 영유아보육법이 제정되고, 아동복지법 안에 있는 보육사업을 영유아보육법에서 전문적으로 다루게 되었다. 영유아보육법을 근거로 보건복지부에서는 어린이집을 통해 보육사업을 대대적으로 시작하였다. 보육사업은 이 시기 정부의 주요 아동복지사업으로서 보육 서비스의 대상이 빈민아동에서 일반아동으로 확대되어 보편적 아동복지로 전환된 대표적 사례가 되었다.

- **한국아동복지학회 창립** : 1991년에는 한국아동복지학회가 창립되어 한국 아동복지의 문제를 조명하고, 아동복지에 대한 정부의 책임을 촉구하는 데 힘썼다. 한국아동복지학회는 아동복지의 쟁점이 되고 있는 주제를 선정하여 학술대회와 워크숍을 개최하고, 많은 연구논문들을 발표하여 아동복지의 발전을 꾀했다.
- **학교사회사업의 개시** : 학교사회사업은 학교의 제도 내에서 학생-학교-가정-지역사회의 역기능적 상호작용에 의하여 발생되는 학생의 심리·사회적인 문제를 예방하고 해결함은 물론, 학생의 잠재능력을 최대한 발휘하고, 스스로 문제를 해결할 수 있도록 도움을 주는 전문적인 활동이다. 1990년대 들어와서 사회복지관이 양적으로 증가하면서 지역사회 내의 청소년문제를 예방하고 해결하기 위한 전문적인 실천방법으로 학교사회사업을 도입하게 되었다. 1997년부터는 삼성복지재단이 학교사회사업에 대한 지원사업을 전개하면서 학교사회사업에 대한 관심을 불

러일으켰다. 학교사회사업에 대한 높은 관심은 학교사회사업학회의 창립을 낳았고, 구체적인 실천방법을 연구하게 되었다.

1997년부터는 일반학교에서 학교사회복지사가 공식적인 활동을 하게 되었고, 연구학교 선정을 통해 시범사업을 전개하였다. 2000년에는 사회복지사가 활동하는 학교 수가 증가하여 학교사회복지실천모델을 활용한 생활지도를 시범적으로 적용하였다.

- **IMF 위기와 아동복지** : 1997년 외환위기로 인한 IMF 구제금융을 받으면서 사회적인 문제는 많은 아동복지적 요구를 발생시켰다. 빈곤과 실직으로 인한 가정불화와 가정파괴들의 문제가 아동양육의 문제로 이어졌다. 문제가정의 아동은 가정에서 보호받지 못하고, 아동복지시설에 입소되는 사례가 증가하였다.

어려움에 처한 아동을 위한 복지서비스는 수입이 없거나 실직한 가정에 대한 원조로 결식아동 지원과 학자금 지원, 실직여성가구주를 위한 구직 정보제공 서비스 등 경제적 원조가 주를 이루었다. 저소득층 부모의 경제활동을 지원하고, 아동을 보호하기 위하여 방과 후 학교 등 보호와 교육서비스도 실시되었다. 이러한 아동의 심리적·사회적 문제에 대한 적절한 개입이 필요하였다. 이에 따라 민간 차원에서 이들 아동을 위한 다양한 프로그램이 개발되어 실시되었다. 실질적으로 가족 내 역할 변화로 스트레스가 증가하고 비일관적인 양육 태도로 아동의 정신건강이 위협받는 것을 방지하기 위하여 이들 자녀의 적응을 돕는 프로그램이 개발되어 실시되었다(박현선, 1999).

- **아동복지시설의 평가** : 아동복지지설의 서비스 제공 및 기관 운영의 효율성과 책임성을 확보하기 위하여 1999년 사회복지법의 개정을 통하여 모든 사회복지시설은 3년마다 최소 1회 이상 평가를 받도록 명시되었다. 이는 공공재원 투입에 대한 투명성과 효율성 확보 차원에서 시대적인 요청이라고 할 수 있다.

아동복지시설에 대한 1차 평가는 한국보건사회연구원 주관으로 2000년과 2001년에 걸쳐서 진행되었다. 2000년에는 영아시설 및 아동상담소를 시작으로 실시되었으며, 2001년도에는 아동양육시설, 아동직업훈련시설, 아동보호치료시설, 자립지원시설, 아동단기보호시설, 아동종합시설, 아동전용시설 등 총 243개소를 대상으로 평가가 실시되었다. 평가가 실시됨으로써 아동복지시설의 투명성과 서비스의 질 향상을 통한 복지 수준이 향상되고, 운영의 선진화, 시설에 대한 정보를 공표함으로써 수요자의 시설 선택 기준으로 사용할 수 있게 되었다.

③ 2000년대 이후

2000년대에 들어서면서 경제 위기가 다소 완화되기는 했으나 경제 위기로 저소득층으로 전락한 가정의 경제적 위기와 가정 해체는 여전히 사회문제로 남아 있게 되었다. 더구나 육아에 대한 부담으로 출산율의 저하, 고령화 사회로 진입하는 사회적 변화를 경험하고 있다. 이혼과 별거로 가정 해체가 증가되어 아동보호의 수요도 증가하게 되었다. 이에 따른 대책으로 입양이나, 가정위탁, 그룹홈과 같은 아동보호서비스를 강화하게 되었다. 가정위탁을 활성화하기 위하여 가정위탁지원센터를 설치, 운영하고 입양촉진특례법을 개정하여 국내입양을 활성화하려고 하였으나, 국외입양과 함께 국내입양도 감소하는 현상이 나타났다.

중국을 비롯한 아시아 국가로부터의 외국인 근로자와 결혼이민자, 북한이탈주민의 이주가 증가하면서 이들 '다문화가족' 자녀의 아동복지서비스에 대한 관심이 고조되고 있다. 2006년 정부 차원의 사회통합대책이 마련된 이후 다문화가족 지원서비스는 증가하였으나 임신, 출산 관련 지원과 방문아동양육서비스 외에는 아직 전문적이고 통합적인 아동복지서비스는 찾아보기 어렵다(최현미 외, 2008). 특히, 현 정부정책의 주요 초점이 되고 있는 결혼이민자 가족의 학령기 자녀의 수가 증가함에 따라 학교에서의 다문화교육과 학습지원, 부모역할 지원, 이중언어 역량개발 등의 지원이 시급한 실정이다.

지난 몇 년 사이에 성폭력 관련법과 제도가 마련되고 실종 관련법이 제정되었으며, 범죄피해아동과 가족지원을 위해 해바라기아동센터나 원스톱지원센터, 실종아동전문기관이 설치·운영되고 있으나 전국에 몇 곳이 안 되는 서비스 접근성의 문제와 아동의 심리치료와 위기개입을 위한 전문인력의 문제, 경찰과 검찰, 병원 등 연계기관이 다양함에 따라 이들 기관과의 협력체계의 구축 등 해결해야 할 다양한 과제를 안고 있다.

2008년에 새 정부의 출범과 함께 본격적으로 논의되고 있는 아동·청소년에 대한 통합 정책은 정부 차원에서 활발히 진행되고 있으며 아동·청소년복지법(안) 등 관련법의 개정과 인프라를 구축하려는 움직임이 활발하였다.

2010년에 들어서 영유아보육의 문제와 학교의 무상급식 문제가 이슈화되기에 이르러 각 지방자치단체에 따라 모든 연령의 영유아들에게 무상보육 실시계획을 발표하고, 무상급식을 위한 노력이 가시화되고 있다.

2. 외국의 아동복지 발달과정

1) 근대 이전의 아동

고대사회는 인간의 존엄성이 인정되거나, 생명에 대한 존중사상이 발달하지 않아 아동이 죽임을 당하는 사례들이 있었다. 아동은 종족의 보존을 위한 수단으로 취급되어 병약하거나, 집단의 유지에 도움이 되지 않으면 버려지는 처지였다.

고대 그리스 스파르타에서는 튼튼한 어린이를 얻기 위해서 우생학적 결혼제도를 채택했으며, 아이가 태어나면 국가가 점검을 하여 튼튼하지 못하면 살해하였다. 고대사회는 계급사회이었으므로 지배계급의 어린이에게는 국가의 교육이 실시되었지만 피지배계급의 어린이는 교육의 혜택을 받지 못하였다.

플라톤의 국가론에는 아이들은 각기 금(金), 은(銀), 놋쇠나 철로 태어나는데, 그 천성에 맞게 수호자나 보조자, 직공이나 농부로 살아야 한다는 말이 있다. 이와 같은 내용은 아동을 한 인간으로서 인격을 가진 존재로 존중하기보다는 사회의 필요에 따른 수단으로 취급되었음을 알 수 있다.

2) 근대의 아동

14, 15, 16세기 유럽에서는 중세의 어두운 터널을 뚫고 밝은 빛을 향해 나아가고 있었다. 즉, 인간성 회복운동이라는 르네상스를 맞이하고 있던 것이다. 그리스 로마의 고전을 통하여 새 인간생활, 인간문화를 건설하려는 인문주의 사상이 싹트게 되었다. 유럽의 남부가 인문주의 운동의 중심이라면 유럽의 북부는 종교와 도덕 개혁운동의 중심이었다.

마르틴 루터(1483~1546)는 당시 서민층 부모가 자녀교육을 등한시하는 것을 개탄하면서 자녀교육에 대한 부모의 각성을 촉구하였다. 루터는 아동의 교육을 국가가 책임지는 의무교육을 주장하였으며, 남녀 어린이를 함께 교육하고 적절히 키워야 한다고 주장하였다.

17세기는 근대 자연과학이 발달하기 시작하였고, 경험론의 영향으로 실학주의 사조가 나타나게 되었다. 실학주의는 지식은 감각을 통하여 얻어지므로 아동의 교육은 감각기관의 훈련으로 시작해야 한다고 주장하였다. 코메니우스(1592~1670)는 모든 어린이들의 인격의 존엄성에 대해 인식하였으며, 참다운 인간이 되기 위하여 어린이들이 교육받아야 함을 주장하였다. 그는 어린이를 신이 내린 가장 귀한 선물이며, 헤아릴 수 없이 소중한 보배라고 하였다. 따라서 모든 아동, 즉 우둔한 아동, 총명한 아동, 부잣집 아동, 가난한 집 아동, 여자아이도 남자아이도 차별 없이 똑같이 교육을 받아야 한다는 교육의 기회균등을 역설하였다.

18세기는 과학의 합리성과 인간의 이성에 대한 동경심과 서민에 대해 신뢰하는 계몽사상이 일어나기 시작하였다. 아동관에 영향을 주는 인성론에 있어서 변화를 가져왔다. 인간의 본성은 악이며, 즉 아동은 원죄를 가지고 태어난다는 중세의 종교적 견해를 반대하는 입장이었다. 로크(1632~1704)는 인간은 백지(Tabla rasa)와 같이 성선도 성악도 아니라고 주장하였다. 그는 어린이의 마음은 물처럼 이쪽으로 또는 저쪽으로 쉽게 전환된다고 생각한다. 아동의 교육은 좌절감을 주는 심한 체벌보다는 부모의 좋은 모범으로 조기에 훈련하여 옳은 습관을 형성하는 것이 효과적이라고 하면서 아동에게 자신이 즐거워하고 좋아하는 놀이를 허용하는 것이 필요하다고 역설하였다.

18세기 프랑스의 사상가 루소(1712~1778)는 기독교의 원죄설과는 달리 인간의 본성은 선하게 태어났기 때문에 아동의 자연성을 방해하지 않는 아동중심교육을 주장하였다. 당시로서는 혁신적인 교육관이며, 후대 사람들로부터 아동의 새로운 발견자로 인정되었다. 그는 "아동은 자유인으로 태어나며, 그들의 자유는 어떤 사람도 그것을 멋대로 처분할 권리가 없다."고 하여 아동에게도 자유와 권리가 있음을 주장하였다. 따라서 아동의 교육은 아동의 흥미와 욕구, 관심에서 출발해야 하며, 아동이 아동답게 살아갈 권리를 보장해야 한다고 인식되었다.

프랑스의 오베르랑(1740~1826)은 낙후된 시골마을에 목사로 부임하면서 황폐화된 마을을 재건하기 위하여 경제적 · 사회적 · 교육적 개혁을 추진하였다. 그는 루터의 초등의무교육제도에 영향을 받아 마을마다 학교를 세우고 학교제도를 정비하였으며, 1770년에는 편물학교(編物學校)를 세우고 부모가 일터에서 일하는 동안 아동을 보호하고 교육하는 역할을 할 수 있게 하였다. 이 편물학교는 지역주민과 아동을 위한 복지기관으로서의 역할을 하였다.

18세기를 계몽시대라고 한다면 19세기는 신인문주의 시대라고 할 수 있다. 과학적 오성을 강조한 계몽주의는 자연의 법칙이 모든 것을 창조할 수 있다고 믿었던 데 반해 신인문주의는 인간 세계는 자연의 법칙으로 해결할 수 없는 인간 내부의 영성이 있다고 보았다. 따라서 진정한 창조와 인간의 발전을 위해서는 신의 세계와 인간의 세계를 통합해야 한다고 보았다.

스위스의 페스탈로치(1746~1827)는 자기 집에 빈아학교(貧兒學校)를 설립하여 버림받은 아동을 모아 의식주를 해결하고, 여러 가지 교육을 실시하였다. 그는 "자녀를 보는 즐거움이야말로 사람의 가장 거룩한 즐거움이다."라고 하여 부모나 성인이 아동을 보호하고, 교육하는 일이 인간사에서 가장 중한 일임을 일깨웠다. 페스탈로치의 사상은 프뢰벨과 오웬에 의하여 계승되어 유치원과 유아학교가 설립되었다.

프뢰벨(1782~1852)은 가난한 루터파의 목사 아들로 태어나 생후 9개월에 어머니를 여의고 계모의 손에 양육되었다. 가정환경은 좋지 않았지만 향학열만은 식지 않아 여러 직업을 전전하면서 예나대학, 괴팅겐대학, 베를린대학에서 자연과학과 철학, 인간학, 교육학 등을 공부했다. 그는 갓 태어난 어린이는 나무에서 떨어진 잘 익은 과일처럼 생명을 자기 내면에 가지고 있는 발전 잠재성을 가지고 있다고 믿었다. 그 무한한 가능성을 신성이라고 부르고 그것을 인간의 본질이라고 보았다. 인간은 신과 비슷한 모습으로 창조되었기에 인간의 본질을 신성이라고 했으며, 이 신성을 발휘하게 하는 것이 교육이라고 보았고, 어린이는 누구든지 적합한 환경에서 신성을 발현해야 한다고 생각하여 유치원을 창설하였다.

19세기 영국에서는 산업혁명으로 대규모 공장들이 생겨나고 사람들은 시골에서 도시로 이주하여 공장에 취직하였다. 빈민들의 자녀들은 생계를 위해 5, 6세 때부터 노동에 동원되었으며, 3, 4세 유아들은 길거리에 방치되어 사회문제가 되었다. 부유한 집 자녀들은 좋은 교육을 받았던 데 비하여 가난한 가정의 아이들은 적합한 교육을 받지 못하였다. 이들을 위한 교육은 사적 기관이 일부 담당하고 있었을 뿐 정부는 손을 놓고 있었다.

이와 같은 시대에 민중의 입장에 서서 빈곤아동의 교육을 확신하고 실천한 사람이 오웬(1771~1885)이다. 그는 탁월한 공장 지배인으로 역량을 발휘하여 성공을 거두었으며, 당시 일반적인 산업자본가들과는 달리 영리를 제일 목적으로 하지 않고 인도적이고 과학적으로 공장경영과 노무관리, 교육을 하여 생산성을 높였다. 그는 인간형성의 책임이 이제까지 개인에게 떠넘겨졌기 때문에 사회의 결함이 있다고 지적하고, 공장 노무자들의 생활개선과 아동의 교육에 힘썼다. 인간형성은 생래의 자연적 자질과 후천적 환경이 상호작용에 의한다는 것이다. 어린이를 둘러싸고 있는 환경은 어른들이 책임지고 합리적으로 관리해야 된다고 보고 유아학교(Infant school)를 세웠다. 유아학교는 직장을 가진 어머니를 위한 영유아 보호의 역할도 했지만 아동의 올바른 인간형성을 위하여 교육에 힘썼다. 이 유아학교는 후에 영국 전역으로 퍼져나가게 되었고, 초등학교의 하부조직으로 정규 학교체제 속에 편입되었다.

3) 현대의 아동

스웨덴의 여성학자이며 아동학자인 엘렌 케이(Ellen Key, 1849~1926)는 저서 『아동의 세기』에서 '20세기는 아동의 세기'라고 규정하고 아동의 본성을 살리자고 호소하였다. 그녀는 아동을 발아하고 있는 종자로 비유하고 자발성을 기초로 한 교육방법을 주장하였다. 심지어 "교육의 최대 비결은 교육하지 않는 것"이라고 학교 불필요론까지 주장하였다.

한편, 프로이트를 비롯한, 피아제, 콜버그(Kohlberg) 등 심리학자들의 연구는 아동에 대한 새로운 개념을 정립하도록 하였다. 아동은 독립된 인격을 가진 존재임과 각자 개성을 가진 존재로서 무한한 잠재력을 가진 존재로 인식하게 되었다.

아동을 해방해야 한다는 주장은 교육계에서도 거세게 일어났다. 미국의 듀이(John Dewey, 1859~1952)는 저서 『학교와 사회』에서 '아동중심'이란 용어를 처음 사용하였으며, 아동의 교육은 그들의 흥미와 요구를 반영해야 한다고 주장하였다.

아동에 대한 시각의 변화는 아동을 인격을 가진 주체로 인정하고, 아동의 인권과 자유를 보장하는 다양한 사회적 제도들을 마련하였다.

1909년 미국에서 열린 백악관회의에서 아동복지에 대한 국가의 책임을 강조하게 되었다. 이 회의에서 루스벨트 대통령은 아동을 위한 부모역할, 가정생활의 중요성을 강조하였다.

이후 연방정부에 아동문제를 전담하는 아동국을 설치하고, 아동문제, 아동 노동, 비행 등 아동 관련 사항을 담당하도록 하였으며, 매 10년마다 백악관회의를 열어 변화하는 사회에서의 아동복지정책을 모색하도록 하였다. 1919년 제2회 백악관회의는 윌슨 대통령에 의해 '아동복지의 최저기준, 모자보건, 요보호아동의 보호'를 주제로 소집되었으며, 제3회는 1930년 '아동보건 및 보호'를 주제로 개최되었고, 이 회의에서 아동의 인권옹호를 위해 중요한 '아동헌장'을 채택하였다. 이는 1924년 국제연맹이 행한 '아동권리선언'과 이념적으로 관련되는 것이다.

아동복지에 대한 각국의 노력은 1989년 11월 20일 국제연합총회에서 '아동권리협약(UNCRC: United Nations Convention on the Rights of the Child)'으로 결실을 맺게 되었다. 이는 전 세계의 아동의 경제, 사회, 문화에 대한 권리를 규정하는 국제협약이다.

1990년 9월 29일에서 30일 양일간 '아동'이라는 단일 주제로 뉴욕에서 개최된 '아동을 위한 세계정상회담(World Submit for Children)'에서는 158개국 대표들이 참석하여 아동의 생존, 보호, 발달을 위한 세계선언과 국가 행동계획을 채택하였다.

4) 영국의 아동복지 발달과정

영국의 아동복지는 산업화가 진행되기 시작한 것을 기점으로 근대 이전과 이후 많은 변화를 하였다. 근대 이후 아동과 가족에 관한 법률이 제정되고, 아동권리에 관한 인식이 확산되면서 아동복지의 전문화된 서비스가 실시되었다.

(1) 근대 이전

산업화 이전에 아동은 특별한 욕구를 가진 존재로 인정되지 않았기 때문에 아동에 대한 처우는 열악할 수밖에 없었다. 대부분의 아동은 성인의 소유물과 같이 취급되었으며, 노동력과 군사력을 위한 존재로 인식되었다.

1601년 구민법의 제정으로 성인뿐만이 아니라 고아나 빈곤가정의 아동을 보호의 범위에 포함시켜 아동보호의 원칙이 세워졌다. 또한 아동을 위탁받아 양육할 의사가 있는 가정에게 고아나 빈곤아동을 무료로 위탁시킬 수 있는 조치를 마련하였다. 일부 아동은 도제로 보내 기술을 연마할 수 있는 기회를 주었다. 구빈법은 후에 여러 차례 개정을 거쳐 점차 아동복지를 확립하는 데 기여하였다. 구빈법 개정으로 보호아동을 위해 지역학교와 육아원이 설립되었고 맹아와 농아를 교육하기 위한 특수학교가 설립되었다.

(2) 근대 이후

산업화의 진전은 도시 인구의 증가를 낳았고 빈민아동이 증가하였다. 아동이 방임상태에 놓이는 것을 개선하기 위하여 1780년경부터 일요학교(유아학교)가 설립·보급되었다. 이는 후에 영국에서의 공교육의 기틀을 마련하는 기초가 되었다.

1884년 런던에 아동학대예방협회가 설립되었고, 이어 1889년 아동학대방지법이 제정되었다. 1948년 아동법이 제정됨에 따라 영국에서 아동복지가 확립되었다. 아동법은 아동의 사회적 권리를 강조하고, 소년 범죄자를 성인으로부터 분리·수감하고, 소년재판소, 요보호 관찰소 및 교육장의 설치를 규정하여 아동을 위한 서비스의 전문화를 꾀하였다.

영국 아동복지의 특징은 민간 활동의 활성화이다. 민간단체의 활동으로 아동학대방지협회(NSPCC), 문제가족에게 케이스워크 서비스하는 가족지원단체(FSU), 가족복지협회(FWA) 등이 있다.

최근 들어서 요보호아동을 위한 시설보호사업에 전통이 있는 Dotor Bernard Home이 문을 닫았다. 그것은 영국의 아동복지 서비스 방향이 바뀌고 있음을 말해 준다. 아동을 더 이상 시설보호에 중점을 두지 않고, 가정에서 보호하려는 것이다.

(3) 아동법 제정과 가족 강화

1945년 정부는 아동의 실태를 파악하고, 그 문제점을 개선하기 위해 위원회를 조직하여 아동복지행정의 집중도를 높고, 정상적으로 가정생활을 영위할 수 없는 아동에 대한 대책을 강구하였다. 아동 개개인의 욕구를 중시하며, 가정을 존중하도록 하였다. 또한 가족수당법을 제정하여 경제적·사회적 지위에 관계없이 한 가정에 자녀가 둘 이상으로서 16세 미만의 아동에게는 1인당 매주 수당을 지급할 수 있게 되었다. 1974년에는 가족수당제도의 개선책으로 아동수당법을 제정하여 모든 아동을 대상으로 수당을 지급하고 있다(김성경 외, 2009).

1948년 아동법이 제정 된 후 지역사회와 공공기관이 부모의 역할을 대신해야 한다는 인식이 확산되면서 부모가 없는 아동, 유기아동, 부모와 떨어져 사는 아동, 부양 능력이 없는 부모의 자녀들은 안전하게 보호될 수 있는 토대가 마련되었다. 아동은 정상적인 가정에서 보호받아야 하기 때문에 어떤 일이 있어도 가정은 유지되고 기능이 강화되어야 한다는 취지로 아동법이 제정되었다.

(4) 아동의 권리옹호와 서비스의 전문화

유엔은 '아동권리선언'을 선포(1959년)하였고, 1979년을 아동의 해로 지정하였으며 1989년에는 아동권리에 관한 국제협약을 통과시켰다. 이로써 아동은 필요로 하는 자원을 제공받으며, 위험으로부터 보호받고 안전을 담보할 수 있는 권리가 인정되었다. 또한 아동이 자신의 복지와 관련된 결정에 대해 알 권리와 참여할 권리 등이 강조되었다(김성경 외, 2009). 아동의 권리와 함께 아동의 욕구에 부합하는 전문적인 서비스가 개발되고 집단적 수용·보호에서 일반 가정과 유사한 소규모의 생활과 보호, 더 나아가서는 재가지원과 지역사회보호로 전환되고 발전되었다(공계순 외, 2006).

5) 미국의 아동복지 발달과정

미국의 초기 아동복지 서비스는 영국의 구빈법을 그대로 적용하여 실시되었다. 아동보호는 영국에서와 마찬가지로 구빈원에서 원내보호와 원외보호로 나누어 실시하였다. 원내보호는 성인과 아동을 혼합 수용하여 아동에게 폐해가 있었으며, 원외보호는 구민법 이전부터 실시되어 오던 고용위탁제도가 제도화된 일종의 보호청부제도와 같이 실시되어 아동의 노동력에만 관심이 있었을 뿐 아동의 보호와 교육에는 관심을 주지 않았다.

18세기 들어와서 아동을 분리 수용하는 고아원이 설립되고, 비행아동에 대하여 보호만 하는 것이 아니라 종교교육과 일반교육을 실시하는 방향으로 발전하였다. 1895년에는 아동노동법이 제정되어 근로아동에 대한 복지정책이 마련되었다. 아동문제에 대한 획기적인 발전은 1909년 백악관회의 이후이다. 아동문제를 전담하는 아동국이 생기고, 1935년 사회보장법이 제정되면서 아동복지사업이 확립되었다.

(1) 가정위탁제도의 발달

미국의 아동복지체계가 전국적으로 정비되고 확립된 것은 1935년 사회보장법의 제정 이후이다. 미국의 아동복지도 초기에는 종교단체에 의해 설립·발전되었다. 1727년 뉴올리언스의 우슬린(Ursulin) 수도원에 의해 최초의 양육원이 설립되었다. 1740년에는 죠지 가이트필트(George Wgitefield)에 의해 조지아주에 베네스타 고아원이 설립되었다.

1850년대 이후 시설보호가 아동의 건전한 발달에 도움을 주지 못한다는 생각이 발전하면서 가정에서의 보호를 모색하기 시작하였다. 그리하여 최초의 시설 외 보호를 채용한 뉴욕아동구호협회가 1853년 뉴욕에 창설되었고 빈곤가정 아동의 위탁사업을 실시하였다.

1866년 오하이오를 중심으로 아동가정협회가 발족되어 빈곤가정의 아동을 보호하는 운동으로 발전하여 다른 주로까지 파급되었다. 위탁가정운동은 초기에는 아동의 의식주와 자립 기회를 제공해 줄 가정을 찾아 연결해 주는 과업에만 전념하였으며, 아동의 욕구에 따라 선별적으로 위탁가정을 선택하는 것이 아니라 위탁가정의 필요에 따라 위탁가정보호가 결정되는 경우가 더 많았다(장인협·오정수, 2003).

(2) 아동노동법의 제정과 백악관 회의

1895년 제정된 아동노동법은 14세 이하의 아동에 대한 근로금지 조항, 야간작업 금지, 노동시간 제한, 학교에 출석하도록 배려하는 것 등이다. 미국에서 아동문제의 인식이 전국적인 수준으로 증대된 것은 1909년 제1회 백악관회의 이후이다. 백악관회의에서 루즈벨트 대통령은 아동을 위한 부모역할의 중요성과 가정생활의 중요성을 언급하면서 세 가지 원리를 제시하였다. 첫째, 가난하기 때문에 아동이 가정으로부터 이탈되어서는 안 된다. 둘째, 가정을 떠나야만 될 충분한 이유가 있을 경우에는 차선책으로 잘 선정된 위탁가정이 바람직하다. 셋째, 필요에 의해 시설을 이용할 경우 소숙사제도(cottage system)가 좋으며 아동의 의존성이 나타나지 않도록 해야 한다.

이후 미국에서는 아동문제를 전담하는 아동국(Children's Bureau)이 생겨 아동복지, 아동문제, 아동발달, 아동노동, 비행 등 아동에 관한 모든 것을 연구하였다.

(3) 모성보호와 사회보장법

1911년 미주리 주를 시작으로 모성연금제가 제정되어 빈곤아동에 대한 구제 방법으로 1919년 39개 주에서 연금제도가 실시되었다. 이 연금제의 목적은 한부모 혹은 적당한 보호자가 없는 경우 또는 빈곤가정의 아동을 대상으로 이들을 가정에서 생활하도록 하기 위해 소정의 양육비를 지원해 주는 것이다. 이 제도는 1935년 사회보장법에 의해 공공부조의 형태로 발전하였다. 그 후 이 제도는 모자연금법 및 기타 사회보호법에 영향을 미쳤고 1935년도 사회보장법의 AFDC(자녀를 둔 가정에 대한 지원)에도 반영되어 실시되었다(김성경 외, 2009). 이후 아동복지제도는 변화를 거듭하여 왔다. 최근에는 모자가정에 대한 지원에도 시간제한을 두어 모의 취업을 의무화하는 TANF(Temporary Assistance for Needy Families) 등 모성보호제도가 변화해 왔다.

최근 미국에서는 사회사업기술로 집단사업(Group Work), 사회복지사업(Case Work), 가정복지사업(Family Case Work) 등이 시도되고, 시설의 전문화 측면에서 특수아동을 위한 치료시설의 전문화를 시도하고 있다. 또한 전문 입양기관에 의한 사전조사, 알선, 사후지도로 입양결연의 근대화를 이루고, 모자보호사업으로 의학적 · 교육적 · 직업적 서비스를 제공하고, 비행청소년의 사회복귀 프로그램으로 집단위탁사업(Group Foster Care)이 실시되고 있다.

6) 스웨덴의 아동복지 발달과정

스웨덴은 11~12세기경부터 봉건제도가 성립되었으나 13세기에 들어서서 내란, 페스트, 과중한 세금, 부역 등으로 농촌인구의 격감, 새로운 계층의 형성 등으로 봉건제도가 무너지기 시작하였다(김연진 · 이상희, 2010). 영주로부터 이탈한 피지배계층은 빈민으로 전락하여 사회문제가 되었다.

1853년의 구빈법이 제정되면서 체계적인 구빈제도가 확립되어 구빈에 대한 국가의 책임을 명시하였다. 스웨덴의 구빈법은 영국으로부터 많은 영향을 받아 그 발달과정이나 형태면에서 영국의 구빈법과 비슷하였다. 원칙적인 구빈은 15세 이하의 아동과 병자, 폐질환자인 노동무능력자가 대상이었다.

근대화가 가속되면서 스웨덴에서도 계속적인 농업인구의 감소, 산업화에 따른 사회구조의 변화, 노동조건의 악화에 따른 노동자의 문제, 부인과 연소 노동자의 증가, 도시인구의 급증, 청소년의 비행 등이 사회문제가 되기 시작하였다.

1881년 노동금지법이 제정되어서 이들을 저임금과 장시간 노동으로부터 보호하였다. 이는 단지 비인간적인 대우에서 구해 준다는 것 외에 노동력의 질적 향상을 도모하기 위한 의미도 있었다.

1869년 사회민주당이 결성되면서 사회복지정책의 강력한 추진력을 가지게 되었다. 가장먼저 1901년에 노동자 화재보상법이 제정되어 사회복지의 선구적 역할을 하였다. 이는 아동복지 측면에도 영향을 주어 청소년 비행에 대한 제도를 마련하는 계기가 되었다.

1902년 입양아동의 건강과 보건을 위해 입양법을 제정하였다. 미혼부모의 아이들을 합법적인 입양과 사후관리를 하여 입양 후 정상적인 성장을 지원하였다.

1924년 아동복지법이 제정되면서 구빈법의 수혜대상으로 취급되어 오던 아동이 독립된 아동복지법에 의하여 보호되었다. 아동복지법에 의해 아동과 청소년의 보호를 위한 기관이나 시설의 관리 및 설치 추진을 위한 아동복지위원회가 설립되어 아동복지기관의 업무를 감독하였다.

1930년 세계경제공황을 전후하여 출산율이 급격히 저하됨에 따라 아동과 모성 및 학교급식에 대한 국가보조 등이 실시되었다. 또한 1938년 이후 산전 · 산후에 따른 모자보건 대책과 1955년부터 모든 임부에게 출산수당을 지급하였다.

1930년대 이후 아동복지제도가 확립되면서 여러 가지 아동보호정책이 실시되었다.

아동수당은 신체장애자나 연금지급자의 자녀, 한부모 자녀에 한하여 지급되었으며, 이혼을 했을 경우 부모 중 한 사람이 자녀의 양육비를 지급하지 않을 경우 국가가 이를 대신 지불해 주기도 한다. 또한 임산부와 신생아에 대한 상담, 치료, 출산 전후의 휴양, 남편의 군복무기간 중 지급되는 양육수당 등이 있다.

여성의 사회참여를 촉진하기 위해 어머니와 자녀문제 관련 사회적 조치와 서비스가 발달하였다. 즉, 출산 후에 신생아와 함께 지낼 수 있는 9개월 휴가제도와 생후 6개월부터 학교 입학 전 6세까지 부모가 일하는 동안에 아동을 맡길 수 있는 보육시설, 학교 다니는 아동이 방과 후에 몇 시간을 보낼 수 있는 여가선용의 집, 자신의 집에서 아이들을 맡아서 돌봐주는 가정보육시설, 아플 경우에 간호해 주는 아동간호사제도 등이 있다.

장애아동을 위한 교육적 조치는 1952년 장애아학교법(The School Act lf Handicapped)의 규정에 따라 7~16세의 모든 어린이에게 교육의 기회를 부여하였다.

그 밖에 정부에서 지원하는 아동복지정책으로는 보육시설의 운영에 대한 보조를 실시하고 있으며, 아동이 여가를 즐길 수 있도록 캠프를 마련하고, 아동복지 전문인력을 양성하기 위해 많은 노력을 하고 있다.

참고문헌

공계순 · 박현선 · 오승환 · 이상균 · 이현주 (2006). 아동복지론. 학지사.

김성경 · 김혜영 · 최현미 (2009). 아동복지론. 양서원.

김연진 · 이상희 (2010). 아동복지의 이해. 태영출판사.

김주숙 (2000). 스웨덴의 부모보험제도와 여성의 경제활동. 한국사회복지학, 40, 68-96.

박현선 (1999). 실직거종 청소년의 적응유연성 증진을 위한 프로그램 개발 및 효과성 평가. 한국아동복지학, 8, 35-58.

오정수 (2004). 한국 아동복지의 도전: 제도 환경과 정책평가. 한국아동복지학, 17, 131-150.

윤혜미 (2002). 아동복지서비스의 쟁점과 전문화. 한국아동복지학회 제18회 학술대회 자료집.

윤해미 · 김해례 · 신연화 (2005). 아동복지론. 청록출판사.

장인협 · 오정수 (2003). 아동 · 청소년복지론. 서울대학교 출판부.

최현미 · 이혜경 · 신은주 · 최승희 · 김연희 · 송성실 (2008). 다문화 가족복지론. 양서원.

표갑수 (2002). 아동청소년 복지론. 나남출판.

하상락 (1989). 한국사회복지사론. 박영사.

황용규 (1999). 복지시설 입소아동의 권리와 구조적 발전방향. 한국아동복지학, 8, 235-249.

CHAPTER 06

아동복지 제도

1. 아동복지정책
2. 사회보장제도와 아동복지정책
3. 아동복지 관련 법

1. 아동복지정책

개인은 정부의 정책에 의해 진로와 삶의 방향이 영향을 받는다. 정부의 정책은 국민의 일상생활이나 이해관계에 결정적인 영향을 미칠 수 있는 수단과 능력 그리고 지식과 정보를 가지고 있다. 만일 정부가 추진하는 정책이 실패할 경우 국민에게는 물론 국가의 발전에도 큰 피해를 가져올 수 있다. 어떤 정책을 세우고, 집행하느냐는 국가 운영의 성패를 좌우하는 문제가 된다.

국가의 활동은 국가 정책의 구체화된 실현 작용의 일부이며, 이러한 국가 활동의 기본 방침이 정책이 되는 것이다. 정책이란 사회변동의 계기로서 미래 탐색을 위한 가치와 행동의 복합체, 혹은 목표와 가치 그리고 실제 수단을 담고 있는 예정된 계획이다(Lasswell, 1951). 정책은 행동을 유도하는 일종의 원리(김영훈, 1970)이고, 어떤 특정 상황에서 정부가 어떠한 사회를 어떻게 만들어 가겠다고 하는 정부의 행동에 대한 의사결정이다(노화준, 2003). 결과적으로 정책은 정치적 목적을 이루기 위한 방책으로서 국가나 지방자치단체가 특정한 목적을 이루기 위해서 원칙을 세우고 추진하는 계획을 의미한다.

아동복지정책도 국가 정책 중 하나라고 볼 수 있다. 따라서 아동복지정책이란 국가나 지방자치단체 또는 아동복지 관련 기관이 아동의 복지를 위해서 마련하는 행동 노선이나 절차, 계획이라 할 수 있다.

아동복지정책은 일반적으로 국가 차원에서 이루어지는 것과 지방자치단체 차원에서 이루어지는 것이 있다. 그 외 아동복지를 담당하는 단체나 기관에서 이루어지는 경우도 있다. 아동복지정책은 중앙정부 차원에서 이루어지는 경우가 많고, 하부 조직으로 내려갈수록 정책을 수립하는 기능은 줄어들고, 정책을 수행하는 기능이 늘어난다.

아동복지정책의 대표적인 예는 사회보장제도를 들 수 있다. 사회보장제도는 우리나라의 경우 공공부조, 사회보험, 사회복지서비스로 구분하고 있으며, 외국의 경우 대표적인 사회보장제도로 사회보험과 공공부조 외에 사회수당이 있다.

2. 사회보장제도와 아동복지정책

우리나라 헌법 제10조에는 "모든 국민은 행복을 추구할 권리가 있다."고 규정하고 있다. 이는 누구라도 어떠한 상황에 처해 있더라도, 최소한의 행복을 보장하는 것이 현대 국가로서 당연한 책무라는 의미이다. 이때 행복의 내용은 최저생활보장, 안정적 생활 유지, 일상적인 사회생활 향유 등 매우 다양한 요구들이 포함된다. 국민의 최저생활 보장이나 질병, 노령 등의 예기치 않은 문제들에 대처하기 위한 국가적 차원에서의 방안이 모색되기에 이르렀다.

사회보장제도는 전체 국민의 연대책임과 사회적 권리에 기초하여 전체 국민의 소득재분배에 의하여 일정 한도 이상으로 보장하고, 최저 한도의 생활과 기본적 생활을 할 수 있도록 만든 제도상의 모든 체제를 말한다. 다시 말하면 사회보장이란 인간이 질병, 실업, 노령, 사고 등으로 스스로의 문제를 감당할 수 없는 경우 사회입법을 통해 제공되는 보호조치를 말한다. 보호조치는 여러 가지 형태의 사회보험, 공적부조, 보건 및 복지 서비스로 강구되는 것이 일반적이며, 이를 뒷받침하기 위해 우리나라에서는 국민기초생활보장법을 두고 있다. 엄격한 의미에서 사적 자원봉사기관이나 단체에 의해 제공되는 보호조치는 사회보장에서 제외된다(김상균 외, 2001).

[그림 6-1] 아동 관련 사회보장 체계도

아동을 대상으로 하는 사회보장제도는 일반적으로 부모나 가족을 대상으로 하는 경우와 아동을 직접적인 수혜자로 하는 경우가 있다. 미국의 AFDC(Aid the Families with Dependent Children : 요부양아동 가족부조)는 대표적인 공적부조 프로그램으로 빈곤계층의 부양아동가정을 위한 사회보장제도로 아동을 대상으로 하는 직접적인 아동복지정책이라 할 수 있다. 기타 가족(아동)수당을 비롯한 다양한 아동 관련 수당제도와 우리나라의 소년소녀가정 세대에 대한 공공부조 등이 그 예에 속한다. 반면 실업(고용)보험이나 의료(건강)보험 등의 사회보험과 빈곤계층을 위한 공공부조 등은 아동과 간접적으로 관련된 복지정책들이라 할 수 있다.

우리나라는 사회보장제도로서 공공부조, 사회보험, 사회복지서비스를 실시하고 있으며, 가족수당과 같은 사회수당제도는 이루어지고 있지 않고 있다. 공공부조와 사회보험은 아동을 직접적인 대상으로 하기보다는 아동이 속한 가족을 대상으로 지원되고, 직접적인 보호와 지원은 다양한 아동복지 서비스를 통해 이루어지고 있다고 할 수 있다.

한국의 아동복지정책은 크게 두 가지의 측면에서 논의될 수 있다. 하나는 대표적인 복지제도인 사회보장제도(공공부조와 사회보험)이고, 다른 하나는 아동복지의 다양한 사업, 즉 입양, 위탁, 시설보호, 보육, 학대아동보호 등 구체적인 사업이 있다.

1) 공공부조

공공부조(public assistance)란 사회보장제도의 하나로서 모든 국민이 인간다운 생활을 영위하도록 국가 및 지방자치단체의 책임하에 생활유지능력이 없거나 생활이 어려운 국민의 최저생활을 보장하고 자립을 지원하는 제도를 말한다(장인협, 1992). 공공부조란 공적부조, 사회부조, 국민부조, 빈곤구제정책, 무기여소득보장정책 등의 이름으로 일컬어지고 있으나 우리나라에서는 1995년 사회보장기본법이 제정되면서 공식적으로 그 명칭을 '공공부조'라 칭하게 되었다(김기원, 2000).

한국의 공공부조는 1961년 제정된 생활보호법을 근간으로 한 생활보호사업과 1977년 제정된 의료보호법을 중심으로 한 의료보호사업을 들 수 있다. 생활보호법은 노령, 질병, 기타 근로능력의 상실로 생활유지능력이 없는 자, 생활이 어려운 영세민 등에 대한 보호와 그 방법을 규정하여 실시되어 왔다. 그러나 생활보호대상자의 범위가 18세 미만 65세 이상이거나 근로무능력자로서 부양의무자가 없는 사람을 대상으로 실시되어 왔으므로 그 지원대상의 범위는 매우 한정적이었다. 따라서 가난하고 부모로서의 역할을 제대로 수행할 수 없는 부모의 자녀나 부모가 없는 영세한 18세 미만의 아동 및 시설아동 등이 생활보호의 보호대상자가 되어 왔다.

1982년 전면 개정을 통해 보호대상자의 범위와 보호 종류 등에서 확대를 통해 1999년까지 지속되어 오던 생활보호법은 2000년 들어 새로운 변화를 맞이하게 되었는데, 대량실업과 같은 사회경제적 여건의 변동으로 절대적 빈곤 상태에 놓이게 된 18세 이상 64세 이하의 국민들에게도 공공부조의 혜택을 주고자 국민기초생활보장제도가 확립되었다. 따라서 기존의 생활보호법은 전면 개정을 통해 국민기초생활보장법으로 대체되었으며, 2000년 10월부터 실시되었다.

국민기초생활보장법에 의해 주어지는 급여의 종류로는 생계급여, 주거급여, 의료급여, 교육급여, 해산급여, 장제급여, 재활급여로서 이를 살펴보면 다음과 같다(김기원, 2000).

(1) 생계급여

생계급여는 수급자에게 의복·음식물 및 연료비와 기타 일상생활에 기본적으로 필요한 금품을 지급한다. 급여의 산정기준은 현금급여를 하는데, 가구의 소득인정액과 주거급여액을 차감하여 산정한다. 다만, 이에 의할 수 없거나 이에 의하는 것이 적당하지 아니하다고 인정하는 경우에는 물품을 지급함으로써 행할 수 있다.

(2) 긴급생계급여

긴급생계급여는 소득원의 사망 등으로 갑자기 생계가 어려울 경우, 부 또는 모의 가출 등으로 생계유지가 어려울 경우, 기타 긴급생계급여가 필요하다고 인정할 경우 시·군·구청장의 직권에 의하여 급여 실시 여부 결정 전에 긴급히 생계급여를 실시한다.

(3) 의료급여

의료급여는 의료보호법에 의해 모든 질병이나 부상에 대하여 진찰, 처치, 수술, 분만, 기타 치료 약제 또는 치료재료의 지급, 의료시설에의 수용, 간호, 이송 등 의료혜택을 제공함으로써 국민보건 향상에 기여하는 것이다.

(4) 주거급여

수급자에게 주거안정에 필요한 임차료, 유지수선비, 기타 대통령령이 정하는 수급품을 지급함으로써 최저주거를 보장하는 것이다.

(5) 교육급여

기초생활보장 수급자에게 적절한 교육기회를 제공함으로써 자립능력을 배양하기 위해서 실시한다. 수급자에게 입학금 · 수업료 · 학용품비 · 기타 수급품을 지원하는 것으로 하되, 학교의 종류, 범위 등에 관하여 필요한 사항은 대통령령으로 정한다. 교육급여는 금전 또는 물품을 수급자 또는 수급자의 친권자나 후견인에게 지급함으로써 행한다. 다만, 보장기관이 필요하다고 인정하는 경우에는 수급자가 재학하는 학교의 장에게 수급품을 지급할 수 있다.

(6) 해산급여

수급자에게 조산(助産)과 분만 후의 필요한 조치와 보호를 행하는 것으로 한다. 해산급여는 보장기관이 지정하는 의료기관에 위탁하여 행할 수 있다.

(7) 장제급여

수급자가 사망한 경우 사체의 검안 · 운반 · 화장 또는 매장 · 기타 장제 조치를 행하는 것으로 한다. 장제급여는 실제로 장례를 행하는 자에게 장제에 필요한 비용을 지급함으로써 행한다.

(8) 자활급여

자활에 필요한 금품의 지급 또는 대여, 자활에 필요한 기술 습득 지원, 취업알선 등 정보의 제공, 공공근로 등 자활을 위한 근로기회 제공, 자활에 필요한 시설 및 장비 대여, 기타 대통령령이 정하는 자활 조성을 위한 각종 지원, 자활급여는 관련 공공 또는 민간기관 및 시설에 위탁하여 이를 수행할 수 있다. 이 경우 그에 소요되는 비용은 보장기관이 이를 부담한다.

생활보장과 더불어 공공부조의 또 다른 하나는 의료보장이다. 한국의 의료보장은 의료보호법에 의거하여 실시되고 있는데, 의료보험과 달리 자신의 질병 치료를 위한 경제적 능력이 없는 사람들에게 지급되는 국가적 차원에서의 의료보호를 의미한다. 의료보호 대상자의 범위는 국민기초생활보장법에서 규정한 기초생활보장수급자, 독립 및 국가유공자, 중요 무형문화재 보유자와 그 가족, 이재자(재해구호대상자), 의상자 및 의사자 유족(타인의 생명, 신체 또는 재산의 급박한 위해를 구제하다가 신체적 부상을 입거나 사망한 자와 그 가족), 북한이탈주민과 그 가족, 광주민주화운동 관련자와 그 가족이 해당된다.

2) 사회보험과 아동복지

사회보험은 국가와 사회가 책임을 가지고 국민생활을 위협하는 생활의 위험이나 경제적 불안정으로부터 국민 개개인을 제도적으로 보호하려는 제도이다. 사회구성원들이 살아가면서 겪게 될 질병, 산업재해, 실업, 노령 등을 대비하기 위한 사회복지제도의 하나이다. 사회보험은 보험의 일반적 원리를 적용해 가입자는 월 급여, 소득, 재산에 따라 보험료를 내고 그 대가로 각종 보험급여를 받는다.

사회보험에 의한 아동복지정책은 아동을 직접 대상으로 하기보다는 가정의 소득을 지원함으로써 간접적으로 이루어지는 경우가 대부분이다. 이에 속하는 대표적인 사회보험으로는 실업보험, 장애보험, 연금 등이 있다.

실업보험은 가계의 수입이 중단될 경우 가족에게 소득을 지원함으로써 위험에 놓인 아동을 간접적으로 지원하는 것으로 제2차 세계대전 이후 도입되기 시작한 사회보험제도이다. 정부가 강제성을 가지고 사용자와 피용자를 통해 받은 기여금을 통해 실업 이후 실업수당으로 실직가정을 지원하는 것으로 우리나라를 포함한 선진 복지국가에서 대부분 실시하고 있는 제도이다. 우리나라는 근로자가 실직했을 때 가정의 생계 위험에 대비하기 위해 고용보험이 실시되고 있다.

부모의 퇴직, 장애, 사망 등으로 인한 소득 단절은 아동에게 심각한 경제적 위협이 된다. 각 나라에서 다양한 형태로 실시되는 연금, 장애, 사망보험 등은 아동의 경제적 위기 상황을 지원하는 간접적 소득지원 효과를 가지고 있는데, 이에 속하는 대표적인 것으로 미국의 OASDHI(The Old Age, Survivors, Disability, and Health Insurance Provisions)를 들 수 있다. OASDHI는 퇴직, 사망, 영구 장애자가 되었을 경우 본인과 그 가족의 소득을 보장하는 미국의 가장 기본적인 프로그램이다. 민간기업의 사용자, 피용자, 자영업자가 강제 적용되며 퇴직 시 노령급여, 사망 시 유족급여, 장해 발생 시 장해급여 등이 있다.

스웨덴의 경우에는 사회보험 중 건강보험의 일환으로 부모보험제(혹은 부모휴직제)를 실시하고 있다. 부모보험제는 부모가 자녀를 출산했을 때 부모가 자녀를 돌보기 위해 집에 머무를 수 있도록 수입의 80%를 보전해 주는 부모급부금을 제공한다. 아울러

12세 이하의 자녀가 아프거나 규칙적으로 자녀를 돌보는 사람이 아플 때도 부모가 자녀를 돌볼 수 있도록 하고 일시적으로 부모에게 현금이 지원된다(김주숙, 2000). 중요한 것은 이러한 부모보험제(부모휴직제)를 국가적 차원에서 사회보험의 형태로 실시한다는 점과 집에서 머문 후에 다시 직장에 복귀할 수 있기 때문에 고용에 대한 여성의 불안이 적다는 점이다. 이러한 이유 때문에 스웨덴의 여성경제활동인구의 비율이 다른 어떤 나라보다도 높다.

한국의 사회보험은 산업재해보상보험, 국민연금, 국민건강보험, 고용보험이 있다. 산업재해보상보험은 가장 먼저 도입된 보험으로 노동자들의 근무 중 사고로 인한 질병이나 장애 및 사망 등에 대한 보호를 위해 사용자부담 원칙에 입각하여 국가가 관리하는 보험제도이다. 산업재해를 당한 노동자가 받을 수 있는 급여의 종류로는 요양급여, 휴업급여, 장해급여, 유족급여, 상병보상급여, 장의비, 특별급여 등이 있다. 장애급여나 유족급여는 부양능력을 상실한 가족의 자녀양육을 보호한다는 의미에서 아동에 대한 소득지원이 이루어지는 급여라 할 수 있다.

국민연금은 전체 국민을 수혜대상자로 하여 노령 및 기타 장애로 근로능력이 상실된 이후를 대비하여 국가가 가입자인 전체 국민을 대상으로 보험금을 거둬들여 이를 가입자가 일정 연령 혹은 일정 수준의 지급기준 상황에 처하였을 경우 지급하는 제도이다. 급여의 종류로는 노령연금, 장애연금, 유족연금, 장해일시보상금, 반환일시금 등이 있다. 이 중에서 유족연금은 수급자의 가족 및 그 자녀의 생활을 보장한다는 의미에서 아동에 대한 소득 이전의 효과가 크다.

건강보험은 전체 국민을 대상으로 질병을 예방하고, 질병 발생 시 경제적 부담 없이 효과적인 치료와 처치를 받을 수 있도록 국가가 보호하는 보험제도이다. 따라서 전체 국민 대상의 건강보험 실시는 1990년 이후 우리나라의 아동 대부분이 의료 서비스를 적절히 받을 수 있도록 하였으며 이에 대한 가계 부담이 줄게 되었다. 건강보험의 급여는 의사와 진료와 치료, 이와 관련된 서비스로서 진료, 약제 지급, 처치 등의 요양급여, 분만급여가 있으며, 분만수당이나 장제비 등의 부가급여가 있다.

고용보험은 실업으로 인한 소득의 상실을 대비하여 사용자의 보험비용 부담에 의해 실시되고 있으며, 실업 이후 일정기간 동안 생계보조를 받게 된다. 따라서 부모의 실업으로 인해 정신적 고통은 물론 물질적 빈곤과 교육여건의 문제 등 다양한 위기 상황에 놓이게 되는 아동을 위한 간접적인 지원 효과가 있는 제도이다.

〈표 6-1〉 사회보험

구 분		근 거	급여 내용
연 금	국민연금	국민연금법	장애연금, 유족연금
	공무원연금	공무원연금법	장해급여, 유족급여, 재해보상급여
	사립학교교직원연금	사립학교교직원연금법	장해급여, 유족급여, 단기급여
	군인연금	군인연금법	상이연금, 유족연금, 재해보상금
건강보험		국민건강보험법	진찰, 수술, 치료 및 약제의 지급, 입원, 간호, 이송
산재보험		산업재해보상보험법	요양급여, 휴업급여, 장해급여, 유족급여, 실업급여
고용보험		고용보험법	고용안정사업, 직업능력개발사업

3) 사회수당으로서의 아동수당

사회수당은 사회보험 및 공공부조와 함께 소득보장을 위한 제도이다. 사회수당은 일반조세를 통해 인구학적 조건에 대해 일정액을 지급하는 급여로서 기여를 하지 않아도 수급할 수 있으며, 자산조서를 통한 선별과정을 거치지 않는 보편적인 급여이다.

〈표 6-2〉 우리나라의 아동을 위한 소득보장제도

구 분	빈곤아동	기타 요보호아동	일반아동
공공부조	국민기초생활보장법 : 생계급여, 교육급여	국민기초생활보장법 : 가정위탁아동보호	
사회보험			• 각종 연금법 : 유족연금, 급여 • 국민연금 : 가급연금
사회복지 서비스	• 영유아보육법 : 저소득층 보육료 지원, 입양·장애아동 보육료 지원 • 아동복지법 : 입양아동 양육수당 지원, 소년소녀가정세대 지원 • 모·부자복지법 : 모·부자가정 자녀양육비 지원 • 장애인복지법 : 장애수당 및 장애아동부양수당, 장애인자녀 교육비 지원, 장애입양아동 양육비 지원		영유아보육법 : 보육료 지원

이 제도는 경제 수준, 가족 상황, 고용 상태 등의 어떤 조건과도 상관없이 한 국가의 국민 혹은 아동이나 노인, 장애인과 같은 특정 집단에게 국가가 일정한 수준의 서비스 혹은 경제적 지원을 제공하는 보편적 수준의 사회보장제이다. 대표적인 사회수

당으로 아동수당(가족수당)을 들 수 있다. 아동이 있는 가정에게 현금으로 지불되는 것으로 아동에 대한 국가적 책임을 강조한 대표적인 아동 및 가족정책이라 할 수 있다.

아동수당을 최초로 도입한 국가는 뉴질랜드로 1926년에 실시하였다. 제2차 세계대전 이후부터 복지국가의 출현과 더불어 사회보장제도 일환으로 본격적인 '아동 및 가족 정책' 개념으로 자리 잡기 시작하였다. 현재 대부분 나라들이 실시하고 있으며, OECD 가입 국가 중에서는 우리나라와 미국, 터키, 멕시코를 제외하고 모든 국가가 아동수당제도를 실시하고 있다.

3. 아동복지 관련 법

1) 아동복지 관련 법의 유형

아동복지의 거시적인 접근 방법 중 하나는 관련 법 체계이다. 법은 사회질서를 유지하고 사회구성원 모두의 권리를 보장하며, 이해관계의 갈등 등을 해결하는 수단으로써, 복지 측면에서의 관련 법 체계 역시 복지 대상자의 욕구와 권리 및 문제를 해결할 수 있는 가장 기초적인 사회적 합의를 담고 있다. 아동복지와 관련된 법체계 또한 직접적으로는 아동을 대상으로, 간접적으로는 아동이 포함된 가족이나 기타 아동과 관련된 구성을 대상으로 제정 혹은 개정되어 아동의 행복한 삶을 보장하고 있다.

아동복지 관련 법 중 가장 대표적인 법은 1961년 제정되어 오늘날에 이르고 있는 아동복지법이다. 아동복지법은 모든 아동의 건강한 성장과 발달을 부모는 물론 국가와 사회가 함께 책임을 진다는 사회적 책임의 원칙을 표방한 핵심적인 법률이고, 아동을 일차적 대상으로 한 가장 직접적인 아동 관련법이다. 이 외에도 영유아보육법, 입양특례법, 청소년보호법 등은 아동을 1차적 대상으로 아동의 복지와 관련된 사항을 규정한 대표적 법이며, 한부모가족지원법, 모자보건법 등은 가족 및 모성을 대상으로 한 법률로 아동에게 간접적인 영향을 주는 관련법이다. 기타 국민기초생활보장법, 장애인복지법, 사회복지사업법, 국민연금법, 국민건강보험법, 가정폭력방지법, 남녀고용평등법(모성보호조항) 등을 아동복지 관련법으로 분류할 수 있다.

다음은 아동복지의 법체계를 아동복지와 관련 있는 분야별로 고찰할 수 있는데, 이를 정리하면 〈표 6-3〉과 같다.

〈표 6-3〉 아동복지 관련 법

아동복지 분야	관련 법
아동과 직접 관련되는 법	아동복지법, 영유아보육법, 한부모가족지원법, 모자보건법, 입양촉진 및 절차에 관한 특례법, 청소년기본법, 청소년보호법, 청소년복지지원법, 보호시설에 있는 미성년자의 후견직무에 관한 법
공공부조 및 아동복지 서비스와 관련되는 법	국민기초생활보장법, 사회복지사업법, 장애인복지법, 성매매방지 및 피해자 보호 등에 관한 법률
보건의료와 관련되는 법	국민건강보험법, 의료급여법, 정신보건법, 보건소법, 학교보건법
교육과 관련되는 법	교육법, 유아교육법, 학교급식법, 장애인 등에 대한 특수교육법
노동과 관련되는 법	근로기준법, 직업안정법, 최저임금법, 장애인고용촉진법
법무와 관련되는 법	소년법, 보호소년 등의 처우에 관한 법, 보호관찰 등에 관한 법률, 민법, 가족관계 등록에 관한 법률, 가사소송법

출처 : 장인협 · 오정수(1999)를 참고로 재구성.

2) 아동복지 관련 법

(1) 헌 법

헌법은 국가의 정치조직 및 통치 작용, 국민의 권리나 의무 따위에 관하여 규정하고 있는 가장 상위의 법이다. 생존권적 기본권에 대한 주요 기본권은 인간다운 생활을 할 권리이다. 헌법 제32조에는 "① 모든 국민은 인간다운 생활을 할 권리를 가진다, ② 국가는 사회보장, 사회복지의 증진에 노력할 의무를 진다, ③ 생활력이 없는 국민은 법률이 정하는 바에 의하여 국가의 보호를 받는다."라고 규정하고 있다.

헌법에서 생존권의 이념은 복지조치 내지 급여의 수급이 국민의 권리이자 동시에 국가의 의무로 나타나 있다. 또한 생존권에 관련된 헌법의 조항들은 개별 사회복지법의 제정과 운영에 있어서 강령 내지는 틀을 제공하는 기능을 한다.

헌법은 헌법 조항을 비롯한 모든 법령의 해석 기준을 제공할 뿐 아니라 입법이나 정책결정의 방향을 제시하는 데 지침이 되고 있다. 따라서 각 개별 사회복지법의 규정이 헌법에 규정된 이념에 위배되거나 저촉되는 경우가 있을 때에는 위헌 판정을 받게 된다. 아동복지관계법은 먼저 헌법에 그 근거를 두고 있다. 우리나라 헌법에 규정된 사항을 아동복지와 관련해 살펴보면 〈표 6-4〉와 같다.

〈표 6-4〉 아동복지와 관련한 헌법의 내용

조 항	권 리	내 용
제10조	기본인권의 보장	모든 국민은 인간으로서 존엄과 가치를 가지며, 행복을 추구할 권리를 가진다. 국가는 개인이 가지는 불가침의 기본적 인권을 확인하고 이를 보장할 의무를 진다.
제11조	평등권	모든 국민은 법 앞에 평등하다. 누구든지 성별 · 종교 또는 사회적 신분에 의하여 정치적 · 경제적 · 사회적 · 문화적 생활의 모든 영역에 있어서 차별을 받지 아니한다.
제34조	사회복지권	• 모든 국민은 인간다운 생활을 할 권리를 가진다. • 국가는 사회보장 · 사회복지의 증진에 노력할 의무를 진다. • 국가는 여자의 복지와 권익의 향상을 위하여 노력하여야 한다. • 국가는 노인과 청소년의 복지향상을 위한 정책을 실시할 의무를 진다. • 신체장애자 및 질병 · 노령 기타의 사유로 생활능력이 없는 국민은 법률이 정하는 바에 의하여 국가의 보호를 받는다. • 국가는 재해를 예방하고 그 위험으로부터 국민을 보호하기 위해 노력하여야 한다.
제31조	교육권	모든 국민은 능력에 따라 균등하게 교육을 받을 권리를 가진다.
제36조	보건의 보호	모든 국민은 보건에 관하여 국가의 보호를 받는다.

(2) 아동복지법

① 아동복지법의 성격

헌법에 규정되어 있는 생존권적 기본권에 대한 추상적인 내용을 아동복지법에서는 구체화하여 규정하고 있다. 아동복지법은 헌법상의 권리인 아동의 인간으로서의 존엄과 기본권 보장 규정(제10조), 사회보장권(제34조) 등을 구현하기 위한 법으로, 아동이 건강하게 출생하여 행복하고 안전하게 육성되도록 그 복지를 보장함을 목적으로 한다.

아동복지법 제3조에는 "모든 국민은 아동을 보호 · 양육하고 사회생활에 적응하도록 육성할 책임을 진다. 국가와 지방자치단체는 보호자와 더불어 아동을 건전하게 육성할 책임을 진다."라고 명시하고 있다. 즉, 국가와 국민은 아동을 건전하게 육성할 의무가 있는 것이다. 이것은 아동의 복지와 권리에 관한 이념을 나타낸 내용이다.

모든 사람은 생존할 권리와 자신의 능력을 최대한 발휘하면서 살아갈 권리가 있다. 아동도 자신이 지닌 잠재력을 최대한 발휘하며 살아가는 가운데 아동복지가 실현될 수 있는 것이다. 아동복지법은 미래의 우리나라를 이끌어 갈 아동이 건전하게 육성될 수 있도록 정책을 수립 · 집행하는 데 근거가 되는 법이다.

② 아동복지법의 변화

아동복지를 위한 법은 최초에 1961년 12월 30일 아동복리법으로 제정되어 요보호아동의 복지에 초점을 두었다. 20여 년이 지난 1980년대 들어와 사회변화를 반영하여 아동의 문제도 그 질과 내용에 있어서 아동의 문제는 종래의 고아, 부랑아, 빈곤아동에 그치지 않고 범죄, 비행, 자살, 정서장애, 가출, 심신장애 등 사회적 변리현상을 반영한 모습들이 등장하기 시작하였다. 이러한 아동의 문제 상황에 직면한 정부는 요보호아동에 초점을 둔 아동복리법으로는 국가의 운명을 책임질 다음 세대들의 건전한 성장을 보장할 수 없었다. 다음 세대의 '국민 형성과 육성'이라는 차원에서 1981년 4월 13일 법률 제3438호로 아동복리법은 아동복지법으로 법명이 개정되었다. 아동복지법은 보호대상의 범위가 요보호아동에서 전체 아동으로 확대되었다. 5월 5일 어린이날에 대한 법적 근거를 확보하였고, 아동복지시설의 종류에 탁아시설을 추가하였다. 모자복지법이 별도의 법으로 제정됨에 따라 삭제되었고, 신고에 의해 아동을 보육할 수 있는 가정탁아제도를 신설하였으며 아동복지시설의 종사자 및 그 자격을 현실에 맞게 조정하였다.

1998년 개정에서는 아동상담소, 영아시설, 육아시설 등 아동시설을 설치하고자 할 때 종전의 시장·군수·구청장의 인가제를 신고제로 완화 조치하였으며, 대통령령이 정하는 접객업소에 종사를 금지하는 아동의 연령을 14세에서 18세 미만으로 조정하였다.

〈표 6-5〉 아동복지법의 주요 내용

구 분	내 용
대 상	• 적용대상은 18세 미만의 아동을 말한다.
기본 이념	• 아동은 어떠한 종류의 차별도 받지 않아야 하며, 안정된 가정환경에서 행복하게 자라야 하고, 아동에 관한 모든 활동에서 아동의 이익이 최우선되어야 한다고 규정(제3조)
책 임	• 아동의 보호자와 더불어 국가와 지방자치단체 그리고 모든 국민이 아동의 복지를 위해 노력하여야 한다고 규정(제4조)
복지서비스의 내용	• 아동의 건강 및 안전에 관한 기준 및 교육의 실시(제9조) • 보호를 필요로 하는 아동에 관한 보호조치(제10조) • 시설보호아동에 관한 퇴소조치 등(제11조) • 친권행자의 제한 및 친권상실의 선고조치(제12조) • 아동의 후견인 선인 청구(제13조) • 아동복지시설의 설치(제14조) • 아동전용시설의 설치(제17조) • 긴급전화의 설치(제23조) • 아동보호전문기관의 설치 및 의무(제24조, 제25조) • 아동학대 신고의무와 절차(제26조) • 아동에 관한 금지 행위(제29조) • 아동복지 단체의 육성(제37조)

아동복지법은 이후 2000년에 전면 개정되었고 2005년에 일부 개정된 아동복지법에서는 사회의 아동복지 수용에 보다 능동적으로 대처하고 심각한 사회문제로 지적되고 있는 아동학대에 대한 제도적 뒷받침을 공고히 하기 위해 아동학대에 대한 신고를 의무화하고 관련 전문기관의 설치와 종사자 등에 대한 법적 조치를 취함으로써 기존의 아동복지법의 내용을 보다 확대시켰다.

아동복지법의 주요 내용은 〈표 6-5〉와 같다.

(3) 영유아보육법(1991)

이 법은 보호자가 근로 또는 질병, 기타 사정으로 보호하기 어려운 영아 및 유아에게 보호와 교육을 통하여 건전한 사회성원으로 육성하고, 아울러 보호자의 경제적 · 사회적 활동을 원활하게 하여 가정복지 증진을 도모하는 데 그 목적을 두고 있다. 이 법이 제정되기 이전에는 우리나라의 탁아사업은 아동복지법에 근거하고 있었으나, 1980년대 중반 이후의 기혼 취업여성의 증가와 저소득층 및 농촌의 아동방치 문제가 대두되었으며, 보육 독립법으로서 1991년 제정 · 공포되었다. 이 법의 특징은 보육을 탁아라는 개념이 아닌 보호와 교육의 개념으로 통합시켰으며, 영유아보육에 관한 규정은 이 법이 우선임을 명시한 것이다.

1997년 12월 24일 개정된 영유아보육법에서 초등학교 취학 직전 1년 유아의 무상보육 실시 근거를 마련하였으며, 다음해인 1998년 5월 6일 동 법의 개정된 시행령에서는 무상교육실시 대상지역을 읍 · 면 지역과 도서 · 벽지 지역에 대해 예산의 범위 안에서 우선 실시하고 순차로 확대하기로 조치하였다. 그 후 영유아보육법은 1999년, 2001년에 일부 개정, 2004년에 전문 개정, 2005년에 일부 개정을 통해 오늘에 이르고 있다.

영유아보육법의 주요 내용은 〈표 6-6〉과 같다.

〈표 6-6〉 영유아보육법의 주요 내용

구 분	내 용
대 상	• 6세 미만의 취학 전 아동(제2조, 제27조)을 원칙으로 만 12세까지 연장할 수 있다(제27조)고 규정 • 국민기초생활보장법에 의한 수급자와 보건복지부장관이 정하는 저소득층 자녀를 우선적으로 입소시켜야 함(제28조)을 규정
서비스 내용	• 보육과정(제29조) : 영유아의 신체적 · 지적 · 정서적 및 사회적 발달 등을 도모하는 내용을 포함하여야 하며, 여성가족부장관은 표준보육과정을 개발 · 보급하도록 함 • 보육시설 평가인증(제30조) • 건강관리 및 응급조치(제31조) • 무상보육의 특례(제35조)

(4) 한부모가족지원법

이 법은 모 · 부자가족이 건강하고 문화적인 생활을 영위할 수 있도록 함으로써 모 · 부자가정의 생활안정과 복지 증진을 목적으로 제정되었다. 이 법은 원래 모자복지법으로 제정되었으나 2002년 개정법에서 명칭을 모 · 부자복지법으로 바꾸고 부자가정도 보호대상에 포함시키게 되었다. 개정 이유는 모자가정과 같은 조건의 남성이 세대주인 부자가정에 대하여도 지원하도록 하여 국가에게 모자가정뿐 아니라 부자가정의 복지를 증진시킬 책임을 지우고 경제적 · 사회적 지원을 하도록 하며, 국민도 이에 협력하도록 한 것이다. 모 · 부자복지법은 2007년 10월 한부모가족지원법으로 개칭되었다.

이 법의 대상자는 배우자와 사별 또는 이혼하거나 배우자로부터 유기(遺棄)된 자, 정신이나 신체의 장애로 장기간 노동능력을 상실한 배우자를 가진 자, 미혼자[사실혼(事實婚) 관계에 있는 자는 제외한다] 등이다. 한부모가족지원법의 주요 내용은 〈표 6-7〉과 같다.

〈표 6-7〉 한부모가족지원법의 주요 내용

구 분	내 용	
대 상	• 법의 대상인 '모' 또는 '부'라 함은 배우자와 사별 또는 이혼하거나 배우자로부터 유기된 자, 정신 또는 신체장애로 인해 장기간 근로능력을 상실한 배우자를 가진 자, 미혼자를 의미한다(제4조 제1항). • 한부모가족이라 함은 모자가족 또는 부자가족을 말한다(제4조 제2항). • '아동'이라 함은 제1항의 모 또는 부에 의해 양육되는 18세 미만(다만, 취학 시에는 20세 미만)의 자를 말한다(제4조 제3항).	
서비스 내용	• 보호대상자의 조사보고 • 복지자금의 대여 • 공공시설 내 매점 및 시설조치 • 전문 사회사업서비스	• 복지급여의 내용 • 고용의 촉진 • 시설우선 이용 • 국민주택의 분양 및 임대

(5) 모자보건법

모자보건법은 어머니의 생명과 건강을 보호하고, 건전한 자녀의 출산과 양육을 도모함으로써 모자보건을 통한 국민보건 향상에 이바지함을 목적으로 하고 있다. 이 법의 서비스 대상자는 임신 중에 있거나 분만 후 6월 미만의 임산부와 출생 후 6년 미만의 영유아이다.

이 법에 의하여 시장, 군수, 구청장은 임산부와 영유아에 대하여 정기적으로 건강진단, 예방접종을 실시하거나, 보건관리에 관하여 필요한 조치를 취해야 하며, 모자보건사업 및 가족계획사업에 관한 사항을 담당하게 하기 위하여 보건소 안에 모자보건기구를 설치하도록 하고 있다. 모자보건법의 주요 내용은 〈표 6-8〉과 같다.

〈표 6-8〉 모자보건법의 주요 내용

구 분	내 용
대 상	• 임산부, 신생아 및 영유아, 미숙아, 선천성 이상아
서비스 내용	• 임산부의 신고 등(제8조), 모자보건수첩 발급(제9조) • 미숙아 등에 대한 등록카드 작성 · 관리 등(제10조) • 안전분만조치(제11조), 피임시술 및 피임약제의 보급(제12조) 등이다.

(6) 입양촉진 및 절차에 관한 특례법

이 법은 1961년에 제정된 고아입양특례법을 기초로 1976년 개칭 · 제정되었다. 고아입양특례법은 한국전쟁 후의 고아 및 기아들의 해외입양에 대한 법적 근거를 도모하기 위하여 제정된 것이었다. 그 후 1970년대 산업화의 진전에 따른 제반 사회의 변질과 함께 부랑아, 기아, 가출, 비행, 미혼모 문제가 더욱 증가되어 한국전쟁 전후의 구조와는 양상이 다른 고아, 기아의 문제가 나타나기 시작하였다. 이에 입양촉진 및 절차에 관한 특례법으로 개정, 보호시설에서 보호를 받고 있는 자의 입양촉진과 양자로 되는 자의 안전과 복지 증진을 도모하고자 하였다. 이 법의 주요 내용은 〈표 6-9〉와 같다.

〈표 6-9〉 입양촉진 및 절차에 관한 특례법의 주요 내용

구 분	내 용
대 상	• 18세 미만의 보호를 필요로 하는 아동이며, 입양된 아동(제2조) • 양자가 될 자격으로 보호자로부터 이탈된 자, 부모 또는 후견인이 입양을 동의하여 입양기관에 보호 의뢰한 자 • 법원에 의하여 친권상실의 선고를 받은 자로 보장시설에 보호 의뢰된 자 • 기타 부양 의무자를 알 수 없는 경우 보장시설에 보호 의뢰된 자(제4조)
서비스 내용	• 입양기관의 장의 후견직무(제13조) • 무적아동의 취적(제14조) • 입양 알선이 곤란한 자의 보호(제15조) • 국내에서의 국외입양(제16조) • 해외에서의 국외입양(제17조) • 요보호아동의 발생 예방(제21조) • 사회복지서비스(제22조) • 양육보조금 지급(제23조)

(7) 국민기초생활보장법

국민기초생활보장은 헌법 제32조에 명시된 생존권 보장의 이념을 실질적으로 국민들에게 보장 및 구체화하려는 국가 책임정책의 일환으로서 단순히 보호적 차원이 아닌 국민의 기본 권리를 보장하는 것이다. 이 법은 생활유지 능력이 없거나 생활이 어려운 자에게 필요한 보호를 행하여 이들의 최저생활을 보장하고 자활을 조성함으로써 사회복지의 향상을 목적으로 제정 · 공포된 법이다. 이 법은 1961년 생활보호법으로 시작하

여 여러 차례 개정을 거치면서 공공부조의 핵심역할을 하여 국민의 복지에 대한 안전망 역할을 하였다. 이 법의 주요 내용은 〈표 6-10〉과 같다.

〈표 6-10〉 국민기초생활보장법의 주요 내용

구 분	내 용
대 상	• 부양의무자가 없거나, 부양의무자가 있어도 부양능력이 없거나 부양을 받을 수 없는 자로서 소득인정액이 최저생계비 이하인 자로 한다. • 수급권자에 해당하지 아니하여도 생활이 어려운 자로서 일정 기간 동안 이 법이 정하는 급여의 전부 또는 일부가 필요하다고 보건복지부장관이 정하는 자는 수급권자로 본다.
서비스 내용	• 생계급여, 주거급여, 의료급여, 교육급여, 해산급여, 장제급여, 자활급여

(8) 장애인복지법

1999년 전면 개정된 장애인복지법은 장애인의 인간다운 삶과 권리의 보장을 위한 국가와 지방자치단체 등의 책임을 명백히 하고 있다. 장애 발생의 예방과 장애인의 의료, 교육, 직업재활, 생활환경개선 등에 관한 사업을 정함으로써 장애인 복지대책의 종합적 추진을 도모하며, 장애인의 자립, 보호 및 수당의 지급 등에 관하여 필요한 사항을 정함으로써 장애인의 생활안정에 기여하는 등 장애인의 복지 증진 및 사회활동 참여 증진에 기여함을 목적으로 한다.

이 법의 주요 내용은 〈표 6-11〉과 같다.

〈표 6-11〉 장애인복지법의 주요 내용

구 분	내 용
대 상	신체적 · 정신적 장애로 장기간에 걸쳐 일상생활 또는 사회생활에 상당한 제약을 받는 자
서비스 내용	장애발생예방(제15조), 의료 · 재활치료(제16조), 사회적응훈련(제17조), 교육(제18조), 직업재활(제19조) 등의 기본시책의 강구에 관한 규정(2장)과 장애인의 실태조사(제28조), 장애인 등록(제29조), 의료비 지급(제33조), 자녀교육비 지급(제34조), 장애인 보조견 훈련 및 보급 지원(제36조)

(9) 보호시설에 있는 미성년자의 후견직무에 관한 법률

이 법은 보호시설에 있는 미성년자의 후견인에 관한 사항을 규정함을 목적으로 한다. '보호시설'이라 함은 다음 각 호에 규정한 시설을 말한다.

- 아동복지법 제16조의 규정에 의한 아동복지시설 중 대통령령이 정하는 시설
- 장애인복지법 제58조 제1항 제1호의 규정에 의한 장애인생활시설

- 정신보건법 제3조 제4호 및 제5호의 규정에 의한 정신질환자사회복지시설 및 정신요양시설
- 한부모가족지원법 제19조 제1항 제5호·제6호 및 제9호의 규정에 따른 미혼모자시설·미혼모자 공동생활가정 및 미혼모 공동생활가정
- 사회복지사업법 제34조 제4항의 규정에 의한 부랑인보호를 위한 시설

보호시설에 있는 미성년자를 부양하는 의무를 가진 사람을 후견인이라 하는데 후견인이 될 수 있는 자는 국가 또는 지방자치단체가 설치·운영하는 보호시설에 있는 미성년자인 고아에 대하여는 그 보호시설의 장이 후견인이 되고, 국가 또는 지방자치단체 외의 자가 설치·운영하는 보호시설에 있는 미성년자인 고아에 대하여는 대통령령이 정하는 바에 따라 그 보호시설의 소재지를 관할하는 시장·군수·구청장이 후견인을 지정한다.

(10) 청소년보호법

이 법은 청소년에게 유해한 매체와 약물 등이 청소년에게 유통되는 것과 청소년이 유해한 업소에 출입하는 것 등을 규제하고, 청소년폭력·학대 등 청소년유해행위를 포함한 각종 유해한 환경으로부터 보호·구제함으로써 청소년이 건전한 인격체로 성장할 수 있도록 함을 목적으로 한다. 이 법의 주요 내용은 〈표 6-12〉와 같다.

〈표 6-12〉 청소년보호법의 주요 내용

구 분	내 용
대 상	19세 미만 청소년
서비스 내용	청소년 유해 매체물의 심의·결정(제18조), 유해매체물의 자율규제(제12조), 판매금지 등(제17조), 방송시간 제한(제19조), 광고선전 제한(제20조), 청소년 유해매체물 목록표 작성·통보(제21조), 청소년통행금지·제한구역의 지정 등(제25조), 청소년 유해약물 등으로부터의 보호(제26조), 청소년유해행위의 금지(제26조의 2)

(11) 청소년기본법

이 법은 1987년 청소년육성법으로 제정되었다가 1991년 청소년기본법으로 전면 개정되었다. 청소년기본법은 청소년의 권리 및 책임과 가정·사회·국가 및 지방자치단체의 청소년에 대한 책임을 정하고, 청소년육성정책에 관한 기본적인 사항을 규정함을 목적으로 한다. 주요 내용은 〈표 6-13〉과 같다.

〈표 6-13〉 청소년기본법의 주요 내용

구 분	내 용
대 상	9세 이상 24세 이하의 모든 청소년
서비스 내용	청소년육성정책의 총괄(2장), 청소년수련활동의 지원 등(3장), 청소년수련시설 설치 및 운영(4장), 청소년수련지구의 지정 등(5장), 청소년복지(6장)

참고문헌

김기원(2000). 공공부조론. 서울 : 학지사.

김상균 · 최일섭 · 최성재 · 조흥식 · 김혜란 (2001). 사회복지개론. 나남출판.

김영훈 (1970). 정책수립에서의 행정학의 역할. 한국행정학보, 4(70), 30-47.

김주숙(2000). 스웨덴의 부모보험제도와 여성의 경제활동. 한국사회복지학, 40, 68-96.

노화준 (2003). 정책학 원론. 박영사.

장인협(1992). 사회복지학개론. 서울 : 서울출판사

Lasswell, H. D. (1951). *The policy orientation*. The Policy Science. Stanford: Stanford University Press.

CHAPTER 07

아동복지시설 및 종사자

1. 아동복지시설의 종류
2. 아동복지시설 현황
3. 아동복지시설 종사자

1. 아동복지시설의 종류

아동복지시설이란 아동과 무관한 성인의 보호하에 아동집단의 공동생활을 위한 24시간 서비스를 제공하는 주거시설을 말한다(Kadushin & Marin, 1989). 아동복지시설은 사회복지에 관한 모든 제도를 기초로 설치되며, 가정에서 양육·보호·교육할 수 없는 아동에게 가정에 준하는 모든 서비스를 제공하는 시설이다. 좁은 의미로는 요보호아동을 대상으로 생활, 치료, 재활 등의 서비스를 제공하는 생활의 장으로 설명할 수 있다. 법적으로는 아동복지법 제14조의 규정에 의하여 설치된 시설을 말한다.

아동복지시설은 설립 및 운영 주체에 따라 국공립 및 민간시설, 이용료 지불 여부에 따라 유료와 무료 시설, 해당 시설이 수행하는 기능에 따라 보호시설, 훈련시설 및 치료시설, 놀이와 휴양시설로 구분된다. 아동복지시설의 활용기능으로 구분하면 생활시설과 이용시설로 구분할 수 있으며, 아동생활시설로서는 아동양육시설, 아동일시보호시설, 아동보호치료시설, 아동작업훈련시설, 아동단기보호시설, 공동생활가정이 해당되며, 이용시설로서는 자립지원시설, 아동상담소, 아동전용시설, 아동복지관, 지역아동센터가 포함된다.

1) 아동복지법에 의한 시설

(1) 생활시설

① 아동양육시설

아동양육시설은 보호를 필요로 하는 아동을 입소시켜 보호·양육하는 것을 목적으로 하는 생활시설이다. 입소대상 연령에 따라 만 3세 미만의 아동을 입소시키는 영아시설과 만 3세 이상의 아동을 입소시키는 육아시설로 구분되나 시설의 궁극 목표 및 기능은 요보호아동을 건전하게 보호하고 양육하는 데 있다.

아동복지법 제2조 제3항에 의하면 '요보호아동'은 아동이 그 보호자로부터 유실, 유기, 또는 이탈된 경우 또는 보호자가 아동을 양육하기에 부적당하거나 양육할 능력이 없는 경우에 발생한다. "모든 어린이가 차별 없이 인간으로서 존엄성을 가지고 나라의 앞날을 이어갈 새 사람으로 존중되며 자라도록 함을 길잡이로 삼는다."라고 대한민국 어린이헌장에 명시되어 있으므로 요보호아동이 발생하면 국가는 그런 아동을 보호할 의무가 있다.

오늘날의 아동은 과거와 다르게 요보호아동을 포함한 모든 아동을 대상으로 치료뿐만 아니라 예방 등 복합적인 기능을 수행하는 곳으로 확장되고 있다. 보호가 필요한 아동은 심신의 발달기능에 장애와 결함이 있는 아동이나 양육환경에 문제가 있는 아동, 반사회 문제행동이 있는 아동 등이다.

아동양육의 목적은 가정에서 양육욕구가 제대로 충족될 수 없는 아동에 대해서 집단보호와 치료 서비스를 제공함에 있다. 즉, 집단 프로그램이나 각기 아동의 욕구에 따른 특수 서비스 등을 통해서 다양한 경험을 얻을 수 있는 좋은 기회를 마련해 주는 것이다. 미국 아동복지연맹과 아동양육시설 서비스를 위한 기준에 의하면 시설보호의 목적은 단순한 수용보호에 있는 것이 아니라 아동의 건전한 성장과 인격발달 또는 제반 문제행동의 교정 및 개선에 있다. 시설보호의 목적은 첫째, 정상적인 아동의 성장을 도와주며, 둘째, 이전의 부정적 경험의 영향을 교정하거나 변화시켜 주고, 셋째, 아동의 인격발달이나 기능에 장애를 가져오게 한 사회적·정서적 문제를 개선해 주는 데 있다.

아동양육시설의 종사자는 아동상담, 지도, 치료, 양육, 기타 아동의 복지에 관한 업무를 담당하는 자를 말한다. 아동양육시설에 입소한 아동에 대해서는 시설종사자들의 전문적인 서비스가 제공되어야 하고, 행복한 가정을 이룰 수 있도록 치료되어야 한다. 그리고 보호시설로서의 목적과 이 목적을 달성하기 위하여 가정과 같은 안락함과 보호, 의료 및 정신과 검사와 지속적인 치료, 전문 사회복지사에 의한 아동 개개인의 욕구 해결, 높은 수준의 교육 및 오락, 직업훈련, 건전한 공동체의 구성원으로서 성장과 발달을 위한 최대한의 노력을 필요로 한다. 아동양육시설 종사자는 아동이 시설 내에서 생활하는 동안 생활 전반에 대한 세심한 지도나 인격 형성에 필요한 사항들을 지원해야 하며, 아동이 보호시설을 퇴소할 수 있도록 준비와 도움을 주어야 한다.

아동양육시설에는 이러한 기능을 수행할 전문인력이 배치되어야 하고, 아동의 욕구충족과 전문기능을 위한 시설을 갖추어야 한다. 또한 지역사회와의 관계를 맺어 시설아동이 소외당하거나 불이익을 당하는 일이 없도록 노력해야 한다.

아동양육시설에서 아동을 직접 양육하는 일을 담당하는 사람은 생활지도원이다. 생활지도원은 시설에서 아동과 24시간 함께 생활하며 가정을 잃어버린 아동의 부모역할을 대신한다. 생활지도원은 영유아기에 속한 아동부터 청소년기에 속한 아동에 이르기까지 아동의 생애 발달 중에서 매우 중요한 시기의 아동을 양육해야 하기 때문에 아동에 대한 정확한 이해, 발달단계에 대한 지식과 이에 따른 적절한 양육기술이 요구된다.

② 아동일시보호시설

아동일시보호시설이란 보호를 필요로 하는 아동을 일시적으로 보호하고 아동에 대한 향후 양육대책을 수립하고 보호조치를 수행하는 것을 목적으로 하는 시설을 의미한다. 예를 들어, 가출아동, 부랑아동, 기타 요보호아동을 일시 입소시켜 보호하고 아동의 내역, 성정 및 희망 등을 조사·감별하여 그 아동에 대한 장래 양호대책, 기타 보호조치를 하는 것을 목적으로 설치·운영할 수 있다. 요보호아동이란 아동이 보호자로부터 유기, 유실 또는 이탈된 경우, 보호자가 아동을 보호하기에 부적당하거나 양육할 능력이 없는 경우 또는 기타 이 법에 의하여 보호될 아동을 말한다.

③ 아동보호치료시설

아동보호치료시설이란 불량행위를 하거나 불량행위를 할 우려가 있는 아동으로서 보호자가 없어 친권자나 후견인이 입소를 신청한 아동 또는 가정법원, 지방법원 소년부지원에서 보호·위탁된 아동을 입소시켜 그들을 선도하여 건전한 사회인으로 육성하는 것을 목적으로 하는 시설을 말한다.

④ 아동직업훈련시설

아동복지시설에 입소되어 있는 만 15세 이상의 아동과 생활이 어려운 가정의 아동에 대하여 자활에 필요한 지식과 기능을 습득시키는 것을 목적으로 하는 시설이다.

⑤ 아동단기보호시설

아동단기보호시설은 일반 가정에서 아동을 보호하기 곤란한 일시적 사정이 있는 경우 아동을 단기간 보호하여 가정의 복지에 필요한 지원조치를 하는 것을 목적으로 하는 시설이다.

⑥ 공동생활가정

공동생활가정이란 보호를 필요로 하는 아동, 즉 요보호아동에게 가정과 같은 주거여건과 보호를 제공하는 것을 목적으로 하는 시설이다.

공동생활가정(Group Home)이란 글자 그대로 해석하면 소규모 집단이 사는 집에서 보호하는 뜻으로 해석할 수 있다. 공동생활가정은 1945년 미국 아동복지연맹에서 발표한 정의에서 비롯되었다. 그 정의에 의하면 공동생활가정은 16세 이하의 청소년 6명 이하의 집단으로 구성된 지역사회 안의 개인적 가정이라고 하였다. 카두신과 마린(1989)은 공동생활가정을 대규모 위탁가정 또는 소규모 시설의 형태로서 지역사회 내에 서로 관련이 없는 아동으로 구성된 소집단을 위한 가정형태의 주거시설로 정의하였다.

그 후 공동생활가정의 유형이 개인운영 가정형 시설뿐만 아니라 기관운영 공동생활가정, 아동의 양육과 보호를 목적으로 하는 생활거점형 공동생활가정, 치료를 목적으로 하는 치료적 공동생활가정 등 그 유형이 확대됨에 따라 1981년 미국 아동복지연맹은 최대 인원을 12명으로 확대시켰다(이태수 외, 1997).

공동생활가정에서 수용인원을 중시하는 것은 소규모이어야 가정적 보호가 가능하기 때문이다. 우리나라 공동생활가정에서는 6~12명까지 거주하고 있다.

공동생활가정이 다른 주거보호시설과 구별되는 특징은 다음과 같다. 첫째, 공동생활가정은 개방적 환경으로 보호아동의 이동과 주변 지역사회와의 상호작용에 대한 제약이 없다. 둘째, 물질적 환경은 지역사회 내의 단독주택이나 아파트로 일반 가정집과 유사하다. 셋째, 공동생활가정의 규모는 보통 6~12명의 인원을 보호한다. 넷째, 지역사회의 학교, 복지관, 레크리에이션 시설 등 지역사회의 시설에 필수적으로 의존한다. 다섯째, 공동생활가정의 보호인력은 위탁부모라기보다는 상담자로서 성인의 모델을 제시한다.

공동생활가정은 부모의 이혼 등의 사유로 가정에서 이탈한 아동이나 가정폭력, 학대 등으로 사회를 보호를 받아야 하는 아동, 가출 등으로 일시적 보호가 요구되는 아동을 6~12인 규모로 가정과 같은 분위기에서 양육되도록 하는 보호양식이다.

공동생활가정의 세 가지 기능은 다음과 같다(이용교, 2000). 첫째, 공동생활가정은 대안의 가정이다. 부모의 양육을 받지 못하는 아동에게 가정을 제공하는 것이다. 둘째, 공동생활가정은 대안된 복지시설이다. 셋째, 공동생활가정은 치료공간이다. 입소하기까지 많은 학대나 방임 등으로 많은 상처를 받았기 때문에 전문적인 치료가 필요하다. 따라서 공동생활가정은 개별치료나 집단치료 장소의 역할을 한다.

공동생활가정은 소집단이기 때문에 아동과 성인 간의 거리가 대규모 시설보다 가깝고, 지역사회 안에서 아동의 생활경험을 풍부하게 하며 일반 가정의 아동과 유사한 경험을 할 수 있다. 또한 아동의 문제행동을 수정하고 통제하는 데 동료집단의 상호작용이 제공될 수 있으므로 위탁가정보다 유리하다.

(2) 이용시설

① 자립지원시설

자립지원시설은 아동복지시설에서 퇴소한 자에게 취업준비기간 또는 취업 후 일정기간 보호함으로써 자립을 지원하는 것을 목적으로 하는 시설을 말한다. 이를 뒷받침하기 위하여 아동복지법에서는 국가와 지방자치단체에서는 대통령령이 정하는 바에 의하여 시설 퇴소자에게 생업자금을 포함한 아동의 보호 관리에 요하는 비용의 전부 또는 일부를 보조할 수 있도록 규정하고 있다.

아동복지생활시설에 입소·보호된 아동은 만 18세가 되면 퇴소아동 대상으로 시설에서 퇴소하여 취업을 하게 된다. 정부는 이들 퇴소아동의 취업을 위해 아동직업보도시설을 설치하여 직업보도교육을 실시하여 1인 1기의 기술 습득을 지도함으로써 취업, 자활을 유도하고 있다.

자립지원시설의 기본방침은 첫째, 시설 퇴소 후 취업연장 아동에게 가장 절실한 숙소를 제공함으로써 조기자립을 유도하고, 둘째, 취사와 세탁 등을 아동이 직접 또는 공동으로 해결하도록 하여 자립의지를 배양하며, 셋째, 고정 상담기능을 강화하여 문제점을 사전에 파악하여 지도·관리하는 것이다.

시설 퇴소 아동 중 취업 중인 아동은 자립지원시설에 우선적으로 입소할 수 있고, 시설 퇴소 아동 중 취업준비 중인 20세 이상 24세 미만인 자, 국민기초생활보장 수급자로서 24세 미만인 자를 그 대상으로 한다. 입소기간은 1년이며, 특별한 사유가 있을 때는 시·군·구청장의 승인으로 1년 단위로 연장이 가능하나 입소기간이 총 3년을 초과할 수 없다.

② 아동상담소

아동상담소란 아동과 그 가족의 문제에 관한 상담, 치료, 예방 및 연구 등을 목적으로 하는 시설이다.

③ 아동전용시설

아동전용시설은 어린이공원, 어린이놀이터, 아동회관, 체육, 연극, 영화, 과학실험전시시설, 아동휴게숙박시설, 야영장 등 아동에게 건전한 놀이·오락 기타 각종 편의를 제공하여 심신의 건강 유지와 복지 증진에 필요한 서비스를 제공하는 것을 목적으로 하는 시설이다.

④ 아동복지관

아동복지관은 지역사회 아동의 건전한 육성을 위하여 심신의 건강 유지와 복지 증진에 필요한 서비스를 제공하는 것을 목적으로 하는 시설이다.

⑤ 지역아동센터

지역아동센터란 지역사회 아동의 보호·교육, 건전한 놀이와 오락의 제공, 보호자와 지역사회의 연계 등 아동의 건전한 육성을 위하여 종합적인 아동복지서비스를 제공하는 시설이다.

지역아동센터는 빈곤지역에서 한부모가족 아동, 맞벌이가정 아동, 방임·방치되는 아동을 보호하고, 신체적·정서적·문화적으로 잘 성장할 수 있도록 돕는 곳이고, 아동의 생활교육과 가족지원 외에 빈곤퇴치, 생존교육 등과 같은 빈곤지역의 문제해결을 위한 공동체이며, 빈곤지역 아동·청소년과 그들 가정이 사회적인 보호망 안에 안전하게 보호받을 수 있도록 그들의 권익을 위해 빈곤 현장의 정보와 자료를 확인하고 목소리를 내도록 돕는 곳이다. 또한 지역사회 생태계적 환경 안에서 아동을 중심으로 가족과 학교, 지역사회의 문제를 해결하는 곳이다. 지역아동센터의 구체적인 기능은 다음과 같다.

첫째, 지역아동센터는 아동교육을 위한 전문적인 기관으로 아동의 학습능력의 제고와 학교부적응의 해소뿐만 아니라 아동의 정서 안정 및 건전한 인격 함양으로 지역과 가정에서 건강한 자녀로 성장할 수 있게 한다.

둘째, 아동과 가족, 부모의 문제를 지역사회와 연결하여 문제를 발굴하고 그들의 욕구 파악 및 사례관리 상담 실시로 해결방안을 모색하여 가정의 기능을 보완하는 가족지원기능을 한다.

셋째, 기존의 아동복지시설에 비해 지역사회 보호를 효과적으로 시행할 수 있다. 지역아동센터는 소규모 이용시설로서 이용하기에 편리하며, 이용자들에게 생활시설이나 대규모 이용시설에 비해 스티그마를 감소시킬 수 있다.

넷째, 지역아동센터는 교육과 복지의 통합적 서비스의 실시로 가족, 친지, 지역사회 자원을 연계하여 아동을 지원하고 권리의 보호 및 보장활동으로 아동·청소년의 문제를 사전에 예방할 수 있다.

다섯째, 지역아동센터는 소규모 이용시설로서 아동 개인의 욕구에 맞는 서비스 제공이 가능하며, 다른 시설의 서비스와 중복되지 않도록 조정과 연계를 통해 자원의 중복과 낭비를 줄일 수 있다.

지역아동센터 이용 아동은 지역사회의 보호가 필요한 만 18세 미만의 아동으로 가정에서 부모에 의한 보호와 적절한 양육이 행해지기 어려운 상황에 있는 아동이며, 이용료는 무료로 하는 것이 원칙이다. 다만, 국고 미지원 시설과 지역의 여건과 실정에 따라 필요한 경우에는 지방자치단체 및 이용자와 협의를 거쳐 최소한의 이용료를 받을 수도 있다.

운영시간은 하루 8시간 이상 주 5일 이상을 원칙으로 하되 지역의 여건과 실정을 감안하여 신축적으로 조절할 수 있다.

지역아동센터의 주요 프로그램은 다음과 같다. 첫째, 보호 프로그램은 방임·방치된 아동의 보호, 생활지도, 위생지도, 급식 제공 등이 있다. 둘째, 교육 프로그램은 학습, 숙제지도, 예체능교육 등이다. 셋째, 문화 프로그램으로는 문화체험, 견학, 캠프, 레크리에이션, 공동체 활동 등이 있다. 넷째, 가족기능 강화 프로그램은 아동상담, 부모교육, 부모 및 가족상담, 사례관리 등이다. 다섯째, 지역자원 연계 프로그램으로 지역 내 인적·물적 자원 연계, 결연, 후원 사업 등이 있다. 여섯째, 아동의 권리보호 프로그램은 생존권, 복지권, 문화권, 발달권, 학습권의 권리보호를 위한 각종 사업들이다.

2) 장애인복지법에 의한 시설

장애인복지법 제48조에 규정되어 있는 심신장애자 복지시설로서 아동이 이용할 수 있는 시설의 종류와 그 기능은 다음과 같다.

(1) 장애인 생활시설

장애인이 필요한 기간 생활하면서 재활에 필요한 상담 치료 훈련 등의 서비스를 받아 사회복귀를 준비하거나 장애로 인하여 장기간 요양하는 시설이다.

(2) 장애인 지역사회재활시설

장애인복지관, 의료재활시설, 체육시설, 수련시설, 공동생활가정 등 장애인에게 전문적인 상담, 치료, 훈련 등을 제공하거나 여가활동 및 사회참여 활동 등에 필요한 편의를 제공하는 시설이다.

(3) 장애인 직업재활시설

일반 고용이 어려운 장애인이 특별히 준비된 작업환경에서 직업훈련을 받거나 직업생활을 영위할 수 있도록 하는 시설이다.

(4) 장애인 유료복지시설

장애인이 필요한 치료, 상담, 훈련 등 편의를 제공받고 이에 소요되는 일체의 비용을 시설운영자에게 납부하여 운영하는 시설이다.

3) 영유아보육법에 의한 시설

(1) 국공립보육시설

국가나 지방자치단체가 설치·운영하는 시설을 말한다.

(2) 법인보육시설

사회복지사업법에 의한 사회복지법인이 설치·운영하는 보육시설을 말한다.

(3) 직장보육시설

사업주가 사업장의 근로자를 위하여 설치·운영하는 시설을 말한다.

(4) 가정보육시설

개인이 가정 또는 그에 준하는 곳에서 설치·운영하는 시설을 말한다.

(5) 부모협동보육시설

보호자들이 조합을 결성하여 설치·운영하는 보육시설을 말한다.

(6) 민간보육시설

법인, 단체 또는 개인이 설치·운영하는 시설로서 직장보육시설 또는 가정보육시설이 아닌 시설을 말한다.

4) 한부모가족지원법에 규정되어 있는 시설

(1) 모자보호시설

생활이 어려운 모자가정을 일시 또는 일정기간 수용하여 생계를 보호하고 퇴소 후에 자립 기반을 조성해 주는 시설이다.

(2) 모자자립시설

자립이 어려운 모자가정에 대해 주택의 편의만을 제공함을 목적으로 하는 시설이다.

(3) 미혼모시설

미혼여성이 임신 또는 출산했을 경우에 안전하게 분만하고 심신의 건강을 회복할 때까지 일정 기간 동안 보호하는 시설이다.

(4) 일시보호시설

배우자(사실혼 관계에 있는 자를 포함)가 있으나 배우자의 물리적·정신적 학대로 인해 아동의 건전양육, 또는 어머니의 건강에 지장을 초래할 우려가 있는 경우 일시적으로 또는 일정 기간 그 어머니와 아동, 또는 어머니를 보호함을 목적으로 하는 시설이다.

(5) 여성복지관

모자가정 및 미혼여성에 대한 각종 상담을 실시하고 생활지도, 생업지도, 보육 및 직업보도를 해주는 동 모자가정 및 미혼여성의 복지를 위한 편의를 종합적으로 제공하는 시설이다.

(6) 모자상담소

모자가정에 대한 조사, 지도, 시설 입소 등에 관한 상담 업무를 하는 시설이다.

(7) 부자보호시설

생활이 어려운 부자가정을 일정 기간 수용하여 생계를 보호하고 퇴소 후에 자립 기반을 조성해 주는 시설이다.

2. 아동복지시설 현황

2016년 12월 31일 기준 전국 아동복지시설은 281개소이며, 가장 많은 곳은 양육시설로 243개소이고, 아동상담소가 10개소, 개인 양육시설이 17개소, 일시보호시설이 12개소, 자립지원시설 12개소, 보호치료시설 11개소, 종합시설 3개소로 나타났다. 지역별로는 서울이 49개소로 가장 많고, 경기에 29개소, 부산에 21개소, 대구에 23개소가 있다. 아동보호시설은 지역 인구와 비례하여 설치되어 있는 것을 알 수 있다.

〈표 7-1〉 아동복지시설 보호아동 현황

단위 : 개소, 명

구분	계(현원)		양육시설		보호치료 시설		자립지원 시설		일시보호 시설		종합시설		아동 상담소	전용 시설	개인 양육시설	
	시설	인원	시설	인원	시설	인원	시설	인원	시설	인원	시설	인원			시설	인원
계	281	13,689	243	12,448	11	485	12	230	12	356	3	170	5	5	17	132
서 울	49	2,975	36	2,453	3	158	3	83	5	134	2	147	0	0	1	8
부 산	21	1,242	19	1,214	0	0	1	24	1	4	0	0	0	0	0	0
대 구	23	759	18	655	2	46	2	38	1	20	0	0	0	0	0	0
인 천	10	571	9	535	0	0	0	0	1	36	0	0	5	1	0	0
광 주	12	596	10	537	0	0	1	18	1	41	0	0	0	1	0	0
대 전	14	527	12	397	1	116	1	14	0	0	0	0	0	0	0	0
울 산	1	121	1	121	0	0	0	0	0	0	0	0	0	0	0	0
세 종	1	37	1	37	0	0	0	0	0	0	0	0	0	0	0	0
경 기	29	1,457	26	1,315	1	36	0	0	2	106	0	0	0	0	5	53
강 원	10	367	8	329	0	0	0	0	1	15	1	23	0	0	3	20
충 북	13	577	11	529	1	34	1	14	0	0	0	0	0	2	1	2
충 남	14	635	13	617	0	0	1	18	0	0	0	0	0	0	0	0
전 북	16	754	14	675	1	65	1	14	0	0	0	0	0	0	0	0
전 남	23	1,134	21	1,108	1	19	1	7	0	0	0	0	0	0	2	11
경 북	15	744	15	744	0	0	0	0	0	0	0	0	0	0	3	18
경 남	25	927	24	916	1	11	0	0	0	0	0	0	0	1	1	3
제주	5	266	5	266	0	0	0	0	0	0	0	0	0	0	1	17

출처 : 보건복지부. 2016년 아동복지시설 현황.

각 보호시설에서 보호받는 아동의 수는 가장 많은 곳은 양육시설로 1만 2,448명이며, 보호치료시설에 425명, 일시보호시설에 356명의 아동이 장기 또는 단기 보호를 받고 있다. 지역별로 보호아동 수를 보면 서울이 2,975명으로 가장 많고, 부산에 1,242명, 경기에 1,457명, 전남에 1,134명, 경남에 927명 등이다.

아동복지시설에 입소한 아동의 성별 분포는 남아가 7,852명으로 여아 5,837명보다 많다. 입소아동의 연령별 분포는 초등학교에 재학한 아동이 3,291명으로 가장 많고, 중학교 재학 아동이 2,719명, 고등학교 재학이 3,291명, 3~6세 미취학 아동이 1,850명, 0~2세 미취학 아동이 1,389명이고, 대학교 재학생도 673명이 아동보호시설에서 생활하고 있다.

〈표 7-2〉 아동복지시설 보호아동 성별 · 취학 현황 단위 : 명

구분	시설수	종사자수	정 원	입소인원			취학아동							
				계	남	여	계	미취학		초등재	중재	고재	대재	기타
								0~3세 미만	3~6세 미만					
계	281	6,150	18,222	13,689	7,852	5,837	13,689	1,389	1,850	3,291	2,719	3,291	673	476
서 울	49	1,327	3,942	2,975	1,646	1,329	2,975	613	215	595	743	667	42	100
부 산	21	492	1,529	1,242	709	533	1,242	43	185	335	215	377	51	36
대 구	23	341	1,144	759	419	340	759	58	103	160	140	179	66	53
인 천	10	312	679	571	347	224	571	53	116	163	96	134	3	6
광 주	12	249	731	596	350	246	596	73	93	139	95	156	30	10
대 전	14	207	796	527	346	181	527	24	63	91	111	111	28	99
울 산	1	47	150	121	67	54	121	12	27	43	19	19	1	0
세 종	1	17	48	37	23	14	37	2	1	9	11	13	1	0
경 기	29	758	1,664	1,457	815	642	1,457	132	266	409	263	338	18	31
강 원	10	171	550	367	186	181	367	25	40	88	81	95	38	0
충 북	13	338	832	577	366	211	577	42	108	133	106	127	27	34
충 남	14	313	825	635	346	289	635	60	97	157	120	139	51	11
전 북	16	305	892	754	441	313	754	47	111	190	165	191	24	26
전 남	23	473	1,675	1,134	652	482	1,134	117	184	234	194	262	116	27
경 북	15	271	1,121	744	441	303	744	21	92	220	153	184	62	12
경 남	25	371	1,356	927	534	393	927	41	123	242	152	247	92	30
제주	5	158	288	266	164	102	266	26	26	83	55	52	23	1

출처 : 보건복지부. 2016년 아동복지시설 현황.

아동복지시설에서 아동을 돌보는 종사자는 전체 5,374명이 근무하고 있다.

〈표 7-3〉 아동복지시설 정 · 현원 현황

단위 : 명

구분	계(현원)		양육시설		보호치료시설		자립지원시설		일시보호시설		종합시설	
	정원	현원	정원	현원	정원	현원	정원	현원	정원	현원	정원	현원
계	18,222	13,689	16,188	12,448	643	485	367	230	799	356	225	170
서 울	3,942	2,975	2,955	2,453	175	158	100	83	522	134	190	147
부 산	1,529	1,242	1,485	1,214	0	0	29	24	15	4	0	0
대 구	1,144	759	982	655	72	46	60	38	30	20	0	0
인 천	679	571	629	535	0	0	0	0	50	36	0	0
광 주	731	596	651	537	0	0	30	18	50	41	0	0
대 전	796	527	612	397	150	116	34	14	0	0	0	0
울 산	150	121	150	121	0	0	0	0	0	0	0	0
세 종	48	37	48	37	0	0	0	0	0	0	0	0
경 기	1,664	1,457	1,522	1,315	40	36	0	0	102	106	0	0
강 원	550	367	485	329	0	0	0	0	30	15	35	23
충 북	832	577	772	529	36	34	24	14	0	0	0	0
충 남	825	635	795	617	0	0	30	18	0	0	0	0
전 북	892	754	792	675	70	65	30	14	0	0	0	0
전 남	1,675	1,134	1,575	1,108	70	19	30	7	0	0	0	0
경 북	1,121	744	1,121	744	0	0	0	0	0	0	0	0
경 남	1,356	927	1,326	916	30	11	0	0	0	0	0	0
	288	266	288	266	0	0	0	0	0	0	0	0

출처 : 보건복지부. 2016년 아동복지시설 현황.

아동복지시설의 수와 입소아동의 변화는 〈표 7-4〉와 같이 전체적으로 점차 감소하는 추세에 있다. 각 시설별로 변화 추이를 보면 양육시설의 수는 239개소를 유지하고 있으나, 입소아동의 수는 2002년도에 1만 8,676명이었던 것이 점차 줄어서 2016년도에는 1만 3,689명으로 줄었다. 직업훈련시설의 수는 2002년도에 5개이었던 것이 2009년도에는 2개소 줄었으며, 입소한 아동 수도 2002년도에 162명이었던 것이 점차 줄어 2009년도에는 불과 65명만이 입소해 있다. 2012년도에는 직업훈련시설이 모두 없어졌다. 그러나 이와는 반대로 시설의 수가 증가하고 입소아동의 수도 증가하는 시설도 있다. 보호치료시설은 2002년도에 6곳에서 397명이 입소하고 있었지만 점차 증가하여 2009년도에는 11개 시설에 514명이 입소하였다. 또한 일시보호시설은 2002년도에 9개소에 343명이 입소하였지만 점차 증가하여 2009년도에는 13개 시설 368명의 아동이 입소하였다.

아동복지시설의 수와 입소아동 수의 변화에서 알 수 있는 것은 가정을 이탈하여 시설에 보호되는 아동의 수는 점차 감소하고, 단기일에 일시적인 보호는 그 필요성에 따라 증가되며, 아동의 치료를 위한 입소는 증가하였다. 즉, 아동학대나 폭력으로 인해 위험에서 벗어나게 하는 일시보호나 치료를 요하는 경우는 적극적으로 개입하여 정상을 회복해 주려는 노력은 강화하고, 불요불급한 경우가 아니면 장기보호시설에 입소하지 않고, 다시 가정으로 돌아가서 보호받도록 하는 아동복지정책이 시행됨을 알 수 있다.

〈표 7-4〉 연도별 아동복지시설 변화 추이

단위 : 개소, 명

연도	계		양육시설		보호치료시설		자립지원시설		일시보호시설		종합시설	
	시설	인원	시설	인원	시설	인원	시설	인원	시설	인원	시설	인원
2002	274	18,676	239	17,342	6	397	13	243	9	343	2	189
2004	275	19,014	239	17,675	6	376	13	246	11	432	2	155
2006	282	18,817	243	17,517	8	436	13	235	13	391	2	163
2009	280	17,586	239	16,239	11	514	12	262	13	368	3	138
2012	282	15,916	243	14,700	11	497	12	256	12	335	3	128
2016	281	13,689	243	12,448	11	485	12	230	12	356	3	170

출처 : 보건복지부. 2016년 아동복지시설 현황.

3. 아동복지시설 종사자

아동복지 종사자라고 하면 아동복지사업에 종사하는 모든 사람을 일컫지만 법률적으로 해석하면 아동복지법 시행령에 규정된 시설장, 총무, 보육사, 생활복지사 또는 상담지도원, 직업훈련교사, 임상심리 상담원, 자립지원전담요원 등을 말한다.

1) 아동복지시설 종사자의 역할

아동복지시설 종사자란 아동복지시설에서 아동의 상담, 지도, 치료, 양육 기타 아동의 복지에 관한 업무를 담당하는 자를 말한다. 아동복지시설 종사자는 아동에 대하여 직접적으로 양육, 보호를 하기도 하지만 아동의 비행이나 약물남용, 심리정서문제, 장애 등으로 인한 문제 상황에서 전문적인 개입을 한다. 전문적이고 효과적인 서비스를 제공하기 위해서는 다양한 기술을 요구받는다. 아동의 연령과 특성, 발달단계에 맞는 언어 및 행동에 대한 이해와 효과적인 면접 및 의사소통 기술, 사정기술, 다양한 문제 유형에 적합한 개입기술과 프로그램 개발과 평가, 자원 발굴 기술 등을 가지고 있어야 한다. 또한 아동이 친구들과의 관계 안에서 사회성을 기르고, 타인의 권리에 대한 바른 인식을 가질 수 있는 경험과 자기 계발에 대한 동기를 줄 수 있도록 해야 한다. 아동을 대할 때는 일관성 있는 태도로 아동이 정서적 안정감을 갖도록 하며, 어른으로서의 역할 모델이 되기도 한다.

아동복지시설에는 시설장, 총무, 보육사, 생활복지사, 간호사, 영양사 등의 인력이 배치되어 각각의 역할을 수행한다. 아동복지시설 종사자의 역할은 크게 양육자로서의 역할, 교사로서의 역할, 상담자로서의 역할이 있다.

첫째, 양육자로서의 역할은 시설아동에게 부모와 같이 아동의 모든 면을 돌봐 주어야 한다. 시설아동은 가치관이 정립되지 않은 상태이며, 모성실조의 영향이 있는 아동이다. 모성실조란 어머니가 없거나 있더라도 어머니로서 적절한 역할을 수행하지 못했을 경우 아동에게 일어나는 현상이다. 모성실조 아동은 대체로 대인관계 기술이 원만하지 못하여 사회성이 낮고, 자율성, 독립성이 낮으며, 사회적 자극에 형식적인 방응을 보이는 것이 특징이다. 이러한 아동을 양육하는 종사자는 부모로서 권리와 책임을 다해야 한다.

둘째, 교사로서의 역할이다. 아동은 계속 성장해야 하며, 사회에서 필요한 지식과 기술을 습득해야 한다. 종사자는 아동이 각자 가지고 있는 잠재성을 일깨우고, 최대한 발달할 수 있도록 도움을 주어야 한다. 시설의 아동에게 적절한 교육의 기회를 주지 않는다면 생의 출발점에서부터 동등한 기회를 박탈당하기 때문에 이후 삶에서 자립할 수 있는 능력을 갖지 못할 수도 있다.

셋째, 상담자로서의 역할이다. 상담은 아동이 성장하고 발달하면서 받는 긴장과 갈등에 잘 대처하도록 돕기 위하여 건전한 환경을 조성하는 방법이다. 아동은 각기 다른 개성과 욕구를 가진 독특한 개인으로 아동기 동안 건강하게 성장하고, 다른 사람과 가치 있는 관계를 확립하고, 세상을 탐색하며, 학습해야 하는 시기이다. 아동복지시설에는 다양한 연령과 특성을 가진 아동이 있고, 그에 따른 발달문제와 고민을 가지고 있기 때문에 이를 해결해 줄 사람이 필요하다.

아동복지시설 종사자는 아동의 보호함에 있어 다음과 같은 기본원리를 적용할 필요가 있다.

첫째, 인간성 회복의 원리이다. 시설에 입소하는 아동은 대부분 가정이나 사회에서 소외되거나 학대받아 인성의 발달이 왜곡된 경우가 많으므로 가장 먼저 인간성 회복과 형성이 중요하게 다루어져야 한다. 이를 위해서는 종사자의 서비스 기술과 전문성이 요구된다.

둘째, 아동의 친자관계 조정의 원리이다. 비록 시설에 입소하였다 하더라도 부모와 아동 간의 정서적 유대와 관계를 끊을 수가 없으며, 아동이 단기간에 가정에 복귀하도록 지원하는 것이 중요하다. 종사자는 부모를 대리하는 역할과 더불어 부모의 조정자 역할도 요구된다.

셋째, 생활교육의 원리이다. 아동의 생활은 자연환경, 인적·물적 환경, 정신적 환경 등의 작용을 받는다. 종사자는 이러한 환경을 잘 조성하는 역할을 해야 한다. 아동이 바른 생활을 통하여 살아가는 지식을 습득하고, 올바른 가치관을 확립할 수 있도록 지도해야 한다.

넷째, 치료교육의 원리이다. 시설아동의 경우는 치료적 서비스를 요하는 경우가 많다. 치료는 개별 또는 집단으로 이루어진다. 종사자는 아동의 문제를 다양한 치료적 접근으로 아동의 문제를 완화하여 정상적인 성장을 할 수 있도록 돕는다.

다섯째, 적극적 사회 참가의 원리이다. 아동은 태어나서 사회 속에서 성장하여 구성원이 된다. 시설아동은 가정과 분리됨으로써 가정에서의 경험이 없거나 부정적이고, 사회성 발달이나 정서발달이 지체된 경우가 있다. 따라서 아동이 사회 경험을 가질 수 있도록 프로그램을 편성한다. 아동이 가정의 분위기를 경험할 수 있도록 조성하며, 시설과 지역사회가 교류하여 아동이 지역사회에 적극적으로 참여할 수 있도록 한다.

2) 아동복지시설 종사자의 자격

아동복지시설 종사자의 자격은 서비스의 전문성을 갖추기 위해 최소한의 요건을 필요로 한다. 담당 업무의 성격과 직종별 자격기준은 아동복지법 시행령 제13조에 명시되어 있다.

〈표 7-5〉 아동복지시설 종사자의 자격

직종별	자격기준
시설장	1. '사회복지사업법'에 의한 사회복지사 3급 이상의 자격을 가진 자 2. 학대아동보호사업과 관련된 기관에서 3년 이상 근무한 경력이 있는 자 3. 7급 이상 공무원으로서 국가 또는 지방자치단체에서 사회복지사업에 관한 행정업무에 5년 이상 종사한 경력이 있는 자 4. '의료법'에 의한 의사면허를 가진 자로서 3년 이상 진료경력이 있는 자 5. '정신보건법'에 의한 정신보건전문요원의 자격을 가진 자로서 사회복지업무와 관련하여 5년 이상 종사한 경력이 있는 자 6. '영유아보육법'에 의한 보육교사 1급 자격을 가진 자로서 아동에 관련된 사회복지업무에 5년 이상 종사한 경력이 있는 자 7. 유치원, 초등학교 또는 중등학교 교사자격증을 가진 자로서 사회복지사업에 5년 이상 종사한 경력이 있는 자 8. 직업훈련교사, 간호사, 영양사로서 사회복지사업에 5년 이상 종사한 경력이 있는 자
총 무	1. '사회복지사업법'에 의한 사회복지사 3급 이상 자격을 가진 자 2. 학대아동보호사업과 관련된 기관에서 1년 이상 근무한 경력이 있는 자 3. 9급 이상 공무원으로서 국가 또는 지방자치단체에서 사회복지사업에 관한 행정업무에 3년 이상 종사한 경력이 있는 자 4. '정신보건법'에 의한 정신보건전문요원의 자격을 가진 자로서 아동복지업무와 관련하여 3년 이상 종사한 경력이 있는 자 5. '영유아보육법'에 의한 보육교사 1급 자격을 가진 자로서 아동에 관련된 사회복지업무에 3년 이상 종사한 경력이 있는 자 6. 유치원, 초등학교 또는 중등학교 교사자격증을 가진 자로서 사회복지사업에 5년 이상 종사한 경력이 있는 자
보육사	1. '사회복지사업법'에 의한 사회복지사 3급 이상 자격을 가진 자 2. '영유아보육법'에 의한 보육교사 자격을 가진 자 3. 고등학교 또는 이와 동등 이상의 학력이 있다고 인정되는 자 4. 유치원, 초등학교 또는 중등학교교사 자격을 가진 자
생활복지사 또는 상담지도원	1. '사회복지사업법'에 의한 사회복지사 3급 이상 자격을 가진 자 2. 유치원, 초등학교 또는 중등학교교사 자격을 가진 자 3. '영유아보육법'에 의한 보육교사 1급 자격을 가진 자 4. 제2조 제2항의 규정에 의한 아동복지지도원이 될 수 있는 자격을 가진 자
직업훈련 교사	1. '근로자직업능력 개발법'에 의한 직업능력개발훈련교사 자격을 가진 자 2. '학원의 설립 · 운영 및 과외교습에 관한 법률'에 의한 학원강사의 자격을 가진 자
임상심리 상담원	'고등교육법'에 의한 대학 또는 이와 동등 이상의 학력이 있다고 교육과학기술부장관이 인정하는 학교에서 심리학을 전공하여 졸업한 자
자립지원 전담요원	1. '근로자직업능력 개발법'에 따른 직업능력개발훈련교사 자격을 가진 자 2. '사회복지사업법'에 따른 사회복지사 3급 이상의 자격을 가진 자 3. 초등학교 또는 중등학교 교사 자격을 가진 자 4. 대학 또는 이와 동등 이상의 학력이 있다고 교육과학기술부장관이 인정하는 학교 졸업자(다른 법령에서 이와 동등 이상의 학력이 인정된 자를 포함한다)로서 아동복지 또는 사회복지 관련 학과를 졸업하고 1년 이상 아동복지에 종사한 경력이 있는 자

3) 종사자 양성과 현직교육

아동복지 종사자는 인간애와 전문성을 동시에 갖추고 조화를 이루는 것이 중요하다. 특히, 복잡한 사회구조 속에서 아동을 둘러싼 가족문제와 사회적 요구는 다양화되고 있으므로 문제를 정확히 파악하고 분석하여 처리의 방침과 내용을 결정하여야 한다. 따라서 아동의 발달, 복지방법 및 사회의 역동성에 대한 기본적 이해와 기술이 필요하다. 이것은 전문교육을 통해서 획득할 수 있으므로, 종사자의 양성은 중요한 의의를 지니며 대학 수준에서 이루어진다. 종사자의 직종에 따라 필요한 자격 요건이 규정되어 있고, 자격에 따라 대학에서 양성하는 전공이 있다. 사회복지사는 대학의 사회복지과, 아동복지과 등에서 배출되고, 보육교사는 사회복지과, 아동복지과 보육과, 유아교육과 등에서 양성된다. 유치원교사는 유아교육과, 초등학교교사는 교육대학교 등에서 양성된다.

종사자의 직종에 따라 현직교육을 이수하여 자격을 취득하는 경우도 있다. 아동보호전문기관의 상담원이 되기 위해서는 〈표 7-6〉의 교육과정을 이수해야 하고, 가정위탁지원센터 상담원이 되기 위해서는 〈표 7-7〉의 교육과정을 이수해야 한다.

〈표 7-6〉 아동보호전문기관 상담원의 교육과정

단 계	교육과목(시간)	이수시간(총 100시간)
기본교육	• 아동복지의 기본가치 이해(4) • 아동복지법의 이해(4) • 아동학대 원인 및 영향(8) • 아동보호체계에 대한 이해(8) • 가족보존서비스의 이론과 실제(8)	32시간
	• 초기 조사와 사례계획(8) • 위기 개입(6) • 아동분리와 배치(6) • 학대유형별 개입방법(12)	32시간
	• 아동학대와 방임에 대한 생태학적 관점(8시간) • 통합적 접근 방법(8시간)	16시간
전문교육	• 아동학대와 관련된 특수한 문제와 개입방법(8) • 학대유형별 상담사례 실습(12)	20시간

〈표 7-7〉 가정위탁지원센터 상담원의 교육과정

단 계	교육과목(시간)	이수시간(총 100시간)
기본교육	• 아동복지의 기본가치 이해(4) • 아동복지법의 이해(4) • 아동권리의 이해(6) • 아동보호체계에 대한 이해(8) • 상담심리학 개론(6) • 아동복지실천기술론(8) • 가족보존서비스의 이론과 실제(8) • 아동학대에 대한 이해(6)	50시간
전문교육	• 위탁아동양육프로그램(3) • 위탁부모 및 친부모교육(3) • 가정위탁보호사업의 이해(8) • 아동심리평가의 이해(8) • 아동상담이론(8) • 가족보존을 위한 사례관리(8) • 가정위탁 상담사례 실습(12)	50시간

〈표 7-8〉 사회복지사 양성 현황

단위 : 명

구분	총 계			1급			2급			3급		
	계	남	여	계	남	여	계	남	여	계	남	여
2003	85,449	21,231	64,218	45,834	12,618	33,216	29,857	6,400	23,457	9,758	2,213	7,545
2004	104,645	25,498	79,147	50,878	13,571	37,307	43,579	9,565	34,014	10,188	2,362	7,826
2005	129,999	31,862	98,137	55,299	14,472	40,827	63,927	14,811	49,116	10,773	2,579	8,194
2006	163,314	40,796	122,518	60,354	15,482	44,872	91,798	22,599	69,199	11,162	2,715	8,447
2007	208,866	54,714	154,152	64,799	16,965	47,834	132,621	34,879	97,742	11,446	2,870	8,576
2008	269,074	71,252	197,822	73,969	19,061	54,908	183,315	49,186	134,129	11,790	3,005	8,785
2009	337,652	89,617	248,035	81,255	20,613	60,642	244,384	65,898	178,486	12,013	3,106	8,907
2010	394,921	104,121	290,800	90,093	22,558	67,535	292,803	78,456	214,347	12,025	3,107	8,918
2011	482,807	127,876	354,931	94,623	23,495	71,128	375,776	101,065	274,711	12,408	3,316	9,092
2012	560,530	148,024	412,506	104,457	25,880	78,577	443,498	118,735	324,763	12,575	3,409	9,166
2013	637,617	167,550	470,067	110,518	27,392	83,126	514,344	136,670	377,674	12,755	3,488	9,267
2014	713,224	186,418	526,806	116,895	29,018	87,887	583,402	153,827	429,575	12,926	3,573	9,353
2015	789,071	205,879	583,192	123,677	30,715	92,962	652,274	171,502	480,772	13,120	3,662	9,458
2016	864,269	225,372	638,897	133,205	33,206	999,999	717,782	188,429	529,353	13,282	3,737	9,545

출처 : 보건복지부(2017). 보건복지통계연보.

〈표 7-9〉 사회복지 자원봉사자 현황

구 분	관리센터 (개소)	인증요원 (명)	등록자원봉사자 (명)	활동자원봉사자 (명)	봉사단체 수 (개)
2002	957	1,315	125,231	71,521	3,520
2003	1,499	2,417	287,609	144,623	4,890
2004	1,605	3,300	511,575	231,467	5,971
2005	2,144	4,808	835,019	345,064	7,921
2006	2,938	7,500	1,287,235	519,080	11,675
2007	4,063	9,702	1,880,401	753,634	15,881
2008	5,120	12,551	2,521,168	915,122	16,786
2009	6,185	15,263	3,233,713	1,081,041	17,993
2010	7,391	19,211	4,066,920	1,353,476	22,183
2011	8,810	22,232	4,920,859	1,531,268	25,420
2012	9,881	26,884	5,442,789	1,353,476	21,084
2013	10,724	28,218	5,946,729	1,384,549	20,084
2014	11,480	34,762	6,500,801	1,780,798	20,176
2015	12,142	39,532	6,979,584	1,501,604	18,830
2016	12,922	44,482	7,381,923	1,401,996	17,849

출처 : 보건복지부(2017). 보건복지통계연보.

참고문헌

이용교 (2000). 아동청소년 그룹홈의 의의와 역할. 2004년 공청회자료집.

이태수 · 함철호 · 이용교 (1997). 소규모 아동복지시설 연구. 인간과 복지.

Kadushin, A. & Marin, J, A. (1988). *Child welfare services*(4th ed). NY: MacMillan.

CHAPTER 08

아동복지의 실천기술

1. 아동복지 대상자로서 아동의 특성
2. 개별 아동복지실천
3. 집단 아동복지실천
4. 놀이치료
5. 미술치료
6. 음악치료
7. 가족치료

1. 아동복지 대상자로서 아동의 특성

1) 발달적 측면

아동을 이해하기 위해서는 아동기를 과학적으로 이해하는 데 가장 큰 공헌을 한 발달심리학적 지식으로 설명하는 것이 필요하다. 아동발달에 관한 연구는 다양하지만 대체로 인간의 성적 발달에 초점을 맞춘 프로이트의 정신분석학이론과 심리사회적 발달을 중심으로 이해한 에릭슨의 심리사회이론, 인지능력 발달과정을 설명하는 피아제의 인지이론, 콜버그의 도덕성발달이론, 기타 행동과학이론 등이 있다. 발달심리학을 통해 본 아동의 특성은 다음과 같다.

- **의존** : 아동의 생존과 신체적 · 지적 · 사회적 발달은 성인들의 사랑과 보살핌에 의존하게 된다.
- **성숙** : 아동은 미성숙한 단계에서 성숙한 단계로 발전하는 과정에 있다. 아동은 자신의 개인적 수준에 따라 적절하게 자신의 생활환경에 적응하면서 필요한 지식, 기능, 태도를 발전시켜 나간다. 따라서 아동은 자기 수준에 맞는 학습의 기회를 가져야 한다.
- **욕구** : 아동은 인간의 기본적 욕구인 생리적 욕구뿐만이 아니라 인격적으로 대접받고 싶은 사회적 욕구를 가지고 있다. 아동은 가정과 또래집단 내에서 사랑을 받고 싶어 하며, 새로운 경험을 갈망한다.
- **민감성** : 아동기는 감정이 매우 예민하고 정서 표현이 매우 강렬하다. 아동은 욕구나 열망에 대해서 만족을 즉각적으로 얻기를 바라며, 느긋하게 참고 기다릴 줄을 모른다. 또래와의 관계에서 자신의 지위나 역할, 친밀한 정도 등에도 민감하다.
- **적응** : 아동은 자기 스스로의 힘으로 환경에 잘 적응하기 어렵다. 아동기 동안에는 적응을 돕기 위한 보호와 지도가 절실히 필요하다.

2) 사회적 측면

사회적 측면에서 아동의 특성을 이해하는 것은 아동에게 이익이 되는 것이 어떤 것인지와 아동의 삶을 통제해 나갈 것인지를 판단하는 데 중요하다. 사회적 측면에서 아동의 특성은 다음과 같다.

- 아동은 특정한 사회문화적 환경 속에서 느끼고, 사고하고, 행동하는 방법을 배운다.
- 아동은 또래관계에서의 놀이, 행동과 옷입는 유형, 상업적 장난감의 소비 패턴, 텔레비전, 인터넷 등에 영향을 받는다.
- 아동이 성장하고, 시간을 보내는 환경은 자연적이기보다는 인위적으로 조성된 환경이다. 교실, 버스, 쇼핑센터 등 인위적 공간에서 아동의 삶이 조성되어 간다.
- 아동은 그가 속한 문화권의 역사, 사회제도, 지리적 공간, 민족, 경제적 여건, 정치적 조건 등에 따라 다양한 특성을 보인다.
- 세계의 아동은 점점 정치적 현안으로 부각되고 있으며 모든 국가는 삶의 출발점인 아동기에서 최선의 출발이 될 수 있도록 노력한다.

3) 권리적 측면

20세기는 '아동의 세기'라고 불릴 만큼 아동은 사회적 특권을 부여받았다. 이는 인류사회의 진보의 결과이자 사회를 유지하고 진보시키기 위한 사회적 제도 발전의 결과이다. 그러나 성인과 사회는 여전히 아동을 통제하고 지배하고 있다. 최근 들어서 비로소 아동도 스스로 권리를 가진 인격체로서 가치를 부여하기 시작하였다.

많은 국가에서 아동도 스스로 권리를 지닌 개인으로 바라보는 인식을 반영해 아동에 대한 투자를 강조해 왔다. 정부는 아동에게 최상의 삶의 시작점을 제공하기 위해 보건, 복지, 보호를 강조하고 아동이 사회에서 특권적 지위를 갖도록 교육제도를 통해 강화하고 있다.

아동의 권리에 대하여 부정적인 측면도 있다. 아동은 발달적으로 직접 선택하는 주체로서 미숙하고, 스스로 권리를 행사하기 어렵고, 경험이 부족하고, 권리자로서 책임을 다할 능력이 없기에 아동의 권리에 부정하는 견해도 있다. 하지만 이는 도덕적으로 정당성이 없으며, 아동의 권리를 사회의 책임이라는 본질로 이해한다면 아동은 도덕적 · 법적으로 권리를 가진 존재이어야 하고, 권리를 행사할 수 있어야 한다.

4) 정치 · 경제적 측면

국가적으로 아동이 중시되는 이유는 생의 첫 출발점이기 때문이다. 출발점부터 아동이 공평하게 최상의 상태에서 출발할 수 있도록 공평한 기회를 부여하는 것이다. 따라서 빈곤층 아동이나 결손가정 아동, 장애아동은 국가적 차원에서 지원해야 할 당면 과제이다.

미국 정부는 1964년 불우한 아동에게 가난이 미치는 부정적 효과를 방지하고, 교육의 기회균등을 주기 위해 경제기획법을 만들었으며, 이 법에 따라 '헤드스타트 프로젝트'가 탄생하였다. 빈곤아동은 일반아동에 비해 인지발달이나 건강 상태 등에서 뒤쳐지는 경향이 있는데, 이는 청소년기의 학업성취도 부진으로 연결되며, 성인이 되었을 때 가난을 면하기 어려운 처지가 된다는 것이다. 따라서 어렸을 때 일반아동과 빈곤아동의 격차를 최소화하는 것이 빈곤을 막는 최선의 길이라는 취지가 헤드스타트 운동의 이론적 근거이다. 이는 모두가 함께 힘을 모아 빈곤층 아동의 복지(Welfare)와 교육(Education)의 핵심 영역에 대해 사회 모두(We)가 나서 빈곤층 아동의 삶의 출발(Start)을 도와주자는 '위 스타트(We Start)'시민운동으로 이어졌다.

정치·경제적 측면에서 아동에 대한 주요 관심은 아동이 빈곤이나 어려운 환경으로 인해 공평한 기회를 갖지 못하거나 불이익을 당하는 것에 있어 모든 아동에게 가능하면 '유리한 출발점(head start)을 제공하는 것에 있다.

정치적 측면에서 아동복지문제를 다루기 위해 정부가 후원하는 서비스의 필요성이 증대되고 있다. 아동복지는 아동의 욕구를 충족시킴으로써 사회의 불안이나 불균형의 위협을 감소시킬 수 있다. 아동복지사업이 낙후되면 비행아동이 증가될 뿐만 아니라 신체적·정신적 장애아의 발생을 증대시킴으로써 사회불안이 초래된다. 정부는 이러한 요구를 수용할 수밖에 없다.

경제적 측면에서 '아동기 인간자본' 모델이 정책 개발자들에게 강한 영향을 미치고 있다. '아동기 인간자본' 모델의 핵심은 생애 출발선인 아동기 때 투자하는 비용으로 얻는 효과는 다른 그 어느 때 투자하여 얻는 효과보다 크다는 것이다.

아동기의 건강한 사고와 정서적 발달은 곧바로 경제적 이익으로 나타난다. 국가가 아동기에 일찍 개입하면 할수록 향후 인간자본의 투자에 대한 효과에 있어 그 파급력은 커져간다. 정책은 가급적 이른 나이의 아동에게 더욱 많은 투자를 하는 방향으로 설정되는 것이 유효하다(http://www.worldbank.org).

2. 개별 아동복지실천

사회복지서비스가 요구되는 아동이 발생되었을 때 전문가가 아동에게 실제 서비스를 제공하는 과정은 5가지 단계인 초기단계, 조사단계, 진단단계, 개입단계, 종결단계로 이루어진다(Rose & Fatout, 2003, 김성경 외, 2005에서 재인용).

1) 실천과정

(1) 초기단계

초기단계는 전문가와 요구 아동이 첫 접촉하는 단계이다. 클라이언트가 기관에 전화를 걸거나 직접 방문하여 이루어지는 첫 번째 단계이다. 아동은 비자발적 클라이언트일 가능성이 크므로 부모 또는 보호자와 함께 방문하는 경우가 많다. 아동복지 전문가는 부모 또는 보호자와의 초기 면접을 하거나 아동과의 초기 면접을 진행한다. 따라서 이 단계의 목적은 초기 원조관계의 성립이며, 이 단계에서 과업은 아동의 문제를 파악하고, 문제해결을 위해 해당 기관이 제공 가능한 서비스를 확인하여 전문적 개입에 대한 합의를 도출하는 것이다.

① 문제 및 요구의 확인

부모 또는 보호자와의 초기 면접을 통해 아동의 문제를 확인한다. 부모 또는 보호자나 아동은 대부분 약간의 불안감을 갖고 전문가를 접하므로 전문가는 부모 또는 보호자와 아동으로부터 신뢰감을 얻는 것이 중요하다.

전문가는 부모 또는 보호자와의 면접을 통해 부모가 인식하는 아동의 문제와 문제해결 욕구를 파악한다. 필요에 따라 아동과의 면접을 통해 아동의 상황, 요구, 어려움 등에 대해서 아동 스스로 어떻게 생각하고 있는지 파악하고, 아동의 행동, 특성, 대처기제 등에 대한 초기 사정을 수행한다.

② 서비스 수행 합의 또는 타 기관 의뢰

아동복지 전문가는 부모 또는 보호자로부터 아동의 문제가 무엇이며, 기관을 찾게 된 주요 동기를 확인한다. 아동과의 면접을 통해 아동 스스로 현재의 상황을 어떻게 생각하며, 아동이 느끼는 어려움과 요구가 무엇인지 파악한다. 초기 면접에서 문제와 욕구를 확인하여 그 문제의 성격이나 제공받고자 하는 서비스가 아동복지기관의 목적이나 기능에 부합되면, 부모와 서비스 수행에 관한 잠정적인 합의를 한다. 이때 아동도 참여시켜 아동에게 수행될 서비스에 대해 솔직하고 간단명료하게 설명한다. 전문가는 아동과의 관계에서 아동이 누릴 수 있는 자유나 책임의 성격을 아동에게 설명하고, 제한 사항을 설정하며, 비밀 보장의 범위에 대해 설명한다. 아동과 부모가 동의하는 경우 잠정적인 합의를 이끌어 내어 다음 단계로 진행한다.

전문가는 아동의 상황과 잠재력에 대한 낙관적인 기대감을 표명하는 것이 바람직하다. 만일 초기 면접에서 확인된 아동의 문제 성격이나 욕구가 아동복지기관의 목적이나 기능에서 벗어나면, 타 기관에 의뢰한다. 타 기관 의뢰 시 구체적이며 명료하게 정보를 제공하여 요구 아동에게 의뢰가 효과적이도록 지원한다.

(2) 조사단계

조사단계는 전문가가 아동의 문제에 개입하기 위해 그의 상황에 대한 사실을 수집하고, 관찰하여 이를 조직화하는 단계이다. 아동복지실천은 '환경 내의 인간'에 중점을 두므로 아동의 발달과 문제행동, 아동의 가족배경 및 사회적 상황 등에 관해 조사한다.

① 아동의 생활력 및 발달력 조사

발달력 조사는 아동의 출생부터 발달단계별로 아동의 생활력을 조사하고, 주요 사건, 현재의 발달 상태 및 기능 수행을 조사한다. 부모나 보호자로부터 아동의 성장과정 중 병력, 신체적 능력, 인지적 기능, 사회적 대인관계 등에 대한 정보를 입수하고, 그 외 특정 장애나 정신병적 진단 여부를 확인한다.

아동의 발달 상태 및 기능 수행을 조사하기 위해 다양한 측정 도구를 활용하고, 심리검사를 수행하는 것이 필요하다. 현재 드러난 문제를 알기 위해 발달력을 조사한다. 문제가 처음 드러난 시기는 언제였는지, 현재 문제의 양상은 무엇인지, 부모는 아동의 문제를 해결하기 위해 어떠한 노력을 했는지 등을 조사한다.

② 가족배경 조사

가족배경 조사는 각 가족구성원에 대한 정보, 가족의 역동성 및 상호작용, 가족문화 및 가족의 사회적 배경, 가족 내 권력 관계, 가족규칙, 가족 가치관, 가족문화 등에 관해 조사한다. 이때 가계도를 활용하여 가족구성원의 정보와 가족 역동성을 파악하는 것이 바람직하다. 특히, 부모와 아동의 상호작용이 어떻게 진행되는지를 조사하여 상호작용의 성격을 파악한다. 가족은 여러 사람의 집합체로서 복잡한 감정과 정이 얽혀 있는 가족 역동체계를 가지고 있다.

③ 사회적 관계망 조사

사회적 관계망은 아동을 중심으로 확대가족, 또래집단, 보육시설, 학교, 종교시설, 이웃 등이 포함된다. 사회적 관계망의 조사 목적은 아동과 그 가족에게 중요한 타자로 기능할 수 있는 주체를 찾아내는 데 있다. 사회적 관계망 내의 중요 타자를 파악한 후 아동복지 전문가는 이들과 연계하여 아동을 지원하거나 환경자원을 발굴하여 가족에게 연계하는 작업을 할 수 있다. 사회적 지지망을 통해 환경 자원을 검토하는 일은 두 측면에서 강조되어야 한다(최옥채, 2001).

첫째, 클라이언트의 관계망을 통해 클라이언트가 현재 주변으로부터 지지를 받고 있는 정도를 파악하는 일이다.

둘째, 클라이언트의 문제를 해결하기 위해 전문가를 동원하여 활용할 수 있는 지원체계를 확인하는 일이다.

(3) 사정단계

사정단계는 사실 조사단계와 엄격히 분리되지 않으며 조사단계에서 수집된 사실과 정보를 조직화하여 분석하는 단계다. 수집된 자료를 분석할 때에는 다음과 같이 아동에 대한 사정, 가족 및 부모-아동 상호작용 사정, 환경에 대한 사정 등을 진단한다.

① 아동 개인에 대한 사정

아동에 대한 사정은 아동의 상황 속에서 아동의 발달과 행동을 심도 있게 이해하는 것이다. 이를 위해 전문가는 다음과 같은 부분을 조사 자료 및 측정 도구 결과를 통해 분석해야 한다.

- **아동의 발달단계 및 기능 수행의 분석**
  - 아동의 발달상 문제는 무엇인가?
  - 아동은 나이에 맞는 기능 수행을 하고 있는가?
  - 아동이 특정 발달단계에서 지체 현상을 보이고 있는가?
  - 현재 나타나는 문제행동과 어떠한 연관이 있는가?
- **아동의 보호 욕구 분석** : 아동이 학대나 방임의 사례가 확인되는 경우, 그 위험성을

사정하고, 그 보호의 필요성을 진단한다.

- **아동의 강점 확인** : 전문가는 아동의 역기능적 측면보다는 긍정적이고 기능적인 측면을 확인해야 한다. 따라서 아동의 능력, 기술, 자원, 동기를 나타내는 지표를 확인한다.
- **아동의 대처기제와 자아방어기제에 대한 분석** : 전문가는 아동이 갖고 있는 특유한 대처기제, 그 기제가 유용한 경우에 이를 강화시키기 위한 방안, 유용하지 않을 경우의 수정 방안 등을 파악한다. 또한 아동은 보통 행동을 통해 대처기제를 엿볼 수 있는 여러 징후를 보이기 때문에 아동의 상황과 함께 대처기제 및 방어기제를 보아야 한다.

② 가족 및 부모-아동 상호작용 사정

가족 및 부모-아동 상호작용 사정에서는 가족의 생활주기, 가족의 역동성 및 가족기능, 그리고 부모-아동 상호작용 등을 분석한다.

- **가족의 생활주기 확인** : 가족이 처해 있는 생활주기를 확인하여 발달과제와 변화를 확인한다.
- **가족의 역동성 및 가족기능 사정** : 가족원들의 상호작용 특성과 구조를 확인하며, 특히 부모-아동 상호작용을 분석한다. 그리고 가족기능의 수행 정도, 즉 경제 기능, 일상생활, 휴식 및 건강 회복, 정체감 및 소속감 제공, 가족의 규칙 등을 확인한다.

③ 환경에 대한 사정

- **사회적 지지 사정** : 아동과 정기적으로 상호작용을 하는 개인 또는 집단의 아동에 대한 지지 및 영향을 사정한다.
- **지역사회의 자원 사정** : 지역사회의 공식적·비공식적 자원을 확인한다. 아동 주변의 환경에서 아동에게 도움이 될 만한 자원은 무엇이 있는지 확인한다.

(4) 개입단계

개입을 위해서는 사정을 통해 얻어진 결과를 바탕으로 개입 목표를 설정하고, 개입의 방법을 결정하며, 개입과정에 참여시킬 대상을 선정한다. 개입 계획과 목표에서는 아동만 대상으로 할 수 있고, 부모 및 가족 또는 기타 아동에게 중요한 인물 등을 포함시킬 수도 있다.

개입의 목표는 가능한 구체적이고 실현 가능한 형태로 설정해야 한다. 목표를 설정할 때는 부모나 보호자와 아동복지 전문가가 합의를 이루어 내는 것이 중요하다.

개입방법은 아동의 문제 및 요구, 환경 자원의 특성, 전문가의 능력에 따라 다양하게 선택될 수 있다. 아동은 자신의 문제를 언어로 표현하기 쉽지 않은데, 그 이유는 언어표현의 미숙함 때문이거나 학대나 방임 또는 과거 언어 표현 시 무시당한 경험 때문이다. 일반적으로 아동을 대상으로 하는 주요 개입방법으로는 놀이, 미술, 음악, 게임 등의 다양한 매체를 사용하는 치료방법이 있다.

(5) 평가 및 종결단계

종결은 다양한 형태로 이루어질 수 있는데, 계약기간의 만료에 따른 종결, 아동의 상황변화에 따른 종결, 아동복지 전문가의 상황 변화에 따른 종결, 목표달성에 따른 종결 등이 있다. 이 중 가장 좋은 종결은 목표달성에 의한 종결이다. 이는 개입과정에 대한 최종 평가를 통해서 아동, 부모, 아동복지 전문가가 합의를 통해서 이루어진다.

아동복지 전문가는 아동과 부모에게 종결에 대한 준비를 미리 하도록 해야 한다. 개입과정에서 형성된 상호 간의 친밀감이 의존성으로 변질되지 않도록 하는 준비가 필요하다. 갑작스런 종결을 선언할 경우 아동이 배신감을 느끼거나 두려움을 느끼지 않도록 주의해야 한다.

종결, 즉 아동에게 긍정적인 성과를 얻게 한 다음 원조 관계를 끝내는 일은 상당한 기술과 계획이 요구된다.

① 종결단계에서의 해결과제

첫째, 종결 시기의 결정이다. 종결은 이사 등 아동의 상황 변화에 따른 종결, 계약기간의 종료에 따른 종결, 목표 달성에 따른 종결, 전문가 상황 변화에 따른 종결 등이 있다.

가장 원만한 종결은 목표 달성을 이루게 됨에 따라 아동에게 준비시켜 결정하는 것이다.

둘째, 정서적 반응의 해결이다. 전문가는 종결에 대한 아동의 두려움이나 저항에 관심을 두어 긍정적 감정을 유지한 상태에서 원조관계를 종결해야 한다. 그리고 동일한 문제가 반복되지 않으며 아동의 변화가 지속될 수 있도록 강화해야 한다.

② 종결에의 개입

아동에게 종결은 버려지는 경험이 아니라 아동 자신의 성장과 변화를 의미하는 경험으로 받아들여지도록 재조명해 주어야 한다. 이를 위해 아동과 전문가는 미리 종결 시기를 결정하고 문제가 재발하면 아동이 어떻게 행동할 것인가에 대해 계획을 세우고 준비하는 것이 바람직하다. 그리고 아동에게 전문가는 아직도 관심을 갖고 있으며, 필요하면 언제든 도움을 줄 수 있음을 알리는 것이 좋다(공계순 외, 2006).

2) 개별지도의 기본원칙

개별지도는 아동의 인격발달에 저해되는 여러 요소들의 개선과 아동의 적응능력을 강화하는 것이다. 아동의 문제는 개별성이 있기 때문에 아동의 소질, 과거 및 현재의 환경, 발달과정 등 아동의 심리적·신체적·사회적·경제적 조건이 각각 다르다는 것을 전제해야 한다. 아동의 욕구를 충족시키고, 문제해결을 원활히 하기 위해서는 다음과 같은 원칙에 기초해야 한다(장인협, 1989).

(1) 개별화

아동의 독특한 자질을 알고 아동이 더 잘 적응할 수 있게 하기 위해서는 그 아동에 알맞은 원리나 방법을 활용해야 한다. 아동 개개인을 불특정한 인간으로서가 아니라 개별적 차이를 지닌 특정한 인간으로서 대우해야 한다.

(2) 의도적 감정 표현

아동이 가지고 있는 자기감정을 자유로이 표현하려는 욕구를 잘 인식해야 한다. 상담자는 의도적으로 아동의 요구를 경청해야 하고, 터놓고 대화할 수 있는 환경을 조성해야 한다. 아동의 감정 표현에 대해 비난을 하거나 낙담을 갖게 해서는 안 된다.

(3) 통제된 정서적 관여

아동과의 면접에서 자신의 감정을 말로 표현하도록 이끌고 전문가는 이러한 감정에 반응하기 위해 정서적으로 관여하게 된다. 이 관여는 통제된 것으로서 개별지도의 목적, 아동의 욕구 변화, 전문가의 진단적 사고 등에 따라 그 방향을 설정한다.

(4) 수 용

상담자가 아동의 장점과 약점, 바람직한 성격과 그렇지 못한 성격, 긍정적 감정과 부정적 감정, 건설적 혹은 파괴적 태도나 행동 등을 아동이 있는 그대로를 이해하고 다루어 나간다. 그러나 정상적인 것에서 벗어난 아동의 태도나 행동을 시인하는 것은 아니다.

(5) 비심판적 태도

상담자는 아동의 문제 원인에 대해 아동의 잘못이 있나 없나 여부를 말하지 않는다. 그러나 상담자는 아동의 태도나 행동에 대해 선입견이나 성급한 추론을 하지 않으면서 객관적 판단은 하고 있어야 한다.

(6) 자기결정

아동이 스스로 선택하고 결정을 내릴 수 있는 자유로운 권리와 욕구를 갖고 있음을 인식해야 한다. 그러나 아동의 능력, 도덕, 법률, 사회기관의 활동범위 등에 따라 제한을 받게 된다.

(7) 비밀보장

상담자는 직무상 알게 된 아동과 관련된 비밀을 지켜야 한다. 아동의 개인적인 비밀은 사생활이 침해되지 않게 하기 위함이며, 아동이 상담자를 신뢰해야 안전감을 느껴 모든 것을 솔직하게 털어놓을 수 있다.

3) 개별지도의 주요 기술

상담자는 아동 및 그 가족과 원활한 의사소통을 하기 위해서 몇 가지 기술이 필요하다(장인협 · 오정수, 1993).

(1) 관 찰

상담자는 아동이 하는 말을 잘 경청하면서 말하는 모습을 유심히 관찰하여야 한다. 말하는 속도, 몸짓, 자연스러운 몸동작, 부자연스러운 반응 등은 아동의 현재 상태를 나타내는 것이므로 주의를 기울여야 한다.

(2) 경 청

상담자가 꼭 필요한 의견을 이야기하거나 질문을 할 경우를 제외하고는 아동의 말을 중단시키지 말아야 하며, 아동의 얼굴 표정이나 말하는 모습을 주시하면서 아동의 이야기를 이해하고 있다는 반응을 보여 주어야 한다.

(3) 적절한 질문 모형

상담자는 아동이 많은 것을 이야기하도록 해야 한다. 질문을 진행하는 속도는 아동과 보조를 맞추어야 한다. 질문 형식은 '예', '아니오'와 같은 대답을 요하는 수렴적 질문보다는 아동의 의견이 많이 표현될 수 있도록 확산적 질문을 하는 것이 좋다.

3. 집단 아동복지실천

집단 아동복지실천은 저하된 사회적 기능을 회복할 필요가 있는 아동이나 현재의 사회적 기능을 적극적으로 강화하고자 하는 아동을 대상으로 한다. 집단 아동복지실천의 목적은 의도적인 소집단활동을 통해 집단 성원들의 사고방식, 행동양식, 자기인식 등을 기능적으로 변화시켜 자신이 처한 문제에 능동적으로 대처해 나갈 수 있도록 하는 것이다.

집단 아동복지실천은 개별 아동복지실천과는 달리 아동 집단의 역동성과 응집력을 어떻게 활용하는가가 프로그램의 효과를 좌우한다. 아동복지 전문가는 집단 내에서 아동의 개인적인 특성을 파악하고, 집단의 상호작용을 최대한 활용하는 기술을 발휘해야 한다.

1) 집단의 유형

아동집단은 두 명 이상의 아동이 공동의 목표를 갖거나 유사한 인지적·정서적·사회적 흥미, 관심, 요구를 가지고 반복적으로 모여 서로에게 영향을 주며, 공동 규범을 만들고, 목표를 발달시키는 모임을 말한다. 집단활동은 개별 접근보다 시간적인 면에서 효율적이지만 집단에 대한 효과적인 개입을 했을 때만 성과를 볼 수 있다(윤현숙 외, 2001). 이러한 집단활동은 사회적 기술발달, 자기 확신의 증대, 미래에 대한 계획 등으로 이루어진다.

아동집단의 유형은 목적에 따라, 진행방식에 따라, 이론적 배경에 따라 다양하다. 일반적으로 아동집단은 과업집단, 상담집단, 자조집단, 사회화 집단 등으로 구분된다.

- **과업집단** : 구성원들의 욕구와 관련된 특정 과정을 완성하는 것을 목표로 한다.
- **상담집단** : 심리상담을 목표로 하는 집단으로서 아동의 자존감, 사회적 기능, 문제해결력 향상에 목적을 두며, 강화와 지지적 성향을 가진다.
- **자조집단** : 성인의 지도자가 없거나 또는 있더라도 적극적으로 개입하지 않으면서 아동끼리 모여 주제에 대해 서로의 의견을 나누는 형태로 진행되는 집단이다.
- **사회화 집단** : 개인의 기능을 저해하는 요인과 행동을 수정하고 변화시켜 아동이 일탈된 행동 대신 사회적으로 용납되는 행동을 선택하도록 하는 데 목적이 있다.

2) 집단 실천의 원칙

집단지도는 타인과 공동의 목적을 위해 협력하는 과정이 강조되는데, 집단활동이 성과를 갖기 위해서는 몇 가지 원칙을 준수해야 한다. 한미현 외(2007)가 제시한 원칙은 수용의 원칙, 참가의 원칙, 체험의 원칙, 규범의 원칙, 갈등해결의 원칙, 개별화의 원칙, 지속적 평가의 원칙 등이 있다.

(1) 수용의 원칙

타인을 받아들이기 위해서는 자신을 이해하는 노력이 필요하다. 수용이란 집단 아동 각자가 다양한 태도, 행동, 감정을 표현하고, 어떤 가치관을 가졌더라도 그 아동을 있는 그대로 인정하고 받아들이는 것을 말한다. 전문가는 집단을 대할 때 각 아동의 개성을 이해하고 수용적 태도를 가져야 하는데, 이러한 태도는 아동이 스스로 변화하고 성장을 촉진해준다. 또한 집단구성원 서로가 서로를 수용하도록 하는 모델이 되기도 한다.

(2) 참가의 원칙

집단활동이 활성화되기 위해서는 각자 아동이 집단에 적극적으로 참가해야 한다. 참가를 촉진하기 위해서는 집단 아동의 흥미와 욕구를 반영하는 프로그램의 구성이 중요하다. 아동은 자신에게 흥미롭고 또래 관계에 도움이 된다고 생각할 때 적극적으로 참가한다. 전문가 혼자서 집단의 문제를 해결하려고 하는 것보다 집단의 구성원 각자가 다른 아동과 상호작용을 통해서 스스로 문제의 해결 방안을 찾아낼 수 있도록 도와주어야 한다.

(3) 체험의 원칙

아동이 긍정적인 변화를 하기 위해서는 집단에 참여하여 직접 문제를 알고 그 문제를 집단의 구성원과 함께 해결하는 체험을 해야 한다. 전문가는 구성원이 협동적 관계를 형성할 수 있도록 이끌어야 하고, 긍정적인 상호작용이 일어날 수 있도록 지도하는 것이 중요하다. 집단에 참여한 아동은 집단 전체의 상황을 파악하고 있어야 하고, 동료들과 함께 문제를 해결할 수 있다는 성취감을 얻어야 한다.

(4) 규범의 원칙

집단이 하나의 목표에 도달하기 위해서는 구성원의 일관된 행동이 필요하고 이를 위해서 규범이 필요하다. 개인들의 욕구가 상충할 때 일정한 규범이 없으면 상대방을 비난하거나, 방해, 공격적 행동 등을 할 수 있다. 이러한 행동은 집단의 기능을 저해하며, 집단의 역동을 떨어뜨린다. 한 사람의 일탈된 행동은 다른 구성원에게 위축을 주거나 구성원끼리 반목을 가져올 수 있다. 집단의 규범은 지도자 한 사람이 일방적으로 만들기보다는 구성원들이 스스로 필요를 느끼도록 하여 구체적인 규칙을 만들도록 하는 것이 좋다.

(5) 갈등해결의 원칙

집단에는 각자 개성을 가진 많은 구성원들이 서로 다른 욕구와 관심 등을 가지고 있기 때문에 어느 정도의 갈등을 가지고 있다. 집단 내 갈등은 회피하거나 덮어두는 것이 아니라 갈등을 인식하고 갈등의 요인이 무엇인지 찾아보고, 해결해야 한다. 구성원들은 갈등의 원인을 분석하고 문제를 해결해 가는 과정을 경험하는 것이 중요하다. 갈등이 해결된 결과보다는 갈등해결을 위해 노력하는 과정에 초점을 두어야 한다. 지도자는 집단의 사회적 관계를 파악하고, 구성원 간의 상호작용과 집단 내 소그룹의 형성과 역학관계를 파악하고 집단의 역동에 역기능적 요소를 통제할 수 있어야 한다. 갈등이 드러날 경우 객관적이고 중립적인 입장에서 규칙에 따라 일관성 있게 개입하는 것이 필요하다.

(6) 개별화의 원칙

집단지도는 개인의 요구를 무시하고 집단의 일반적인 필요에 초점을 맞추는 것이 아니라 집단의 역동을 이용하여 개인의 문제를 해결하려는 것이기 때문에 개인의 가족 및 사회적 배경과 요구 등을 파악하여 전체 집단에서 행동을 이해하여야 한다. 개인의 요구와 문제가 무시되는 집단적·획일적 프로그램의 진행은 개별 아동에게 별 도움이 되지 못한다. 집단에서 소외되는 경험을 한 아동은 문제를 해결하기보다는 문제를 악화시킬 가능성이 있다.

또한 집단은 개인들이 모여서 독특한 집단의 성격을 만들기 때문에 집단에 따라서 다양한 개입방향이 시도되어야 한다.

(7) 평가의 원칙

집단활동은 일회로 그치는 것이 아니라 소기의 목표에 도달할 때까지 지속된다. 전문가는 집단의 구성원이 도달되어야 하는 목표를 세우고, 활동과정을 지속적으로 모니터링하면서 현재의 상태를 평가한다. 이러한 평가를 바탕으로 계획되었던 활동을 변경하고, 새로운 활동을 계획하기도 하여 집단활동이 목표를 향해 나아갈 수 있도록 한다. 평가는 개인의 변화뿐만이 아니라 집단의 변화까지도 포함된다.

3) 집단지도과정

(1) 사 정

집단지도를 위해서는 집단을 구성하는 모든 요소에 대하여 사정이 필요하다. 즉, 집단구성원 개개인과 전체 집단 그리고 집단의 환경, 세 가지 차원으로 사정한다.

① 집단 내 개별 아동에 대한 사정

집단 내 각 아동에 대한 사정은 개별지도에서 사정 원칙에 준해서 한다. 사정은 아동의 자기보고 외에도 부모, 교사, 의사 등 기타 전문가의 평가를 기초로 할 수 있다. 표준화된 척도나 질문지를 사용하여 집단활동 이전과 종결 후 아동의 상태나 변화 정도를 측정하는 것이 일반적이다. 아동의 약점이나 문제를 알아야 하지만 강점을 살려줄 수 있도록 장점을 중심으로 사정한다.

특정 아동의 집단 내 상호작용 유형, 사교성, 리더십, 인기도 및 집단 내에서의 역할이나 위치 그리고 집단에 공헌하는 점 등에 대해서도 사정한다. 아동의 환경, 즉 가족, 학교, 지역사회 등이 아동의 욕구와 목표를 달성하는 데 지지적인가를 평가할 필요가 있다.

② 집단에 대한 사정

집단을 사정하는 이유는 집단의 역동을 이해하기 위함이다. 집단의 역동은 집단의 구조, 집단 내 의사소통 유형, 집단의 응집성, 집단성의 발달단계, 집단의 분위기 등에 따라 다를 수 있다. 집단의 응집성이 높으면 집단 아동들 간의 상호작용이 활발해지고 경쟁적이기보다 협력적 분위기가 형성되어 집단에 대한 만족도가 높아지면서 상호 원조가 가능해진다. 응집성은 집단의 구성원 간 공동체의 일원으로서 유대감이며, 상대방을 배려하면서 동료를 지원하고, 집단의 목표를 성취할 수 있는 원동력이 된다.

③ 집단의 환경에 대한 사정

집단의 환경이란 집단활동이 이루어지는 기관의 시설, 전문가 인적 자원, 지역사회의 인적·물적 자원이 포함된다. 아동복지를 위해 활용 가능한 자원을 탐색하고 동원할 방법과 지원체제를 확보하는 것이 중요하다.

(2) 개 입

전문가가 집단활동을 실시할 때는 집단을 움직이는 특별한 절차나 기술을 가지고 해야 한다. 구체적인 집단실천의 과정을 자스트로(Zastrow, 1999)는 다음과 같이 제시하였다.

① 준 비

개입은 집단의 사정 결과를 바탕으로 집단활동을 어떻게 추진할 것인지 계획을 세워야하는데, 다음과 같은 사항이 포함된다.

- 집단과정을 통해 궁극적으로 달성하고자 하는 목적은 무엇인가?
- 이러한 목적을 실현하기 위해 가능한 방법은 무엇인가?
- 목적을 달성하기 위해 어떤 자원을 이용할 수 있는가?
- 집단 내 각 아동은 집단의 목적과 달리 어떤 개인적인 요구를 가지고 있는가?

먼저 집단활동의 목적을 설정하고 각 회기의 목표와 구체적인 내용을 구성한다. 각

회기의 내용은 논리적인 순서를 가져야 하며, 가능한 다양한 활동을 넣도록 하고 탄력적으로 진행되도록 한다. 집단활동 계획은 오리엔테이션 시간이나 1회기 모임에서 전체 구성이 알 수 있도록 공지한다.

② 진 행

전문가는 집단을 리드하는 역할을 맡는데, 집단이 목표를 향하여 움직이도록 리더십을 발휘해야 한다. 전문가는 구성원이 모두 보일 수 있는 곳에 자리를 잡고, 구성원들 간에도 서로 얼굴을 볼 수 있도록 배치한다. 이렇게 하는 이유는 상호작용이 활발하게 일어나도록 하는 것이며, 전문가가 구성원들과 대화뿐만 아니라 눈빛, 표정 등을 교환하고 관찰할 수 있도록 하는 것이다.

구성원이 자리를 잡고 앉으면 가장 먼저 자기소개로 시작을 열어간다. 전문가 즉, 집단 리더에게 요구되는 능력은 아동 개개인의 특성과 요구를 정확하고 신속하게 파악하는 것이며, 아동이 무엇을 기대하는지 알고 아동이 가지고 있는 문제를 해결할 수 있다는 확신을 주어야 한다. 집단을 이끄는 책임이 전문가에게 있지만 모든 것을 혼자서 하기보다는 집단 구성원이 역할을 담당할 수 있도록 하는 것이 좋다.

집단활동이 시작되면 공식적·비공식적 역할이 있게 되는데, 그 역할은 지도자 역할, 과업 중심 역할, 집단유지 역할, 자기만족 추구 역할, 희생할 역할 그리고 고립자 역할이다(윤현숙 외, 2001).

③ 개입기술

- **리더십** : 아동집단을 이끄는 리더십은 집단을 응집시키고 집단의 목표가 성취되도록 집단을 관리하는 기술이다. 전문가는 독단적이며, 권위적인 리더십보다는 민주적이고 허용적인 분위기를 만들고 서로 협력을 이끌어내는 리더십이 필요하다.
- **지지기술** : 리더는 초기에는 집단의 중심에서 집단이 나아갈 방향을 설정하고 리드해나가지만 점차 역할을 줄여 집단에게 넘겨준다. 집단이 스스로 목표를 성취할 수 있도록 나아갈 방향을 잡게 하는 것이 중요하다. 집단이 스스로 나아갈 방향을 잡았다고 판단되면 리더는 주변에서 지지하는 역할을 한다.
- **집단의 변화를 주도하는 기술** : 집단활동의 목적은 집단에 속한 아동 개개인이 바람직한 변화를 하도록 하는 것이다. 집단에 속한 개별 아동은 집단의 변화에 동참하여 자신도 변화되는 것이므로 초기에는 집단이 일사분란하게 움직이도록 지지한다. 집단이 일사분란하게 움직이기 위해서는 집단 내에서 형성되는 문화코드가

중요하다. 예를 들어 집단 내에서 통용되는 행동 규범을 형성하거나. 아동 개개인은 집단에 대한 소속감을 키워 집단의 변화에 개인이 자연스럽게 따라가도록 하는 것이다.

④ 종 결

집단활동이 종결되는 경우는 성공적인 종결과 비성공적인 종결이 있다. 성공적인 종결은 목적이 달성된 경우인데, 종결에 임하는 아동은 성취감과 함께 높아진 자아존중감을 경험한다. 그렇지만 비성공적인 종결은 계획했던 목표가 대부분 달성되지 못한 경우를 말한다. 비성공적인 종결인 경우 그 원인을 파악하여 목표성취를 위한 대안을 찾아야 한다.

⑤ 평 가

평가는 집단활동의 성과를 판단하는 것이다. 활동과정에 대한 평가는 집단구성원이 집단에 참여하여 프로그램이 진행되는 동안 문제를 해결해 가는 과정을 얼마나 충실하게 수행하고, 자발적으로 참여하는가에 초점을 둔다. 활동 결과에 대한 평가는 프로그램이 종료되고 나서 아동이 변화된 성과나 학습 성과를 측정하는 것이다. 평가 결과는 아동의 변화를 확정하고, 성과를 보고하는 데 정보로 사용되며, 후속 활동을 계획할 경우 기초 정보로 활용한다.

4. 놀이치료

놀이치료란 아동의 자연적인 의사소통의 매개체인 놀이를 통해서 자신의 감정이나 사고, 경험, 행동 등을 탐색하고 놀이 도구를 통해 아동이 충분히 표현하도록 하여 치료자와 아동이 역동적인 치료적 관계를 형성하는 것이다(Landreth, 1991). 아동상담에서 사용되는 가장 일반적인 개입방법이 놀이치료이다. 놀이치료를 활용하기 위해서는 다음과 같은 놀이치료실의 구성과 배치, 놀이 도구의 마련, 놀이치료 과정 등이 필요하다.

1) 놀이치료실의 구성과 배치

놀이치료실은 허용적이고 편안한 느낌을 갖도록 온도, 습도, 채광, 환기가 적절하게 조절되고, 아동이 안락한 느낌을 받을 수 있는 분위기로 만들어야 한다. 또한 아동이 보호받는 공간이라고 느낄 수 있어야 하고, 안정된 공간이어야 한다. 아동은 자유롭게 움직일 수 있어야 하고, 무엇이든 자유롭게 표현할 수 있어야 한다(Sullwold, 1982).

놀이치료실의 구성과 배치에서 가장 중요한 요건은 다음과 같다(이숙 외, 2002).

첫째, 놀이치료실의 크기는 개인치료의 경우에는 3.5m×4.5m 정도가 적당하며 집단치료실의 경우에는 4.5m×5m 내외가 적당하다. 이와 같은 기준은 안전하게 대근육활동이 가능하면서도 심리적으로 편안하게 느끼면서 움직일 수 있는 공간의 크기이다.

둘째, 놀이치료실은 다른 방으로부터 독립된 공간이어야 하고 사적 비밀이 보장되는 공간이어야 한다. 아동의 놀이치료 장면에서 하는 말이나 행동은 특별한 경우를 제외하고는 공개되어서는 안 된다.

셋째, 놀이치료과정이 방해받지 않고 지속될 수 있는 공간이어야 한다. 아동이 놀이에 몰두함으로써 자신의 내적 갈등을 표현할 수 있어야 한다.

이 외에도 벽지 색은 안정적이고 따뜻한 느낌을 줄 수 있는 밝은 톤으로 하며, 복잡한 무늬를 피하는 것이 좋다. 놀잇감을 배치할 장이나 선반 등은 아동이 쉽게 서서 꺼낼 수 있는 높이가 좋다. 모든 놀잇감을 다 보이게 하는 것보다는 아동의 발달에 맞지 않는 놀잇감은 노출을 제한하는 것이 좋다.

2) 놀이 도구

놀이치료실에서 놀잇감은 치료자와 아동이 의사소통할 수 있는 매개체로서 놀잇감을 준비하여야 한다. 치료자는 아동의 성별, 발달 수준, 문제의 특징에 따라 놀이 도구를 제공해야 한다.

랜드레스(Landreth, 1999)는 놀이치료에 유용한 놀잇감을 실생활을 탐색할 수 있는 놀잇감, 공격성이나 감정표출을 도와줄 수 있는 놀잇감, 정서적 표현이나 창의적 표현을 도와주는 놀잇감 등 세 가지로 분류하였다.

첫째, 실생활 놀잇감은 가족인형, 인형집, 퍼펫, 얼굴형상이 그려져 있지 않은 인형 등이 있으며, 유치원이나 학교, 병원 등에서 경험했던 것을 다시 표현할 수 있는 놀잇감이 필요하다. 차, 트럭, 배, 금전등록기 등도 실생활 놀잇감으로 구비할 수 있다.

둘째, 공격성을 표출할 수 있는 놀잇감은 펀치백, 군인 놀잇감, 악어 손인형, 총, 고무칼 등이다. 그 밖에 동물 놀잇감도 공격성을 표출할 수 있는 놀잇감으로 분류할 수 있다.

셋째, 정서적 표현이나 창의적 표현을 도와주는 놀잇감은 모래와 물, 블록처럼 비구조화된 놀잇감이 사용된다.

구체적인 목적을 위하여 사용되는 놀잇감의 예는 다음과 같다.

첫째, 아동과 전문가의 사회적 관계를 돕는 놀이 도구가 요구된다. 이러한 놀이 도구로는 가족인형 등이 있다.

둘째, 정서 표현을 위한 놀이 도구가 요구된다. 퍼펫인형과 무대, 음악놀이 도구, 동물인형, 그림물감, 찰흙, 모래놀이상자 등은 아동이 자신의 감정을 쉽게 표현할 수 있도록 도와주는 놀잇감이다.

셋째, 역할연습을 위한 놀이 도구가 요구된다. 장난감 전화기, 화장대 세트, 부엌가구 세트, 소꿉놀이 세트, 병원놀이 세트 등은 역할 연습이나 실생활 경험을 탐색할 수 있는 놀이 도구이다.

넷째, 긍정적 자아 개념의 발달을 돕는 놀이 도구가 요구된다. 놀이 도구들은 아동의 발달 수준에 맞게 제공되어야 하며, 퍼즐, 조립식 로봇, 자동차, 블록, 동화책 등이 연령에 따라 제공되며 아동 혼자서 다룰 수 있고 성취감을 느낄 수 있다.

다섯째, 자기 이해를 발달시킬 수 있는 놀이 도구가 요구된다. 펀치백, 고무찰흙, 이젤, 물감 등은 폭넓은 감정 표현과 자기 이해를 가져온다.

여섯째, 자기 통제력 발달을 돕는 놀이 도구가 요구된다. 모래놀이상자, 게임 등은 감정 표출뿐 아니라 자기 통제력을 발달시키는 데 유용한 도구이다.

이와 같이 기능에 따라 목적에 따라 놀잇감을 선택할 수 있는데 기노트(Ginott, 1961)는 놀이치료에서 사용하는 놀잇감의 선택기준 5가지를 제시하였다.

첫째, 아동과의 접촉을 확립하는 데 용이해야 한다.

둘째, 정화를 촉진·조장할 수 있어야 한다.

셋째, 통찰을 발달시키는 데 도움이 되어야 한다.

넷째, 현실 검증의 기회를 제공해야 한다.

다섯째, 승화의 매체로 사용될 수 있어야 한다.

3) 놀이치료의 주요 접근 방법

(1) 아동중심적 접근

아동중심적 놀이치료는 인간의 내부에는 자신의 문제를 스스로 만족스럽게 해결할 수 있는 능력이 있을 뿐만 아니라 성숙된 행동을 하고 싶어 하는 성장 충동이 있다고 보기 때문에 성장을 할 수 있는 적절한 치료적 환경을 만들어 줌으로써 아동 스스로 성장하도록 한다. 아동은 치료자와 안전한 관계를 통해 자신의 감정과 태도록 탐구해 봄으로써 안락과 이완, 통찰, 적절함과 가치로움을 알 수 있게 되고 이로 인해 적개심과 불안으로 야기되는 부정적 요소를 줄일 수 있다.

액슬린(Axline, 1947)이 주장한 아동중심접근은 다음과 같은 원칙으로 한다. 첫째 아동과 깊은 관계를 형성한다. 둘째, 자신의 감정을 이해하고 문제를 해결할 수 있는 아동의 능력을 존중한다. 셋째, 아동이 치료를 필요로 하는 한 어떤 방법으로도 아동에게 지시하지 않고 아동이 스스로 수행할 수 있도록 비지시적인 태도를 갖는다.

치료사는 아동이 가지고 있는 잠재력이나 아동의 수행 속도, 아동의 요구 등에 초점을 맞추고, 아동의 인격을 최대한 존중하면서 치료에 임한다.

(2) 정신역동적 접근

멜라니 클라인과 안나 프로이트에 의해 시도된 정신역동적 놀이치료는 놀이가 어린이의 자아를 자연스럽게 표현한다는 데 동의하였다. 그들은 놀이가 어린이의 상징이며, 해석의 주체라고 생각하여 어린이들이 환상과 불안, 방어를 표현하도록 돕기 위하여 놀이를 사용하였다. 놀이는 어린이가 통찰을 얻도록 돕고, 스스로 어려움이나 외상을 견디도록 돕는 것을 목표로 삼는다. 정신역동적 접근은 아동의 발달사와 현재 처한 환경에 대한 이해를 기반으로 아동의 콤플렉스, 무의식적인 동기, 환상, 충동, 갈등 등이 어떻게 놀이에 반영되는가를 사정하는 데 초점을 둔다.

이 접근 방법은 지시적인 접근을 시도하며, 특히 충격이나 외상경험이 있는 아동의 위기개입에 사용되어 효과를 볼 수 있다. 외상적 경험의 재현을 통해 아동에게 그 사건이 과거의 일이며 외상을 이겨 내고 생존하였다는 사실을 경험하도록 할 수 있다. 그러나 이러한 외상적 경험의 재현은 장기간의 훈련을 거친 숙련된 놀이치료사가 진행할 수 있는 기법으로 주의가 요구된다.

(3) 인지행동적 접근

인지행동적 접근은 능동적이고 직접적이며 비교적 단기간의 구조적인 형태로 개인의 정서와 행동이 개인이 가지는 인지에 의해 결정된다는 이론적인 근거에 기초한다. 그러므로 감정이 아닌 아동의 인지과정 및 행동이 놀이치료의 초점이 된다. 현재의 문제와 환경 간의 관계, 그리고 문제행동의 인지적 상태에 대한 사정을 통해 왜곡된 인지와 행동을 수정한다. 부정적 사고는 아동의 자기지시(self-talk)훈련을 통해 변화시키고, 역기능적 행동을 바꾸는 연습을 한다. 한편, 기대행동에 대한 긍정적 강화, 처벌, 토큰 사용 등 다양한 기법을 통해 환경적 요인이 아동의 역기능적 행동을 소거하고 기능적 행동을 유발하도록 행동수정 계획을 이용하기도 한다.

주요 프로그램으로는 상황에 대한 감정과 사고에 대한 합리적 탐색, 문제해결 기술방법으로 자기주장훈련, 자기교시훈련, 긴장이완훈련, 분노진정훈련법을 사용한다. 자기주장훈련은 대인관계에서 상대방의 권리를 존중하면서 자신의 권리를 지키기 위해 상대방에게 자신의 생각, 욕구, 감정 등을 솔직하게 표현할 수 있도록 도와주는 훈련이다. 자기교시훈련은 불건전한 분노에 대한 표현방식이 쉽게 바뀌지 않는 이유로 자기진술 패턴이 고정되어 사용되기 때문으로 보고 모델링을 통해 새로운 자기진술을 학습시키는 것이다. 문제해결 기술훈련은 어려운 상황에 직면했을 때 문제발생의 원인과 예견되는 결과들을 파악하고 대안적인 해결책들을 도출해 낼 수 있는 능력을 길러주는 것이다. 긴장이완훈련은 스트레스나 불안이 계획을 실행하는 데 방해요인이 되는 일이 없도록 하기 위해 시행된다.

〈표 8-1〉 놀이치료의 유형과 이론적 배경

구 분	정신분석적 놀이치료이론	분석적 놀이치료이론	아동중심 놀이치료이론
이론가	프로이트	융	로저스
대표적 치료자	안나 프로이트, 멜라니 클라인	도라 칼프, 앨런	버지니아 액스리
치료 원리	• 해석을 통해 저항과 전이를 분석하는 과정을 가짐 • 아동의 정상발달의 재개를 돕기 위해 정신적 에너지의 중요한 자원들을 묶어놓고 있는 병인을 탐색하고, 이해하고 해결하는 것	• 손상된 자아를 재구축함으로써 치유한다고 봄 • 아동이 자신의 독특한 정체성을 발달시키고, 일반적인 사회의 건강한 요구들을 수용·적응하면서 상실이나 외상 등과 타협하고 극복하도록 돕는 것	• 자기 문제해결 능력이 자기 내부에 있다고 믿는 self-actualization을 강조 • 스스로의 목표와 방향을 설정하는 아동의 능력을 믿고 신뢰하기 때문에 구체적인 치료목표를 설정하지 않음

구 분	정신분석적 놀이치료이론	분석적 놀이치료이론	아동중심 놀이치료이론
놀이의 역할	의사소통과 해석을 증진시킬 수 있는 수단으로 봄	놀이를 상징적인 표현으로 보고 치료자의 수용하에서 정서를 이완하여 치유 가능성을 제공하는 것으로 봄	아동이 자신의 감정, 사고, 경험을 충분히 표현하고 발전시킬 수 있는 수단으로 봄
놀이 치료자의 역할	치료자를 참여-관찰자로 보았으며 치료적 동맹을 통해 해석하는 것이 치료자의 역할이라고 봄	아동의 촉진자로서, 아동과의 상호관계를 강조하는 적극적인 역할을 강조	무비판적인 자세로 치료자가 관찰한 것을 그대로 반영해 주는 것이 중요한 역할
놀이 도구 사용의 목적	단순하고 기계적이지 않은 놀잇감을 사용, 놀잇감을 통해 아동에 대한 이해를 높이고자 함(해석을 제공하기 위한 수단).	놀잇감을 대치된 상징물로 생각, 자아의 성숙을 돕는 도구여야 한다는 것이 목표	아동의 내면세계와 외부세계를 충분히 연결하고 소통시킬 수 있도록 돕는 촉진제 역할
놀잇감 요건	비교적 단순하며 기계적이지 않은 놀잇감들 사용(놀잇감은 아동의 환경을 재구성하거나 재창조할 수 있는 것이어야 함)	아동과의 상호작용의 수단으로 상징적인 언어물을 중요시하는데, 이런 놀이도구들은 상징물로써 치료실에 갖추어야 함	최소한의 가정생활을 나타낼 도구가 준비되어야 함

4) 놀이치료과정

놀이치료는 궁극적으로 아동이 자신의 어려움을 해결하고 스스로 자신의 성장과 발달을 이룰 수 있는 능력을 가질 수 있게 하는 것이다. 아동이 놀이치료과정에서 놀잇감을 가지고 치료자와 상호작용하면서 신뢰 관계를 맺고 자신의 어려운 감정을 해소하는 것이 놀이치료의 중요한 과정이다.

치료자는 상담자로서 아동의 입장에서 아동의 언어, 표정, 행동, 등에 민감하게 관찰하고 반응하며 많은 정보를 얻을 수 있다, 아동의 인지적·정서적·사회적·신체적 발달을 놀이를 통하여 진단하고 평가할 수 있으며, 개입 목표를 설정한다(이숙 외, 2002).

아동의 놀이를 관찰함으로써 사정과 개입을 동시에 한다. 아동은 초기에 긴장하거나 조심스럽게 놀이에 임하지만 놀이에 익숙해지고 점차 자기표현을 해갈 수 있게 되면 아동이 놀이를 이끌도록 한다. 치료자는 단지 도와주거나 관찰자의 역할을 주로 하면서 아동의 놀이에 대한 공감과 반응을 한다. 치료자의 무조건적 존중과 수용, 따뜻한 공감적 반응을 통해 아동이 상담자와 신뢰관계를 맺고 다양한 놀이를 통해 자기의 욕구와 감정, 생각을 충분히 드러내게 한다. 이러한 과정에서 아동은 자신의 성과 나이에 맞는 일반적인 놀이로 바꾸고 자신의 문제를 스스로 해결한다. 또는 치료자의 치료적 게임에서 역할놀이나 치료자의 모델링을 통해 아동이 문제해결 기술을 습득하기도 한다(염숙경, 2004).

5. 미술치료

미술치료는 심리적 문제를 가진 아동과 상담할 때 아동의 마음 상태에 따라서는 단순히 대화로만 이해하기에는 어려운 경우가 있다. 상담 도중 아동의 상태를 보아가며 여러 가지 미술 창작 활동을 제시하여 아동의 마음을 정확하게 읽고 아동의 마음이 진정되게 하여 아동 스스로 자신의 마음을 알고 문제를 인식하게 돌보아 주는 것이다. 이는 아동의 객관적이고 의식적인 서술만으로는 파악하기 어려운 무의식의 세계를 그림 속의 이미지 분석을 탐구해 효과적으로 치료하는 기법이다.

미술치료는 아동이 주제와 재료를 자유롭게 선택하는 비지시적 방법과 치료자가 주제와 재료를 제공하는 지시적 방법이 있다. 이 방법들은 집단의 크기, 치료기간, 내담자의 성향, 치료의 진행단계 등에 따라 다르게 적용되는데, 대체로 치료기간이 단기간이거나 내담자의 나이와 능력이 미성숙할 때, 또는 치료 초기에 시작의 어려움이 있거나 미술에 대한 고정 관념이 강할 때 유용하다. 그러나 지시적 방법은 내담자 수준에 적합하지 않은 프로그램이 적용되며, 그 단계에서 감당하기 어려운 느낌을 줄 수 있어 프로그램 선택에 대한 치료자의 책임이 무겁다. 일반적으로 어느 한 가지 방법으로만 하지 않고 지시적 방법과 비지시적 방법을 함께 사용한다.

미술치료의 진행과정은 대략 도입, 활동, 토론의 순서로 진행된다. 도입부분에서는 서로 친밀해지면서 편안한 분위기를 조성하는 것이 중요한데, 이를 위해 긴장이완 호흡법이나 음악을 사용하기도 한다. 치료 목표를 설정하고, 미술치료에 대한 전반적인 과정과 규칙을 정한다. 활동단계에서는 내담자가 적극적으로 작업에 들어가는 단계로써 내담자가 활동에 몰입하여 깊은 경험을 할 수 있도록 불필요한 대화를 하지 않는다. 토론 단계에서는 자신의 작품을 다시 살펴보고, 이 과정에서 치료자와 내담자와 작품 사이에 상호작용이 일어나 내담자에 대한 정보와 느낌을 가질 수 있다.

1) 미술치료에 사용되는 표현기법

미술치료에서의 표현기법은 표현력의 신장을 위해서라기보다는 내담자의 내면이 투사되고 내담자 스스로 자기 탐색의 시간을 가질 수 있는 과정으로 사용된다. 대표적으로 많이 사용되는 표현기법은 다음과 같은 것이 있다.

(1) 꼴라주 기법

꼴라주는 표현이 쉽고 정확한 감정 표현을 할 수 있어 최근에 많이 사용되는 방법이다. 예를 들어 대인관계에서 바라는 것을 표현하거나, 가족이나 친구에게 호감을 전하거나 사랑하는 감정을 표현할 수 있다. 타인에 대한 느낌 표현 외에도 자신의 현재 감정상태 외로움, 두려움, 슬픔, 기쁨 등을 표현하고, 자신이 가지고 있는 문제를 드러내거나 문제의 해결방향 등을 표현할 수 있다. 꼴라주 치료 프로그램인 '과거, 현재, 미래 그리기'는 내담자의 과거와 현재, 미래를 나타내게 하여 자신을 발견하고 자각하게 하는 목적으로 사용된다.

(2) 점토로 만들기

점토의 질감과 가소성을 이용하여 내담자의 감각을 자극하는 기법이다. 가소성이 좋은 점토를 만지면서 소근육과 대근육 운동에 도움을 주고 내담자가 마음대로 주무르며 원하는 모양을 만들 수 있어 억압되었던 감정을 해소할 수 있고, 목표한 모양을 만드는 데 몰입함으로써 집중력을 높일 수 있다.

(3) 테두리 기법

도화지에 테두리를 만들어 건네주면 내담자는 테두리 안에 그림을 그린다. 테두리는 산만하거나 공격적인 아동에게 통제의 역할을 하여 아동이 스스로 행동을 조절하는 능력을 기르게 한다.

(4) 만다라 만들기

원 안에 일정한 그림이 그려진 용지를 사용하거나 일정한 그림이 없이 주제를 제시하여 그리게 한다. 내담자는 원 안에 색채를 이용해 자신의 심상을 그려 감정을 통합한다. 아동은 스스로 자신의 중심을 발견하고 주변의 현실을 새롭게 받아들일 수 있다. 또한 자신의 새로운 에너지를 발견하여 기쁨을 누리거나 자신을 수용하여 자기소외를 극복할 수 있다.

(5) 핑거 페인팅

풀에 물감을 섞어 손을 이용하여 그림을 그린다. 이 기법은 미술치료의 초기나 말기에 사용되며 치료진행 중에는 작업의 촉진을 위해 사용되기도 한다. 아동에게 정서의 안정과 이완의 효과를 줄 수 있다.

(6) 감정사전 만들기

감정을 표현하게 하여 불편한 감정을 가지고 있음을 알게 한다. 도화지에 몇 개의 칸을 그리거나 한 장의 종이 위에 최근의 감정을 그리거나 색종이로 나타내게 한다.

2) 미술치료에서 진단방법

진단을 위한 기법은 프로이트의 정신분석학을 토대로 만든 집, 나무, 사람을 그리는 기법(Home Tree Person : HTP)과 집, 나무, 사람의 움직임을 그리는 투사검사기법(Kynatic House Tree Person : KHTP), 인물화검사(Draw A Person : DAP), 동적 가족 그림을 통한 진단기법(Kinetic Family Drawing : KFD), 풍경구성법(Landscape Montage Technique : LMT) 등이 있다.

- HTP 검사 : 진단도구로서 가장 많이 사용되며, 치료 전의 상태와 치료 후의 상태를 진단하는 데 유용하다.
- KHTP 검사 : 동적 집–나무–사람 검사로 그림의 정체성, 조화, 구성 등을 고려하여, 검사자의 사회성, 적응성 등을 파악하는 데 사용된다.
- DAP 검사 : 인물화 DAP 검사는 무의식적 심리 현상을 표현할 수 있는 가장 기본적인 심리검사라 할 수 있다.
- KFD 검사 : 동적 가족 검사는 가족 구성원의 역동성 및 상호작용을 분석한다.
- LMT 검사 : 도화지에 산, 강, 길, 나무, 집, 사람, 꽃, 돌 등을 상담자가 제시하는 방향으로 그리게 한다.

3) 미술치료사에게 필요한 기술

미술치료사에게는 심리치료 전문기술인 수용하기, 반영하기, 공감하기, 직면하기, 통찰하기 등이 필요하다(정현희, 2006).

- 수용하기 : 치료사가 치료대상자의 감정, 행동, 사고가 무엇이든 간에 그것을 평가, 판단, 비난하지 않고 있는 그대로 받아들이는 것이다..
- 반영하기 : 치료대상자의 감정을 그대로 비춰주는 것이다.
- 직면하기 : 치료대상자가 열어 보인 정보를 그로 하여금 맞대면하도록 하는 것이다.
- 통찰하기 : 치료대상자가 자신의 경험에서 새로운 의미를 찾는 것이다.

6. 음악치료

음악치료는 내담자와 치료사의 관계에서 내담자의 심리적 · 정신적 · 생리적인 건강을 회복, 유지, 증진토록 하고 행동적 · 발달적 · 신체적 · 사회적 기술을 습득, 재활, 유지하기 위해 치료적 도구로서 음악을 사용하는 것이다. 음악과 같이 비언적 치료방법은 언어능력이 있는 사람이나 없는 사람 모두에게 적용될 수 있으므로 내담자의 연령과 증상에 구애받지 않는다.

음악은 신체적 활동을 야기하고 사람에게 상징성과 만족감을 주고 환경과 접촉하게 하며 의사소통 기능을 갖고 있다. 또한 심층의 정동을 배출해 자신의 태도나 느낌, 감정을 표출시키며 기억을 자극하고 사람에게 즐거움을 주기도 해 이런 것들이 모두 치료적 기능으로 작용한다.

1) 음악치료의 요소

모든 생물은 음악을 구성하는 소리의 높이나 강도, 음색, 화성, 리듬과 같은 요소들에 반응한다. 그러므로 이러한 요소들은 치료의 힘이 있다.

(1) 음 고

일반적으로 높은 음은 자극적이고 낮은 음은 몸을 이완하는 효과가 있는데, 이러한 현상을 이용하여 신경의 긴장과 이완을 유도할 수 있다. 음고의 요소가 치료적으로 쓰일 때는 청각 변별력의 발달, 주의 집중, 방향성의 제시 등에 사용되고 음의 높낮이는 발성을 촉진시킬 목적으로 사용되며 언어장애를 개선한다.

(2) 음 색

리듬은 시간적으로 움직이는 모든 것을 질서 있게 조성하는 것으로 음악에 있어서 활력을 공급한다. 같은 박으로 소리가 반복되는 강한 리듬은 신체와 정서에서 안정적 효과를 가져온다. 리듬이 우리의 생체리듬과 조화할 때는 정서적으로 안정을 얻을 수 있지만 조화를 이루지 못하면 역효과를 만들 수도 있다. 리듬은 운동의 영역과 걸음걸이 훈련 또는 긴장 이완 등에 치료적으로 사용된다.

(3) 강 약

음의 세기는 소리를 만들어 내는 사람이 조절할 수 있다. 큰 소리를 내고 작은 소리를 내면서 만족감을 주게 된다. 약한 음은 강한 자극을 구하는 사람에게는 초조감을 줄 수도 있다.

(4) 화 성

화성은 음정의 동시적인 울림으로 화음과 선율 사이의 관계를 통해 음악의 짜임새를 제공한다. 불협화음은 자극이나 초조, 불안을 유발한다. 협화음은 듣는 사람으로 하여금 음악이 자신과 일치되는 듯한 느낌을 유발하게 한다. 과도한 협화음은 불쾌감을 일으키는 반면 지나친 불협화음은 환자의 감정을 좌절시키거나 환자를 불안하게 한다. 그러나 균형적인 불협화음은 오히려 운동이나 감정의 진행을 유도하며 환자의 마음과 상상력을 각성시키는 효과도 있다(Goodman, 1981).

(5) 음 정

음정은 음과 음 사이의 간격이다. 진동이 급격하고 느림에 따라 신경의 긴장과 이완을 유도하게 된다. 늘 긴장하고 있는 사람은 진동수가 낮은 음악이 긴장 완화에 도움이 되고, 너무 늘어진 사람에게는 진동수가 높은 음악이 활력을 되찾는 데 도움이 된다.

2) 음악치료기법

(1) 즉흥연주

즉흥 음악치료는 치료자가 내담자에게 규칙, 주제 없이 자신이 원하는 대로 즉흥적으로 연주하도록 하면서 내담자에게 절대적인 자유를 준다. 이 즉흥연주는 내담자로 하여금 음악을 이용한 여러 가지 활동을 창조적으로 유발시키는 주요 수단이다.

(2) 재창조 연주의 경험

재창조 연주의 경험은 노래 부르기, 악기 연주하기 등이 있다. 노래 부르기는 아동으로 하여금 노래의 속성(음역, 높낮이, 음의 크기, 표현 등)에 주의를 기울이면서 동시에 다른 아동과 상호작용할 수 있도록 한다. 집단 노래활동은 집단에서 아동이 자신의 이미지를 강화시키고 사회적 대인관계 기술을 발달시킬 수 있는 좋은 기회가 된다.

악기는 의사소통의 비언어적 수단으로 하나 또는 여럿을 조합하여 악기 자체의 의미 또는 사용자가 전달하고자 하는 의미들을 담아 서로에게 말할 수 있다. 즉, 악기를 통해 구체적인 의미를 가진 음악적인 대화, 논쟁 그리고 메시지를 주고받을 수 있다.

(3) 창작적 경험

창조적 음악치료는 상담자가 치료적 음악과 상황을 만들어 내담자가 적극적으로 음악 만들기에 참여하는 것을 의미한다. 창조적 음악치료에서 음악은 치료적 성장을 위한 자극과 반응으로 사용되고, 언어적 상호작용은 최소한으로 한다. 창조적 음악치료에는 작곡활동과 작사활동이 있다.

(4) 감상적 음악경험

감상적 음악경험은 동질성의 원칙과 이질성의 원칙에 의해 음악치료로 활용한다. 동질성 원칙은 내담자의 정서 상태와 동일한 음악을 감상하도록 하여 자극하는 원칙이다. 즉, 우울증 환자에게 슬픈 음악으로 자극하고, 조증 환자에게 빠른 음악감상을 통해 자극하는 원칙이다. 이질성 원칙은 내담자의 정서 상태와 정반대 분위기의 음악을 감상하도록 하여 분위기를 바꾸는 원칙이다. 경우에 따라 처음에는 동질성의 원칙을 적용하고 나중에 이질성의 원칙을 적용하여 혼용하는 경우도 있다.

7. 가족치료

1) 가족치료의 개념

현대사회가 급격하게 변화하면서 사회 전반에 역기능적 현상과 병리현상이 나타나고 있다. 사회문제는 가정에까지 영향을 미쳐 운명공동체인 가족이 제 기능을 발휘할 수 없게 만들고 있다. 사회의 가장 기본단위로서 가족이 건강하지 못한 것은 건강한 사회를 만드는 일도 어려워질 수밖에 없다. 가족치료는 가족구성원 전체를 대상으로 적극적인 상담을 통하여 가족기능을 회복시키려는 노력이다.

가족치료는 가족체계의 역기능적인 상호작용 패턴과 관계구조를 변화시킴으로써 문제해결과 스트레스 대처를 도와 건강하고 기능적인 가족이 되도록 돕는 치료활동이다. 가족치료에서는 가족을 하나의 체계로 보며, 그 체계 속의 상호 교류 양상에 개입함으로써 개인의 증상이나 행동이 새로운 변화가 일어나도록 추구한다. 가족치료에서 한 개인은 그가 살고 있는 가족체계 안에서 하위체계로 보고 개인이 어떻게 이 체계 안에서 기능하고 있는지를 중심으로 문제에 접근한다(김혜숙, 1995).

가족치료는 개인적인 문제의 원인을 개인적인 결함모형에서 찾기보다는 관계와 관계 사이의 역기능을 파악하는 대인관계적인 모형에서 찾는 것이다. 가족의 행동 패턴은 개인에게 영향을 미친다. 가족치료의 단위는 개인이 아니라 가족 전체가 된다. 단 한사람만 상담에 참여하더라도 치료의 단위는 그 개인이 속한 관계망이다.

가족치료는 단기적이고, 해결에 초점을 두며, 구체적이고 성취할 수 있는 목표를 설정하며, 종결을 생각하고 치료를 설계한다. 가족치료는 성인의 정신분열증, 정서장애, 알코올중독, 약물남용, 아동의 품행장애, 자폐증, 부부갈등, 부모-자녀 간 문제 등에서 효과적이다.

가족치료는 다음과 같은 특징이 있다(김정택, 2007).

첫째, 가족치료는 체계이론에 입각한 심리치료이다. 체계 속에 있는 한 개인의 상호교류 양식에 개입함으로써 개인의 증상이나 행동에 변화를 가져오는 치료인 것이다. 가족체계를 다룬다는 것은 가족의 모든 구성원을 고려하고, 구성원 각자의 내적 경험을 모두 고려하는 것이다. 개인을 포함한 가족을 치료적 매개로 활용하여 개인이 건강하게 관계를 맺을 수 있도록 도와준다.

둘째, 가족치료는 순환적 사고로 문제를 보고 치료하는 것이다. 전통적인 치료는 모든 고통을 과거의 원인으로 인한 내면적 역기능으로 본다. 즉, A가 B의 원인이라고 보는 단선적 사고를 하는 것이지만 가족치료는 상호작용과 상호 영향을 고려해서 치료한다.

셋째, 가족치료란 사회적 맥락을 고려하는 치료이다. 사회적 맥락이 가족체계에 끼치는 영향을 고려함과 동시에 사회적 맥락이 개인의 심리에 끼치는 영향을 고려하여 치료한다. 따라서 가족치료자가 사람들을 충분히 이해하고 도와주기 위해서는 개인의 심리적인 차원뿐만 아니라 그들이 속해 있는 사회적 맥락까지 함께 고려해야 한다.

2) 가족치료와 개인치료의 차이점

가족치료는 20세기 서구에서 유기체론적 세계관이 등장하면서 비롯되었다. 유기체론은 기계론적 세계관과 대응되는 개념으로서 우주의 모든 개체는 독립적으로 작동되지 않고 상호 연결된 관계망으로 구성되어 있어 역동적이라 본다. 즉, 모든 유기체는 다른 것들과 유기적으로 연결되어 있기 때문에 문제가 되는 부분만 제거하기 어려우며, 맥락이나 상황에 따라 상대적으로 행동한다. 반면 기계론적 세계관은 세상은 기본적인 물질 구성체로 만들어진 거대한 기계와 같으며, 이들의 작동 원리는 기계와 같이 법칙에 의해서 움직인다고 본다. 기계가 고장이 나면 원인을 확인하여 그 부분만 수리할 수 있으며, 기계는 맥락이나 상황에 관계없이 어디서나 똑같이 작동한다고 본다. 기계론적 세계관은 20세기 초 심리학 분야 두 학파인 행동주의와 정신분석이론을 지배하였다.

유기체론적 세계관의 출현으로 개인의 문제를 치료하는 데도 변화가 일어났다. 개인치료와 가족치료의 차이점은 다음과 같다(정문자, 2007).

첫째, 개인치료는 내담자를 별개의 독립된 존재로 보고, 내담자의 내면에서 무엇이 일어나고 있고, 내담자의 특성은 무엇이며, 내담자가 어떠한 행동을 하여 문제가 나타났는가를 파악하는 데 주의를 기울인다. 그러나 가족치료는 내담자를 다른 사람 또는 체계와 상호작용하는 관계의 망에 속해 있다고 보기 때문에 내담자의 문제는 그가 속한 가족이나 관계의 역기능과 직접적으로 연관된다고 본다. 그러므로 가족치료에서는 내담자가 가지고 온 문제를 해결하기 위해서 내담자의 가족관계나 맥락을 일차적으로 고려한다.

둘째, 개인치료는 내담자를 수동적이고 반응적인 존재로 본다. 내담자는 외부에서 일정한 자극이 가해지면 그에 따라 반응하는 기계와 같은 존재로 보기 때문에 치료자가 전문적인 위치에서 해결책을 제시하고 치료과정을 지도하면 내담자는 그에 반응할 것이라고 본다. 그러나 가족치료에서는 내담자를 능동적인 존재로 본다. 따라서 치료자가 전문적인 위치에서 치료과정을 지시하기보다는 내담자의 세계와 내담자 가족의 상호작용을 고려하면서 치료과정을 진행한다.

셋째, 개인치료는 문제의 원인과 결과 관계를 선형적으로 본다. 따라서 개인치료는 원인을 파악하기 위해 '왜'라는 질문을 자주하며, 과거 혹은 역사에 초점을 두고, 문제와 원인을 파악하기 위해 이전의 발달단계를 추적해 간다. 그러나 가족치료는 인과관계를 순차적이고, 회귀적인 것으로 본다. 문제를 둘러싼 체계의 맥락은 유기적으로 연결되어 있기 때문에 원인을 정확히 파악하여 분별해 내는 것은 어렵다고 본다. 따라서 원인을 추적하기보다 지금 여기에 무엇이 일어나고 있으며, 상호작용의 패턴을 파악하는 데 초점을 둔다.

넷째, 개인치료는 내담자의 문제를 객관적이고 정확하게 진단하고, 평가할 수 있다고 본다. 진단과 평가의 기준은 어느 내담자에게나 절대적으로 적용될 수 있다고 가정한다. 따라서 적절한 과학적 방법은 실증적이고 계량적이며, 지식은 실험과 관찰에 의해 얻기 때문에 주관적 판단과 서술은 비과학적인 것으로 인식한다. 가족치료는 내담자를 유기체로 본다. 이 유기체의 특성은 상황이나 맥락에 따라 다르게 반응하고 행동하기 때문에 절대적이고 객관적인 평가를 하는 것은 쉽지 않다. 따라서 정확한 진단과 사정을 하는 것이 초점은 아니다. 동일한 상황에 대해서도 개인마다 지각하고, 경험하고, 이해하는 바가 다르다고 가정한다.

참고문헌

공계순 · 박현선 · 오승환 · 이상균 · 이현주 (2006). 아동복지론. 학지사.

김광웅 (2002). 아동복지정책의 진단과 전망. 한국아동학회 추계학술대회자료집.

김성경 · 김혜영 · 최현미(2005). 아동복지론. 양서원.

김정택 (2007). 가족상담. 서강대학교 교육대학원.

김춘경 (2004). 아동상담-이론과 실제. 학지사.

김혜숙 (1995). 가족치료. 중앙적성출판사.

염숙경 (2004). 아동상담과 놀이치료. 상조사.

윤현숙 외 (2001). 사회복지실천기술론. 동인.

이숙 · 최정미 · 김수미 (2002). 현장중심 놀이치료. 학지사.

이윤상 (1992). 상담심리학. 성광.

장인협 (1989). 사회사업실천방법. 서울대학교 출판부.

정문자 (2007). 가족치료의 이해. 학지사.

최옥채 (2001). 사회복지실천론. 양서원.

한미현 외 (2007). 아동복지. 창지사.

Axline, V. M. (1947). Nondirective play therapy for poor readers. *Journal of Consulting Psychology, 1*, 61-69.

Burns, R. & Kaufman, S. (1997). 아동이 그린 가족화 분석(장연집 역). 교문사(원저 출판 1972).

Freud, A. (1965). *The psycho-analytical treatment of children.* NY: International Universities Press.

Ginott, H. (1961). Play therapy: The initial session. *American Journal of Psychotherapy, 15*, 73-88.

Kadushin, A. & Marin, J. A. (1988). *Child welfare services*(4th ed.). N.Y.: MacMillan.

Landreth, G. L. (1999). *Play therapy: The art of the relationship.* 유미숙 외 역. 상조사(원저 출판 1991년).

O'Conner, K. (1991). *The play therapy primer: An interaction of theories and techniques.* John Wiley & Sons, Inc. NY: Wiley.

Rogers, C. (1059). A theory of therapy: Personality and interpersonal relationship as developed in the client-centered framework. In. S. Koch(Ed.). *Psychology: A study of science*(Vol. 2). NY.

Rose, S. R. & Fatout, M. F. (2003). *Social work practice with children and adolescents.* Boston: Allyn and Bacon.

Sullwold, E. (1982). *Treatment of children in analytic psychology.* In M. Stein(Ed.), Jungian analysis(pp.235-255). LaSalle, IL: Open Court.

Zastrow, C. H. (1999). *The practice of social work*(6th ed.). Pracific Grove, CA: Brooks/Cole.

CHAPTER **09**

보육사업

1. 보육사업의 개념
2. 보육사업의 필요성
3. 보육사업의 의의
4. 보육기관의 종류
5. 보육사업의 발달

1. 보육사업의 개념

보육의 개념은 사회변화와 함께 변화되어 왔다. 영유아보육법이 제정되기 이전에는 보육(childhood care and education)을 탁아라는 용어로 사용하였으나 영유아보육법(1991)이 제정된 이후에는 보육이라는 법적 용어로 사용하고 있다. 영유아보육법 제2조에 의하면 "보육이라 함은 영유아를 건강하고 안전하게 보호·양육하고 영유아의 발달 특성에 적합한 교육을 제공하는 사회복지 서비스를 말한다."라고 정의되어 있다.

보육의 개념은 시대 상황에 따라 변화되어 왔는데, 초기에는 주로 영세민이나 보호능력이 없는 부모의 자녀 보호에 중점을 둔 자선적 의미였으나 최근에 와서는 전문적인 사회복지 서비스로서 보호와 교육이 통합된 개념으로 보고 있다. 또한 보육 서비스의 대상에서도 변화를 가져왔다. 종전에는 부모의 근로시간 동안 사회경제적 지위가 낮은 가정을 대상으로 하여 가정을 대신하여 음식, 안식처 등을 제공하는 보완적 역할을 하였는데 최근에는 모든 아동을 대상으로 하여 보호와 교육을 제공하는 보편적 사업으로 변화되고 있다. 아동은 보호와 교육을 받을 권리를 지닌 주체로서 가정의 경제·사회적 지위에 상관없이 자신의 개성과 잠재능력을 계발시키고 장차 자아실현을 할 수 있는 기반을 닦을 수 있도록 평등하게 보호받고 교육받을 기회를 누려야 한다.

보육의 여러 정의를 종합하면 보육사업은 부모의 취업 유무, 계층에 상관없이 단순한 보호 차원을 벗어나 교육과 보호를 통합한 개념이며, 영유아의 보호, 교육받을 권리와 부모의 일할 권리를 보호하는 차원에서 영유아의 교육, 영양, 건강, 안전 등 영유아가 최선의 발달을 할 수 있도록 서비스를 제공하는 것이라 볼 수 있다.

이와 같이 보육은 시대가 변하면서 사람들의 인식도 변하게 되었다. 윌슨(Willson, 1989)은 보육에 대한 인식 변화를 〈표 9-1〉과 같이 정리하였다.

영유아를 대상으로 하는 서비스에서 가장 대표적인 개념은 보육과 교육이다. 보육과 교육이 별개의 것으로 인식되던 때와는 달리 최근에 와서는 이 두 개념이 서로 분리되어 서비스될 수 없음이 인정되고 있는 추세다. 아동의 학습, 습관, 태도를 모르고서는 아동을 보호할 수 없고, 아동을 돌보는 시간을 갖지 않고서는 교육이 이루어질 수 없다. 보육과 교육을 분리하는 양분 논리는 영유아의 성장과 발달에 더 이상 도움이 되지 않으며, 이 두 기능을 통합하는 educare 개념이 세계적인 추세이다.

〈표 9-1〉 보육에 대한 인식 변화

전통적 입장	진보적 입장
보육은 서비스다.	대중사회의 공익사업이다.
보육은 국가의 책임이다.	부모의 공적·사적 지원 체계의 공동 책임이다.
보육은 저소득층 가정을 대상으로 한다.	필요로 하는 모든 계층의 가정을 대상으로 한다.
보육시설을 이용하는 사람은 수령인이거나 수혜자이다.	소비자인 동시에 후원자이다.
보육시설은 공공기금으로 이루어진다.	공공기금으로 이루어지는 서비스만은 아니다.
보육시설 허가제도는 아동을 위한 국가의 법적 규제 장치이다.	부모가 좀 더 나은 보육시설을 선택하는 데 도움을 주기 위해 만들어진 소비자 보호제도이다.
보육 프로그램을 통한 빈곤가정에서 요구하는 모든 서비스를 전달한다.	빈곤가정의 요구뿐만 아니라 사회계층과 무관하게 부모의 요구에 해당하는 서비스를 제공한다.
가족의 문제와 무능은 보육시설을 이용하는 사람들의 주요 특징이다.	기본적인 가정 기능의 원활한 수행에 도움이 될 뿐 아니라 치료적 역할을 한다.
보육시설은 가정의 문제가 있을 때 요구되는 '필요악'이다. 보육시설보다는 하루 종일 일하지 않는 부모가 아동을 돌보는 것이 이상적이다.	부모의 취업 유무와 상관없이 아동에게 유익하기 때문에 보육시설을 이용한다.
보육시설은 학교나 사회적 서비스 체계 안에 있어야 한다.	모든 가정이 이용할 수 있는 보육제도는 공영 또는 사립기관에 의해 운영되는 가정탁아, 어린이집, 종일반 등 다양한 종류의 보육형태를 포함한다.

2. 보육사업의 필요성

보육사업은 사회변화를 주도하는 경제발전, 여성의 사회참여, 자녀교육에 대한 인식 등의 변화에 따라 그 필요성이 점점 증가된다. 여성의 지위와 역할 변화, 취업여성의 증가는 양육문제를 사회적인 이슈로 만들었다.

여성의 경제활동 참여 확대, 가족구조의 핵가족화, 출산율 감소, 취업모의 증가, 결손가정의 증가, 부모 학력과 소득이 증가됨에 따라 보육 수요가 증가되고, 보육사업의 공공성이 확대되고 있다. 최근 우리나라에서는 출산율을 높이기 위한 방편으로 국가적 차원에서 보육사업에 능동적으로 대응하고, 영유아의 건전한 성장을 위해 사회복지 분야의 주요 정책으로 보육사업을 추진하고 있다.

보육사업을 통해 가족이 안심하고 생업에 전념할 수 있게 하며, 여성인력의 사회참여로 국가 경쟁력을 강화하고 영유아의 건전한 성장을 도모할 수 있다.

1) 가족구조의 변화와 보육

산업이 고도화되고 거주 형태가 도시화되는 현대사회에서 삶의 양식과 함께 가족구조에서도 변화가 왔다. 전통적인 대가족 구조에서 핵가족으로의 변화는 가족의 기능, 가족구성원의 역할, 가족 수 및 가치관의 변화를 초래했다. 전통적인 가족구조 속에서는 부모 외에 부모를 대신해서 아동을 양육하는 기능은 물론 문화 전달, 가치 및 규범 등을 사회화해 주는 역할을 할 수 있는 조부모, 고모, 삼촌 등이 존재하여 자녀의 양육 문제를 가족 내에서 해결할 수 있었다. 그러나 부부와 그들의 자녀만으로 구성되는 부부 중심의 핵가족에서는 자녀양육이 전적으로 부모에게만 맡겨짐으로써 다양한 세대의 가족에 의한 자녀양육의 기능은 약화되었다. 더구나 부모 중 아버지들은 직업적·사회적 일로 자녀양육에 직접 참여하기 힘든 상황이어서 자녀양육의 책임은 거의 어머니에게 편중되어 있다.

핵가족 내에서의 자녀 수의 감소는 아동에 대한 부모의 관심을 증대시켰고 이는 자녀에게 이른 시기에 교육이라는 혜택을 주는 것으로 부모의 욕구를 해결하고 있다. 따라서 이러한 부모의 욕구를 수용할 수 있는 사회적 제도가 필요하게 되었다. 부모역할에 대한 가치관의 변화 또한 보육의 필요성을 증가시키는 한 요인이 되고 있다. 여성의 사회 참여가 증대된 현대사회에서 어머니 역시 자신을 개발하고 자아실현을 하는 것이 어머니 자신은 물론 자녀들에게도 좋은 영향을 미친다고 생각하여 양육할 자녀가 있어도 취업을 포기하지 않는 경향이 있다. 어머니가 취업을 하지 않은 경우도 취미생활이나 사회봉사 등의 다양한 사회생활에 참여하게 됨으로써 자녀양육 기능을 대행해 줄 사회적 제도가 요구된다.

최근에는 이혼율이 증가하고, 한쪽 부모가 질병이나 사고로 사망한 한부모가족이 늘어남에 따라 아동의 양육문제는 가정에만 의존할 수 없는 상황이 되었다.

이와 같이 가족구조의 변화는 가치관의 변화나 삶의 양식변화 등과 맞물려 가정 이외의 장소에서 아동을 보호하고 교육하는 국가적 차원의 보육사업을 필요로 하게 된다.

2) 취업모의 증가와 보육

취업모의 증가는 보육의 필요성을 강조하는 가장 큰 원인으로 작용한다. 우리나라의 경우 여성의 경제활동 참가율이 1970년도에 39.3%에서 1980년도에는 42.8%, 1990년도에는 47.0%, 2000년도에는 48.8%, 2009년도에는 49.2%로 매년 비율이 증가되고 있다.

여성취업의 증가는 다음과 같은 복합적인 원인으로 설명할 수 있다.

첫째, 산업화에 따른 일의 분화와 전문화로 노동력의 수요가 증대하면서 여성 인력을 필요로 하는 직업이 다양하게 개발되었기 때문이다.

둘째, 여성들의 교육 수준 향상에 따라 의식이 변화하여 자아실현과 경제적 자립의 욕구가 강해졌다.

셋째, 가족구조의 변화로 자녀 수가 감소하고 편리한 가사 용품의 사용으로 여가 시간이 늘었기 때문이다(최미현 외, 2000).

여성의 경제활동 참가율이 증가하면서 취업모도 증가하는데, 취업모의 증가는 직업적 역할 수행과 가정 내 역할 수행 등 이중적 부담으로 가정의 보호 및 교육의 기능을 급격히 약화시키고 있다.

특히, 취업여성에 대한 실태조사 결과를 보면 미취학 자녀를 둔 취업모의 경우 자녀양육 및 교육의 문제가 가장 어려운 것으로 나타났다. 그리고 취업여성의 직업 만족도에 가장 큰 영향을 미치는 요인이 직장에 있는 동안 자녀의 보호 및 교육이며, 만약 아동을 맡아 줄 사람이나 시설이 있다면 취학 전 자녀를 둔 기혼여성들의 대부분이 취업을 하겠다는 생각을 가지고 있다는 점 등에서 볼 때 취업모에게 있어 자녀양육의 문제가 현실적으로 얼마나 절박한 문제인가를 알 수 있다. 이들 취업모가 안고 있는 자녀양육의 문제는 경제 구조의 변화로 야기된 보편적인 문제로서 개별적으로 해결해야 될 것이 아니라 사회, 국가적 차원에서 다루어야 할 보육사업의 필요성이라 하겠다.

3) 영유아의 발달과 보육

보육사업은 부모의 경제활동 지원과 같은 직접적인 아동의 발달문제 이외의 요인들 때문에 필요하지만 가장 중요한 것은 아동의 발달이다. 영유아보육법에 명시된 것처럼 영유아보육의 목적은 무엇보다도 영유아의 건전한 성장에 있는 것이다. 영유아가 성장해 나가는 데 필요한 보호와 교육은 영유아의 기본적인 권리를 보장해 줌으로써 건전하게 발달할 수 있는 기회를 갖게 된다.

보육사업의 목적인 영유아의 건전한 발달을 이끌기 위해서는 보육 서비스의 질이 매우 중요한 변수가 된다. 질 높은 보육 서비스가 제공되었을 때 영유아의 건전한 발달을 이끌 수 있지만 반대로 질 낮은 보육 서비스는 오히려 영유아의 발달을 저해할 수도 있다. 보육의 질을 결정하는 변인들은 여러 가지가 있지만 그중에서도 보육 프로그램과 집단의 크기, 교사변인, 물리적 환경 등이 주요 변인으로 작용한다.

반달과 코라스니티(Vandall & Corasniti, 1990)에 따르면 질적 수준이 낮은 보육 프로그램은 유아발달에 부정적 영향을 주었고 초등학교에 들어가서 더 많은 문제행동을 일으키고, 학업성취도가 낮으며 교사들로부터 의존적인 평가를 더 많이 받는다.

집단의 크기가 적절하고 교사 대 아동의 비율이 낮으며 교사의 수준이 높은 보육시설의 유아가 더 협력적이고 지적 능력이 높으며, 정서적으로 안정적인 경향을 보이는 반면, 집단의 크기가 크고 교사 대 아동의 비율이 높으면 교사의 제한 및 통제하는 행동이 증가하게 된다.

교사 대 아동의 비율이 낮을수록 유아는 불안감을 덜 보이며, 물리적 위험에 덜 노출되고, 유아가 자신의 의견을 제시하거나 협동 등의 상호작용 행동을 많이 할 수 있어 영유아가 발달하는 데 긍정적인 영향을 준다.

교사가 우호적이고 민감한 반응을 보이면 유아는 사회적으로 더 유능해지고, 교사가 민주적일수록 유아는 자발적이고 협동적인 태도를 보여 사회성 발달에 더 긍정적이다.

4) 아동의 권리와 보육

영유아보육의 필요성은 기본적으로 그 대상이 영유아를 중심으로 다루어져야 한다. 세계인권선언에서도 나타나듯이 사회는 아동의 성장발달을 위한 자연적 환경으로서의 가족에게 공동체 내에서 그 책임을 충분히 감당할 수 있도록 필요한 지원을 해주어야 한다. 또한 아동은 건전한 발달에 적합한 가정환경과 행복, 사랑, 이해의 분위기에서 성장할 권리가 있다. 모든 아동은 자신의 보호자가 누구인가에 상관없이 자신의 개성을 발달시키고 장차 자아실현을 할 수 있는 기반을 닦을 수 있도록 평등하게 보호받고, 교육받을 기회를 누려야 한다.

3. 보육사업의 의의

보육사업은 과거 구빈사업으로 시작하여 현재는 모든 아동의 건전한 발달을 이루게 하고 가정복지의 증진이라는 보다 넓은 의미를 지니게 되었다. 현대사회에서 보육의 의미는 아동, 부모, 국가사회라는 세 가지 차원에서 살펴볼 수 있다(유가효 외, 2000).

1) 아동 입장에서 본 보육의 의의

- 맞벌이가정 자녀의 경우 부모가 일하는 낮 동안 신체적으로 안전하게 보호받음과 동시에 필요한 생리적 욕구, 즉 식사와 간식, 배설, 낮잠 등의 요구를 충족시킬 수 있다. 물론 방과 후 보육이나 24시간 보육을 실시하는 시설을 이용하여 하루 중 어느 때라도 보호를 받을 수 있다.
- 교육적 환경에서 생활함으로써 인지발달을 촉진시킬 수 있으며, 특히 저소득층 아동의 보상교육도 겸하여 받을 수 있다.
- 또래의 친구 및 다양한 연령의 아동과 접촉함으로써 사회성 발달을 촉진시킬 수 있다.
- 부모가 질병으로 입원, 장기요양하거나 별거와 이혼 등의 가정적 문제가 발생되었거나 죄를 지어 수형 중일 때에도 낮 동안 전문적 보호와 교육을 받을 수 있다.
- 학동기 자녀의 경우에는 방과 후 홀로 지내지 않고 다양한 방과 후 프로그램에 의해 안전, 생활지도, 학습지도의 효과를 기대할 수 있다.

2) 부모와 가정의 입장에서 본 보육의 의의

- 맞벌이가정에서 당면하는 문제인 자녀양육기능을 보충해 주므로 안심하고 생업에 전념할 수 있게 한다. 이를 통해 가정경제의 향상을 기대할 수 있다.
- 부모, 특히 어머니가 사회참여를 통해 자아실현을 이룰 수 있으며, 이를 통해 함께 성숙하는 부부로서의 생활이 더욱 가능해져 부부관계의 질적 향상을 도모할 수 있다.

3) 사회 및 국가적 입장에서 본 보육의 의의

- 건전하게 성장하여 사회적으로 역량을 갖춘 아동은 국가의 발전을 위한 중요한 인적자원이다. 우수한 인재를 양성하려면 되도록 어린 연령의 영유아들에게 투자하는 것이 효과적이다. 그뿐만 아니라 어린 영유아들에게 건전하게 성장할 수 있

는 기틀을 마련해 주면 이들이 성장하여 성인이 되었을 때 사회적으로 문제를 일으키지 않기 때문에 사회적 비용이 들어가지 않는다.

- 보육은 인구의 1/2을 차지하는 여성의 능력이 사장되지 아니하고, 결혼과 자녀출산 후에도 지속적인 사회 및 경제활동을 할 수 있는 여건을 마련해 줄 수 있다. 이는 국가적으로 여성의 인력을 활용함으로써 국가 경쟁력을 높일 수 있는 것이다.

4. 보육기관의 종류

보육기관의 종류는 설립 주체에 따라 구분할 수 있다. 다양한 보육수요에 부응하기 위해 보육 서비스를 공급하는 주체도 다양하게 하고 있다. 우리나라 영유아보육법에 의한 어린이집의 종류는 국공립어린이집, 사복지법인어린이집, 법인 · 단체등어린이집, 민간어린이집, 직장어린이집, 가정어린이집, 부모협동어린이집이 있다.

〈표 9-2〉 어린이집의 종류

구 분	설립 주체
국공립어린이집	국가, 지방자치단체
사회복지법인어린이집	사회복지법인
법인 · 단체등어린이집	비영리법인이나 단체 등
직장어린이집	사업장의 사업주
가정어린이집	개인
부모협동어린이집	보호자 15명 이상 출자로 설치 · 운영

1) 국공립어린이집

국공립어린이집은 국가나 지방자치단체가 설치 · 운영하는 어린이집을 말한다. 규모는 상시 영유아 11인 이상을 보육한다. 설치 절차는 국가 및 지방자치단체의 장이 신고 절차 없이 직접 설치하되, 어린이집 수급계획 등을 포함한 보육계획을 사전에 수립하고, 지방자치단체 외의 정부기관은 지방자치단체의 수급계획이 반영될 수 있도록 관할 시 · 군 · 구청장과 협의하여야 한다. 국공립어린이집의 배치기준은 영유아보육법 제12조에 따라 저소득층 밀집지역 및 농어촌지역 등 취약지역과 어린이집이 부족한 지역에 우선적으로 설치하는 등 지역별로 균형 있게 배치하여야 한다. 국공립어린이집을 운영하는 각급 기관의 장은 어린이집의 직원을 공무원 등으로 채용하여 직접 운영하거나, 법인, 단체 또는 개인에게 위탁운영 가능하다. 위탁운영 시에는 비영리법인, 비영리단체 또는 개인을 수탁기관으로 선정해야 하고, 명의 대여 등 형식적인 위탁운영은 금지된다. 신규 위탁은 공개경쟁의 방법에 의한다. 위탁운영 시에는 시설운영 평가결과를 참고하고, 보육의 전문성 및 정치·종교적 중립성을 유지하도록 해야 한다.

2) 사회복지법인어린이집

사회복지법인어린이집은 사회복지사업법에 의한 사회복지법인이 설치·운영하는 시설을 말한다. 사회복지법인어린이집의 규모는 상시 영유아 21인 이상을 보육할 수 있는 시설을 갖추어야 한다. 설치절차는 관할시장, 군수 또는 구청장에게 사전에 인가를 신청해야 하며 지역보육 수요와 어린이집의 공급 현황 등을 감안하여 지역별로 균형 있게 배치되도록 해야 한다.

3) 법인·단체등어린이집.

법인·단체등어린이집은 각종 법인(사회복지법인을 제외한 비영리법인)이나 단체 등이 설치·운영하는 어린이집으로서 대통령령으로 정하는 어린이집을 말한다. 법인·단체등어린이집에는 ①「유아교육법」,「초·중등교육법」 및「고등교육법」에 따른 법인 또는 학교법인이 설치·운영하는 어린이집이, ② 종교단체가 설치·운영하는 어린이집, ③「산업재해보상보험법」에 따른 근로복지공단이 설치·운영하는 어린이집, ④ 교육훈련시설이 설치·운영하는 어린이집, ⑤ 제1호부터 제4호까지에서 규정한 어린이집에 준하는 어린이집으로서 보건복지부장관이 정하는 어린이집이 있다.

4) 직장어린이집

직장어린이집은 사업주가 사업장의 근로자를 위하여 단독 또는 공동으로 사업장 내 또는 그에 준하는 인근 지역과 사원주택 등 사업장 근로자 밀집 거주 지역에 설치·운영하는 시설을 말하는데, 국가 또는 지방자치단체의 장이 소속 공무원을 위하여 설치·운영하는 시설을 포함한다. 규모는 상시 영유아 5인 이상을 보육해야 하고, 보육

정원의 1/3 이상이 사업장의 근로자 자녀이어야 함을 원칙으로 한다. 상시 여성근로자 300인 이상 또는 근로자 500인 이상을 고용하고 있는 사업장의 사업주는 직장어린이집을 설치할 의무가 있다. 의무사업장의 사업주가 직장어린이집을 단독으로 설치하기 어려울 경우는 사업주 공동으로 설치 · 운영하거나, 지역의 어린이집과 위탁계약을 체결하여 근로자 자녀 보육을 지원하거나, 근로자에게 보육수당을 정부보육료 지원 단가의 1/2 이상을 지급하여야 한다. 사업주는 직장어린이집의 운영 및 수탁 보육 중인 영유아의 보육에 필요한 비용의 1/2 이상을 보조하여야 한다.

5) 가정어린이집

개인이 가정이나 그에 준하는 곳에 설치 · 운영하는 어린이집으로서 영유아 5인 이상 20인 이하를 보육할 수 있고, 명칭은 '○○ 어린이집'으로 하는데, '○○ 유치원 부설' 혹은 '○○ 학원 부설'과 같은 명칭은 사용할 수 없다. 가정어린이집을 설치하고자 하는 자는 관할 시장 · 군수 · 구청장의 인가를 받아야 한다.

6) 부모협동어린이집

부모협동어린이집은 보호자들이 조합을 결성하여 설치 · 운영하는 어린이집으로서 보호아동을 둔 보호자 15인 이상이 상호 출자하여 공동으로 어린이집을 설치 · 운영할 것을 약정함으로써 그 효력이 발생하며, 상시 영유아 11인 이상을 보육할 수 있다. 상시 영유아 20인 이하를 보육하는 부모협동어린이집은 가정어린이집을 설치할 수 있는 곳에도 설치할 수 있다.

조합의 업무집행자는 조합계약 또는 조합원의 2/3 이상의 찬성으로 업무집행자를 선임하며, 되도록 조합의 업무집행자가 시설장을 겸직하도록 하고 있다. 업무집행자는 조합원이 최대한 보육과정 및 의사결정에 참여하여 설립 목적을 달성하도록 노력해야 한다.

7) 민간어린이집

이상의 6가지 어린이집이 아닌 어린이집을 말하는데, 사회복지법인이 아닌 비영리법인, 비영리단체, 또는 개인이 설치할 수 있다. 민간어린이집은 영유아 21인 이상을 보육할 수 있으며 명칭은 '○○ 어린이집'으로 한다.

8) 특수어린이집

보육 수요자의 요구를 충족시켜 주기 위해 어린이집의 운영을 다양하게 할 필요가 있다.

맞춤형 어린이집은 특수한 요구를 가진 영유아나 부모의 취업 형태에 따라 보육 서비스를 제공하기 위해서 시행되고 있다.

(1) 장애아 통합어린이집

장애아 통합어린이집은 일반 어린이집에 장애아 통합보육을 위한 환경을 조성하여 장애 유형, 장애 정도 등에 따른 다양한 보육 수요에 적합한 서비스를 제공하기 위해 장애아 통합보육을 활성화하고자 적당한 시설을 갖춘 어린이집에 지정하는데, 국공립 시설 및 법인시설을 우선적으로 지정하고 민간 시설도 지정할 수 있다.

장애아 통합어린이집으로 지정 받고자 하는 시설장은 운영계획서 등 구비서류를 갖추어 관할 구청장에게 특수어린이집 지정신청서를 제출하고, 구청장은 현지 확인 후, 시설 현황 및 운영 여건 등을 종합 검토하여 지정하고 지정서를 교부하여야 한다.

(2) 장애아 전담어린이집

미취학 장애아만을 20명 이상 보육하기 위하여 영유아보육법 시행규칙에 따른 시설 및 설비를 갖추고, 상시 18명 이상의 미취학 장애아를 보육하는 시설 중 시·도지사 또는 시장, 군수, 구청장이 장애아 전담어린이집으로 지정한 시설을 말한다.

(3) 시간 연장 및 24시간 어린이집

시간 연장 및 24시간 어린이집은 영유아의 건전한 보육과 보호자의 경제·사회적 활동의 지원을 통하여 가정복지 증진을 도모하고, 특히 기준 보육시간 내 귀가할 수 없는 아동을 위한 시설이다. 보육시간을 야간까지 연장 또는 24시간 보육을 할 수 있도록 지원함으로써 여성들이 안정적으로 사회활동을 할 수 있도록 한다.

이 시설은 맞벌이가정 및 저소득층 아동을 우선 입소시켜야 하고, 시간 연장 보육은 아동을 24시 이전까지 보육하는 것을 원칙으로 한다. 24시간 보육은 부모가 야간에 경제활동에 종사하는 가정, 한부모 또는 조손가정으로 야간보육이 불가피하다고 판단되는 아동에 한한다.

24시간 동안 아동이 방치되지 않도록 부모와의 연락체계를 유지하여야 하며, 구청장은 아동 입소관리 등을 통해 아동이 장기간 방치되는 사례가 없도록 지도하여야 한다. 보호자가 정당한 사유 없이 아동을 장기간(1월 이상) 어린이집에 방치시켜 놓았을 경우 어린이집의 장은 구청장에게 통보하여 아동의 계속 보육 여부 및 아동복지법에 의한 아동보호에 필요한 조치를 하여야 한다.

시간 연장 시설의 지정은 인가된 모든 어린이집이 대상이 되며, 24시간 어린이집은 2008년부터 국공립어린이집을 대상으로 신규로 지정하고 있다.

시간 연장 및 24시간 어린이집으로 지정된 시설은 조·석식을 포함한 급·간식을 제공해야 하고 자체 야간 보육 프로그램을 구비하여야 한다. 보육교사 배치기준은 시간 연장 어린이집(19 : 30~24 : 00)은 영유아 5명당 보육교사 1인, 24시간 어린이집은 영유아 5명당 보육교사 1인이 필요하다. 시간 연장 및 24시간 어린이집을 지정받고자 하는 시설장은 운영계획서 등 구비서류를 갖추어 관할 구청장에게 특수어린이집 지정신청서를 제출하고, 구청장은 현지 확인 후 배정된 수량 범위 내에서 지원기준 및 지원조건을 충족할 수 있는 시설에 대해 시설 현황 및 운영여건 등을 종합 검토하여 지정하고 지정서를 교부하여야 한다.

(4) 시간제 어린이집

이 시설의 목적은 여성의 사회경제활동 증가 및 근로시간 다양화로 시간제 보육 수요가 많아짐에 따라 재가아동을 위한 시간제 어린이집을 지원함으로써 활성화를 도모하고 영유아의 건전한 보육과 보호자의 경제·사회적 활동에 기여하고자 하는 것이다.

시간제 어린이집 지정은 구청장이 보육포털시스템에 등재 및 시간제 어린이집로 명단이 제출된 시설 중에서 하되 자치구별로 2개소 이내로 조정하여 별도 보육실 마련 등 현지 확인 후 지정서를 교부한다.

(5) 방과 후 어린이집

방과 후 어린이집의 목적은 맞벌이 부부의 자녀 등 방과 후 보호가 필요한 초등학교 저학년(1~3학년) 아동을 중심으로 보육 서비스를 제공하여, 여성의 사회참여를 지원하고자 함이다. 보육대상은 초등학교 1~3학년 아동(단, 지역·시설 여건에 따라 정원 범위 내에서 4~6학년도 가능)이고, 보육내용은 학습지도, 인성교육, 특기교육 등을 할 수 있다. 운영시간은 6시간 기준을 원칙으로 하되 보육 서비스 제공은 4시간 이상이어야 한다. 복지관, 종교시설, 공공기관 등에 설치한 부설 방과 후 전담어린이집은 영유아보육법령에서 정한 시설장을 별도로 채용해야 한다.

(6) 영아전담어린이집

만 2세 이하의 영아를 둔 직장 여성들이 안심하고 사회 · 경제적 활동을 할 수 있도록 적절한 보육환경을 조성하고자 영아전담어린이집을 지원하여 운영한다. 영아전담어린이집은 만 3세 미만의 영아만을 20인 이상 보육할 수 있다.

영아전담어린이집 시설장이 되기 위해서는 일반 기준에서 정한 자격을 갖춘 자와 간호사 자격증을 취득한 후 5년 이상의 아동간호업무 경력이 있는 자여야 한다. 영아전담어린이집의 2007년도 지원기준을 보면, 원장 및 소요 현원에 대한 보육교사 월 지급액의 80%를 지원한다. 또한 취사부 1명에 대하여 월 지급액의 100%를 지원하며 농어촌 시설인 경우 차량운영비 월 20만 원도 함께 지원한다.

5. 보육사업의 발달

1) 보육정책 부재기(~1960년대)

우리나라의 보육사업은 1921년 태화기독교사회관이 서울에서 처음 보육 프로그램을 개설함으로써 시작되었다. 그 후 1926년에는 '부산공생탁아소'와 '대구은총탁아소'의 2개 시설이 설치 · 운영된 것을 계기로 1939년에 전국에 11개소의 공 · 사립보육시설에서 435명의 아동이 보육 서비스를 받았다.

광복 이후에서 1960년까지는 한국전쟁을 전후한 정치적 · 사회적 혼란기로서 정부가 보육사업에 대한 방침을 세우지 못한 시기였고, 당시 대량으로 발생한 전쟁고아나 기아, 미아 등 요보호아동에 대한 각종 보호시설이 주로 외국의 원조로 설치 · 운영되었다. 주로 빈민층가정의 자녀를 단순히 보호해 줄 목적으로 설치된 당시의 보육시설은 육아시설과 별 차이 없어서 시대적 요청에 따른 임시 구호적 성격을 강하게 띠며 보육의 기능을 다하지 못하였다. 보육을 맡아온 탁아소들은 대부분 종교단체에서 극빈자 자녀를 위한 구빈적 성격을 띤 보호를 제공했다.

탁아소는 아동을 돌보아 준다는 개념으로 전시 · 전후의 위급한 상황에서 예방적 기능보다 사후 처리적이고 구호적 복지정책만이 실시되었고, 실질적 의미에서의 보육정책을 갖지 못하였다.

1952년 정부가 후생시설 운영 요령을 시달함으로써 시설을 지도·감독하려는 노력을 보였을 때, 정부는 '탁아시설'을 복지후생시설 속에 포함시키고, '탁아소'의 기능을 직장을 가진 부모의 자녀를 일정 기간 보육하는 시설로 정의하였다. 그러나 이때만 해도 탁아의 개념조차 정립되지 못한 상태로 탁아소는 고아원과 큰 차이 없는 빈민가정의 아동을 보호해 주는 기능을 담당하는 임시 구호적 성격이었다.

2) **탁아소 시기**(1961년 아동복리법~1968년)

1961년 아동복리법이 제정되면서 정부는 보육정책을 갖기 시작했고, 보편적 탁아사업의 시행을 위해 1961년 탁아소 설치기준, 직원배치기준, 탁아시간, 탁아내용 등의 규정을 갖게 되었다.

아동복리법 시행령 제2조 탁아시설의 정의에서 "보호자가 근로 또는 질병 등으로 양육하여야 할 아동을 보호할 능력이 없을 경우에 보호자가 위탁을 받아 그 아동을 입소시켜 보호함을 목적으로 하는 시설"이라고 규정함으로써 종래의 구빈적 성격에서 벗어나게 되고 아동의 복지를 보장하고 증진시키기 위한 제도로서 그 성격을 갖기 시작하였다.

정부의 지원에 힘입어 1960년 전국 24개에 불과했던 탁아소의 숫자는 1966년 116개소로 크게 증가하였다. 1960년 후반에는 정부의 경제개발정책에 따라 대도시로 인구유입 및 결손가정의 증가, 기혼여성의 취업 확대 등으로 증대되는 탁아수요에 효과적으로 대응하기 위해 정부는 그 다음해(1968. 3.) '미인가 탁아시설 임시조치령'을 공포하여 민간 설립 탁아시설의 증설을 추진하였다.

3) **어린이집 시기**(1969~1981)

1968년 '탁아소'를 '어린이집'으로 개칭하면서 "어린이집은 어린이가 자기 집에서처럼 생활하는 곳이며 생활을 통해 배우고 연마하는 곳"임을 강조하여, 탁아시설의 보육기능의 중요성이 부각되기 시작했고, 시설의 설치비, 운영비, 인건비 등을 지원하였다.

1969년에는 보건사회부의 허가를 받아 사단법인 '한국어린이집협회'가 창설되어 종사자 간의 친목과 자질 향상은 물론 어린이집의 아동복지적 기능과 교육적 기능을 조화시키는 노력을 하였다. 단순히 보호의 차원을 넘어 교육도 가능하다는 인식을 확산시켜

시설 이용자를 증가시켰다. 이러한 노력으로 어린이집이 1968년 292개소에서 1976년 607개소로 양적 측면에서 급격히 증가했으나, 질적 수준은 매우 미흡한 상태에 있었다.

1977년에 어린이집의 수가 600개소를 넘어서자 어린이집의 질적 문제점을 개선하기 위해 보건사회부에서는 사회복지사업법 시행규칙 제6조 제2항을 개정하여 미인가 탁아시설 임시조치령은 폐지하고 탁아시설의 법인화를 유도했다. 법인화 의도는 첫째, 탁아시설의 질적 향상을 목적으로 했고, 둘째, 1960년 한국전쟁으로 증가되었던 영유아시설을 1970년대의 사회변화에 맞추어 탁아시설로 목적 변경을 유도하고자 했던 것이다. 그러나 그 결과 개인 재산이 무효화될 것을 우려한 시설운영자의 법인화에 대한 인식 부족으로 탁아시설 증가율은 법인화 이후 오히려 감소되었다.

경제발전으로 취업모가 늘어나고 입소대상 아동이 증가하자 보건사회부는 1978년 어린이집을 일반가정 아동에게 개방하고 수탁료를 7,000원까지 받을 수 있도록 한 '탁아시설운영방안'을 발표했다. 이로 인해 도시지역 빈곤계층 아동의 건전한 성장을 도모하고 경제적 어려움을 완화해 준다는 탁아의 본래 목적이 흐려지고, 중산층 위주의 수익자 부담 원칙에 입각하여 운영되는 시설로 변화하기 시작했다.

1981년에는 전국에 657개소 어린이집에서 아동 45,5075명을 수용(보건사회부, 1981)할 만큼 어린이집이 보육시설로서 위상을 갖기 시작하였다.

4) **새마을유아원 시기**(1982년 유아교육진흥법~1990년)

1980년대 제5공화국 출범과 함께 청와대에는 '교육 · 문화비서실'이 신설되고(1980. 9.), 유아교육이 새 정부의 주요 시책이 되었다. 내무부에서는 새마을협동유아원을 시군구마다 1개소씩 총 218개소를 설치, 시범적으로 운영하기 위한 지침을 마련하고 1981년부터 운영에 들어갔다. 1982년 문교부, 내무부, 국무총리 행정조정실이 주도하여 내무부 운영의 새마을협동유아원, 보건사회부의 어린이집, 농업진흥청의 농번기 탁아소 등 유치원 이외의 기존의 아동교육담당시설을 통합하고, 이를 새마을유아원으로 명칭을 통일하는 유아교육기능 종합정비방안이 마련되었다. 새마을유아원의 시설을 설치하여 운영은 내무부가 맡고, 교육목표의 설정과 장학지도, 교사양성, 교재개발 등은 문교부가 맡으며, 보건의료 지원은 보건사회부가 각각 분담했다. 1982년 2월 23일자로 공식적으로 탁아시설운영부서가 보건사회부에서 내무부로 흡수 · 이관되었다. 이로써 우리나라에는 유치원과 새마을유아원만이 유아교육기관으로 존재하게 되었다.

1982년 12월 15일 유아교육진흥법이 국회 본회의를 통과하고, 이에 따라 아동복지법에 마련되어 있던 탁아 규정은 삭제되고, 당시 691개 어린이집은 유아교육진흥법에 근거한 새마을유아원으로 통합되었다. 그러나 새마을유아원은 여러 가지로 문제점이 제기되었다. 1987년 말까지 우리나라에는 유아를 위한 법적 보육기관이 유치원과 새마을유아원뿐이었다. 유치원과 새마을유아원만으로는 영세가정 맞벌이 부모의 자녀보육 문제가 해결되지 않았다.

보건사회부에서는 늘어나는 보육수요에 적극적으로 대처하고 아동의 건전한 육성은 물론 저 소득층 맞벌이 부부의 자립 지원을 통한 가정복지 증진을 도모하기 위해 1989년 9월 '아동복지법 시행령'을 개정하여 보육시설의 설치 · 운영근거를 부활시키고, 1990년 1월 '아동복지법 시행규칙'을 개정, 보육시설의 설치기준과 운영방법을 규정하여 대대적으로 보육사업의 확충 계획을 마련했다(보건사회부, 1991).

5) **보육시설 양적 팽창기**(1991~2003)

제6공화국이 들어서자, 보건사회부에서는 늘어나는 탁아수요에 적극적으로 대처하기 위해서 보호와 교육을 포괄하는 보육사업을 위한 별도의 독립된 법 제정을 추진하였다. 1990년 12월 정기국회에서 영유아보육법이 통과됨으로써 보건사회부로 보육사업의 주관부서가 일원화되고 보육수요에 대처하기 위한 시설확충 및 지원계획 등을 추진하게 되었다.

또한 이전에 사회복지법인 등 비영리법인만이 설치할 수 있도록 되어 있는 보육시설 설치요건을 완화하여 일반법인, 단체는 물론 개인도 일정한 여건을 갖추면 보육시설을 설치할 수 있도록 하여 민간이 보육사업에 참여하는 것을 적극적으로 유도했다. 보육시설의 신규 설치를 제약하는 건축법령을 개선하여 건물용도와 지역에 관계없이 보육시설을 설치할 수 있도록 완화했다.

그 결과 민간보육시설과 개인이 운영하는 가정보육시설이 크게 증가하여 보육시설의 수용능력이 크게 증가하였으며, 영유아보육법이 제정되기 이전인 1990년에는 1,919개소의 보육시설에서 48,000명을 보육하던 것이 1991년에는 3,690개소에서 89,441명을 보육함으로써 1년 사이에 2배 정도로 증가하였고, 1999년에는 18,768개소에서 640,915명의 아동이 보육을 받은 것으로 나타나 약 9년 사이에 보육시설의 능력이 13배 이상 증가하게 되었다. 또한 2003년 24,142개의 보육시설에서 858,345명의 아동이 보육받아

1990년보다 보육아동 수가 약 18배 증가하였다.

6) 보육시설의 질적 성장기(2004년 영유아보육법 개정~현재)

1991년 영유아보육법이 제정되면서부터 2003년까지 보육시설이 양적으로 많은 성장을 하였으나 보육시설의 질적 수준은 미흡한 상태였다. 민간보육시설을 중심으로 양적 성장을 거듭했기 때문에 민간 의존적 형태로 보육정책이 추진되어 보육의 공공성 확보가 극히 미흡한 실정이어서 국공립보육시설 확충과 보육의 질 향상, 저소득계층 자녀의 보육기회 확보, 방과 후 보육 실시, 정부의 보육료 부담 강화 등을 규정하여 보육의 공공성을 확보하고 보육의 질을 높이기 위한 노력이 다각적으로 모색되었다. 이와 같은 정부의 새로운 인식과 보다 체계적인 정책은 과거 개인의 영역으로 생각했던 보육의 책임을 이제는 사회적 책임으로 인식하여 국가적 차원에서 보육사업을 수용하고자 하였다.

양적으로 팽창된 보육시설의 질적 수준의 향상과 보육시설의 책무성에 대한 인식이 높아짐에 따라 평가의 필요성이 대두되었다. 정부는 2002년 보육시설 활성화 방안을 발표하고 보육시설 평가인증제도 도입을 위한 기본 계획을 마련하였다. 이에 따라 학계에서는 보육시설 평가인증제도 실시를 위한 모형개발 연구를 시작하여 이론적 토대를 구축하였고, 정부는 2004년 1월에 영유아보육법 제30조(평가인증)를 개정하여 평가인증제도 도입을 위한 법적 근거를 마련하였다. 2004년 여성가족부 산하에 보육시설 평가인증사무국을 설치하고, 운영을 한국여성개발원에 위탁하여 2005년부터 보육시설 평가인증 업무를 시범운영하였다. 제1차 평가인증은 2005년부터 2010년까지 시행되었으며, 전체 보육시설 중 89.5%가 제1차 평가인증에 참여하였다. 1차 평가인증이 끝나고 보육시설의 질을 한 차원 더 끌어올리기 위해 평가지표를 개정하여 2011년부터는 제2차 평가인증을 시작하였다.

7) 보육시설의 현황과 전망

〈표 9-3〉과 같이 1993년에 9,085개에 불과했던 어린이집이 2016년 12월 현재 어린이집의 현황을 살펴보면 전국의 어린이집 수는 41,684개이고, 이 중 가정어린이집이 20,598개로 가장 많으며, 민간어린이집이 14,316개이고, 국공립은 2,859개로 보육사업이 민간에 의존됨을 알 수 있다.

〈표 9-3〉 설립별 어린이집 수

단위 : 명

구 분	계	국공립	사회복지 법인	법인 단체	민간	가정	부모협동	직장
2016	41,684	2,859	1,402	804	14,316	20,598	157	948
2015								
2014	43,742	2,489	1,420	852	14,822	23,318	149	692
2013	43,770	2,332	1,439	868	14,751	23,632	129	619
2012	42,527	2,203	1,444	869	14,440	22,935	113	523
2011	39,842	2,116	1,462	870	14,134	20,722	89	449
2010	38,021	2,034	1,468	888	13,789	19,367	74	401
2009	35,550	1,917	1,470	935	13,433	17,359	66	370
2008	33,499	1,826	1,458	969	13,306	15,525	65	350
2007	30,856	1,748	1,460	1,002	13,081	13,184	61	320
2006	29,233	1,643	1,475	1,066	12,864	11,828	59	298
2005	28,367	1,473	1,495	979	12,769	11,346	42	263
2004	26,903	1,349	1,537	966	12,225	10,583	미분류	243
2003	24,142	1,329	1,632	787	11,225	8,933	미분류	236
2002	22,147	1,330	1,633	575	10,471	7,939	미분류	199
2001	20,097	1,306	1,991	313	9,490	6,801	미분류	196
1998	19,276	1,295	2,010	324	8,970	6,473	미분류	204
1997	18,768	1,300	1,965	266	8,327	6,703	미분류	207
1996	17,605	1,258	1,927	227	7,468	6,541	미분류	184
1995	15,375	1,158	1,634	150	6,388	5,887	미분류	158
1994	12,098	1,079	1,280	69	4,688	4,865	미분류	117
1993	9,085	1,029	928	22	3,175	3,844	미분류	87

출처 : 보건복지부. 2016년 12월 기준 보육통계.

어린이집의 규모는 보육비용의 효율적 관리라는 측면과 보육 서비스의 질이라는 측면에서 고려될 수 있다. 어린이집의 규모가 크면 효율적 관리라는 측면에서는 장점이 있지만 영유아들이 가정과 같은 분위를 느끼는 데는 한계가 있다. 어린이집의 규모는 보육수요를 고려하여 지역에 따라 다양하게 할 필요가 있다.

현재 어린이집의 정원 규모별 설치 현황은 〈표 9—4〉와 같이 20명 이하가 2만 2,711개로 가장 많고, 21~39명 사이가 6,917개소로 그 다음으로 많다. 이는 가정어린이집의 수가 많고, 40인 미만 민간어린이집이 많기 때문이며, 국공립과 법인, 직장어린이집은 50~80명 규모가 대체로 많은 것으로 나타났다.

〈표 9-4〉 어린이집 정원 규모별 설치 현황

단위 : 개소

구분	계	20명 이하	21~39명	40~49명	50~80명	81~99명	100~160명	161~200명	201~240명	241~300명	300명 초과
소계	41,084	22,711	6,917	2,841	4,648	1,977	1,575	257	92	62	4
국공립	2,859	272	542	399	961	413	241	21	7	3	0
사회복지법인	1,402	52	228	180	494	220	194	19	11	4	0
법인 · 단체등	804	80	211	128	233	85	49	13	4	1	0
민간	14,316	1,437	5,613	1,990	2,773	1,199	1,021	180	60	40	3
가정	20,598	20,595	3	0	0	0	0	0	0	0	0
협동	157	82	52	13	8	0	2	0	0	0	0
직장	948	193	268	131	179	60	68	24	10	14	1

출처 : 보건복지부. 2.16. 12. 31 현재.

보육사업이 시작된 이래 어린이집을 이용하는 아동 수는 꾸준히 늘어나 1990년에 48,000명이던 것이 2016년에는 약 30배 늘어난 1,767,224명이 이용하고 있다. 설립주체별로 이용 아동 수는 민간어린이집이 927,517명으로 가장 많으며, 국공립은 197,365명에 그치고 있다. 출산율이 저하되어 전체 영유아의 수가 감소되고 있지만 여성의 사회참여가 증가되어 보육에 대한 수요는 점차 증가하는 추세다.

〈표 9-5〉 설립별 보육아동 현황

단위 : 명

구 분	계	국공립	사회복지 법인	법인·단체	민간	가정	부모협동	직장
2016	1,767,224	197,365	134,189	58,511	927,517	374,907	5,052	69,683
2014	1,496,671	159,241	104,552	49,175	775,414	365,250	3,774	39,265
2011	1,348,729	143,035	112,688	50,676	706,647	308,410	2,286	24,987
2010	1,279,910	137,604	114,054	51,126	671,891	281,436	1,898	21,901
2009	1,175,049	129,656	112,338	52,718	623,045	236,843	1,655	18,794
2008	1,135,502	123,405	113,894	53,818	615,647	1,491	210,438	16,809
2007	1,099,933	119,141	118,211	55,906	612,484	1,444	177,623	15,124
2006	1,040,361	114,657	120,551	58,808	582,329	1,238	148,240	14,538
2005	989,390	111,911	125,820	56,374	552,360	933	129,007	12,985
2004	930,252	107,335	135,531	48,414	507,398	미분류	119,787	11,787
2003	858,345	103,474	140,994	37,911	461,640	미분류	103,935	10,391

구 분	계	국공립	사회복지 법인	법인·단체	민간	가정	부모협동	직장
2002	800,991	103,351	142,035	30,289	425,647	미분류	90,939	8,730
2001	734,192	102,118	161,419	16,483	369,044	미분류	77,247	7,881
2000	686,000	99,666	157,993	15,949	336,625	미분류	67,960	7,807
1999	640,915	99,866	151,652	13,195	301,630	미분류	67,294	7,278
1998	556,957	91,260	141,616	9,290	250,000	미분류	58,968	5,823
1997	520,959	89,002	123,567	6,727	227,951	미분류	68,467	5,245
1996	403,001	85,121	99,119	2,735	153,990	미분류	58,440	3,596
1995	293,747	78,831	77,187	591	92,634	미분류	42,116	2,388
1994	219,308	70,937	63,466	759	55,743	미분류	27,427	976
1993	153,270	55,133	44,026	854	35,520	미분류	17,012	725
1992	123,297	49,529	31,243	785	25,769	미분류	15,203	768
1991	89,441	37,017	미분류	미분류		미분류	15,613	712
1990	48,000	25,000	미분류	미분류		미분류	20,000	1,500

출처 : 보건복지부. 2016년 보육통계연보.

〈표 9-6〉 시설별 보육아동수

단위 : 명

구 분	직장	부모협동	가정	민간	법인/단체등	사회복지법인	국공립
2016	52,302	4,240	328,594	745,663	45,374	99,113	175,929
2015	44,765	4,127	344,007	747,598	46,858	99,715	165,743
2014	39,265	3,774	365,250	775,414	49,175	104,552	159,241
2013	34,479	3,226	364,113	770,179	51,684	108,834	154,465
2012	29,881	2,913	371,671	768,256	51,914	113,049	149,677
2011	24,987	2,286	308,410	706,647	50,676	112,688	143,035
2010	21,901	1,898	281,436	671,891	51,126	114,054	137,604

출처 : 보건복지부. 2016 보육통계연보.

우리나라 전체 보육 수요 아동 중 연령별 어린이집에 취원 원아 수는 만 3세가 263,652명으로 가장 많고 연령이 높아질수록 취원율은 낮아져서 만 5세는 153,893명에 그치고 있다(표 9-7). 이는 연령이 높아질수록 유치원을 이용하는 아동이 많아지기 때문으로 분석된다.

보육수요의 증가와 보육 서비스의 질을 높이기 위한 노력으로 어린이집에 종사하는 보육교사의 수도 계속 증가하는 추세에 있다. 2000년에 62,495명이었던 보육교사는 2008년에는 158,727명으로 늘어났다.

〈표 9-7〉 연령별 보육아동수

단위 : 명

구분			설립주체별							
			계	국·공립 어린이집	사회복지 법인 어린이집	법인·단체등 어린이집	민간 어린이집	가정 어린이집	협동 어린이집	직장 어린이집
전국	계	계	1,451,215	175,929	99,113	45,374	745,663	328,594	4,240	52,302
		남	750,122	91,124	52,038	23,638	385,046	168,970	2,197	27,109
		녀	701,093	84,805	47,075	21,736	360,617	159,624	2,043	25,193
	만0세	계	141,013	4,866	2,958	1,199	41,054	88,626	159	2,151
		남	73,633	2,530	1,521	611	21,661	46,139	74	1,097
		녀	67,380	2,336	1,437	588	19,393	42,487	85	1,054
	만1세	계	318,245	24,490	13,998	5,528	131,911	131,783	574	9,961
		남	163,877	12,592	7,238	2,911	67,967	67,804	276	5,089
		녀	154,368	11,898	6,760	2,617	63,944	63,979	298	4,872
	만2세	계	386,726	38,541	22,734	9,437	197,978	104,775	980	12,281
		남	198,291	19,755	11,781	4,888	101,676	53,292	479	6,420
		녀	188,435	18,786	10,953	4,549	96,302	51,483	501	5,861
	만3세	계	263,652	39,560	23,824	10,766	173,991	2,356	1,017	12,138
		남	136,873	20,520	12,648	5,586	90,106	1,177	549	6,287
		녀	126,779	19,040	11,176	5,180	83,885	1,179	468	5,851
	만4세	계	180,255	35,265	17,897	8,993	107,757	630	768	8,945
		남	93,283	18,285	9,296	4,738	55,560	333	413	4,658
		녀	86,972	16,980	8,601	4,255	52,197	297	355	4,287
	만5세	계	153,893	31,604	15,555	8,070	90,833	381	727	6,723
		남	79,858	16,488	8,139	4,189	46,933	205	397	3,507
		녀	74,035	15,116	7,416	3,881	43,900	176	330	3,216
	만6세 이상	계	7,431	1,603	2,147	1,381	2,139	43	15	103
		남	4,307	954	1,415	715	1,143	20	9	51
		녀	3,124	649	732	666	996	23	6	52

출처 : 보건복지부. 2016. 12. 21. 현재

보육교사의 수는 2001년에 67,065명에서 급격히 증가하여 2016년에는 321,766명으로 늘어났다. 교사 1인당 보육아동 수는 직접적으로 서비스의 질을 결정한다. 그동안 어린이집의 양적 팽창으로 질관리에 미흡한 점이 있었으나 최근 들어서는 이를 보완하기 위해 양적인 팽창은 억제하고, 질을 높이는 데 중점을 두고 있다.

〈표 9-8〉 보육교직원 현황

단위 : 명

구 분	계	국공립	민간/법인	직 장	가 정	부모협동
2001	67,065	8,051	46,700	827	11,487	미분류
2002	76,075	87.19	51,670	886	14,800	미분류
2003	81,545	8,547	55,161	1,002	16,835	미분류
2004	104,298	10,666	69,719	1,459	22,454	미분류
2005	109,205	10,340	72,793	1,517	24,451	104
2006	127,298	11,631	82,938	1,907	30,622	200
2007	153,118	12,949	94,312	2,240	43,317	300
2008	158,727	13,754	95,803	2,529	46,386	255
2011	248,635	22,229	137,994	5,016	82,911	485
2014	311,817	28,977	169,771	9,266	102,947	856
2016	321,766	32,937	172,965	12,994	101,891	979

출처 : 2016년 12월 보육통계

교직원 1인당 아동 수는 [그림 9-1]에서 보는 바와 같이 2010년 7.7명이었던 것이 계속 줄어들어 2014년에는 보육교사 1인 당 4.8명의 아동을 보육하고 있고 2016년에는 4.5명까지 낮아졌다.

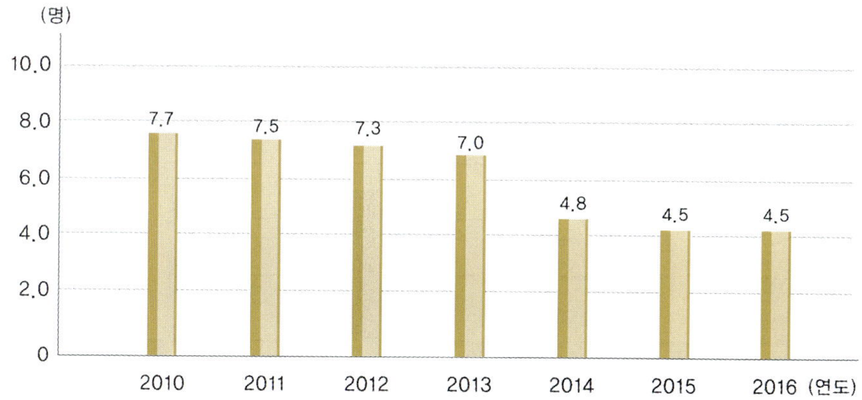

[그림 9-1] 보육교사 1인당 보육아동 수

출처 : 보건복지부. 보육통계연보.

출산율이 저하되고 여성인력의 경제활동 참여가 국가 경쟁력을 높인다는 인식이 됨에 따라 보육문제가 더 이상 개인의 책임이라는 시각에서 벗어나 국가·사회의 책임이라는 의식이 점차 강화되기에 이르렀다.

정부의 보육예산도 점차 증가하는 추세에 있어 보육의 국가 책임이 점점 더 강화되고 있다. 2010년 보육예산이 2조 천억 정도였던 것이 2015년에는 4조 구천억 정도가 되었다.

〈표 9-9〉 보육예산

단위 : 원

2010	2011	2012	2013	2014	2015
2,127,510	2,478,380	3,028,567	4,146,625	5,273,819	4,943,994

출처 : 보건복지부, 보육통계연보.

참고문헌

보건복지부 (2011). 보육통계. 보건복지부.

보건사회부 (1981). 전국어린이집 현황. 보건사회부.

보건사회부 (1991). 보육사업지침.

유가효·이소희·한성심·장명림·장미경·조은영 (2000). 보육학개론. 동문사.

최미현 외 (2000). 영유아보육의 이해. 창지사.

Vandall, D. I. & Corasniti, M. S. (1990). Variation in early child care: Do they predict subsequent social emotional and cognitive difference? *Early Childhood Research Quakerly.*

CHAPTER **10**

아동학대

1. 아동학대의 개념 및 유형

1) 아동학대의 개념

아동은 성인에 비하여 체격과 지혜 등 인간의 능력 면에서 아직 미숙한 이유로 성인들에 의해 일방적으로 취급되어 왔다. 아동이 원치 않는 성인들의 무시나 가혹행위는 아동에게 치명적인 상처를 안겨주고, 나아가서는 생명의 위협까지 느끼게 되는 것이다. 아동학대가 공식적으로 사회적 관심의 대상이 된 것은 미국에서 아동학대에 관한 광범위한 사회조사 및 원인 분석이 시작된 1960년대부터이다. 1960년대 말까지는 아동학대를 보고하도록 하는 법이 미국 대부분의 주에서 마련되었고, 1974년에는 전국 아동학대 예방 및 치료법(The Child Abuse Prevention and Treatment Act)이 제정되었으며 전국 아동학대 및 방임센터(The National Center on Child Abuse and Neglect)도 설립되었다.

20세기에 들어와서 아동기의 발견과 함께 비로소 아동은 권리를 가진 존재로 인식되었고, 아동학대에 대한 사회적 태도와 대책이 마련되기 시작하였다. 우리나라는 1961년에 처음으로 제정된 아동복리법에서 아동학대에 관한 법적인 규정이 명시되었으나 아동학대의 예방이나 전문적인 원조에 대한 구체적인 규정은 없었다. 1970년에 한국사회복지협의회가 '아동학대고발센터'를 처음으로 설치·운영하였으나 사회적인 인식 부족으로 폐지되었다. 1985년 서울특별시립아동상담소에 '아동학대신고센터'가 개설되었으며, 그 후 1989년 '한국아동학대예방협회'가 설립되는 등 아동학대에 대한 관심과 연구가 활성화되기 시작하였다. 2000년 아동복지법의 개정과 함께 우리나라 아동학대에 대한 사회적 관심과 대책은 점차 확대·강화되는 추세이다.

옛날부터 체벌을 훈육의 한 수단으로 삼아 왔던 우리나라의 경우 부모는 자녀를 훈육할 때 부모로서 매를 들 권리가 있다고 생각하였고, 부모의 체벌 행동은 자녀가 대부분 잘못했기 때문이라고 생각하며 합리화하는 경우가 많았다. 더구나 과거에는 아동학대라는 개념이 부족하였기 때문에 체벌이 학대라는 인식을 할 수 없었다. 오히려 체벌이 자녀의 옳은 품행과 습관을 형성한다는 인식을 갖는 등 전반적인 사회분위기는 체벌이 필요하다고 생각하였다.

아동학대는 이러한 편견과 고정관념 때문에 사회문제화 되지 않은 채, 일반적으로 이를 심각하게 받아들이지 않았다. 자녀양육은 개별 가족의 사적 영역이며 부모의 소관이라는 일반적 태도 때문에 타인의 개입을 불허하는 사회관념이 아동학대를 문제화하지 못하도록 작용하였다.

아동학대에 관한 정의는 시대, 사회, 문화 및 인종에 따라 다양하며, 동일한 사회일지라도 계층, 관련 분야에 따라 차이가 있다. 이러한 이유는 아동 양육방법이 그 나라의 문화적 · 사회적 · 역사적 · 환경적 요소들의 산물이기 때문이며, 과거에는 당연하고 옳다고 받아들여졌던 훈육방법이 현재에는 아동학대라고 간주될 수가 있기 때문이다.

아동학대에 대한 개념은 미국에서 1962년 '피학대증후군(Battered Child Syndrome)'이라는 용어를 빌려 최초로 사용되었다. 이때는 학대의 범위와 수준이 주로 신체적 학대에 국한되어 사용되었으나 그 후 정서적 학대나 성적 학대, 방임까지 포함되어 점차로 학대의 범위가 넓어지게 되었다.

일반적으로 아동학대에 대한 개념 정의는 학대행위의 유형, 가해자의 의도성 유무, 손상수준에 따라 협의와 광의 개념으로 나눌 수 있다. 협의의 개념은 학대의 범위를 주로 신체적 학대에 한정하여 설명하는 개념이며, 광의의 개념은 신체적 학대, 정서적 학대, 성적 학대 및 방임을 모두 포함시킨다.

(1) 협의의 개념

아동학대에 대한 협의의 개념은 신체적 학대에 한정하여 설명하는 개념이다. 협의의 학대는 신체에 관찰 가능한 상처를 초래한 행위를 말한다. 협의의 개념은 학대 행위를 판정할 때 기준이 모호하지 않고, 학대에 대한 의학적 검증이 용이하다는 점에서 매우 유용한 개념이다. 그러나 협의의 개념은 학대행위의 결과에 근거하여 상처의 유무를 기준으로 하기 때문에 우연에 의한 상처와, 가해자의 의도적인 학대 행위에 의한 상처를 구분하지 않는다. 또한 관찰 가능한 상처가 없는 경우는 학대라고 보지 않는 한계가 있다..

이러한 점을 보완하기 위하여 의도성 개념을 포함시켜 켐페(Kempe)와 헬페(Helfer, 1980)는 아동학대는 우연한 사고에 의한 것이 아니라 부모 또는 다른 보호자의 행위 및 태만의 결과로 신체적 상처를 입히는 행위로 정의하였다. 그러나 가해자의 의도성 여부는 직접적인 시인 외에는 밝히기 어려우며, 전체적인 사건의 맥락에서 이해되어야 하는 것이므로 이 정의도 한계점을 가지고 있다.

(2) 광의의 개념

아동학대에 대한 광의의 개념은 아동발달상의 모든 영역에서 일어나는 아동의 욕구 충족에 실패한 환경으로 간주함으로써 적극적인 학대행위뿐만이 아니라 부모의 부적절한 양육태도, 거부, 방임까지도 포한하는 개념이다. 길(Gil, 1979)은 아동을 다치게 하거나 상처를 줄 목적으로 행하는 모든 의도적·비의도적 힘의 사용을 아동학대라 정의하면서 가해 행위를 가정 내에 국한하지 않고, 사회제도나 사회·경제적 조건 등의 기타 환경에까지 넓히며, 매우 포괄적으로 정의하였다.

아동학대에 대한 최근의 경향은 언어폭력 등의 적극적인 형태의 학대뿐만 아니라 보호자의 부적절한 태도로 인한 방임과 유기 등의 소극적인 형태도 포함시키는 광의의 개념으로 바뀌는 추세이다. 광의의 개념은 아동의 건전한 성장과 발달을 위해서는 바람직하며, 학대가 발생하기 전 아동보호를 위한 1차적 예방 서비스와 개입 대책에는 유용하다. 그러나 학대의 범위가 너무 넓어 학대 사례에 대한 실제적인 개입과 적용에는 어려움이 따른다. 따라서 아동학대의 정의는 광의의 개념으로 하되 사건의 개입이나 사후 조치 등에서는 비교적 구체적인 협의의 개념을 근거로 이루어지는 경향이 있다. 실제 학대 아동 서비스를 위해서는 협의의 개념과 광의의 개념 모두 필요하며, 상호 보완하여 적용하는 것이 요구된다.

(3) 법적 개념

아동학대에 대한 학문적 개념이 아동학대에 대한 이론적 토대를 제공한다면 법적 개념은 실제 아동학대와 관련한 행정 집행의 기준을 마련하는 것이다. 우리나라에서는 비교적 최근인 2000년에 와서 아동복지법을 개정하면서 아동학대의 정의와 금지 유형을 규정하였다. 아동복지법 제2조에서는 아동학대라 함은 "보호자를 포함한 성인에 의하여 아동의 건강·복지를 해치거나 정상적 발달을 저해할 수 있는 신체적·정신적·성적 폭력 또는 가혹행위 및 아동의 보호자에 의하여 이루어지는 유기와 방임"이라고 규정하고 있다. 또한 아동복지법 제29조에서는 11가지 금지행위를 제시하고 있다. 금지행위에는 ① 아동의 신체에 손상을 주는 행위, ② 아동에게 성적 수치심을 주는 성희롱, ③ 성폭행 등의 학대행위, ④ 아동의 정신 건강 및 발달에 해를 끼치는 정서적 학대행위, ⑤ 자신의 보호·감독을 받는 아동을 유기하거나 의식주를 포함한 기본적인 보호·양육 및 치료를 소홀히 하는 방임 행위, ⑥ 아동을 타인에게 매매하는 행위, ⑦ 아동에게 음행을 시키거나 음행을 매개하는 행위, ⑧ 아동에게 구걸을 시키거나 아동을 이용하여 구걸하는 행위, ⑨ 공중의 오락 또는 흥행을 목적으로 아동의 건강 또는 안전에 유해한 곡예를 시키는 행위, ⑩ 정당한 권한을 가진 알선기관 외의 자가 아동의 양육을 알선하고 금품을 취득하는 행위, ⑪ 아동을 위하여 증여 또는 급여된 물품을 그 목적 외의 용도에 사용하는 행위 등이 포함된다.

우리나라 아동복지법에서 정의하는 아동학대는 적극적 학대와 소극적 방임까지 포함시키고 있어 광의의 개념에 기초한다고 볼 수 있다.

2) 아동학대의 일반적 유형

우리나라 아동복지법에서는 아동학대의 4가지 유형을 신체학대, 정서학대, 성학대, 방임 및 유기로 나누고 있다.

(1) 신체학대

신체학대는 보호자를 포함한 성인이 아동에게 우발적 사고가 아닌 상황에서 의도적으로 신체에 손상을 입히거나 또는 신체 손상을 입도록 한 모든 행위를 말한다. 또한 생후 12개월 미만의 영아에게 행해진 체벌은 모두 학대로 간주된다. 구체적인 신체학대 행위는 심한 구타나 발길질뿐만 아니라 불로 지지거나, 가위 따위의 흉기로 찌르거나, 높은 곳에서 밀어서 떨어뜨리는 행위들도 포함된다. 슈트라우스(Straus)는 상해 가능성에 따라서 신체적 폭력의 난이도를 8가지 등급으로 나누어 K부터 M까지는 가벼운 폭력, N부터 R까지는 심각한 폭력으로 구분하였다.

〈표 10-1〉 신체적 폭력의 등급

구 분		학대행위
K	가벼운 폭력	물건을 던지는 행위
L		떠밀거나 움켜잡는 행위
M		뺨을 때리는 행위
N	심각한 폭력	발로 차거나 물어뜯거나 주먹으로 때리는 행위
O		물건으로 때리거나 때린다고 위협하는 행위
P		계속 무차별로 때리는 행위
Q		칼이나 망치, 도끼, 총 등으로 위협하는 행위
R		칼이나 망치, 도끼, 총 등을 실제로 사용하여 구타하는 행위

유아와 같은 어린 나이의 아동은 고의적이지 않은 우발적인 사고나 행위로 상처를 입거나 할 수 있는데, 이때 학대인지 아닌지를 구별하기 위해서는 가해자나 피해자의 설명 이외에 아동의 나이나 사고의 전후 맥락을 면밀히 살피는 것이 필요하다.

우리나라의 경우 부모의 80%가 훈육을 목적으로 체벌을 사용하는 것으로 알려지는데, 이러한 체벌의 결과로 아동의 10%가 타박상, 장 파열, 두개골 파열 등으로 의사의 치료를 요하는 상처를 입으며, 그중 상당수는 사망에 이르는 것으로 알려지고 있다(문영희, 2004).

(2) 정서학대

정서학대는 아동의 자아존중감과 정서를 손상시키는 행위로서 직접적인 학대와 간접적인 학대가 있다. 직접적인 학대는 아동에게 폭언, 아동을 거부하는 행위를 말하며, 간접적인 학대는 아동에게 직접적이지는 않지만 가족 간에 불화에 의한 폭언 등으로 아동에게 정서적인 손상을 가하는 행위를 의미한다(한미현, 2006).

정서학대에 해당하는 행위로는 아동의 인격이나 감정을 심하게 무시하거나 모욕하는 행위, 아동에게 욕설을 퍼붓는 행위, 좁은 공간에 장시간 혼자 가두어 놓는 행위, 집 밖으로 내쫓겠다고 협박하거나 원망적·거부적·적대적·경멸적 언어를 사용하는 행위 등이 해당된다.

정서학대는 아동에게 외견상 심각한 손상을 가하지 않을지라도 아동을 정서적으로 불안하게 함으로써 사회성에 장애를 불러일으키게 된다. 정서학대는 부모가 아동을 훈육하는 과정에서 나타날 수 있는 행동과 구분하기가 명확하지 않아서 부모가 아동에게 훈육을 한 것인지, 의도적으로 학대를 한 것인지가 불분명하다. 이러한 경우 의도적인 것인가, 반복적인 것인가가 학대를 판단하는 기준이 된다(김승권, 2003).

(3) 성학대

성학대는 성인이 성적 충족을 목적으로 아동에게 가하는 모든 성적 행위를 말한다. 성적 행위에는 강압에 의해 이루어지는 성적 접촉과 어른이 성적 만족을 위하여 아동을 이용하거나 돈을 벌기 위한 수단으로 아동을 성행위에 참여시키는 것도 포함된다.

아동 성학대 유형은 접촉성 행위와 비접촉성 행위로 나누어 볼 수 있는데, 접촉성 성학대행위로는 아동의 신체를 만지는 행위, 아동에게 성인의 신체를 만지도록 강요하는 행위가 있고, 비접촉성 성학대는 아동에게 성적인 말을 하는 행위, 아동에게 성기를 노출하는 행위, 자위하는 것을 보여 주는 행위가 있다.

성학대의 특징은 첫째, 성에 대한 언급을 금기시하는 사회 분위기와, 피해 아동과 가족들이 이를 숨기려고 하는 경향 때문에 겉으로 잘 드러나지 않을 뿐만 아니라, 조기에 발견되기 어렵다. 둘째, 전혀 모르는 사람으로부터 갑자기 피해를 입기보다는 아는 사람에 의한 피해가 많다. 셋째, 아동 성학대는 가족, 친인척에 의한 피해가 많고, 피해기간이 장기간인 경우가 많다.

성학대는 아동에게 심각한 심리적·성적·신체적·사회적 후유증을 남기는데, 심리적 후유증은 공포, 불안, 강박행동, 분노와 우울증, 특정 인물 및 장소와 물건에 대한 공포와 회피, 악몽과 불면, 남성에 대한 혐오감, 자기를 꼬집는 등 자기학대 등이 있다. 신체적 후유증은 질과 회음부의 손상, 성병, 감염, 두통이나 복통, 골반 동통, 임신과 낙태, 불임 등이 있다. 성적 후유증으로는 성에 대한 부정적인 태도, 성에 대한 공포, 혐오, 과도한 성적 호기심, 불감증 등이 있다. 사회적 후유증으로는 사회활동 기피, 알코올이나 마약중독 등이 있다.

(4) 방 임

아동복지법 제29조에 의한 방임은 자신의 보호감독을 받는 아동을 유기하거나 의식주를 포함한 기본적 보호·양육 및 치료를 소홀히 하는 행위로서 적절한 음식, 의복, 의료적인 보호와 같은 아동의 필수적인 욕구를 충족시키지 않는 것을 말한다.

학대와 방임의 차이는 학대는 아동을 계획적으로 해치려고 하는 보호자의 적대적이고, 계획적으로 해치려고 하는 행동인 데 비하여 방임은 아동의 욕구에 반응하지 않거나 잘 보살펴주지 않으며, 아동복지에 관심 없어 하는 소극적인 행동이다. 그러니까 아동학대는 아동에게 하지 말아야 할 것을 하는 가해 행위이며, 방임은 해야 하는 것을 안 해주는 태만 행위라 할 수 있다(홍미·김효진, 2007). 다시 말해 음식을 제대로 먹지 못하거나 위험하고 불결한 주거환경에 그대로 아동이 방치된 '물리적 방임'과 아동이 아픔을 호소해도 적절한 조치를 받지 못하는 '의료적 방임', 아동에게 말을 걸지 않고 지속적으로 무시를 하고, 쓰다듬고 안아주지 않는 정서적·신체적 접촉이 결핍된 '정서적 방임', 아동의 교육에 필요한 교육적·물질적 자원이 제대로 제공되지 못하는 '교육적 방임', 그리고 성적인 교육을 전혀 받지 못하거나 불건전한 성관계를 다룬 매체의 자극에 그대로 노출된 '성적 방임' 등을 모두 포함하고 있다.

아동방임 역시 가학적이거나 공격적으로 나타나지 않기 때문에 아동 부당취급의 여러 형태 가운데 가장 흔히 발생하고, 다른 유형의 아동학대에 비해 개념 정의가 더욱 어렵다. 방임의 유형에는 정서적 방임, 교육적 방임, 의료적 방임, 물리적 방임 등이 있다.

① 정서적 방임

아동이 양육자나 주위 환경으로부터 적절한 정서적 관계나 사랑을 받지 못하는 상태로 부모나 주 양육자와 대화나 피부접촉이 거의 단절된 상태를 말한다. 아동에게 말을 걸지도 않고 아동이 말해도 들어주지 않거나 쓰다듬어 주지 않는 것이 해당하는데, 정서적 방임을 당하는 아동은 불안정하고 무기력하며 자신감이 결여되어 있고, 낮은 자아정체감을 형성한다.

② 교육적 방임

양육자가 아동의 교육에서 요구되는 적절한 정신적·경제적 지원을 하지 못하는 상태로 양육자가 아동을 학교에 보내지 않거나 학교 준비물을 챙겨주지 않는 행위를 포함한다. 이런 아동은 학습에 대한 의욕이 부족하고 낮은 학습 성취도를 보이며, 불량행동을 많이 하는 편이다.

③ 의료적 방임

아동의 건강 유지에 필수적인 의료 서비스를 제공하지 않는 상태를 말하며 정기적인 신체검사 혹은 진료를 받지 못하게 하거나 아픔을 호소해도 적절한 조치를 제공하지 않고, 예방접종이 필요한 아동에게 예방접종을 실시하지 않는 행위를 말한다.

④ 물리적 방임

아동에게 의식주를 제공하지 않거나 아동을 장시간 위험하고 불결한 주거환경에 그대로 방치하는 것을 말한다.

2. 아동학대의 징후

아동이 명백한 이유 없이 상처를 입었거나, 의기소침해 있거나, 새로운 문제행동을 나타내며 평소와 다른 모습을 보일 때, 그리고 성인을 두려워하는 행동을 보인다면 학대의 가능성을 고려해야 한다. 아동학대는 신체적 징후, 행동적 징후로 나누어 볼 수 있다.

〈표 10-2〉 아동학대의 징후

신체적 징후	행동적 징후
■ 신체학대 • 설명하기 어려운 상처와 채찍 자국 발생 및 회복에 있어 시간차가 있는 상처 • 사용된 도구의 모양이 그대로 나타나는 상처 • 설명하기 어려운 화상, 손바닥, 발바닥 등 엉덩이에 담뱃불 자국, 양말 모양, 장갑 모양, 도넛 모양 등의 뜨거운 물에 잠겨서 생긴 화상 자국 • 설명하기 어려운 골절복합 및 나선형 골절 입, 입술, 눈, 외음부 ■ 정서학대 • 성장장애 • 신체발달 저하 • 언어장애 ■ 성학대 • 걷거나 앉는 데 어려움 • 회음부의 동통과 가려움 • 회음부, 질, 항문 부위의 출혈이나 멍 • 십대 이전의 성병감염 • 임신 ■ 방임 • 지속적인 배고픔, 나쁜 위생 상태, 부적절한 옷차림 • 의학적 치료와 치과 치료의 부족 • 지속적인 피로, 불안정감, 수업 중 과도하게 조는 태도	■ 신체학대 • 어른과의 접촉 회피 • 다른 아동이 올 때에 공포를 나타냄 • 공격적이거나 위축적인 극단적 행동 • 부모에 대한 두려움 • 집에 가는 것을 두려워함 • 위험에 대한 지속적인 경계를 보임 • 부모가 손상을 알려옴 ■ 정서학대 • 특정 물건을 계속 빨고 있거나 물어뜯음 • 행동장애(반사회적 · 파괴적 행동장애) • 신경성 기질(수면장애, 놀이장애) • 정신 신경성 반응(히스테리, 강박) • 극단행동 • 발달지연 • 자살 시도 ■ 성학대 • 위축, 화상, 유아적 행동 • 기괴하고 미묘한 성적 행동과 지식 • 친한 친구가 없음 • 가출 • 성적 모독을 호소함 ■ 방임 • 음식을 구걸하거나 훔침 • 장기간에 걸친 감독 소홀 • 위험한 행동에 대한 감독 소홀 • 비행 또는 도둑질 • 학교에 일찍 등교하고 집에 늦게 하교함

3. 학대아동의 발생원인

아동학대행위자 80% 이상이 부모이고 정상적인 사람들이다. 그중 소수만이 성격장애나 정신장애를 가지고 있을 뿐 모든 부모가 학대부모가 될 가능성이 있다. 그럼에도 불구하고 일반적으로 아동학대는 빈곤 및 가정 내의 스트레스 등과 연관된 경우가 많다. 부모의 교육 정도가 낮거나 실직 상태이고, 생활수준이 낮고, 부부갈등이 존재할 때 더 자주 발생하고 있다. 또한 가정폭력, 부모의 정신과 질환, 부모가 약물이나 알코올중독이 있는 경우도 학대의 가능성이 더 높아진다고 볼 수 있다. 이 외에 아동이 조산아이거나 정신지체·신체적 장애가 있는 경우 학대가 더 자주 발생하는 것으로 나타났다. 아동학대의 원인은 학대의 주 가해자가 되는 부모, 학대를 받는 아동, 학대가 발생하는 가정 및 사회요인 등 매우 복잡하고 다양하다.

〈표 10-3〉 아동학대의 주체와 요인

주 체	요 인
아 동	• 미숙아, 기형아, 만성 혹은 급성 질환아 • 신체적·정신적·기질적으로 특이하거나 장애를 가진 아동 • 운동 및 언어 등 발달이 늦은 아동 • 심하게 보채거나 밤에 잘 자지 않는 아동 • 문제행동을 보이는 아동
아 동	• 수유 혹은 음식을 먹거나 잠을 자는 데 어려움을 나타내는 아동 • 사회적 반응의 결핍, 고집스러운 울음과 외모 • 분리불안의 결함, 자신감 결여, 지나친 경계, 무반응, 겁이 많은 아동
부 모	• 미성숙한 부모, 아동양육에 대한 지식이 부족한 부모, 아동에게 지나친 기대를 갖는 부모 • 잦은 가정위기, 정서적 욕구불만을 가진 부모, 원치 않는 아동을 가진 부모 • 어릴 적 학대받은 경험이 있는 부모, 약물·알코올 남용 및 중독 부모 • 그릇된 아동관 및 양육관을 가진 부모 • 분노, 좌절 혹은 성적 욕구와 같은 충동과 감정조절의 무능력을 보이는 부모 • 낮은 자아존중감, 낮은 감성을 가진 부모 • 불안, 우울, 기타 정신질환이 있거나 의심되는 부모
가정적·사회적	• 가족구성원 간의 갈등 등 가족관계의 문제, 결손가족 등 가족구조의 문제 • 빈곤, 실직, 사회적 소외 및 사회적 지지체계 결여 • 자녀에 대한 소유의식이 강한 사회문화, 아동을 존중하지 않는 사회, 체벌과 훈육이 수용되는 사회

4. 학대아동의 실태

아동학대의 실태는 아동학대 신고가 접수된 사례를 가지고 하기 때문에 실제 아동학대가 발생한 것과는 다소 차이가 있을 수 있다. 국가적 차원에서 아동학대에 대한 대응을 하기 시작하면서 신고의무자를 법으로 규정하고, 아동보호기관을 설치, 아동학대 신고 홍보활동 등 노력이 많아지면 아동학대 신고 건수는 증가될 수 있다. 그러나 국가의 아동학대에 대한 대응 노력을 많이 하면 할수록 사회 전반적으로는 아동학대가 줄어들 것이다. 여기서는 아동학대의 실태를 보건복지부의 2015년 전국 아동학대현황보고서에 기초해서 살펴보기로 한다.

1) 아동학대 상담 신고

아동학대 신고는 전국에 설치되어 있는 아동보호전문기관 신고전화 1577-1391번과 129번, 그리고 인터넷 사이트 등을 통해 24시간 접수된다. 아동보호기관 상담원은 아동학대 의심사례를 접수하면 72시간 이내에 현장조사를 실시한다. 신고 된 사례는 내용 및 심각성 등에 따라 응급아동학대의심사례 및 아동학대의심사례, 동일신고, 일반상담, 해외발생지원사례로 분류된다. 응급아동학대 의심사례는 아동의 안전을 확보하기 위해 12시간 이내에 현장조사를 실시해야 한다고 판단되는 사례이며, 아동학대 의심사례는 아동학대로 의심되어 현장조사가 필요하다고 판단되는 사례 가운데 응급아동학대 의심사례를 제외한 모든 사례를 뜻한다. 동일신고는 최초 신고접수되어 진행되고 있는 사례가 동일한 학대피해의심내용이 다른 신고자들에 의해 신고되는 경우이다. 일반상담이란 자녀양육상담 문의, 시설보호 문의 등 아동학대사례와 아동학대의심 사례로 보기 어려운 사례이거나 정보부족 등으로 현장조사를 실시할 수 없는 경우를 말한다. 해외발생사례는 국내 국적의 아동이 해외에서 학대를 받았다고 의심되거나 학대로 인해 해외의 아동학대 관련 기관에서 개입되고 있는 아동에 대한 지원을 위해 접수 된 사례이다.

2015년 한 해 동안 아동보호전문기관을 통해 접수된 상담 신고 건수는 총 19,214건이며, 이 중 응급아동학대의심사례와 아동학대의심사례는 각각 2,252건, 14,399건으로 전체 신고접수의 86.7%를 차지한다. 동일신고는 87건으로 전체의 0.5%이었으며, 일반상담은 2,465건으로 12.8%를 차지하였다. 한편 아동학대처벌법 시행 이전과 이후를 비교해보았을 때, 크게 차이를 보이지 않는다.

〈표 10-4〉 신고접수 건수

아동학대 의심사례 건수			동일 신고	일반 상담	해외발생사례	계
응급아동학대 의심사례	아동학대 의심사례	소 계				
2,252 (11.7)	14,399 (74.9)	16,651 (86.7)	87 (0.5)	2,465 (12.8)	11 (0.1)	19,214 (100)

출처 : 보건복지부(2015). 전국아동학대현황보고서.

2015년 신고접수 된 19,214건 중 재신고 사례는 12.3%에 해당하는 2,379건이며, 재신고 사례유형은 〈표 10-5〉에서 보는 바와 같이 사례 종결 후 재신고가 1,215건으로 6.3%의 비중을 차지하고, 사례진행 중 재신고는 969건(5.0%), 일반상담 후 재신고는

195건(1.0%)으로 집계되었다. 아동학대처벌법 시행이전과 이후는 크게 차이나지 않았다. 아동보호기관은 피학대아동과 학대행위자 및 가족환경 측면에서 학대유발 요인이 감소되고 아동의 안전이 보장되는지를 확인한 후 사례를 종결하고 있음에도 재신고 사례의 절반 이상이 재학대 사례로 판정되고 있어 학대행위자의 성향과 환경이 근본적으로 바뀌지 않는다면 학대 재발 가능성은 상존한다고 볼 수 있다.

〈표 10-5〉 재신고 사례 유형

연도	계	종결 후 재신고	사례진행 중 재신고	일반상담 후 재신고
2015	19,214	1,215(6.3)	969(5.0)	195(1.0)

출처 : 보건복지부(2015). 전국아동학대현황보고서.

2014년 월별 상담신고 접수 현황을 보면 월평균 1,601건의 신고가 접수되었고, 6월이 1,841건으로 가장 많은 신고가 접수되었으며, 2월이 1,360건으로 가장 적게 나타났다.

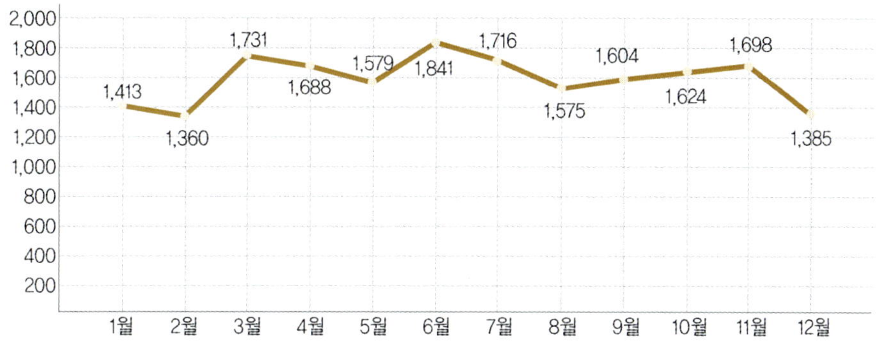

[그림 10-1] 월별 신고 접수 현황

출처 : 보건복지부(2014). 전국아동학대현황보고서.

[그림 10-1]의 월별 상담신고 접수 현황에서 알 수 있듯이 동절기는 추운 날씨로 인해 외부활동이 줄어드는 12월, 1월, 2월에는 신고건수가 현저히 줄어드는 것을 알 수 있다. 이는 두터운 외투를 입는 관계로 학대 징후가 발견되지 않고 방학기간이기 때문에 아동이 외부와의 접촉이 줄어들기 때문으로 볼 수도 있다.

아동학대 신고는 신고의무자와 비신고의무자로 나누어 볼 수 있다. 신고의무자는 아동학대를 알게 된 즉시 반드시 신고해야 하는 사람이다.

〈표 10-6〉에서 보는 바와 같이 비신고의무자에 의한 신고는 11,751건으로 전체 신고의 70.6%를 차지한다. 나머지 4,900건(29.4%)이 신고의무자에 의해 신고되고 있다. 의

무신고자에 의한 신고가 1/3 정도밖에 되지 않는 것은 신고의무자의 인식 부족이거나 신고할 경우 신변의 위협 등의 이유 때문으로 보인다. 의무신고자의 적극적인 신고를 위해서는 더 많은 홍보가 있어야 할 것이다.

〈표 10-6〉 아동학대 신고자 유형

(단위 : 건, %)

신고의무자		비신고의무자	
초·중·고교 직원	2,172 (13.0)	아동본인	1,500 (9.9)
의료인	137 (0.8)	부모	3,048 (18.3)
아동복지시설종사자	257 (1.5)	형제, 자매	231 (1.4)
장애인복지시설종사자	46 (0.3)	친인척	452 (2.7)
보육교직원	309 (1.9)	이웃, 친구	1,040 (6.2)
유치원교직원, 강사	68 (0.4)	경찰	846 (5.1)
학원 및 교습소 종사자	31 (0.2)	종교인	27 (0.2)
소방구급대원	22 (0.1)	사회복지관련종사자	3,590 (21.6)
성매매피해시설상담소종사자	12 (0.1)	낯선 사람	305 (1.8)
한부모가족복지시설종사자	5 (0.0)	익명	134 (0.8)
가정폭력상담소보호시설종사자	285 (1.7)	기타	578 (3.5)
사회복지전담공무원	602 (3.6)		
사회복지시설종사자	210 (1.3)		
가정위탁지원센터종사자	30 (0.2)		
아동복지전담공무원	58 (0.3)		
건강가정지원센터종사자	19 (0.1)		
다문화가족지원센터종사자	41 (0.2)		
정신보건센터종사자	49 (0.3)		
성폭력피해상담소보호시설종사자	72 (0.4)		
응급구조사	0 (0.0)		
의료기사	0 (0.0)		
청소년시설, 단체종사자	140 (0.8)		
청소년보호, 재활센터종사자	28 (0.2)		
아이돌보이	9 (0.1)		
취약계층아동 통합서비스 지원인력	298 (1.8)		
소 계	4,900 (29.4)	소 계	11,751 (70.6)
계		16,651 (100.0)	

출처 : 보건복지부(2015). 전국아동학대현황보고서.

2) 아동학대 사례 유형

아동복지법 제2조에 의한 학대의 유형인 신체학대, 정서학대, 성학대, 방임, 유기, 중복학대별로 사례를 살펴보면 [그림 10-2]와 같다.

아동학대의 유형은 중복학대가 45.6%로 가장 많고, 그 다음이 정서학대 17.5%이며, 방임이 17.2%로 세 번째로 많게 나타났다. 아동학대는 한 가지 학대 유형으로 나타나기보다는 여러 가지의 학대가 중복으로 일어나는 경우가 많음을 알 수 있다.

아동학대 유형별 사례가 성에 따라 어떠한가는 [그림 10-3]과 같다. 방임은 여아보다는 남아에게 많이 발생하고, 성학대는 여아에게서 90.5% 발생하여 남아보다는 여아가 월등히 많은 피해를 입고 있다. 신체학대는 남아가, 정서학대는 여아에게 많이 발생한다.

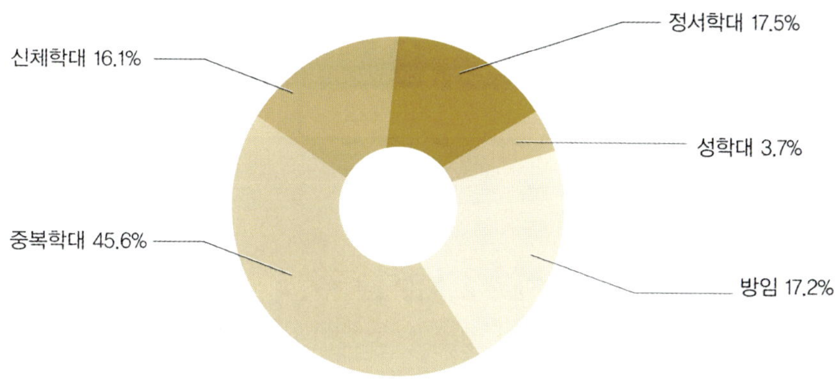

[그림 10-2] 아동학대 사례 유형

출처 : 보건복지부(2015). 전국아동학대현황보고서

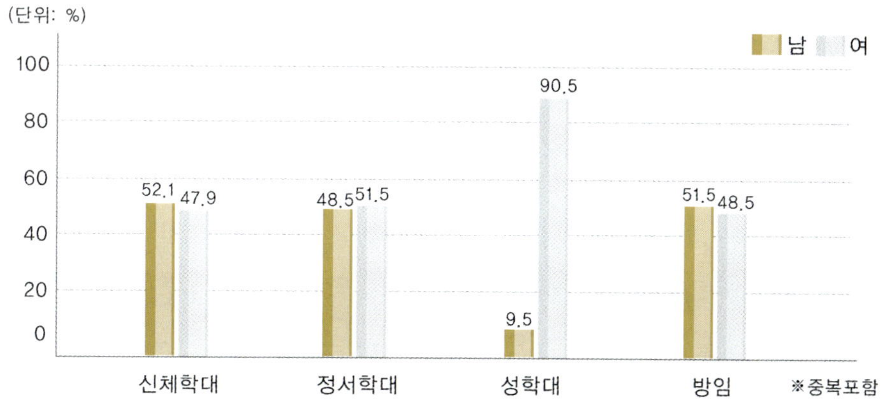

[그림 10-3] 성별 아동학대 유형

출처 : 보건복지부(2015). 전국아동학대현황보고서.

아동학대 발생이 연령별로 어떻게 나타나는지는 [그림 10-4]와 같다. 신체학대는 아직 연약한 어린 아동보다는 신체적 성숙이 어느 정도 이루어진 중학생 정도의 나이에 가장 많이 나타나고, 정서학대는 사춘기가 시작하는 시기인 13~15세 아동에게 가장 많이 발생한다.

성학대의 경우는 신체 발육이 어느 정도 이루어진 13~15세에 많이 발생하고, 방임은 초등학교 시기에 가장 많이 발생한다.

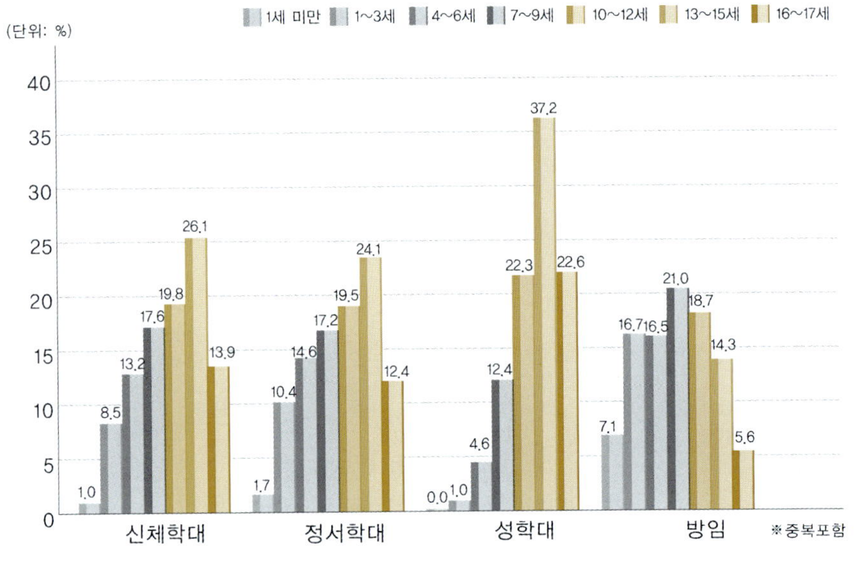

[그림 10-4] 연령별 아동학대 유형

출처 : 보건복지부(2015). 전국아동학대현황보고서.

3) 아동학대행위자

아동학대는 아동과 가까운 관계에 있는 사람에 의해서 발생한다. 학대 유형별 학대 행위자는 [그림 10-5]와 같다. 아동학대를 가장 많이 하는 사람은 아동의 부모임이 밝혀졌다. 아동학대행위자 중 81.4%가 부모라는 사실은 아동을 가장 잘 보호해야 할 위치에 있는 사람이 학대를 가장 많이 하게 된다는 것인데, 아이러니가 아닐 수 없다. 이러한 사실은 부모역할이 불충분하거나 부모의 개인적 요인이 학대의 가장 큰 원인이라는 것을 암시하는 것이다. 아동학대의 발생을 줄이려면 부모에 대한 지원이 가장 절실하고, 부모를 대상으로 자녀양육에 대한 교육과 아동의 인권 존중에 대한 가치를 알 수 있는 교육적 지원이 필요하다.

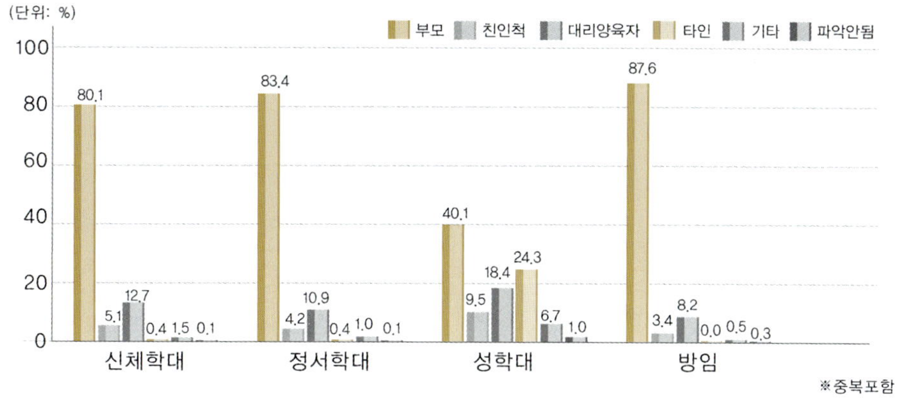

[그림 10-5] 아동학대 유형별 학대행위자

출처 : 보건복지부(2015). 전국아동학대현황보고서.

학대행위를 하는 이유는 행위자의 성격, 장애, 종교 등 여러 가지가 있을 수 있다. 학대행위의 이유는 〈표 10-7〉과 같다.

〈표 10-7〉 아동학대 행위 유발 원인

학대유형 / 특성	신체학대	정서학대	성학대	방임	계
신체적 장애	128 (0.7)	145 (0.6)	12 (1.0)	83 (0.8)	368 (0.7)
정신적 장애	75 (0.4)	79 (0.4)	8 (0.7)	113 (1.1)	275 (0.5)
장애의심	119 (0.6)	176 (0.8)	5 (0.4)	210 (2.1)	510 (1.0)
양육태도 및 방법부족	6,873 (36.5)	7,331 (32.5)	254 (21.4)	3,388 (33.6)	17,846 (33.9)
중독문제	1,276 (6.8)	1,864 (8.3)	85 (7.2)	539 (5.3)	3,764 (7.1)
질환문제	282 (1.5)	332 (1.5)	9 (0.8)	180 (1.8)	803 (1.5)
성격 및 기질문제	1,455 (7.7)	1,729 (7.7)	73 (6.2)	472 (4.7)	3729 (7.1)
위생문제	105 (0.6)	152 (0.7)	3 (0.3)	422 (4.2)	682 (1.3)
나태 및 무기력	158 (0.8)	213 (0.9)	5 (0.4)	291 (2.9)	667 (1.3)
난독해, 난작문	13 (0.1)	22 (0.1)	1 (0.1)	17 (0.2)	53 (0.1)
사회·경제적 스트레스 및 고립	3,455 (18.3)	4,155 (18.4)	96 (8.1)	2,299 (22.8)	10,005 (19.0)
어릴 적 학대경험	348 (1.8)	413 (1.8)	7 (0.6)	111 (1.1)	879 (1.7)
폭력성	1,011 (5.4)	1588 (7.0)	64 (5.4)	323 (3.2)	2,986 (5.7)
전과력	1087 (0.6)	142 (0.6)	17 (1.4)	54 (0.5)	321 (0.6)
성문제	96 (0.5)	128 (0.6)	258(21.8)	70 (0.7)	552 (1.0)
원치 않는 아동	118 (0.6)	126 (0.6)	8 (0.7)	84 (0.8)	336 (0.6)
부부 및 가족 갈등	1,957 (10.4)	2,864 (12.7)	74 (6.2)	900 (8.9)	5,795 (11.0)
종교문제	52 (0.3)	70 (0.3)	1 (0.1)	30 (0.3)	153 (0.3)
특성없음	1,017 (5.4)	852 (3.8)	104 (8.8)	404 (4.0)	2,377 (4.5)
파악안됨	199 (1.1)	183 (0.8)	102 (8.6)	86 (0.9	570 (1.1)
계	18,845(100.0)	22,564(100.0)	1,186 (100.0)	10,076(100.0)	52,671(100.0)

출처 : 보건복지부(2015). 전국아동학대현황보고서.

학대행위를 유발하는 원인이 되는 학대행위자의 개인적 특성 중 양육태도 및 방법이 부적절해서 발생하는 경우가 33.9%로 가장 많게 나타났다. 그 다음이 사회·경제적 스트레스 및 고립 때문에가 19.0%로 두 번째로 많다. 아동학대를 줄이기 위해서는 부모의 양육 태도를 올바로 형성하고, 올바른 양육방법을 습득할 수 있도록 다양한 부모교육 프로그램이 개발되고, 많은 부모와 장차 부모가 될 예비부모에게 교육적 서비스가 제공되어야 할 것이다.

4) 아동학대 발생 장소

아동학대가 가장 많이 발생하는 장소는 가정으로 82.3%를 차지한다. 아동이 가장 안전하게 보호되어야 할 장소인 가정에서 오히려 학대가 많이 발생하는 것이다. 가정 다음으로는 어린이집이 3.7%를 차지한다. 어린이집은 아동을 보호·교육하는 곳인데, 이 역시 아동을 안전하게 보호할 책임이 있는 시설에서 오히려 학대가 발생하는 것이다.

〈표 10-8〉 아동학대 발생 장소 (단위 : 건, %)

발생장소		건수(비율)
가정내	아동 가정 내	9,381 (80.1)
	학대행위자 가정 내	260 (2.2)
소계		9,641 (82.3)
집근처 또는 길가		213 (1.8)
친척집		78 (0.7)
이웃집		19 (0.2)
어린이집		432 (3.7)
유치원		207 (1.8)
학교		258 (2.2)
학원		68 (0.6)
병원		49 (0.4)
복지시설	아동복지시설	331 (2.8)
	기타복지시설	31 (0.3)
소계		362 (3.1)
숙박업소		61 (0.5)
종교시설		24 (0.2)
기타		286 (2.4)
파악안됨		17 (0.1)
계		11,715 (100.0)

출처 : 보건복지부(2015). 전국아동학대현황보고서.

5) 피해아동 조치결과

2014년 전체 아동학대 피해아동 초기조치결과 11,715건 중에서 원가정에 아동이 보호된 경우는 8,588건으로 73.3%를 차지한다. 가정을 떠나 격리·보호된 아동은 3,110건으로 26.6%를 차지한다. 아동이 사망한 경우도 17건이 있었다. 격리·보호는 피해아동의 보호자가 보호할 능력이나 의사가 없어 재학대 발생 위험이 있는 경우와 재학대 위험이 높은 학대행위자를 가정에서 격리하지 못하는 경우, 그리고 유해한 환경이 아동에게 가해질 것으로 판단되는 경우일 때 해당된다. 아동학대 10건 중 7건의 피해아동을 가정에 보호하는 이유는 아동학대 예방사업의 궁극적인 목표인 원가정 유지를 반영하는 것이다. 비록 학대가 발생하였다 하더라도 아동의 안전에 심각한 위협이 되지 않는 한 피해아동을 보호자로부터 격리하기보다는 원가정의 기능을 강화하고 학대 발생 요인을 최소화하여 가정을 보존하려 하기 때문이다.

아동이 원가정으로부터 격리될 때 상당한 심리적 충격과 위축을 경험할 수 있으며, 피해아동 격리와 함께 가정이 해체되는 가능성도 있기 때문에 피해아동 격리·보호는 매우 신중히 결정해야 한다.

피해아동을 초기에 격리·보호한 후 가정에 빨리 복귀시키는 것이 아동을 위해서 바람직한 것이다. 초기 격리·보호된 후 가정에 복귀되는 시기는 1개월 미만이 45.3%로 가장 많고, 1개월 이상 3개월 미만이 24%를 차지한다. 대부분 피해아동은 3개월 안에 가정으로 복귀하는 것으로 나타났다.

피해아동을 가정으로부터 격리·보호 후 1개월 안에 가정으로 복귀한 사례들은 학대행위자가 학대행위를 인정하고 아동보호전문기관의 상담 및 서비스에 적극적으로 참여하는 등 자녀에 대한 양육 의지가 강할 뿐만 아니라 피해아동도 가정으로 복귀를 원하는 경우이다. 아동보호전문기관은 피해아동을 격리·보호한 후 아동의 가정이 아동에게 최적의 환경이 될 수 있도록 학대행위자와 가족에게 치료 및 교육 서비스를 제공하며 학대유발 요인을 최소화한다.

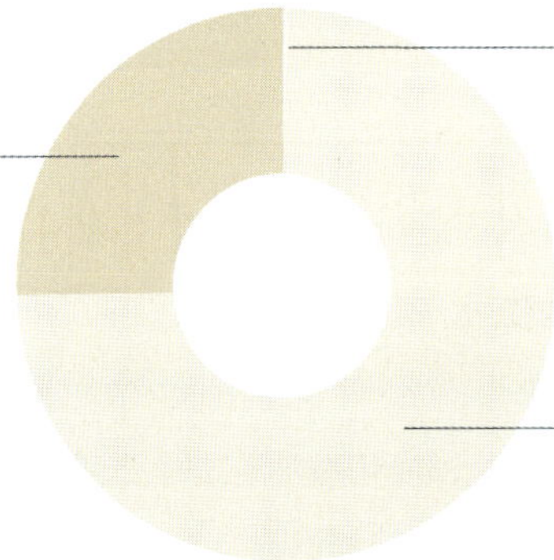

[그림 10-6] 피해아동 초기 조치결과

출처 : 보건복지부(2011). 전국아동학대현황보고서.

〈표 10-9〉 피해아동 초기 조치결과

(단위 : 건, %)

원가정 보호	분리보호							사망	계
	친족(친인척) 보호	연고자에 의한 보호	가정 위탁	임시 보호	장기 보호	병원 입원	소계		
8,588 (73.3)	807 (6.9)	161 (1.4)	11 (0.1)	1,790 (15.3)	234 (2.0)	107 (0.9)	3,110 (26.6)	17 (0.1)	11,715 (100.0)

〈표 10-10〉 초기 격리 · 보호된 후 가정에 복귀 시기

복귀 시기	건수(비율)
초기 분리보호 후 1개월 미만	469 (45.3)
초기 분리보호 후 1개월~3개월	248 (24.0)
초기 분리보호 후 3개월~6개월	186 (18.0)
초기 분리보호 후 6개월~1년	130 (12.6)
초기 분리보호 후 1년 이상	2 (0.2)
계	1,035(100.0)

출처 : 보건복지부(2015). 전국아동학대현황보고서.

6) 학대행위자 조치결과

학대행위자에게 가장 많이 취해진 조치는 '지속 관찰'로 74.4%를 차지한다. 이들에 대해서는 지속적인 상담과 교육, 재학대 발생 여부에 관한 모니터링이 실시된다. 학대행위자에 대한 고소 · 고발 조치는 3,564건으로 전체의 20.4%를 차지한다. 학대행위자에 대한 고소·고발 조치가 낮은 것은 학대행위자가 주로 부모라는 점과 학대행위 원인이 양육태도 및 방법부족이라는 점과 무관하지 않다. 이러한 이유 때문에 법적 처벌보다는 학대행위자의 성품과 행동 교정과 재학대 예방에 초점을 두는 것이 효과적이기 때문이다.

〈표 10-11〉 학대행위자의 최종 조치결과

단위 : 빈도(%)

지속관찰	아동과의 분리	고소·고발·사건처리	만나지 못함	계
7,270(62.1)	460(3.9)	3,564(30.4)	421(3.6)	11,715(100.0)

출처 : 보건복지부(2015). 전국아동학대현황보고서.

7) 학대피해아동에 대한 서비스

학대받은 아동은 학대로 인한 상처를 조기에 완전히 치유해 주는 것이 가장 바람직한 서비스가 된다. 아동보호전문기관은 피해아동이 후유증을 극복하고, 학대행위자의 재학대를 예방하며 피해아동의 가족기능을 강화하고, 환경을 개선하는 서비스를 제공하고 있다.

2015년 이전의 피해아동에게 제공된 서비스는 251,733회이며, 2015년 피해아동에게 제공된 서비스는 276,682회로 나타났다.

피해아동에게 제공된 구체적인 서비스는 상담이 50.2%로 가장 많고, 일시보호 서비스가 30.1%, 심리치료 서비스가 8.9%로 나타났다. 일시보호 서비스가 많이 제공된 것은 피해아동의 안전이 심각하게 위협받아 긴급 분리하여 장기 보호조치하기 이전에 일시보호시설에 보호하는 경우가 많기 때문이다. 피해아동의 신체적 외상과 심리적 외상을 치료해 주는 의료 서비스와 심리치료 서비스의 비중은 비교적 낮은 것으로 나타났다. 피해아동이 받은 심리적 외상을 치료해 주기 위해서는 앞으로 의료 및 심리치료 서비스를 강화할 필요가 있다. 이를 위해서는 임상심리상담사를 많이 양성하는 일이 동시에 이루어져야 할 것이다. 피해아동이 바람직한 양육환경에서 성장하기 위해서는 가족기능을 강화하는 서비스도 늘려야 할 것이다.

〈표 10-12〉 피해아동에 대한 서비스

단위 : 빈도(%)

서비스 \ 신고시점		2015년 이전 신고사례	2015년 신고사례
상담서비스	개별상담	54,616 (25.3)	50,483 (18.2)
	집단상담	1,191 (0.6)	940 (0.3)
	기관상담	58,975 (27.3)	85,293 (30.8)
	주변인상담	2,471 (1.1)	2,283 (0.8)
	소계	117,253 (54.4)	138,999 (50.2)
의료서비스	검진 및 검사	225 (0.1)	751 (0.3)
	입원치료	3,084 (1.4)	4,159 (1.5)
	통원치료	619 (0.3)	671 (0.2)
	소계	3,928 (1.8)	5,581 (2.0)
상담치료서비스	심리검사	1,012 (0.5)	2,831 (1.0)
	심리치료	25,218 (11.7)	21,835 (7.9)
	소계	26,230 (12.2)	24,666 (8.9)
가족기능강화서비스	가정지원서비스	5,911 (2.7)	6,299 (2.3)
	사회복지서비스기관연결	407 (0.2)	659 (0.2)
	공적지원연결	374 (0.2)	240 (0.1)
	소계	6,692 (3.1)	7,198 (2.6)
일시보호서비스		52,218 (24.2)	83,279 (30.1)
사건처리지원서비스		2,487 (1.2)	8,680 (3.1)
행위자수탁프로그램	임시조치	2 (0.0)	3 (0.0)
	조건부기소유예	0 (0.0)	0 (0.0)
	보호처분	1 (0.0)	6 (0.0)
	소계	3 (0.0)	9 (0.0)
기타		6,922 (3.2)	8,270 (3.0)
계		215,733 (100.0)	276,682 (100.0)

출처 : 보건복지부(2015). 전국아동학대현황보고서.

8) 학대행위자에 대한 서비스

학대행위자에게 서비스를 제공하는 이유는 학대행위자의 학대유발 요인을 감소시켜 재학대 가능성을 낮추기 위한 것이다. 2015년 한 해 동안 학대행위자에게 총 74,624회의 서비스가 제공되었다. 그중에서 가장 많이 제공된 서비스는 상담 서비스로 80.3%를 차지하고, 그 다음은 심리치료 서비스로 6.6%를 차지한다. 의료 서비스는 5.2%이었다.

학대행위의 원인이 되는 학대행위자의 특성이 자녀양육태도 및 방법 부족과 사회·경제적 스트레스 및 고립의 문제가 많은 비중을 차지한 점을 감안하면 학대행위자의 학대유발 요인을 감소시키기 위해서는 전문적인 치료 서비스와 교육 서비스가 제공되어야 한다.

〈표 10-13〉 **학대행위자에 대한 서비스** 단위 : 빈도(%)

서비스 \ 신고시점		2015년 이전 신고사례	2015년 신고사례
상담서비스	개별상담	41,065 (71.8)	48,918 (65.6)
	집단상담	284 (0.5)	352 (0.5)
	기관상담	6,150 (10.7)	10,214 (13.7)
	주변인상담	374 (0.7)	423 (0.6)
	소계	47,873 (83.7)	59,907 (80.3)
의료서비스	검진 및 검사	18 (0.0)	90 (0.1)
	입원치료	1,754 (3.1)	37,47 (5.0)
	통원치료	72 (0.1)	40 (0.1)
	소계	1,844 (3.2)	3,877 (5.2)
상담치료서비스	심리검사	255 (0.4)	744 (1.0)
	심리치료	3,129 (5.5)	4,185 (5.6)
	소계	3,384 (5.9)	4,929 (6.6)
가족기능강화서비스	가정지원서비스	537 (0.9)	763 (1.0)
	사회복지서비스기관연결	49 (0.1)	141 (0.2)
	공적지원연결	35 (0.1)	28 (0.0)
	소계	621 (1.1)	932 (1.2)
사건처리지원서비스		142 (0.2)	394 (0.5)
행위자수탁프로그램	임시조치	513 (0.9)	2,093 (2.8)
	조건부기소유예	96 (0.2)	304 (0.4)
	보호처분	1,854 (3.2)	1,195 (1.6)
	소계	2,463 (4.3)	3,592 (4.8)
기타		885 (1.5)	993 (1.3)
계		57,212 (100.0)	74,624 (100.0)

출처 : 보건복지부(2015). 전국아동학대현황보고서.

9) 부모 및 가족에 대한 서비스

부모 및 가족에 대한 서비스는 비가해 부모와 가족에게 제공한 서비스를 말한다. 비가해 부모와 가족은 학대의 직접적인 피해는 아니지만 피해아동 이상으로 심리적 고통을 경험한다. 특히, 부모들은 자녀에 대한 보호를 잘못했다는 죄책감으로 고통을 겪는다. 이런 경우 가족기능이 저하될 우려가 높다. 가족기능의 저하는 피해아동의 후유증 치료와 가족의 통합을 방해할 수가 있어 적절한 서비스 제공이 중요하다.

〈표 10-14〉 부모 및 가족에 대한 서비스

단위 : 빈도(%)

서비스 \ 신고시점		2015년 이전 신고사례	2015년 신고사례
상담서비스	개별상담	46,945 (75.8)	60,800 (75.4)
	집단상담	463 (0.7)	584 (0.7)
	기관상담	7,314 (11.8)	9,548 (11.8)
	주변인상담	831 (1.3)	522 (0.6)
	소계	55,553 (89.7)	71,454 (88.7)
의료서비스	검진 및 검사	43 (0.1)	139 (0.2)
	입원치료	138 (0.2)	1,300 (1.6)
	통원치료	91 (0.1)	119 (0.1)
	소계	272 (0.4)	1,558 (1.9)
상담치료서비스	심리검사	273 (0.4)	612 (0.8)
	심리치료	3,082 (5.0)	3,569 (4.4)
	소계	3,355 (5.4)	4,181 (5.2)
가족기능강화서비스	가정지원서비스	1,097 (1.8)	1,502 (1.9)
	사회복지서비스기관연결	56 (0.1)	98 (0.1)
	공적지원연결	17 (0.0)	41 (0.1)
	소계	1,170 (1.9)	1,641 (2.0)
행위자수탁프로그램	임시조치	80 (0.1)	166 (0.2)
	조건부기소유예	2 (0.0)	1 (0.0)
	보호처분	69 (0.1)	84 (0.1)
	소계	151 (0.2)	251 (0.3)
기타		1,440 (2.3)	1,509 (1.9)
계		61,941 (100.0)	80,594 (100.0)

출처 : 보건복지부(2015). 전국아동학대현황보고서.

2015년 80,594회의 서비스가 제공되었다. 이는 피해아동에게 제공된 서비스 276,682회에 비하면 아주 적은 서비스가 제공된 것이다. 총 제공된 서비스 중에서 상담 서비스가 88.7%로 가장 많고, 심리치료 서비스 5.2%, 가족기능강화 서비스가 2.0%를 차지한다. 이는 부모 및 가족에게 제공되는 서비스가 상대적으로 부족하고 대부분 상담 서비스에 의존하고 있는 것은 가족에게 필요한 다양한 서비스를 제공할 수 있는 인프라가 구축되지 않았다는 것을 의미한다. 따라서 향후 부모 및 가족의 요구에 부응하는 서비스를 제공하기 위해서는 전문가를 양성하고 인력을 확보하는 것이 필요하다.

5. 아동학대에 대한 교사의 역할

1) 아동학대 신고의무자

아동을 보호하고 교육하는 유치원과 학교, 어린이집, 그 밖에 아동보호기관의 담당자는 직무상 아동을 가까이에서 관찰할 수 있는 조건을 가지고 있어 아동학대를 발견하기 쉬운 입장에 있다. 아동학대를 조기에 발견하고 적절한 조치를 받을 수 있도록 하는 것이 예방과 함께 매우 중요한 일이다.

아동학대 신고의무 규정은 학대행위자 처벌보다는 아동의 보호에 목적이 있으며, 아동이 미성숙하여 스스로 학대 사실을 인지하지 못할 뿐만 아니라 스스로 신고하지 못하므로 아동을 보호하는 입장에 있는 사람이 책임져 주어야 한다는 데 근거를 두고 있다.

아동복지법 제26조에 의하면 누구든지 아동학대를 알게 된 때에는 아동보호전문기관(아동학대예방센터) 및 수사기관에 신고할 수 있으며, 직무상 아동학대를 알게 된 때에는 즉시 아동보호전문기관 또는 수사기관에 신고하여야 한다고 규정하고 있다. 이는 아동학대 사례의 발견을 용이하게 하여 아동학대에 대한 개입을 적극적으로 수행할 수 있도록 하는 데 목적이 있다.

아동복지법에서 규정한 신고의무자는 ① 초·중등교육법 제19조 규정에 의한 교원, ② 의료법 제3조 규정에 의한 의료업을 행하는 의료인, ③ 아동복지시설의 종사자 및 그 장, ④ 장애인복지법 제37조 규정에 의한 장애인 복지시설에서 장애아동에 대한 상담·치료·훈련·요양을 행하는 자, ⑤ 영유아보육법 제7조 규정에 의한 어린이집의 종사자, ⑥ 윤락행위 등 방지법 제11조 규정에 의한 복지시설의 종사자 및 여성복지상담소의 상담원, ⑦ 모자복지법 제7조 규정에 의한 모자복지상담소의 상담원 및 종사자, ⑧ 가정폭력방지 및 피해자보호 등에 관한 법률 제5조 규정에 의한 가정폭력 관련 상담소의 상담원 및 그 종사자, ⑨ 아동복지지도원 및 사회복지사업법 제14조 규정에 의한 사회복지전담공무원으로 규정하고 있다.

2) 아동학대 개입

유치원교사나 보육교사는 저연령의 아동을 보호하고 교육하는 직무를 수행하고 있기 때문에 아동학대를 받기 쉬운 연령의 아동학대 사례를 발견하기 쉽다. 아동을 건전하게 성장시키는 일은 교육 서비스와 더불어 보호 서비스가 충분히 이루어져야 한다. 유치원교사나 보육교사는 아동의 기본적인 욕구를 충족시켜 주어야 하는데, 아동의 안전을 책임지는 것은 의식주에 관련한 욕구 충족과 더불어 생존이 달린 가장 기본적인 욕구를 충족시키기 위한 것이다.

유치원교사와 보육교사의 아동학대와 관련해서 구체적인 역할을 살펴보면 다음과 같다(Rowe, 1981).

첫째, 관찰자의 역할이다. 교사는 아동을 가정 밖에서 공식적으로 가장 가까이에서 접할 수 있으므로 아동의 행동 및 개개인의 요구를 확인하는 관찰자의 역할을 해야 한다. 관찰은 아동이 교육기관에 등원할 때부터 귀가 때까지 이루어지는데, 아동의 안색과 기분 상태, 외견상 특이점, 평소와 다른 행동 등을 면밀히 관찰하고, 학대의 의심이 있을 때는 아동과 면담을 실시하여 구체적으로 알아보아야 한다.

둘째, 신고자의 역할이다. 학대를 당하고 있는 아동을 발견했을 때는 아동과 부모의 권리를 보장하기 위해 관계기관에 신고해야 한다.

셋째, 프로그램 개발 및 실천자의 역할이다. 교사는 위기에 처해 있는 아동을 도울 수 있는 교육 프로그램을 계획하고 실천하는 직무를 수행할 수 있어야 한다. 학대를 예방하기 위해 아동 스스로 방어할 수 있는 지혜를 가르치기 위한 예방 프로그램이나 이미 학대 받은 아동의 상처를 치유해 줄 수 있는 치료 프로그램을 개발하고 실천하는 것은 교사로서 아동의 건전한 성장을 할 수 있도록 조치를 취하는 것이다.

넷째, 상담자 및 치료자의 역할이다. 교사는 위기에 처한 아동에게 더 많은 관심을 보이고, 그 아동이 가지고 있는 요구를 수용해 주고, 어려움을 완화해 주는 상담기술과 치료기술을 가지고 있어야 한다. 학대받은 아동에게는 우선 아동이 죄책감을 버리고 긍정적인 자기 이미지를 확립하도록 지지해 주고, 아동의 욕구에 민감하게 반응하며, 아동을 존중하고 아동을 이해해야 한다. 그리고 아동이 학대받은 것이 아동의 잘못이 아님을 확인시켜 주어야 한다. 아동이 주변에 대해 신뢰감을 가질 수 있도록 해 주며, 고립감을 줄이고 인간관계를 형성할 수 있도록 사회적 기술을 가르쳐 주어야 한다. 아동에게 긍정적 경험을 해볼 수 있는 기회를 주며, 칭찬과 격려를 해주어야 한다.

또한 가해자가 부모 또는 보호자인 경우는 부모교육과 부모상담을 통해 자녀양육 행동을 개선할 수 있는 서비스를 제공할 수 있어야 한다. 교사는 평소에 아동과 부모의 상호작용 상태를 파악하여 미숙한 상호작용을 하는 부모에 대하여는 자주 면담을 통하여 부모의 상호작용 패턴을 바꾸어 주어야 한다. 또한 부모교육 프로그램을 실시하여 양육책임자로서의 부모역할, 아동발달에 대한 이해, 아동학대의 정의, 피학대 아동의 특징, 바람직한 양육태도 등에 대한 지식 및 태도를 형성하도록 도와야 한다.

다섯째, 자원동원 및 활용자로서의 역할이다. 교사는 학대받고 있는 아동을 보호하기 위해 지역사회의 인적 · 물적 자원을 효율적으로 활용할 수 있어야 한다. 아동과 부모가 고립되지 않고, 사회적 지지망 안에 있도록 지역사회의 기관 또는 이웃과 연결되도록 도와야 한다.

6. 아동학대에 대한 서비스 전달과정

아동학대에 대한 신고가 접수되면 빠른 시간에 피해아동을 구하기 위해 체계적인 절차로 대응한다. 아동학대 신고를 위하여 '국번 없이 1391'의 전화가 전국 핫라인으로 24시간 운영되고 있다. 핫라인으로 아동학대를 신고 받는 아동보호전문기관(아동학대 예방센터)은 현재 서울특별시 2개소, 6개 광역시 및 9개도에는 1개소씩 설치되어 있다. 또한 소규모 아동학대 예방센터 19개소를 설치 · 운영하고 있다.

1) 1단계 : 긴급전화에 신고 및 접수

누구든지 아동학대를 알게 되거나 아동학대가 의심되는 경우 아동학대 예방 및 상담기관이나 경찰에 신고할 수 있다. 신고전화는 전국적으로 1391이며 24시간 운영된다.

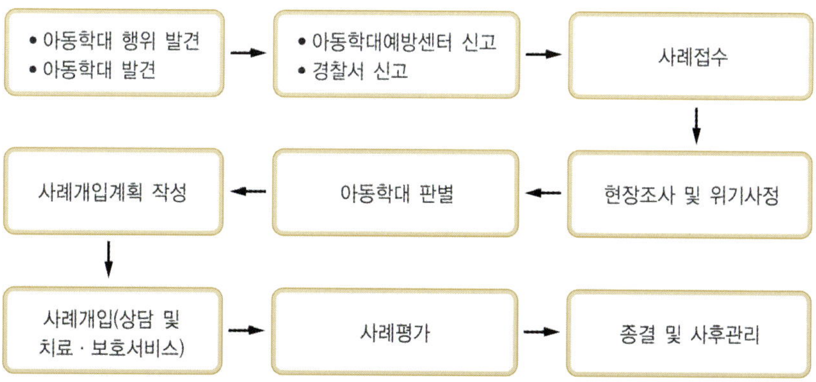

[그림 10-7] 아동학대 서비스 전달과정

2) 2단계 : 현장조사 및 위기사정

아동학대 신고를 받은 아동보호전문기관의 직원, 사법경찰관은 지체 없이 현장을 조사하여 조사 내용을 서면으로 작성하여야 한다. 현장조사 및 위기사정의 목적은 조사자가 충분한 자료와 정보를 수집·분석하여 학대 사실 및 위급성 여부를 확인하고 사례개입 및 프로그램 제공 계획을 세운다. 현장조사 및 위기사정의 결과 아동학대가 긴급하다고 판단될 경우 상담원은 가족에 대한 종합 사정 또는 아동보호서비스 전달체계의 다음 단계로 넘어가기에 앞서 아동의 안전을 위한 비상조치 및 응급 서비스를 우선적으로 제공해야 한다.

3) 3단계 : 보호조치

학대행위자가 아동의 보호자로서 아동을 장기 격리시킬 필요가 있다면 일선 공무원은 아동복지법 제11조, 제12조에 의하여 가정위탁보호를 의뢰하거나 사회복지시설에 입소시킬 수 있다. 아동학대 예방센터는 접수된 사례가 아동학대로 결정되면 아동과 그 가족의 욕구를 확인하고 학대를 유발하는 원인을 제거하기 위하여 가장 적절한 개입 전략과 서비스를 제공한다.

4) 4단계 : 사례평가 종결 및 사후관리

사례종결은 개입목표가 이루어져 아동학대 재발 가능성이 희박하다고 평가될 때나 제공된 개입이 적절한 변화 수준으로 이끌지 못하는 경우이다. 후자의 경우, 다른 기관으로 의뢰가 이루어진다. 사후관리는 가족의 안정 유지와 학대 재발의 예방을 목적으로 한다. 종결된 사례는 6개월 동안 매월 1회 이상 유선통화 또는 방문 등의 방법으로 가족 또는 아동과 접촉하여 문제의 재발생 여부를 모니터한다.

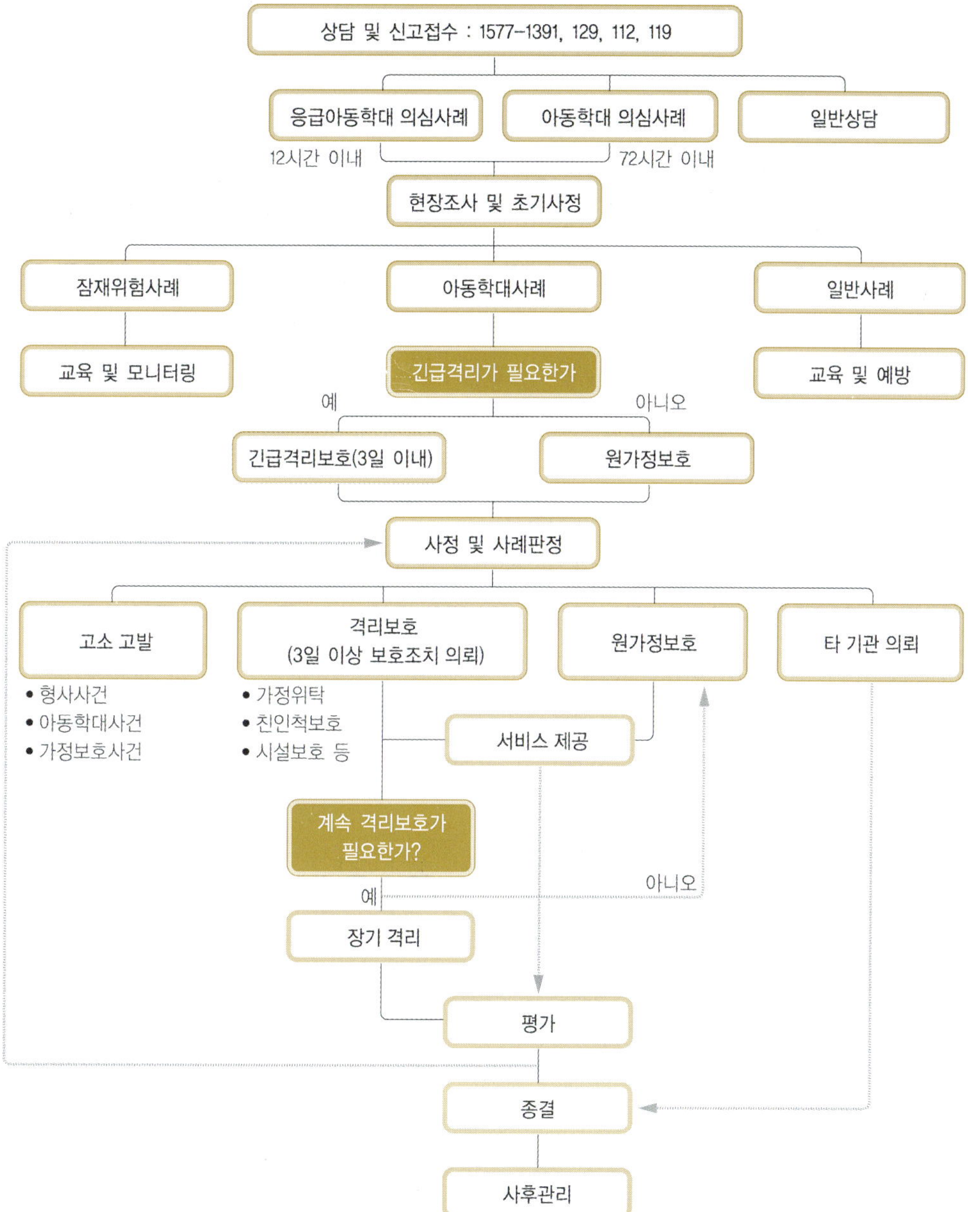

[그림 10-8] 아동보호전문기관 업무흐름도

7. 아동학대의 원인

아동학대는 아동이 주요 생활하는 환경에서 발생한다. 아동학대를 예방하기 위해서는 그 원인을 분석하여 아동을 둘러싸고 있는 환경을 조절함으로써 학대의 발생을 원천적으로 차단할 수 있을 것이다. 일반적으로 아동학대의 원인은 아동과 부모의 개인적인 요인과 사회적 요인으로 분류할 수 있다(주정일 · 이소희, 1998).

1) 아동과 부모의 개인적인 요인

(1) 아동의 요인

아동의 특성이 학대를 유발한다는 것인데, 아동이 의도적으로 학대를 유발한다는 것은 무리가 있지만 아동에게는 학대를 야기하는 특징이 있다는 것이다. 학대의 원인이 되는 아동의 특성으로는 기질, 건강, 장애 및 발달지체, 문제행동, 출생상황 등을 들 수 있다. 이와 같은 아동의 특성은 부모의 경제적 · 심리적 부담을 유발하고, 부모-자녀 간의 유대 형성을 방해하여 부모로 하여금 부정적 감정을 갖게 하여, 학대행위로 이어지게 한다.

선천적으로 기질이 까다로운 아동은 부모의 학대 행동을 유발하는 요인으로 작용한다. 다루기 힘든 충동성, 잦은 울음, 보챔 등은 부모의 훈육방법을 극단적으로 만들어 매를 들거나, 신경질적으로 반응하게 한다. 또한 대인관계의 형성과 발달에 문제를 지니고 있는 아동이 학대받기 쉽다. 또래나 어른들의 접근에 지나치게 공격적이고 거칠게 대응하거나 수줍음을 많이 타고 두려워하며, 소극적이고 위축된 행동을 보이는 아동이 대인관계가 원만한 아동보다 학대받을 소지가 크다.

(2) 부모의 요인

아동학대와 관련된 부모의 특성으로는 정신병리적 요인, 정서적 · 심리적 요인으로 나누어 설명된다.

첫째, 정신병리적 요인은 부모에게 질환이 때문에 자녀를 학대 한다는 것이다. 부모가 과거 아동기에 정서적 박탈 또는 신체적 학대를 받은 경험이 있는 부모는 자녀에 대할 때 자신이 어릴 때 받은 고통과 같이 자녀에게도 고통을 줄 수 있다. 또한 정신병, 우울증, 약물남용, 정신지체 등으로 인해 자녀를 정상적으로 돌보지 못하고 학대하는 경우가 있다.

둘째, 부모의 심리적 특성 및 성격구조상의 문제는 자녀에게 비정상적인 행동으로 학대를 자행한다. 부모가 어린 시절 주변 사람들로부터 적대, 비난, 처벌, 무시, 복종, 과잉기대 등에 영향을 받아 비정상적인 성격이 형성되고 이것 때문에 학대를 하는 것이다. 세상에 대하여 적대감을 가지고 작은 분노를 참지 못하는 성격을 가진 부모는 자신이 믿고 있는 것에 대한 강박적 행동을 하고, 부모로서 미숙하고 충동적이기 때문에 자녀를 학대 한다.

셋째, 아동의 심리를 잘 모르기 때문에 아동에 대해 비현실적인 기대를 하거나, 아동의 행동을 확대 또는 축소하여 해석하는 경향이 있다. 권위주의적 양육성향을 가진 부모는 일방적 명령을 하거나 자녀들에게 절대적인 복종을 강요한다. 이러한 부모들은 체벌위주의 훈육을 하고, 일상생활에서 엄격한 규율과 질서를 중시하고, 수직적인 부모-자녀관계를 맺는다.

넷째, 아동의 각 발달단계에서 아동의 특성에 대해 부모의 반응이 역기능적일 때 학대 가능성은 높아지게 된다. 부모가 아동의 발달을 이해하고 그에 부합하는 대응을 해야 하는데 그렇지 못한 부모는 아동의 심리적·정서적 안정을 해치고, 신체적 고통을 안길 수 있다.

2) 가족 요인

아동학대를 유발하는 가족 요인은 가족구조에 의한 경우와 가족의 상호작용, 가정의 경제사정 등이 있다. 학대 가능성이 있는 가족구조의 특성은 양부모, 재혼가족, 결손가정, 확대가족, 미성년부모 등이 있다.

가족의 상호작용 유형이 부정적이면 아동에게 거부적 태도를 보이거나, 구타와 욕설 등으로 아동을 강압하는 경향이 있다. 가정의 경제사정은 가족 구성원이 심리적 위축과 스트레스를 받기 때문에 부부싸움이 잦고, 자녀에게도 학대를 할 가능성이 있다.

결손가정에서는 부 또는 모가 양부모의 역할을 수행해야 하는데, 부모의 책임을 다할 수 없을 때 스트레스를 받아 학대 행동을 한다는 것이다. 미성년의 부모는 책임감이 약하고 충동성이 강하기 때문에 학대의 가능성이 크다.

3) 사회문화적인 요인

사회문화적 요인으로는 사회에서 인식하는 체벌, 폭력, 아동양육에 대한 태도가 아동학대에 영향을 미친다. 아동에 대한 부모의 폭력에 사회가 관용적 태도를 보이면 간접적으로 아동학대를 하도록 분위기를 조성하는 것이다.

사회가 도시화되고, 핵가족화 되어감에 따라 가족의 영역이 점차 사적인 영역이 되고, 고립화됨으로써 아동학대를 증가시킨다. 실제로 아동학대 가정은 이웃이나 친인척들 간에 왕래가 거의 없으며, 지역사회 내 공식적·비공식적 사교모임에도 참석하는 일이 없었다.

이 밖에도 아동양육에 관한한 부모의 고유 권한이며, 전적으로 부모의 책임 영역이라는 사회의 인식은 아동학대를 유발하는 원인이 된다.

4) 생태학적 요인

생태학적 요인은 아동학대의 여러 요인이 상호작용하여 아동학대가 발생한다는 것이다. 즉, 부모와 아동의 개인적 특성이 환경적 요인과 상호작용하여 학대를 유발한다는 것이다. 부모가 자녀를 학대하기까지의 과정을 발생적 발달 차원으로 이해한다. 학대를 둘러싼 생태학적 공간을 미시적 체계, 외부체계 및 거시적 체계가 서로 영향을 주고받으며 아동학대가 발생된다. 미시체계는 아동학대가 즉각적으로 일어나는 상황으로 아동과 부모 및 부부, 기타 가족이 처한 상황적 조건이며, 외부체계는 가족의 생활에 영향을 주는 취업 상태와 자원의 분배 및 사회적 혜택의 제공 등의 공식 및 비공식 구조를 말한다. 거시적 체계는 아동학대를 묵인하거나 강화하는 사회의 가치관과 분위기 등이다(이소희, 1989).

실제로 아동학대가 일어나는 현상은 아동을 둘러싼 환경의 종합적 영향으로 보아야 하기 때문에 생태학적 요인은 아동학대의 원인을 분석하는 데 매우 유용하다고 볼 수 있다.

〈표 10-15〉 아동학대 요인

요 인	내 용	
부모 요인	• 정신질환 • 엄격하고 지배적인 성향 • 우울증 • 미성년 부모 • 아동기 학대 경험 • 자기이해 부족 • 미혼부모 • 부적절한 자녀 관리기술 • 왜곡된 양육 태도 • 부모역할 책임 과중	• 사회적 기술 부족 • 알코올 및 약물 남용 • 공격성 • 아동기 애착장애 • 사회적 고립 • 부모역할 미숙 • 신체적 · 정신적 발달장애 • 분노 통제 부족 • 아동기 빈번한 폭력 목격 • 비일관적 훈육
아동 요인	• 질병 • 신체적 발달장애 • 문제행동 • 조산	• 부모 성격과 불일치 • 까다로운 기질 • 원치 않는 임신 • 부모가 싫어하는 사람과 닮음
가족 요인	• 결손 가정 • 빈곤 • 재혼가정 • 양부모	• 자녀 수의 과다 • 연년생 • 불량한 주거환경 • 확대가족
사회문화적 요인	• 체벌의 허용 • 사생활의 극단적 불간섭 • 지역사회에서 고립	• 빈곤문화 • 권위적 자녀양육 • 폭력적 매스미디어

8. 미국의 아동학대 대응

미국은 1974년 아동학대 예방과 치료법에 따라 연방정부에 '전국아동학대방지센터'를 설치하여 아동학대 문제를 조정하고 있다. 학동학대 신고법은 1962년을 전후해서 각 주마다 입법화되었고, 1970년대에 들어와서는 아동학대의 개념이 확대되어 방임, 성학대, 정서적 학대 등 아동복지에 유해하다고 인정되는 모든 행위를 학대에 포함시켰다. 미국의 모든 지역에서 24시간 신고체계가 갖춰져 있으며, 아동학대를 알고 신고하지 않은 사람들에 대해서도 구금 또는 벌금형에 처하도록 되어 있다(U.S., Department of Health and Human Service, 1984).

국립아동학대 및 방임센터는 다음 다섯 개의 항목에 이르는 주요 역할과 업무를 담당하고 있으며 효율적인 업무수행을 위해 11개 지역센터를 운영하고 있다.

- 아동학대 및 방임에 관련된 조사 결과에 대한 자료수집, 분석과 출판
- 각종 정보의 개발 및 유지
- 요원 훈련자료의 수집 및 출판
- 예방 및 치료에 관련된 기관에 대한 기술 지원과 프로그램 개발
- 원인과 예방에 관한 조사 실시

〈표 10-16〉 미국의 아동보호서비스의 종류

서비스의 종류	구체적 내용
긴급 서비스 (emergency service)	긴급한 위험에 처한 가정을 위한 긴급 피난처 제공, 긴급 위기 상담, 긴급 재정적 보조 등을 제공하는 서비스
상담 서비스(counseling)	일반적·정서적 문제와 약물중독과 같은 특별한 문제에 대한 상담 서비스
단기특별 상담 서비스 (intensive counseling)	단기적으로 특별한 상담이 필요한 가정에 대해 평균 6주 정도의 짧은 기간 내에 집중적으로 제공되는 상담 서비스
가정보조 서비스 (homemaker service)	부모의 양육부담을 경감시키기 위해 여러 집안일을 대신하여 주거나 집안일을 하는 방법을 가르쳐 주는 서비스
부모보조 서비스 (parent-aide)	매우 짧은 기간(보통 1일) 동안 부모 대신 아동을 돌보아 주거나 집안일을 대신해 주거나 교통편 등을 제공해 주는 서비스
간호사 서비스 (visiting nurse)	간호사가 직접 가정을 방문하여, 부모에게 아동양육법이나 긴급한 상황에 대처하는 법들을 가르쳐 주는 서비스
보육 서비스 (day-care program)	양육에서 오는 부모의 스트레스를 줄이기 위해, 필요한 아동에 대해 종일반 혹은 반일반의 보육을 제공하는 서비스
부모교육 (parent education)	가족계획, 유아를 돌보는 방법, 아동훈육법 등에 관하여 부모에게 제공되는 교육 서비스
교통편 제공 서비스 (transportation service)	의료 서비스나 상담 서비스 등을 이용하는 데 필요한 교통편을 제공해 주는 서비스
자조그룹 (self-help group)	비슷한 문제에 처해 있는 부모끼리 그룹을 만들어 정기적으로 모여 함께 도와가며 문제를 해결해 가는 그룹

출처 : Stein, T. J. (1998). *Child welfare and the law*. Longman.; 김형모(2000). 아동복지체계의 확립방안. 보건복지포럼.

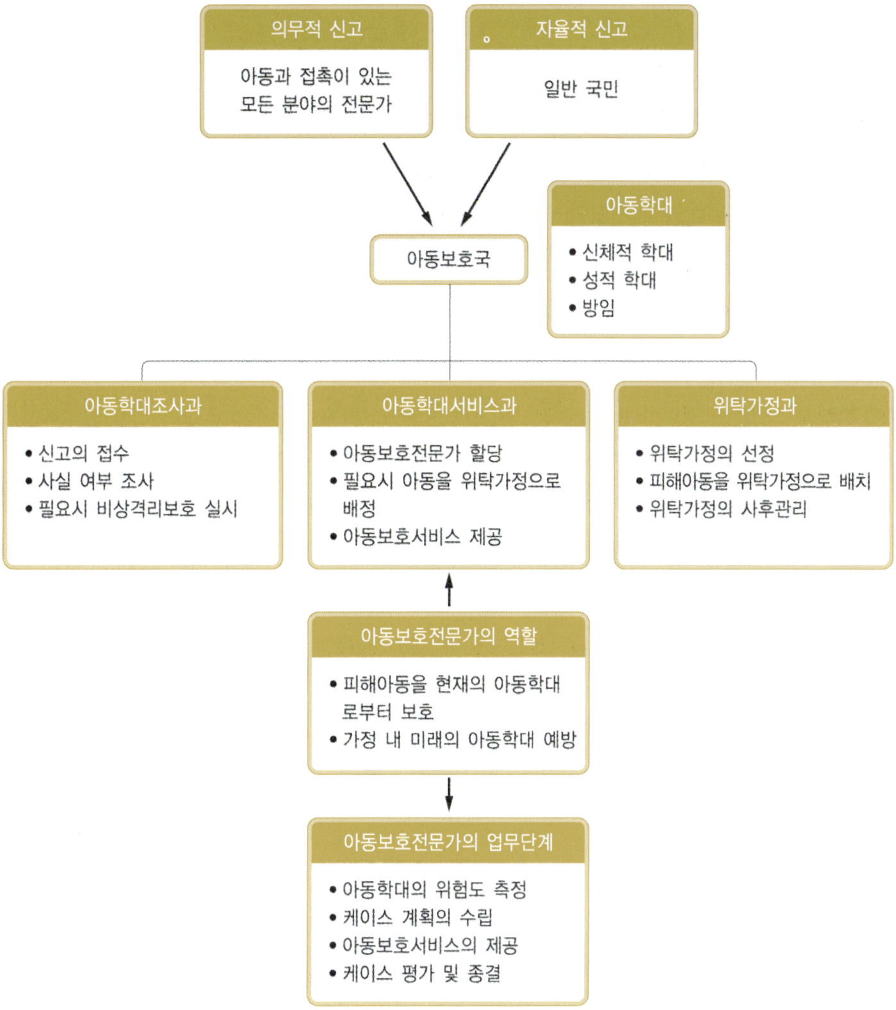

[그림 10-9] 미국 아동보호체계

출처 : 김형모(2000). 아동복지체계의 확립방안. 보건복지포럼.

참고문헌

김승권 (2003). 아동학대 사정척도 개발연구. 한국보건사회연구원.

김형모 (2000). 아동복지체계의 확립방안. 보건복지포럼, 2000(9), 39-49.

보건복지부, 중앙아동보호전문기관 (2009). 전국아동학대현황보고서.

문영희 (2004). 아동학대와 레질리언스. 유풍출판사.

이소희 (1989). 아동학대 인식을 위한 가정환경 분석연구. 숙명여자대학교 대학원 박사학위논문.

주정일 · 이소희 (1998). 아동복지학. 교문사.

한미현 (2006). 아동보호서비스의 실제: 아동학대의 사정 및 사례판정. 집문당.

홍미 · 김효진 (2007). 아동학대 및 방임 실태와 정책적 과제. 보건복지포럼, 2007(6), 47-59.

Gil, D. G. (1979). Unaveling child abuse. American Journal of Orthopsychiatry, 45, 346.

Kempe, C. H. & Helfer, R. (1980). *The battered child*(3rd ed.). University of Chicago Press.

Stein, T. J. (1998). *Child welfare and the law*. Longman.

U.S., Department of Health and Human Service (1984). *The role of law enforcement in the prevention and treatment of child abuse and neglect*.

CHAPTER **11**

장애아동과 빈곤아동

1. 장애아동
2. 빈곤아동

1. 장애아동

1) 장애아동의 개념

1980년 세계보건기구(WHO)는 국제장애분류(ICIDH)를 기능장애, 능력장애, 사회적 불리로 구분하였다. 기능장애란 심리적·신체적 또는 해부학적 구조나 기능의 일부가 상실된 경우를 말한다. 능력장애란 기능장애의 결과로 인해 나타나는 능력 저하를 말한다. 그래서 똑같은 기능장애에도 불구하고 교육이나 훈련 정도에 따라 능력의 차이가 나타날 수 있다. 사회적 불리란 기능장애나 능력장애의 결과로 개인에게 나타나는 장애 때문에 일반적이거나 특수한 상황에서 그 개인의 특성에 따라 역할을 수행하는 데 제한을 받거나 지장을 받는 경우를 말한다. 따라서 기능상실이나 기능장애는 같더라도 사회의 이해와 대책 등에 따라 사회적 불리를 경험하는 면이 다를 수 있다. 즉, 장애란 신체적·심리적·정신적 구조 및 기능의 상실로 인해 개인적 차원에서 일상생활의 활동에 지장을 가져오고, 사회적 차원에서 사회생활에 참여하는 데 불이익과 제한을 받는 것이다.

우리나라 장애인복지법 제2조에서는 장애인을 지체부자유, 시각장애, 청각장애, 음성, 언어기능장애 또는 정신박약과 같은 정신적 결함 등으로 장기간에 걸쳐 일상생활 또는 사회생활에서 상당한 제약을 받는 자로 규정하고 있다.

한편, 장애인 등에 대한 특수교육법에서는 시각장애, 청각장애, 정신지체, 지체장애, 정서·행동장애, 자폐성장애, 의사소통장애, 학습장애, 건강장애, 발달지체가 있는 사람을 특수교육대상자로 규정하고 있다. 장애인 등에 대한 특수교육법에서 규정하는 장애아동이란 18세 미만의 아동으로서 장애인복지법에 규정된 장애를 가진 아동을 말한다.

2) 장애아동의 종류

장애인의 종류는 〈표 11-1〉처럼 장애인복지법에서 분류한 장애의 종류가 있지만 학령전 장애아동의 경우 가급적 특정 장애명을 붙이지 말고 발달장애라는 용어로 총칭하는 것이 바람직하는 견해가 많다. 왜냐하면 대부분 발달상에서 중복 장애를 가지고 있는 어린 아동의 경우 특정 장애로 진단할 만한 명확한 증상을 찾기 어렵고, 발달의 가소성이 높은 때에 장애 특성으로 아동기 이후의 장애 특성을 예측할 수 없으며, 발달기의 영유아에게 특정 장애명을 붙임으로써 그들에게 치명적인 낙인이 될 수 있기 때문이다(신현기 외, 2005).

〈표 11-1〉 장애인복지법에 따른 장애인의 분류

대분류	중분류	소분류	세분류
신체적 장애	외부 신체 기능장애	지체장애	절단장애, 관절장애, 지체기능장애, 변형 등의 장애
		뇌병변장애	중추신경의 손상으로 인한 복합적인 장애
		시각장애	시력장애, 시야결손장애
		청각장애	청력장애, 평형기능장애
		언어장애	언어장애, 음성장애, 구어장애
	내부 기관의 장애	안면장애	안면부의 추상, 함몰, 비후 등 변형으로 인한 장애
		신장장애	투석, 신장이식
		심장장애	심장의 기능 이상
		간장애	간기능 이상
		호흡기장애	호흡기 기능 이상
		장루·요루장애	장루·요루
		간질장애	간질
정신적 장애	정신지체		지능지수 70 이하
	정신장애		정신분열, 분열형 정동장애, 양극성 정동장애
	발달장애(자폐증)		소아자폐, 자폐장애

여기서는 아동의 발달적 특성을 고려하고, 교육적 개입의 중요성을 고려해 장애인 등에 대한 특수교육법에서 규정하는 장애아동의 종류를 살펴보기로 한다. 장애인 등에 대한 특수교육법에서는 장애아동을 시각장애, 청각장애, 정신지체, 지체장애, 정서·행동장애, 자폐성장애, 의사소통장애, 학습장애, 건강장애, 발달지체로 분류하고 있다.

(1) 시각장애

시각장애 아동은 물체를 식별하는 시각기능에 장애를 가지고 있다. 시각장애의 종류는 시력, 시야, 색시, 맹, 약시로 나눈다. 맹은 전혀 시력이 없는 경우이고, 약시란 보조기를 착용하여 물체를 식별하는 경우이다. 시각장애아동은 두 눈의 교정시력이 각각 0.04 미만인 아동으로 시력의 손상이 심하여 시각에 의하여 학습과제를 수행할 수 없고, 촉각이나 청각을 학습의 주요수단으로 사용한다.

시각장애 아동의 특성은 보행에 제한을 받아 운동기능이 떨어지고, 사회성 발달이 지연된다. 정보 습득에 제한을 받으므로 개념발달이 지체되는데, 특히 추상적 사고를 요하는 과제 수행이 어렵다. 대신 손의 촉각으로 사물과 사상을 인지하는 능력은 상당히 발달되어 있다. 중복장애를 가지고 있지만 않으면 언어나 인지발달에서 정상 아동과 큰 차이가 나지 않는다.

시각장애 발생 원인은 유전적 요인, 출생 후 요인이 있다. 유전적 요인은 수정체에 염증을 일으켜서 발생하는 수정체 종양증이 대표적인데, 이는 열성으로 유전된다. 출생 후 요인으로는 풍진, 매독, 임질 등 질병과 사고로 인한 상해를 들 수 있다.

(2) 청각장애

청각장애 아동은 청력의 결여나 손실로 인하여 소리를 청취하는 데 어려움을 겪는 아동을 말하는데, 일반적으로 농(deaf)과 난청(hard of hearing), 농아(90dB 이상의 소리를 못 듣는 아동)로 분류된다. 청력장애를 입은 부위에 따라 외이 또는 중이 손상으로 청력장애가 된 경우의 전음성 난청과 내이 또는 청신경에 손실을 입은 신경성 난청이 있다.

청각장애 아동의 특성은 언어에서 지체를 보이는데, 그중에서도 말하기에서 심하다. 언어발달의 지체는 대인관계가 원만하지 못하고 정상 아동보다 인지발달이 낮은 편이다. 신체 및 운동기능은 정상 아동과 비슷한 발달을 보인다.

청각장애 발생의 원인은 염색체 이상에 의한 유전적 요인과 태내 요인, 출산 시 요인, 출산 후 요인이 있다. 태내 요인으로는 내이의 발달이 왕성한 임신 초기에 바이러스 감염, 풍진, 약물중독, 매독, 영양실조 등이 있고, 출산 시 요인은 인공분만 시의 뇌 손상과 산소결핍으로 발생한다. 출산 후 요인은 심한 신생아 황달, 성홍열, 유행성이하선염, 심한 감기, 중이염 등의 각종 질병과 사고로 인한 고막 파열에 의해 발생한다.

(3) 정신지체

정신지체는 정신발육이 항구적으로 지체되어 지적 능력의 발달이 불충분하거나 불완전하여 자신의 일을 처리하는 것과 사회생활에 적응이 곤란한 경우이다. 정신지체 아동은 낮은 지적 능력과 적응력에 문제가 있는 것으로, 낮은 지적 능력은 의사소통, 자기관리, 가정생활, 대인관계, 지역사회 참여, 자기의사 결정, 기능적 학습, 일, 여가생활, 건강과 안전의 사회적 기능을 대표하는 10개의 영역 중 두 영역 이상에서 두 가지 이상의 제한된 기능을 수반한다.

정신지체 아동 가운데 교육가등급 아동은 초등학교 3학년 정도의 교육 수준에 머물고, 반숙련 내지 비숙련 직업에 종사할 수 있는 아동을 지칭하며, 훈련가등급 아동은 학교교육을 통해 지적 영역의 성취가 어려워 자주적인 생활능력 향상 또는 초보적인 직업훈련 습득을 위해 특수학교에서 교육을 받아야 하는 정도를 말한다. 완전보호급 아동은 식사나 대소변 처리를 스스로 하지 못하므로 시설에 수용 보호하거나 병원에서 의료적 조치를 취해야 하는 경우를 말한다.

정신지체 아동의 특성은 개인차가 심하지만 일반적으로는 언어발달의 지체, 낮은 학습 성취도, 사회생활의 어려움, 외형적 신체는 정상이지만 운동기능의 지체 등이 있다. 교육가등급 아동은 일반 아동교육으로도 성취를 할 수 있으며, 교육을 통하여 정상인에 근접할 만큼 직업능력을 획득할 수 있다. 훈련가등급 아동은 정규교육활동이 곤란하고 스스로 자립할 수 있는 능력을 획득하기 어렵다. 독립생활은 어렵지만 옷 벗기, 화장실 다녀오기, 음식 먹기 등 가정이나 보호된 환경에서 일상적인 일을 도와줌으로써 얻게 되는 경제적 유용성에 관한 지식 등은 습득이 가능하다. 완전보호급 아동은 타인의 도움 없이는 살아갈 수 없기 때문에 보호와 관리가 절대적으로 필요하다.

정신지체아동의 발생원인은 여러 가지 복합적인 원인으로 발생한다. 유전적인 원인으로는 신진대사와 염색체 이상인 다운증후군, 터너증후군, 클라인펠러증후군, 페닐케토뇨증 등이 있고, 출산 전후로는 임신부의 풍진, 영양장애에 의한 지체, 난산과 인공분만 시의 뇌손상, 뇌염, 뇌막염 등의 고열성 질환과 사고에 의한 뇌손상 및 인지적 자극 결여 등에 의해서 발생한다.

(4) 정서 및 행동장애

정서 및 행동장애 아동은 정서갈등을 가지고 있으며, 그 자신이나 주위 사람들에게 혼란을 야기하는 행동을 한다. 이들은 자기통제력을 상실하고 지적·신체적·감각적인 면에 이상이 없음에도 학습에서의 그 능력이 부족한 아동, 또래나 교직원 등 대인관계에서 어려움을 갖는 아동, 정상적인 환경에서 부적절한 행동이나 감정을 나타내는 아동, 전반적으로 불안해하고 우울한 기분으로 생활하는 아동, 학교나 개인문제에 관련된 정서적인 장애로 인하여 신체적인 통증이나 공포감을 느끼는 아동 등을 말한다.

정서장애 아동은 대인관계가 원만하지 못하고, 과잉행동이나 무관심, 손톱 깨물기, 말더듬, 거짓말, 야뇨증, 도벽, 무단결석, 가출, 비행, 신경증 및 정신분열증 등이 특성을 보인다.

정서장애 아동의 발생원인은 생리적 원인과 심리적 원인 두 가지로 분류할 수 있는데, 생리적 원인으로는 출산 전후의 감염, 염색체 이상, 중추신경계 이상 등이 있고, 심리적 원인으로는 아동의 정서에 영향을 미치는 가정과 학교 같은 곳에서의 부적응이 있다.

(5) 자폐성장애

자폐성장애는 감각 자극에 대한 반응, 구어 또는 비구어적 의사소통, 인지능력 또는 사회적 상호작용에서의 현저한 어려움으로 인하여 교육적 성취에 불리한 상태이다.

자폐성장애 아동은 정서, 지각, 언어, 인지 및 의사소통 영역에서 심한 문제를 지니고 있다. 자폐성장애 아동은 기능적인 언어의 발달을 이루지 못하는 것으로 알려졌는데, 그들의 언어적 특성은 상대방의 질문을 그대로 따라하는 반향어의 형태를 보이고 주로 상호작용의 목적이 아니라 도구적인 목적으로 사용하는 점이다. 사회적인 상호작용에서는 다른 사람과의 눈맞춤의 결여, 주위 사람들과의 빈약한 애착 형성, 특정한 사물에 대한 강한 집착, 그리고 또래와 어울리기보다는 고립된 행동을 하며 혼자 노는 모습을 자주 볼 수 있다.

(6) 의사소통장애

조음장애, 발성장애, 언어유창성 장애, 언어장애 등으로 인한 의사소통문제가 장기간에 걸쳐 현저하게 나타나 교육적 성취에 불리한 상태에 있는 아동이다. 의사소통장애 아동은 일반적으로 말이나 언어에 문제를 보인다. 의사소통장애 아동 대부분이 정신지체, 학습장애, 또는 기타 장애를 복합적으로 지니고 있어 단어 인지력이나 독해력, 연산능력이 일반아동에 비하여 부족하다.

(7) 학습장애

학습장애 아동은 비교적 지적 능력이 정상이나 두뇌의 미세기능장애로 시지각적 또는 청시각적 정보 처리의 어려움, 사고의 어려움, 언어 처리 문제, 주의결핍 등으로 학습상의 문제를 지닌 아동을 말하는데, 여러 학습능력 중 한 가지 이상에서 어려움을 가진 아동을 말한다.

학습장애 아동은 또래 아동으로부터 거부당하는 경우가 있고 주의집중력 부족, 과다행동, 기억 및 인지문제 등의 특성이 있다.

발생원인은 초기 태아 발달 시 신경세포 형성에 이상이 있는 경우와 유전적 요인, 환경적 요인이 있는데, 환경적 요인이란 빈약한 사회정서, 부적절한 영양공급, 빈곤한 환경 등을 말한다.

(8) 지체장애

지체장애란 골격, 근육, 신경계 중 어느 부분에 질병이나 외상으로 신체기능에 장애가 영구적으로 남아 있는 경우를 말한다. 주로 운동기능장애, 감각장애 상태로 그 증상이 나타난다. 골격상해나 급성질환으로 지체기능이 부자유한 상태가 일정 기간 동안일 때는 지체장애라고 하지 않고 그 장애가 영구적으로 남아 있는 경우를 지체장애인이라고 말한다. 지체장애의 유형에는 뇌성마비, 소아마비, 신경장애, 척추장애, 뇌졸중, 절단 등이 있다. 가장 빈도가 많은 원인은 뇌성마비, 뇌졸중, 관절염, 소아마비 후유증이다.

뇌성마비 아동을 제외한 지체부자유 아동의 대부분은 일반아동의 지능과 다름이 없다. 뇌성마비 아동 중에는 지적인 결함을 보이는 아동이 있으며(40~60%), 보통 또는 그 이상의 우수한 지적 잠재력을 보이는 아동도 있다. 그러나 뇌성마비 아동은 일반학생의 평균지능보다 낮다.

(9) 건강장애

심장장애, 신장장애, 간장애 등 만성질환으로 3개월 이상의 장기입원 또는 통원치료 등 계속적인 의료 지원이 필요하여 아동은 학교생활, 학업수행 등에 있어서 교육적 지원을 지속적으로 받아야 한다.

(10) 발달지체

발달장애는 어떤 특정 장애범주만을 국한하는 것이 아니라 질병을 제외한 인간의 성장에서 22세 이전에 장애가 나타나면 발달장애로 보고 있다.

3) 장애아동의 실태

(1) 장애아동 교육 현황

장애아동에 대한 교육 지원은 장애인 등에 대한 특수교육법에 근거해 이루어진다. 이 법은 교육기본법 제18조에 따라 국가 및 지방자치단체가 장애인 및 특별한 교육적 요구가 있는 사람에게 통합된 교육환경을 제공하고 생애주기에 따라 장애 유형, 장애 정도의 특성을 고려한 교육을 실시하여 장애아동의 자아실현과 사회통합을 하는 데 기여한다는 취지를 가지고 있다.

장애인 등에 대한 특수교육법은 유치원, 초등학교, 중학교, 고등학교 과정은 의무교육으로 하고, 만 3세 미만의 장애영아에 대해서도 무상교육을 하도록 규정하고 있다. 의무교육에 대한 비용 부담은 국가 또는 지방자치단체가 전적으로 부담하도록 한다.

2015년 현재 특수교육대상자가 교육기관에 배치된 인원은 88,067명으로, 매년 증가하는 추세에 있다. 최근 들어 특수학교 및 특수교육지원센터에 배치되는 비율이 감소하는 추세는 통합교육 확대에 따라 일반학교의 특수학급 및 일반학급 배치를 희망하는 특수교육대상자가 늘어나기 때문이다.

장애아동교육은 특수학교나 특수학급의 분리교육보다 장애아동이 일반아동과 함께 일반학급에서 교육을 받는 통합교육으로 전환되고 있다. 여기서 통합교육이란 특수교육대상자가 일반 학교에서 장애 유형, 장애 정도에 따라 차별을 받지 않고 또래와 함께 개개인의 교육적 요구에 적합한 교육을 받는 것을 말한다. 일반학급에 배치된 특수교육대상자 수는 유치원 3,303명, 초등학교 34,035명, 중학교 17,946명, 고등학교 17,553명으로 모두 75,187명이다.

〈표 11-2〉 연도별 특수학교 배치 특수교육대상자 수

단위 : 명

구분		09	10	11	12	13	14	15	16(A)	17(B)	B−A
특수학교 수		150	150	155	156	162	166	167	170	173	3
특수학급 수		6,924	7,792	8,415	8,927	9,343	9,617	9,868	10,065	10,325	260
학생 수	계	75,187	79,711	82,665	85,012	86,633	87,278	88,067	87,950	89,353	1,403
	장애영아	288	290	356	403	578	680	742	656	549	−107
	유치원	3,303	3,225	3,367	3,675	4,190	4,219	4,744	5,186	5,437	251
	초등학교	34,035	35,294	35,124	34,458	33,518	33,184	33,591	33,770	35,505	1735
	중학교	17,946	19,375	20,508	21,535	22,241	22,159	21,108	19,793	19,218	−575
	고등학교	17,553	19,111	20,439	21,649	22,466	22,973	23,422	23,943	23,655	−288
	전공과	2,062	2,416	2,871	3,292	3,640	4,063	4,460	4,602	4,989	387
교원 수		13,997	15,244	15,934	16,727	17,446	17,922	18,339	18,772	19,327	555

출처 : 특수교육연차보고서(2017).

2017년 우리나라 특수교육 총예산은 시·도교육청 예산 2조 6,644억원으로 2016년에 비해 약 2,884억원 증가된 금액이며, 2017년 교육부 교육부문 예산의 4.7%를 차지한다. 연도별 특수교육 예산비율은 〈표 11-3〉과 같이 2002년도에 전체 교육예산 대비 2.0% 이었던 것이 꾸준히 증가하여 2017년도에는 전체 교육예산 대비 4.7%에 이르게 되었다. 수혜학생 수도 꾸준히 증가하여 2017년에는 89,353명이, 1인당 약 2천 9백 697천 원의 지원을 받았다.

〈표 11-3〉 연도별 특수교육 예산비율

연 도	교육부 예산	특수교육 예산	비율(%)	수혜학생 수	1인당 특수교육비
2002	22조 2,783억	4430억	2.0	54,470	8,134,000
2006	29조 4,263억	1조 0,512억	3.6	62,538	16,810,000
2010	38조 5,959억	1조 6,676억	4.3	79,711	20,921,000
2012	45조 7,526억	2조 1,384억	4.7	85,012	25,155,000
2013	49조 6,430억	2조 2,457억	4.5	86,633	25,923,000
2014	49조 9,860억	2조 0,760억	4.2	87,278	23,787,000
2015	50조 3,255억	2조 2,276억	4.0	88,067	25,295,000
2016	51조 2,254억	2조 3,760억	4.6	87,950	27,016,000
2017	57조 83억	2조 6,644억	4.7	89,353	29,697,000

출처 : 특수교육연차보고서(2017).

(3) 장애아동 보육사업 현황

장애아동 교육사업과 함께 보육사업은 장애아동을 위한 교육 관련 서비스의 핵심이다. 장애아동 보육 서비스도 교육 서비스와 마찬가지로 무상으로 이루어지고 있다. 2016년 기준 특수어린이집 현황은 장애아 전담 177개소에서 6,158명, 장애아 통합시설 911개소에서 4,079명의 장애아동이 이용하고 있다(〈표 11-4〉).

정부의 보육료 지원을 받는 장애아동 수는 0세가 227명, 1세 331명, 2세 1,137명, 3세 2,055명, 4세 2,229명, 5세 이상 5,730명이다. 장애아동 수가 연령이 높아질수록 많아지므로 보육료 지원을 받는 아동의 수도 연령에 따라 증가됨을 알 수 있다.

〈표 11-4〉 특수어린이집 및 아동 수

<table>
<tr><th colspan="2" rowspan="3">구 분</th><th colspan="8">설립주체별</th></tr>
<tr><th rowspan="2">총 계</th><th rowspan="2">국공립</th><th rowspan="2">사회복지
법인</th><th colspan="2">민간어린이집</th><th rowspan="2">가정</th><th rowspan="2">부모협동</th><th rowspan="2">직장</th></tr>
<tr><th>법인</th><th>민간
개인</th></tr>
<tr><td rowspan="2">장애아
전담</td><td>시설 수</td><td>177</td><td>42</td><td>103</td><td>6</td><td>25</td><td>1</td><td>0</td><td>0</td></tr>
<tr><td>아동 수</td><td>6,158</td><td>1,249</td><td>3,915</td><td>210</td><td>767</td><td>17</td><td>0</td><td>0</td></tr>
<tr><td rowspan="2">장애아
통합</td><td>시설 수</td><td>911</td><td>667</td><td>37</td><td>34</td><td>150</td><td>15</td><td>1</td><td>7</td></tr>
<tr><td>아동 수</td><td>4,079</td><td>2,997</td><td>174</td><td>195</td><td>668</td><td>20</td><td>0</td><td>25</td></tr>
</table>

출처 : 2016년 보건복지통계연보.

〈표 11-5〉 장애아보육료 지원 현황

단위 : 명

연령	0세	1세	2세	3세	4세	5세 이상	계
아동수	227	331	1,137	2,055	2,229	5,730	11,709

출처 : 2015년 보육통계.

(4) 장애아동 학교적응 실태

〈표 11-6〉의 2008년 보건사회연구원의 장애인 실태조사에 따르면 현재 학교에 다니고 있는 재가 장애아동 및 학생들을 대상으로 학교생활에 대한 적응 정도를 알아본 결과 전체적으로 '잘 적응하고 있다'와 '매우 잘 적응하고 있다'는 응답자가 18.3%와 1.4%로 '잘 적응하지 못하는 편이다'는 응답자 69.5%에 비해 낮게 나타났다. 또한 '전혀 적응하지 못하고 있다'는 응답자가 10.8%로 나타나 이들을 위한 지원이 시급한 실정이다.

장애 유형별로는 특히 신장장애 및 지체장애, 그리고 심장장애와 언어장애, 청각장애 등의 순으로 적응하지 못하고 있는 비율이 매우 높게 나타나 이에 대한 대책 마련이 필요하다.

〈표 11-6〉 장애아동의 학교생활(어린이집/유치원 포함) 적응도

단위 : %, 명

구 분	지체 장애	뇌병변 장애	시각 장애	청각 장애	언어 장애	지적 장애	자폐성 장애	신장 장애	심장 장애	간 장애	안면 장애	장루·요루 장애	간질 장애	전체
매우 잘 적응	0.0	0.0	0.0	0.0	0.0	2.3	1.8	0.0	0.0	0.0	0.0	0.0	0.0	1.4
잘 적응하는 편	3.2	8.2	38.6	14.6	5.4	20.9	25.9	0.0	9.4	3.8	22.2	0.0	32.9	18.3
잘 적응 못하는 편	85.8	74.7	56.6	76.8	79.0	65.5	65.3	100.0	80.5	72.3	77.8	66.2	57.4	69.5
전혀 적응 못함	10.9	17.2	4.7	8.6	15.6	11.4	6.9	0.0	10.2	23.8	0.0	33.8	9.7	10.8
전국 추정 수	11,080	5,705	3,969	4,324	1,094	42,876	9,739	55	962	260	144	154	401	80,763

출처 : 보건복지부. 2008년 장애인실태조사. 한국보건사회연구원.

장애아동 및 학생이 학교생활을 해나가는 가운데 문제점이 무엇인지 알아본 결과, 전체적으로 수업 내용의 이해(34.6%)와 친구들의 이해 부족(20.6%)이 가장 높은 순으로 나타났다. 이 밖에도 전문교사의 부족(8.2%)과 선생님의 이해 부족(6.8%), 그리고 특수교육 보조원 미배치(3.6%) 또한 응답이 높게 나타났다(〈표 11-7〉).

장애 유형별로는 시각장애, 청각장애, 언어장애, 지적장애, 자폐성장애 모두 '수업 내용의 이해'에 대한 응답이 높았으며 지체장애의 경우, '친구들의 이해 부족'과 '청소나 학교행사 참여'에 대한 응답이 높아 비장애 학생들의 장애 이해에 대한 필요성이 높아 보이며 뇌병변장애의 경우 '전문교사의 부족'에 대한 응답 또한 높게 나타나 전문교사 배치가 필요하다.

〈표 11-7〉 학교생활(어린이집/유치원 포함)의 문제점(1순위)

단위 : %, 명

구 분	지체 장애	뇌병변 장애	시각 장애	청각 장애	언어 장애	지적 장애	자폐성 장애	신장 장애	심장 장애	간 장애	안면 장애	장루·요루 장애	간질 장애	전체
친구들의 이해 부족, 놀림	18.1	20.8	31.5	17.0	22.9	20.1	21.5	0.0	22.9	25.1	46.9	40.9	19.7	20.6
선생님의 이해 부족, 편견	21.4	6.9	0.0	1.7	0.0	4.1	8.2	0.0	8.2	7.3	13.3	0.0	0.0	6.8
수업 내용의 이해(진도 따라가기)	8.0	10.2	44.1	65.5	37.8	41.4	33.6	0.0	10.2	23.9	30.1	25.3	45.0	34.6
교육 도구나 기자재 사용 시 불편	2.4	0.0	19.6	0.0	0.0	1.0	0.8	0.0	0.0	0.0	0.0	0.0	0.0	1.9
교육 내용의 부적합	0.0	5.9	0.0	0.0	9.8	3.5	2.8	0.0	0.0	10.8	0.0	0.0	0.0	2.8
청소나 학교 행사 참여	8.2	9.9	0.0	0.0	0.0	0.4	0.4	100.0	2.0	0.0	0.0	0.0	5.2	2.2
전문교사의 부족	6.1	16.6	0.0	7.2	10.9	8.5	9.2	0.0	0.0	0.0	0.0	0.0	0.0	8.2
특수교육 보조원 미 배치	0.0	10.2	0.0	2.2	3.9	3.3	7.7	0.0	0.0	0.0	0.0	0.0	2.2	3.6
학교 편의 시설 부족	0.0	5.5	0.0	0.9	0.0	1.1	1.3	0.0	14.8	0.0	0.0	0.0	0.0	1.4
등·하교 불편	2.4	2.2	0.0	0.4	0.0	2.5	4.6	0.0	9.5	0.0	0.0	0.0	2.7	2.5
문제 없음	33.5	11.9	4.7	5.0	14.8	13.9	9.0	0.0	29.7	32.8	9.8	33.8	17.4	15.2
기타	0.0	0.0	0.0	0.0	0.0	0.0	0.8	0.0	2.8	0.0	0.0	0.0	7.7	0.2
전국 추정 수	11,078	5,705	3,970	4,323	1,094	42,876	9,739	55	962	259	143	154	402	80,760

출처 : 보건복지부. 2008년 장애인실태조사. 한국보건사회연구원.

장애아동은 현재 다니고 있는 어린이집에 대한 만족도는 '매우 만족한다'가 41.5%, '대체로 만족한다'가 31.3%로 나타나 어린이집의 서비스에 대해 비교적 만족하는 것을 알 수 있다. 유치원에 대한 만족도는 '매우 만족한다'가 27.3%, '대체로 만족한다'가 50.9%로 나타나 유치원에 대한 서비스도 대체로 만족하는 것을 알 수 있다(〈표 11-9〉).

〈표 11-8〉 현재 다니고 있는 어린이집에 대한 만족도

단위 : %, 명

구 분	성 별		장애 정도		전 체
	남 자	여 자	중증(1~2급)	경증(3~6급)	
매우 만족한다	44.1	37.8	18.2	70.2	41.5
대체로 만족한다	46.1	9.4	41.7	18.4	31.3
보통이다	6.0	21.7	13.0	11.4	12.3
약간 불만족한다	3.9	31.2	27.1	0.0	14.9
매우 불만족한다	-	-	-	-	-
전국 추정 수	4,857	3,297	4,490	3,665	8,154

출처 : 보건복지부. 2008년 장애인실태조사. 한국보건사회연구원.

〈표 11-9〉 현재 다니고 있는 유치원에 대한 만족도

단위 : %, 명

구 분	성 별		장애 정도		전 체
	남 자	여 자	중증(1~2급)	경증(3~6급)	
매우 만족한다	48.0	9.3	51.6	20.1	27.3
대체로 만족한다	6.4	89.5	9.5	63.1	50.9
보통이다	16.8	0.0	0.0	10.1	7.8
약간 불만족한다	10.6	0.0	1.9	5.8	4.9
매우 불만족한다	18.1	1.2	37.0	0.8	9.0
전국 추정 수	2,897	3,343	1,420	4,820	6,240

출처 : 보건복지부. 2008년 장애인실태조사. 한국보건사회연구원.

장애아동의 교육과 관련하여 앞으로 필요한 것에 대한 질문에서는 특수교육 무상확대 가 필요하다고 한 사람은 25.1%, 장애아동 재활치료가 필요하다고 한 사람은 21.6%가 응답해 장애아동을 둔 가정에 가장 필요한 것은 교육과 재활치료라는 것을 알 수 있다.

〈표 11-10〉 **향후 보육 · 교육 시 가장 필요한 것**

단위 : %, 명

구 분	성 별		연령별		장애정도		전체
	남 자	여 자	17세 이하	18~44세 이하	중증 (1~2급)	경증 (3~6급)	
의료비용 경감	4.7	9.9	6.8	0.0	4.9	9.1	6.6
장애아 전용 어린이집의 확대	9.7	3.6	6.9	25.9	9.5	4.5	7.5
특수교육 무상 확대	29.9	16.9	25.8	0.0	23.7	27.1	25.1
장애아동 재활치료 서비스 확대	15.8	31.4	21.9	11.6	16.9	28.3	21.6
장애아동 가족 지원 서비스 확대	5.5	3.0	4.7	2.1	6.8	1.4	4.6
고등교육 지원 강화	11.0	18.6	14.2	0.0	11.0	17.8	13.8
자신의 노후 또는 사망 이후 남겨진 자녀의 생계대책	23.3	16.7	19.7	60.5	27.1	11.8	20.9
전국 추정 수	50,855	29,906	78,530	2,232	47,794	32,967	80,761

출처 : 보건복지부. 2008년 장애인실태조사. 한국보건사회연구원.

학교생활에서 적응과 관련되는 차별 경험은 유치원의 경우 '받았다'는 응답이 26.9%, '안 받았다'는 응답이 73.1%로 나타나 대체로 차별을 받지는 않지만 일부는 차별이 존재하는 것을 알 수 있다.

〈표 11-11〉 **사회적 차별 경험 : 입학 · 전학 – 유치원**

단위 : %, 명

구 분	성 별		연령별			장애정도		전체
	남 자	여 자	17세 이하	18~44세 이하	45~64세 이하	중증 (1~2급)	경증 (3~6급)	
받았다	27.0	26.7	28.8	27.6	6.0	32.7	20.6	26.9
안 받았다	73.0	73.3	71.2	72.4	94.0	67.3	79.4	73.1
계	100.0	100.0	100.0	100.0	100.0	100.0	100.0	100.0
전국 추정 수	71,648	38,166	64,563	38,231	7,019	57,300	52,515	109,814

출처 : 보건복지부. 2008년 장애인실태조사. 한국보건사회연구원.

〈표 11-12〉 사회적 차별 경험 : 학교생활 – 또래학생으로부터

단위 : %, 명

구 분	성 별		연령별				장애 정도		전 체
	남 자	여 자	17세 이하	18~44세 이하	45~64세 이하	65세 이상	중증 (1~2급)	경증 (3~6급)	
받았다	46.6	53.3	54.7	47.1	49.8	34.8	49.4	48.1	48.9
안 받았다	53.4	46.7	45.3	52.9	50.2	65.2	50.1	51.9	51.1
계	100.0	100.0	100.0	100.0	100.0	100.0	100.0	100.0	100.0
전국 추정 수	218,530	117,313	80,183	146,823	89,495	19,341	149,054	186,787	335,843

출처 : 보건복지부. 2008년 장애인실태조사. 한국보건사회연구원.

현행 장애인 등에 대한 특수교육법에 의하면 장애로 인한 차별을 할 수 없음을 명시하고 있기 때문에 교육기관이나 어린이집에서는 장애아동이라고 해서 입학을 거부하거나 불이익을 주어서는 안 된다. 장애아동이 학교나 어린이집을 이용할 때 또래들로부터 차별을 경험했는지의 질문에 차별을 받았다고 응답한 사람이 48.9%이고 받지 않았다는 사람이 51.1%로 나타나 절반에 가까운 장애아동이 친구들과 원만한 대인관계를 형성하지 못함을 알 수 있다(〈표 11-12〉). 통합교육을 지향하는 이유는 장애인들이 정상인들과 함께 세상을 살아가는 토대를 마련하기 위함인데, 친구로부터 차별을 받는다는 것은 통합교육의 취지를 충분히 살리지 못함을 의미하는 것이다. 일반아동에 대한 장애 이해 교육이 시급하다고 할 수 있다.

4) 장애아동을 위한 복지 현황 및 대책

(1) 장애아동가정 양육지원사업

이 사업은 건강가정기본법 제25조의 규정에 의하면 "국가 및 지방자치단체는 질환이나 장애로 가족 내 수발을 요구하는 가족구성원이 있는 가정을 적극 지원하며, 보호시설을 이용할 수 있도록 전문보호시설을 확대하여야 한다."라는 규정에 근거하여 이루어진다.

장애인 정책은 주로 당사자의 자립, 생활안정, 사회활동 지원을 중심으로 이루어지고 있는데, 장애아 가족에 대한 지원사업도 필요하다. 장애아 양육자는 장애아를 상시 돌보아야하는 부담이 있다. 양육자의 질병, 집안의 경조사 등 긴급한 경우 장애자녀를 맡길 만한 서비스가 없고, 상시적인 돌봄 부담으로 비장애 형제자매 등 다른 가족에게

필요한 가족기능이 제대로 수행되지 못하는 데 따른 가족갈등의 문제가 발생한다. 이러한 부담을 경감시켜 주기 위해 장애아동이 있는 가정에 양육지원사업이 필요하다. 지역사회 내 자원봉사자 등을 돌보미로 활용함으로써 이웃과 함께하는 가족돌봄문화 정착 및 장애아동에 대한 사회적 인식의 전환이라는 효과를 가져 올 수 있다(보건복지부, 2010).

지원 내용은 돌봄 서비스와 휴식 지원 프로그램 두 가지가 있다. 돌봄 서비스 지원 대상은 만 18세 미만의 정신지체, 발달장애, 뇌병변 장애아동 등 모든 중증 장애아와 생계·주거를 같이하는 가정 중 전국 가구 평균소득 100% 이하인 가정이고, 지원 시간은 연간 320시간이다. 휴식 지원 프로그램은 만 18세 미만의 모든 장애아 가족으로 돌봄 서비스를 받지 않아도 참여 가능하지만 돌봄 서비스를 받는 가정을 우선 지원한다. 휴식 지원 프로그램의 내용은 가족관계 회복 및 돌봄노동 분담을 위해 장애가족 문화교육 프로그램, 휴식박람회, 가족 캠프 등 휴식 프로그램과 돌보미를 통한 장애아가족 상담 서비스, 생활지도 및 자조모임 결성 지원 등이다.

(2) 장애아동 교육재활 서비스

교육재활 서비스란 장애인에게도 비장애인과 동등한 교육기회를 부여하기 위하여 제공되는 교육과 관련된 제반 서비스 제공을 말한다. 특히, 장애아동의 경우 이러한 교육적 재활의 개념은 매우 중요하다. 왜냐하면, 장애아동에게 적절한 교육기회를 주는 것이 곧 정상화를 할 수 있는 기초가 되기 때문이다.

그러나 이러한 교육재활 서비스는 단순히 아동기에 머무르는 소극적 개념이 아니라 장애인 삶을 통하여 지속적으로 주어져야 할 하나의 과정으로서의 적극적 개념으로 인식해야 할 것이다. 교육재활 서비스는 주로 특수교육과 관련되어 제공되며 이것은 아동의 장애 특성에 따라 다양한 프로그램 개발이 필요하다.

만 3세 미만 장애아동에 대한 조기교육이 중요하다. 미국과 독일의 경우에는 유아특수교육의 중요성을 고려하여 0세부터 무상으로 장애아동에게 교육과 치료 서비스를 제공하고 있다.

장애아동은 특성상 출생 시부터 교육이 중요함에도 불구하고 0~2세 장애영아의 교육에 대한 공교육적 대책은 규정되어 있지 않으므로, 우리나라의 경우도 장애인 등에 대한 특수교육법에서 3세 미만의 장애영아교육에 대해서 무상으로 함을 규정하고 있다.

〈표 11-13〉 장애영아 무상교육 지원 현황

연도	특수학교	일반학교		특수교육 지원센타	계
		특수학급	일반학급		
2017	148	-	-	401	549

출처 : 특수교육연차보고서(2017).

만 3세 미만의 장애영아의 보호자는 조기교육이 필요할 경우 교육장에게 교육을 요구할 수 있으며 교육장은 특수교육지원센터의 진단·평가 결과를 기초로 만 3세 미만의 장애영아를 특수학교의 유치원과정, 영아학급, 또는 특수교육지원센터에 배치하거나 순회교육을 제공하여야 한다(장애인 등에 대한 특수교육법 제18조).

2017년도 장애영아 무상교육 현황은 특수학교에서 무상교육을 지원받는 장애영아 수는 148명, 특수교육지원센터에서 지원받는 장애영아 수는 401명으로 총 519명의 장애영아가 무상교육지원을 받고 있다.

(3) 장애아동 가족 프로그램의 개발

과거의 장애아동을 위한 중재는 기본적으로 아동중심의 직접 교수 형태였고, 인지, 언어, 사회성, 운동기능 등의 특정 영역 발달의 촉진을 위해 특별하게 고안된 학습활동에 초점이 맞추어졌다. 최근 아동중심 조기 중재에서 관계 중심이 강조되면서 부모와 아동의 상호작용에 관한 중요성이 강조되기 시작했고 아동중심에서 가족중심으로 바뀌고 있다.

장애는 성질상 만성적이므로 단기간의 집중적인 교육 개입으로 원만한 치료효과를 기대할 수 없는 현실적 상황을 놓고 볼 때 가정에서 이러한 제한된 능력을 가진 장애아동을 수용하고, 가족이 이 상황에 어떻게 잘 적응할 것인가는 장애아동교육에 주력하는 것 이상으로 장애아동의 장래를 위해서 중요한 문제이다.

장애아동에 대한 의료적·교육적 배려 외에 장애아동이 거쳐 가는 생의 주기를 통하여 가족구성원에게 미치는 사회적·심리적 적응문제에 대하여 지속적인 관심과 연구 및 대처방안이 주어져야 한다.

① 부 모

장애아동의 가족교육은 장애아동을 포함한 가족구성원 전체에 영향이 미침을 고려하여 장애아동의 발달 가능성 및 장애의 개선 가능성이 가장 높은 시기에, 그리고 가능한 한 빠른 시기에 반드시 실시되어야 하며, 관련 국공립 기관 및 민간단체에서도 실시한다.

장애아동을 잘 양육하고 치료와 교육으로 연결하기 위해서는 다른 어떤 면보다도 부모가 아동을 잘 받아들이고 수용하는 내면적인 적응과 자기존중감을 회복하는 것이 우선으로 필요하다. 부모가 심리적으로 안정감을 이루고 현실적으로 장애자녀를 한 사람의 소중한 존재로 받아들였을 때 비로소 장애아동은 올바른 성장을 할 수 있게 된다. 그러므로 저하된 자기존중감으로 인한 부정적인 영향을 극복할 수 있도록 돕는 프로그램이 필요하다.

자기존중감 회복과 향상을 돕는 프로그램의 개발과 운영은 집단지도자가 참여자의 자기개념에 대한 인지적 전략과 상황에 대한 효율적인 대처방식을 제공하는 교류분석 전략이 매우 효과적이다. 동시에 대인관계 방식과 현실에 대한 책임에서 비롯되는 권리와 권한을 부여하는 현실이론적 전략, 그리고 집단과정을 통한 다양한 치료적 요소, 즉 실존적 자각경험, 보편화 현상, 집단결속력, 타인 경험을 통한 학습 등이 훌륭한 조화를 이루도록 구조화되어야 한다.

부모교육 프로그램은 소집단 교육 혹은 대규모 공개 강의 형태가 주를 이룬다. 소집단 교육의 경우 일반적으로 20여 명 미만을 하는 경우가 많으며, 주로 주 1~2회 정도의 교육을 1~3개월 정도 하게 된다. 이 형태는 소규모 교육이니만큼 보다 개론적인 것에서부터 깊이 있는 교육을 도모할 수 있다는 장점이 있다.

② 형 제

장애를 겪는 아동의 일반 형제자매들은 장애를 겪는 아동이 독특한 만큼이나 독특한 존재이다. 그들은 대부분의 경우에 스트레스적인 가족환경에서 살아가고, 학교와 또래로부터 이해받지 못하는 상황을 겪으며 살아간다. 그리고 그들이 겪는 경험은 누구하고든 쉽게 이야기하고 공감할 수 있는 내용이 아니기 때문에 그 어려움은 쉽게 없어지지 않는다. 뿐만 아니라 장애를 겪는 아동의 삶에서 일반 형제자매들은 중요한 역할을 할 수 있다. 그들은 장애를 겪는 아동의 옹호자로서, 모델로서, 그리고 교사로서 역할을 한다. 또한 그들을 돌보는 사람의 역할까지 하도록 요구받는다. 그러므로 장애를 겪는 아동의 일반 형제자매들에게 '지원'이 필요하고, 적절한 '지원'을 통해 장애를 겪는 아동의 일반 형제자매들이 많은 도움을 받을 수 있다(Marilyn, 1995).

장애를 겪는 아동의 일반 형제자매를 위한 프로그램의 활동으로는 게임, 토론, 창작동화 듣기, 음식 만들기, 역할극에 참여하기, 손인형극에 참여하기, 그림 그리기, 공작 활동 등 다양한 것들이 있다. 장애를 겪는 아동의 일반 형제자매들은 그들을 위해 고

안된 지원 프로그램을 통해 스트레스에 보다 잘 적응하며, 의미 있는 관계를 만들어 내고 감정을 잘 표현하여 즐거움을 만끽하면서 자신의 삶을 계획하는 데 도움이 된다(Nollette, 1985).

마릴린(Marilyn, 1995)은 장애아동의 일반 형제자매들이 자신과 비슷한 경험을 지닌 다른 장애를 겪는 아동의 일반 형제자매들과 레크리에이션적인 활동에 함께 참여하여 만나는 것이 그들의 적응에 도움이 된다고 한다.

형제자매 지원 프로그램에 참여하는 참가자들은 자신의 형제자매를 미워한 일, 창피해서 모른척 한 일, 부모님이 장애를 겪는 형제자매에게만 관심을 갖는 것 같아 분노한 일, 또한 자신의 그러한 심정에 대해서 죄책감을 가졌던 일 등 장애를 겪는 형제자매로 인한 자신의 감정을 솔직하게 이야기 나누거나 유쾌한 놀이 형식으로 표현함으로써 장애가 있는 형제자매 때문에 어려움을 극복할 수 있게 된다(이병인, 2004).

(4) 개별화 가족지원계획(IFSP)

개별화 가족지원계획은 부모와 아동의 관계를 지원하고 강조하는 입장으로 부모참여를 장애영유아의 조기 중재에 있어서 중요한 요인으로 보고 있다. 부모참여는 부모가 지니고 있는 잠재력을 현실화하는 과정으로 부모의 힘과 능력, 가능성을 발견하도록 해 준다. 이러한 것을 자신과 가족을 위해서 사용할 수 있도록 도와주는 과정이다. 가족 중심 서비스는 장애아동을 양육하는 데 어려운 여건들을 잘 감당할 수 있도록 돕는다.

장애아동의 조기 중재의 목적도 장애아동이 있는 가족에게 일어나는 여러 가지 문제들을 돕는 데 초점을 맞추고 있다. 조기 중재 프로그램은 가족들이 장애아동을 한 사람의 가족구성원으로 긍정적으로 받아들이고 인정하도록 돕는 것을 중요한 목표로 삼고 있으며, 이러한 장애가족의 긍정적인 태도는 장애인에 대한 사회 전체의 태도에 바람직한 영향을 미치게 된다. 또한 장애아동을 적절하게 양육하고 교육적인 자극을 줄 수 있게 도와줌으로써 아동의 발달에 직접적인 도움을 주게 된다.

5) 장애아동 의료재활 서비스 개선

재활의료기관에서 장애아동이 요구하는 적절한 의료재활 서비스를 제공하기 위해서는 무엇보다도 포괄적 의료재활 서비스와 다양한 의료재활 서비스를 제공할 수 있는 프로그램을 운영하는 것이다.

장애아동에 대한 의료재활 서비스는 복합적인 것이고, 또한 개인마다 다양한 증상을 가지고 있으므로 다양한 서비스가 요구된다. 일반적으로 의료재활의 과정은 신체적·정신적·사회적 평가(직업재활 평가) 등의 종합적 평가과정을 거치고 장애 발생을 예방 또는 극소화시키고 저하된 기능을 회복 또는 향상시켜 일상생활 동작의 독립적 수행을 위한 목적으로 물리치료, 작업치료, 언어치료, 그리고 필요한 경우에는 약물 및 수술 치료 등을 포함한 치료과정을 거치게 된다. 이러한 측면에서 장애아동을 위한 의료재활 서비스는 단편적인 서비스보다는 포괄적인 의료재활 서비스 제공이 우선되어야 한다. 동시에 장애아동의 장애 유형과 장애 정도 등에 따라 각기 가지는 증상과 요구하는 장애아동 의료재활 서비스가 다양할 수밖에 없다.

재활의료기관에서 장애아동을 위한 의료재활 서비스를 적절히 제공하기 위해서는 포괄적인 프로그램과 다양한 프로그램을 개발하여 장애 정도와 장애 유형에 따라 다양하고 포괄적인 의료재활 프로그램을 운영해야 한다.

2. 빈곤아동

1) 빈곤의 개념

빈곤을 한마디로 정의하기는 쉽지 않다. 김기원(2000)은 빈곤을 기본적인 욕구를 충족시킬 수 있는 능력이 부족한 상태라고 정의하고 있으며, 김기태 외(2004)는 빈곤은 궁핍으로서의 빈곤, 불평등으로서의 빈곤, 문화로서의 빈곤, 착취로서의 빈곤 등으로 설명하고 있다.

일반적으로 빈곤은 인간의 생명을 유지하는 데 필요한 최소한의 물적 자원의 부족뿐만 아니라 교육 및 문화적 측면에 대한 기본적 욕구가 결핍되어 있는 상태를 말한다. 빈곤은 물적 자원의 결핍을 의미하기도 하지만 교육기회, 의료 기회, 사회적 이동의 기회 등과 같이 가치분배과정에서 발생하는 불평등을 포함하는 동시에 개인의 성취동기, 열망수준, 자아실현 등의 심리적 차원과 관련된 박탈과 문화적 가치로부터 소외 등을 포괄하는 개념이다. 빈곤은 절대적 빈곤, 상대적 빈곤, 주관적 빈곤으로 나눌 수 있다.

(1) 절대적 빈곤

절대적 빈곤(absolute poverty)이란 인간이 살아가는 데 절대적으로 필요한 최소한의 자원을 충족시키지 못하는 상태를 의미하는 것으로 수치나 지수로 계량화하여 측정된다. 즉, 개인 및 가족이 최저한도의 건강하고 문화적인 생활을 유지하는 데 필요한 의식주 및 기타 생활에 필요한 자원이 결핍되어 인간다운 생존이 위협받는 상태를 말한다(김기원, 2000). 또는 절대적 빈곤은 신체적인 건강과 생산을 위한 노동력을 유지하는 데 필요한 기본수요가 결여된 상태(박용순, 2001)라고도 정의할 수 있다.

절대적 빈곤은 빈곤에 대한 가장 오래된 정의 방법이며, 그동안 대부분의 국가에서 적용해 온 개념으로 빈곤을 인간의 최저한도의 생활수준을 정하고 그 수준을 달성하는 데 소요되는 금액을 산출한 후 그 수준에 미달하는 수준으로 규정한다.

절대적 빈곤의 측정방법에는 최저생계비 방식과 엥겔방식이 있다. 최저생계비 방식은 의식주의 기본적인 욕구를 해결하는 데 드는 비용을 계산하는 방법이며, 엥겔방식은 음식비가 소득에서 차지하는 일정한 비율을 빈곤선으로 산정하는 방법이다. 절대적 빈곤선의 경우 무엇보다도 다른 기본적 욕구 사항을 결정할 필요가 없어 비교적 단순하게 결정할 수 있고, 인간의 절대적 욕구충족을 기준으로 빈곤을 정의한다는 점과 빈곤선을 정함으로써 공식적인 빈민 산출이 가능하다는 점에서 장점을 지닌다.

그러나 절대적 빈곤개념은 생활수준이나 최저생활기준을 객관적으로 정의할 수 없을 뿐 아니라 시대적·사회적·문화적 배경에 따라 차이가 나므로 적용하는 데 한계를 지니고 있다. 생존을 위하여 어느 정도 식료품이 섭취되어야 하는지에 대한 명확한 규정이 없을 뿐 아니라 지역의 특수성이나 개인적 성향이 간과되는 문제점이 있다. 하지만 이러한 한계에도 불구하고 절대적 빈곤은 빈곤에 대한 논의에서 가장 기본적으로 대두되는 개념이다(정영숙, 2004).

(2) 상대적 빈곤

상대적 빈곤(relative poverty)은 불평등으로서의 빈곤을 의미하는 것으로 상대적 궁핍과 관련된 개념이다(김기태 외, 2004). 상대적 빈곤은 특정 사회의 전반적인 생활수준을 고려한 상대적 박탈감과 불평등의 개념으로 특정 사회구성원 대다수가 누리는 생활수준에 못 미치는 수준이기 때문에 특정 사회의 관습과 생활수준에 따라 차이를 보인다. 이에 따라 다른 사람들과 비교해 상대적으로 적게 가지고 있는 상태를 의미하는 상대적 빈곤은 개인의 상황을 사회의 평균소득 수준 또는 표준생활 수준과 비교하여 규정된다.

빈곤의 개념은 육체적 생존에 필요한 최저한의 요구가 충족되느냐의 여부도 중요하지만, 그 사회의 전반적 통념에 따라 달라질 수밖에 없으므로 빈곤층의 생활수준뿐 아니라 빈곤층의 상대적 위치도 고려되어야 한다. 상대적 빈곤은 개인이나 가족의 자원이 그들이 살고 있는 사회의 개인이나 가족의 평균적 자원과 비교되어 측정된다.

상대적 빈곤을 측정하는 방법으로는 평균소득이나 중위소득의 일정 수준 이하를 빈곤으로 정의하거나, 전체 소득분포에서 일정 수준 이하를 빈곤으로 정의하거나 또는 상대적 박탈개념을 도입하여 정의하는 방법이 사용된다(이두호 외, 1991).

빈곤을 상대적인 관점에서 규정할 경우 특정 사회의 전반적인 생활수준을 고려할 수 있으며, 물질적인 것뿐만 아니라 비물질적인 측면에서도 적용 가능한 개념이라는 측면에서 유용성을 지닌다. 그러나 구체적인 빈곤선을 결정하기 어려우며, 현실적으로 소득에 상관없이 개인들의 취향과 선호에 따라 행동하는 생활양태가 많기 때문에 일반적인 생활양태를 측정하는 지표를 만들기 어렵다는 측면에서 한계를 지닌다(이두호 외, 1991).

(3) 주관적 빈곤

자신이 주관적으로 생각하기에 충분히 갖고 있지 않다고 느끼는 상태를 기준으로 판정하는 주관적 빈곤(subjective poverty)이 있다. 절대적 빈곤과 상대적 빈곤은 그것들이 '통계적'이거나 '정치적'으로 결정되는 제3자의 판단 도구에 의해 수준이 정해지는 반면 주관적 빈곤 개념에서는 빈곤은 각자 개인이 빈곤으로 간주하는 수준에서 결정된다. 빈곤은 결국 개인들의 안녕(well-being)과 관련되는 문제이기 때문에 개인의 주관적인 판단이라는 측면도 무시할 수 없으며, 어떤 의미에서는 전술한 객관적인 기준보다 빈곤을 정의하는 데 중요할 수 있다(김태성, 2002). 이 방법에서 빈곤은 한 가족이 지역사회에서 그럭저럭 살아가는 데 필요한 최소 비용이 얼마인가에 대해 설문조사를 실시, 이에 의거하여 빈곤선을 결정하는 여론조사 방법과 스스로 자신의 빈곤선을 결정하는 Leyden 방법이 있다.

2) 빈곤의 원인

빈곤의 원인은 빈곤을 보는 관점에 따라 차이가 있다. 김기태 외(2004)는 빈곤의 원인을 인적 자본이론과 선발이론을 통해 설명한다. 또한 빈곤의 원인을 계층별 낙인을 야기하는 문화적 요인으로 보는 빈곤 문화적 시각, 개인의 일탈적 요인으로 보는 개인의 부적응적 시각, 사회구조적인 문제로 보는 구조주의적 시각으로 구분하는 견해도 있다. 김기태 외(2004)의 빈곤의 원인에 대한 구체적인 내용은 다음과 같다.

인적 자본론에 따르면 빈곤은 낮은 생산성의 결과이고 낮은 생산성은 인적 자본의 낮은 투자에 기인하는 것이다. 인적 자본론은 사용자가 근로자를 고용하여 임금을 줄 때 그들의 생산성에 관한 정보를 충분히 알고 있거나 비교적 쉽게 측정할 수 있다는 가정을 바탕으로 한다.

선발이론에 의하면 사용자들은 근로자들의 진정한 생산성에 관한 정보가 불확실하기 때문에 인적 자본론을 비판한다. 선발이론은 임금과 교육 간의 정적인 관계에 근거하고 있으며, 빈곤정책을 수립하는 데 많은 시사점을 제공한 바 있다.

한편, 빈곤의 원인을 기능주의적 관점, 갈등주의적 관점, 낙인주의적 관점으로 설명한다.

첫째, 기능주의적 관점은 빈곤의 원인을 개인적 결함에서 찾는다. 가구주의 사망, 불구, 노령, 낮은 교육 수준, 부작용 등을 빈곤의 요인으로 본다. 빈곤이 사회문제로 되는 것도 사회체계의 기능에 기여하기 때문에 존재하는 것으로 빈곤층이 사회에 적응하지 못하고 적절한 기능을 수행하지 못해서 발생하는 이탈행위의 한 형태로 본다.

둘째, 갈등주의 관점은 한 집단이 사회의 다른 집단들에 비해 더 적은 경제적 자원을 가질 때 빈곤이 존재한다고 본다. 이 관점은 재산, 지식, 자원, 기회 등의 무소유와 종속 상태, 즉 사회적 불평등의 관점에서 빈곤의 원인을 파악한다.

셋째, 낙인주의적 관점에 의하면 빈곤의 원인은 개인적인 요인, 즉 동기의 결여, 낮은 열망 수준, 무절제, 게으름, 의타심, 과다한 출산, 부적응과 같은 개인의 결함과 책임을 강조한다. 따라서 낙인주의적 관점에서는 단지 경제적 박탈의 문제가 아니라 인격체의 자아개념과 관련됨을 강조한다.

3) 빈곤아동의 개념과 발생원인

빈곤아동은 개인이나 가구의 소득이 최저생활을 하는 데 필요한 최저생계비 이하인 절대빈곤층 가구(국민기초생활보장수급 가구), 최저생계비의 120% 이하(차상위계층) 가구, 최저생계비의 150% 이하인 가구(차차상위계층)의 만 18세 미만의 아동을 빈곤아동이라 한다.

빈곤가정 아동의 발생원인은 크게 개인적 원인과 사회적 원인으로 나눌 수 있다(김주아 · 류현수, 2008).

(1) 개인적 원인

아동이 있는 가구주는 대부분이 경제활동에 활발하게 참여하고 있는 세대이기 때문에 가구주의 근로소득 및 가구주의 역할수행은 아동의 빈곤에 큰 영향을 미친다. 개인적 원인으로는 가난의 대물림, 한부모가족의 증가, 가구주의 사망, 질병, 불구, 노령 낮은 교육, 부적응 등, 개인적 원인이기는 하지만 빈곤가정의 아동이 발생하게 된 상당한 원인이 주로 사회에 있다.

① 가난의 대물림

저소득층 아동의 가정환경은 경제적 빈곤, 주거환경, 학습공간 부재, 자녀학습지도 미흡 등 모든 면에서 열악하다. 여기에서 아동은 학습 결손과 정서발달에 장애를 겪게 되며 곧바로 학업성취 저하를 가져온다. 학교 부적응과 일탈 · 비행현상도 발생한다. 학력이나 실력 등 경쟁력을 갖추지 못하다 보니 비정규직 취업이나 낮은 임금의 직종을 택하게 되어 결국 빈곤을 이어받게 되는 것이다.

② 한부모가족의 증가

한부모는 배우자와의 이혼 및 별거, 사별 등으로 배우자 없이 혼자 자녀를 키우는 아버지 또는 어머니를 말하며, 한부모가족은 이혼, 사별, 유기, 미혼모에 의하여 발생하는 가정으로 현재 18세 미만의 자녀와 살면서 자녀를 부양하고 부모역할을 담당하고 있는 한부모와 자녀의 집단을 의미한다. 이런 가정은 경제적으로 큰 어려움을 가지고 있다. 한부모 가정의 경제적인 문제는 부자가족보다 모자가족에서 더 심각하게 나타나고 있다. 전체 한부모가족 중 저소득 한부모가구의 비율이 전체 한 부모가구의 7.1%를 차지하며, 그중 81.6%가 여성 한부모가구가 차지하는 것을 통해서도 모자가족이 경제적인 어려움을 겪고 있음을 알 수 있다.

가족해체 이후 자녀의 양육문제가 여성의 빈곤화를 촉진한다는 연구 결과에 의하면, 가족해체로 인하여 빈곤해진 여성은 양육비 부담으로 더욱 심각한 경제적 어려움을 겪게 된다. 즉, 가족해체에 따른 많은 가구가 최종적으로는 경제적인 빈곤에 직면하게 되며, 경제적 빈곤은 여성가구주에게 자녀양육에 따른 추가 경비 지출을 어렵게 만들고, 또한 자녀양육비용은 해체가정을 더욱 경제적으로 어렵게 하는 요인이 되는 것이다.

③ 미혼모의 증가

몇몇 미혼모는 사회의 냉대와 거부로 죄의식과 수치심, 소외감 등에 시달리며, 학업을 중단한다든지 직장을 포기하는 등 기존의 생활기반을 잃게 됨에 따라 신체적·정신적으로 극히 불안정한 상태에 놓이게 되어 영아 유기, 정신적 쇼크 상태, 윤락여성으로 전락하기도 한다. 더욱이 미혼모가 아이를 키울 경우에는 저소득 모자가정으로 빈곤문제가 발생하고, 아기를 키우지 못할 경우에는 기아를 발생시켜 아동문제가 발생하기도 한다. 또한 미혼모의 아이는 대부분 한 달 정도 위탁모의 손에 키워지다가 양부모에게 입양되거나, 아동보호시설에 입소되거나, 미혼모에 의해 양육된다. 좋은 양부모에게 입양되는 경우를 제외하고는 아이에게 미치는 영향이 커진다. 시설 입소 후 고아로 자라는 경우 고아라는 이유로 인한 정서적 불만과 사회의 불이익이 따른다. 이로 인해 미혼모의 아이 또한 사회 적응이 원만하지 못해 비행청소년 등 또 다른 사회문제를 일으킬 소지를 내포하고 있다.

미혼모 혼자 아이를 양육하는 경우에도 사생아라는 사회적 냉대와 법의 차별 대우, 아버지 없는 가정에 대한 불만 및 경제적 빈곤을 겪기 쉽다.

(2) 사회적 원인

갤브레이스(Galbraith)에 따르면 빈곤을 발생시키는 사회적 요인에는 자원 부족, 정부의 성격, 경제제도, 자본과 기술의 부족, 기후, 시장구조 등이 있다.

- 국가의 취업구조, 노동시장의 구조적 불평등과 고용불안정성, 임금차별 등으로 가장의 실직으로 인한 가정의 경제적 붕괴
- 조부모가 조손을 양육하는 가정 증가, 이혼율 증가, 여성가구주 가구 등 결손가정 증가 등으로 인한 가구 내 비노동인구의 증가
- 소득재분배 기능을 수행하는 사회보장제도를 포함한 사회복지정책의 부실

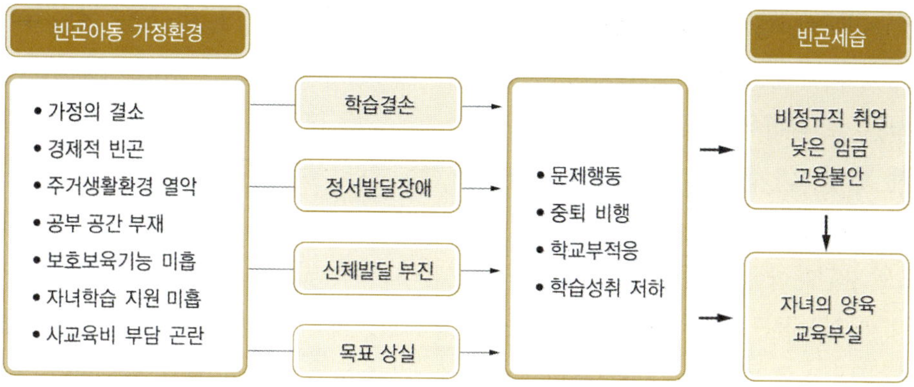

[그림 11-1] 빈곤아동의 가난 대물림 경로

출처 : 빈부격차차별시정위원회(2004).

4) 빈곤이 아동에게 미치는 영향

빈곤이 아동에게 미치는 영향은 크게 건강, 인적 자원, 물리적 환경, 정서적 환경, 가족의 상호작용, 다섯 가지 영역이 있다(Park, Turnbull & Turnbull, 2002).

(1) 건강에 미치는 영향

빈곤이 건강에 미치는 영향은 세 가지 요인으로 구분할 수 있다. 첫 번째 요인은 '기아'로 빈곤이 아동에게 미치는 가장 심각한 영향은 바로 불충분한 영양 상태로 나타난다. 아동의 영양 상태가 불충분하거나 부적절할 경우 아동의 두뇌 형성에 부정적 영향을 미쳐 언어능력, 독해력, 산술능력, 기타 학습능력을 뒤떨어지게 하는 경향이 이다. 또한 아동의 영양실조는 아동의 사회적 행동을 위축시키고 운동능력을 떨어뜨릴 뿐만 아니라 신체발달의 장애를 초래하게 된다. 만약 이러한 위험에 노출된 아동이 부모의 보살핌을 충분히 받지 못할 경우 발달지체 및 장애로 연결될 수 있다. 즉, 굶주림에 허덕이는 아동은 그렇지 않은 아동에 비해 피로, 두통, 감기, 주의력 결여 등에 노출될 확률이 2~4배 더 높은데, 빈번한 감기로 시달리는 아이가 적시에 치료를 받지 못하면 중이염 등으로 발전할 가능성이 있고 중이염을 간과할 경우 청각장애로 연결될 수 있다는 것이다. 주의력 결핍문제를 지닌 아동에게 적절한 조기중재 및 치료교육 프로그램을 적용하지 않을 경우 학습장애로 발전할 위험이 있다.

두 번째 요인은 '임신기간 동안의 영양결핍'으로 어머니가 임신기간 중에 충분한 영향을 섭취하지 못하면 출산 시 저체중 아이를 분만하게 되고, 또 어머니의 산후 건강과 관련하여 영아에게 부정적 영향을 미치게 된다(McLoyd, 1998). 맥로이드(McLoyd, 1998)에 의하면 호흡기 질환, 신경학적 결함, 인지문제 등은 조산아 및 저체중 유아에게서 주로 나타나고 있다.

세 번째 요인은 '보건의료체계 접근의 제한성'이다. 빈곤은 가족구성원 모두에게 다양한 형태로 영향을 미치는데, 그러한 영향의 대부분은 자원 제한으로 인해 파생된 것이다. 자원제한은 인간에게 있어서 가장 근본적 욕구 및 필요라고 할 수 있는 보건의료체계에의 접근을 제한하여 의사나 임상치료전문가로부터 받을 수 있는 다양한 보건의료 서비스를 받을 수 없게 한다. 최근 들어, 저소득층을 위한 의료보장 서비스가 다소 확대되었다고 하나 아직도 여전히 다수의 빈곤아동은 필요한 보건의료 서비스를 받지 못하고 있다.

(2) 인적 자원에 미치는 영향

아동의 삶의 질과 복지 수준은 매일의 생활과 연계된 인적 자원과도 밀접한 관계가 있다. 인적 자원은 기술, 능력, 성공, 기회, 참가, 교육적 비전, 직업활동, 여가, 개인적 성장과 발달, 성취 등으로 특징지을 수 있는데, 빈곤은 아동의 인지발달 및 학교교육과 가족의 여가문화 활동이란 측면에서 인적 자원에 부정적 영향을 미치게 된다.

먼저 '아동의 인지발달 및 학교교육'이란 측면에 미치는 영향을 살펴보면, 빈곤이 아동의 능력을 저하시킨다는 것은 이미 널리 알려진 사실이다. 빈곤한 가족은 아동을 환경이 좋은 보육기관에 보낼 경제적 여유가 없을 뿐 아니라 유년기 동안 인지 및 정서발달에 도움이 되는 장난감이나 책 등을 충분히 제공할 경제적 능력이 없다. 또한 아동의 학습에 필요한 도구, 캠프활동, 음악지도 등과 같은 과외활동을 시킬 여력도 부족할 것이다. 아동의 초기 인지발달과 학습능력은 지적 부분을 자극하는 다양한 경험에서 유래되는 경향이 있는데, 빈곤한 가족은 이러한 경험을 제공할 수 있는 경제적 능력이 부족하므로 기회의 평등이란 점에서 불리한 환경에 처하게 된다.

가족의 경제적 능력이 취약하여 기본 의식주를 해결하는 데 급급한 경우, 아동의 지적 능력이나 언어발달을 위한 인지적 자극을 제공할 수 있는 기회는 매우 부족할 것이다.

(3) 물리적 환경에 미치는 영향

주거공간을 둘러싼 물리적 환경을 논함에 있어서 이웃이나 지역사회문화 등은 가족복지에 직접적 영향을 미치는 요인이다. 물리적 환경의 범주에는 공간, 안전, 노동, 학교, 지역사회 등이 포함되나 가족복지와의 관련성이란 측면에서 다음의 두 가지 요인이 중요하게 대두된다.

첫째는 '가정환경'이다. 안전하고 쾌적한 주거공간은 가족복지에서 가장 기본 요소이다. 그러나 빈곤가족은 이러한 기본 요소가 결여된 주거공간에서 살고 있으며, 비빈곤가족에 비해 겨울에 난방이 되지 않는 상태에 있게 되거나 좁은 공간에 다수의 구성원이 함께 생활하며 불결한 공간에서 생활할 확률이 3배나 더 높은 것으로 보고되고 있다(U.S. Bureau of Census, 2000). 대부분의 빈곤가족은 지은 지 오래된 낡은 집에서 살고 있으면, 그로 인해 환경적 위해가 미치는 영향을 받으며 생활하고 있다. 빈곤이 가정환경에 영향을 미치고, 이러한 가정환경은 다시 개인의 인적 자원, 정서적 복지, 가족구성원의 건강에 영향을 미치게 되는 순환적 영향력을 지니고 있다.

두 번째는 '이웃환경'을 들 수 있다. 빈곤가족이 쾌적한 주거공간을 확보할 여력이 없다는 것은 이들 가족이 쾌적한 환경을 선택할 기회가 없다는 것을 의미한다. 비빈곤가족의 아동에 비해 빈곤가족의 아동은 질 높은 어린이집을 비롯하여 좋은 교육적 환경, 안전한 놀이 공간, 긍정적 성인 역할에 접할 기회 등에서 배제될 개연성이 크다.

그리고 빈곤아동의 부모는 공격적인 성향을 지니고 있으면, 그들 스스로도 그러한 공격적 성향이 문제가 있다는 것을 인지하고 있으나 개선하고자 노력하지 않는다. 이유는 그러한 공격적 성향은 빈곤가구가 밀접한 지역에서 살아가는 데 있어서 필요하기 때문이다. 주변 환경은 가족복지 및 삶의 질과 밀접한 관계가 있다는 것을 말해 준다.

(4) 정서적 환경에 미치는 영향

정서적 복지는 아동가족의 삶의 질에 적응성, 긍정적 사고, 자아존중감 및 정체성, 행복, 스트레스 등과 같은 정서적인 측면을 내포한다. 이들 요인들 중 스트레스 및 적응성과 자아존중감을 정서적 복지와 밀접한 관계가 있으므로 이들 두 요인을 중심으로 살펴보고자 한다.

먼저 스트레스 및 적응성에 대해 살펴보면, 경제적 불안정성은 그 자체가 부모뿐만 아니라 아동에게도 스트레스 요인으로 작용한다. 빈곤계층에 머무른 시간과 아동의 정신적 건강은 관련이 있다. 빈곤계층에 머무른 시간이 길수록 아동의 스트레스 수준과 불행하다는 느낌, 불안, 의존 등의 증세가 더 심화된다. 그리고 빈곤층에 속한 성인도 부채, 퇴출, 실업, 빈번한 이사, 금전에 대한 걱정 등으로 인해 스트레스와 정신건강 면에서 문제에 직면할 확률이 더 크다.

자아존중감은 자아를 구성하는 중심적 구성요소이며 개인적 가치에 대한 믿음의 정도를 반영한다. 가족의 경제적 자원의 적정성은 어머니의 높은 자아존재감과 관계가 있는 것으로 알려져 있다. 경제적 자원의 부족으로 인한 어려움은 어머니의 자아존중감을 낮추며, 이러한 부정적 결과는 결국 아동에게도 그대로 영향을 미치게 된다.

(5) 가족의 상호작용에 미치는 영향

가족의 상호작용은 삶의 정서적·관계적 요소들로 특징지을 수 있다. 가족의 상호작용 지표로는 가족의 일상적인 일, 가족구성원 간의 관계, 역할, 정서적 분위기, 대화, 행동 등이 포함된다. 이러한 지표 영역은 부모-아동 간의 상호작용과 그 외 다른 가족구성원 간의 상호작용에 적용된다.

부모-아동 간에 형성되는 긍정적 상호작용은 아동에게 신뢰감과 안정성을 심어 준다. 빈곤은 부모로 하여금 아동과 긍정적 상호작용을 할 수 있는 능력을 제한하는 경향이 있다. 빈곤한 부모의 부정적인 정서 상태는 아동양육에서 일관성이 결여된 언행을 사용하게 하고 아동에게 긍정적 사고를 심어주기보다 부정적 사고를 심어주게 된다.

특히, 어머니가 우울증으로 시달리는 아동은 정신적·정서적인 안정감을 가지기가 어렵다. 부모의 우울증이 유아기에 나타날 경우 그 영향은 매우 치명적인 것일 수 있다. 우울증에 시달리는 어머니는 아동에게 필요한 긍정적인 반응과 정서적 욕구에 부응하는 상호작용을 할 수가 없다. 이러한 경향은 결국 아동의 정서적 위축과 비활동성, 주의력 결여 등을 초래하게 된다.

뿐만 아니라 빈곤한 부모는 양육과정에서 아동에게 둔화된 감수성과 낮은 만족도를 보이고 회피적이며 강압적 양육방법을 적용하는 경향이 있다. 그럼에도 불구하고 빈곤한 부모의 부정적 양육방법에 대해 사회적 비난을 할 수 없는데, 그 이유는 빈곤한 부모와 아동은 어떻게 보면 경제적·사회적 불평등의 희생자들이기 때문이다. 따라서 빈곤한 가정의 아동이 빈곤으로 인한 부정적인 영향을 최소화하기 위해서는 사회적 배려와 빈곤으로 인하여 아동의 성장과 발달이 방해되지 않도록 지원이 필요하다.

5) 빈곤가정 아동의 실태

아동은 그가 속한 가정환경에 따라서 삶에 필요한 기본 욕구를 충족할 수도 있고 그렇지 못할 수도 있다. 빈곤가정에 속한 아동은 영양, 위생, 주거환경, 교육적 욕구의 박탈뿐만이 아니라 사회문화적인 생활의 참여가 부족해서 사회적인 차별의 문제도 야기한다. 빈곤아동의 발생을 알 수 있는 다양한 지표들을 통해 빈곤아동의 실태를 파악해 보기로 한다.

(1) 빈곤아동

일반아동 중 빈곤한 아동이 어느 정도 되는가에 대해서는 우리나라에 아직까지 공식적인 통계가 발표되지 않은 상황이다. 2004년 절대아동빈곤율은 8.79%이었고, 상대아동빈곤율은 14.57%이었다. 2004년 아동의 절대빈곤율은 성인빈곤율 6.6%에 비해 약 2%가 높게 나타나 아동의 빈곤이 성인의 빈곤보다 심각함을 알 수 있다.

우리나라의 아동빈곤율은 최근에 상승하는 추세임을 알 수 있다. 이러한 현상은 아동이 있는 가정의 부모가 실직, 질병, 장애, 사망 등의 원인에 의해 경제적으로 어려워지는 가정이 증가하기 때문이다.

〈표 11-14〉 아동빈곤율

단위 : %

연 도	아동빈곤율	
	절대아동빈곤율	상대아동빈곤율
1990	28.35	8.91
1995	7.48	8.74
2000	6.84	9.61
2003	8.58	15.05
2004	8.79	14.57

출처 : 보건복지부(2006). 한국의 주요 아동지표.

〈표 11-15〉 빈곤아동 수

단위 : 명

연 도	전체 아동 수 (0~18세)	절대빈곤아동 수	상대빈곤아동 수	수급권 아동 수 (0~19세)
2004	11,942,478	1,049,744	1,740,019	366,519
2005	11,724,924	1,030,972	1,708,904	328,345
2006	11,515,275	1,012,193	1,677,776	413,138
2007	11,320,780	995,097	1,649,438	422,260

출처 : 보건복지가족부. 2009통계연보.

2007년 기준 우리나라 0~18세 아동은 11,320,780명이고 이 중 절대빈곤율 8.79를 적용하여 빈곤아동 수를 추정해 보면 995,097명이다. 이에 반해 기초생활수급자 19세 이하 아동은 422,260명에 그쳐 빈곤아동의 42%만이 기초적인 국가의 혜택을 받고 있다. 상대빈곤아동은 절대빈곤아동보다 더 많아 빈곤아동에 대한 대책이 절실히 필요함을 알 수 있다.

우리나라 아동의 빈곤율은 OECD 평균 12.4%보다 적은 10.2%로 나타나 OECD 주요 국가들보다 비교적 낮은 편이다. 또한 아동이 있는 가구의 빈곤율도 OECD 평균 10.6%보다 낮은 9.2%로 조사되었다. 이는 우리나라가 빈부의 격차가 상대적으로 낮기 때문으로 보이며, 아동이 성인의 보호 아래 기본적 욕구를 충족할 수 있는 환경이 극히 열악하지는 않음을 알 수 있다.

〈표 11-16〉 OECD 주요 국가의 아동빈곤율

단위 : %

국가명	아동빈곤율	아동이 있는 가구의 빈곤율
호 주	11.8	10.1
캐나다	15.1	12.6
덴마크	2.7	2.2
핀란드	4.2	3.8
프랑스	7.6	6.9
독 일	16.3	13.2
이탈리아	15.5	14.3
일 본	13.7	12.5
한 국	10.2	9.2
영 국	10.1	8.9
미 국	20.6	17.6
OECD 평균	12.4	10.6

출처 : 보건복지가족부. 2009통계연보.

(2) 소년소녀가정 현황

빈곤아동이 발생하는 대표적인 원인은 소년소녀가정의 발생이다. 소년소녀가정은 부모의 사망, 이혼 등으로 인해 발생되며, 복역, 장애 등으로 인해 실질적인 소년소녀가정이 발생되기도 한다. 소년소녀가정은 2003년에 6,184명이었던 것이 점차 줄어

2015년에는 292명이 발생되었다. 학교재학별로 살펴보면 고등학생이 가장 많은 163명이고 어린 연령으로 내려갈수록 줄어든다.

홀로서기가 어려운 연령대에서 소년소녀가정이 발생이 적다는 것이 다행이다. 최근에 와서 소년소녀가정의 발생이 줄어든 것은 건강가정을 위한 사회 전반적인 노력이 있다는 반증이며, 국가의 경제발전과 더불어 국민들 삶의 질이 높아지고 있음을 엿볼 수 있다.

〈표 11-17〉 **소년소녀가정 현황**

단위 : %

구 분	계	재학별				
		미취학	초 등	중 학	고 교	기 타
2003	6,184	99	1,309	1,966	2,668	142
2005	4,332	85	901	1,343	1,923	80
2007	2,501	25	401	789	1,226	60
2009	1,596	10	196	440	904	46
2010	1,327	9	149	375	753	41
2011	1,020	8	103	264	601	44
2012	796	3	77	206	456	54
2013	493	1	39	119	310	24
2014	292	3	23	82	163	21

출처 : 2015보건복지통계연보.

(3) 기초생활보장수급자 수

국민기초생활보장수급자 선정 기준은 소득인정액(소득평가액+재산의 소득환산액)이 보건복지부장관이 매년 공표하는 가구 규모별 최저생계비 이하이고, 부양의무자가 없거나 부양의무자가 있어도 부양능력이 없거나 부양을 받을 수 없는 경우에 해당된다. 기초생활수급자로 선정되게 되면 생계와 주거, 의료급여와 함께 영구임대주택 우선 입주대상 자격이 주어지며, 주민세와 상하수도 요금 감면 등 각종 혜택을 받을 수 있다. 기초생활보장수급자 가구의 아동은 교육비 지원을 비롯하여 교육여건 개선을 위해 각종 지원이 이루어진다.

기초생활보장수급자 수는 2010년까지는 매년 증가되는 추세이었다가 그 이후는 감소 추세에 있다. 이는 최저생계비 산정과도 연관되어 있다.

〈표 11-18〉 기초생활보장수급자 수

구 분	총 수급자	일반 수급자	시설수급자
2002	1,351,185	1,275,625	75,560
2004	1,424,088	1,337,714	86,374
2006	1,534,950	1,449,832	85,118
2008	1,529,939	1,444,010	85,929
2010	1,549,820	1,458,198	91,622
2012	1,394,042	1,300,499	93,543
2013	1,350,891	1,258,582	92,309
2014	1,328,713	1,237,386	91,327
2015	1,646,363	1,554,484	91,879
2016	1,630,614	1,539,539	91,075

출처 : 보건복지부(2017).

6) 빈곤가정 아동을 위한 복지대책

빈곤한 부모 밑에서 태어나는 아동은 자신의 의지와 상관없이 빈곤한 삶을 살아야 한다. 이러한 아동은 인간으로서 기본적인 욕구 충족은 물론 남들과 같이 공평한 출발을 하기 어렵게 된다. 아동이 태어날 때 가지고 있는 무한한 가능성에 대한 기대는 불공평한 출발로 인해 무너져 버리고, 가난의 고통으로 인생의 출발점을 손상시킨다. 아동이 경험하는 빈곤의 고통은 성인의 경험과는 비교할 수 없을 만큼 크다. 어린 시절 기본적 욕구의 결핍은 신체적·지적·정서적 발달에 치명적인 손상을 입힌다. 이렇게 빈곤은 아동의 생명을 유지하고 발달·성장해 가는 데 필요한 물질과 사회적 기회를 빼앗아가 버려 생존과 발달권의 문제를 야기한다.

아동을 빈곤으로부터 보호하기 위하여 유엔에서는 국가의 책임을 강조하고 있다. 아동을 빈곤의 부정적 영향을 최소화하기 위해서는 다양한 복지대책이 필요하다.

(1) 희망스타트

희망스타트는 아동의 공평한 양육 여건과 출발기회를 보장하기 위해 저소득층 임산부 및 0~12세 아동과 그 가족에게 보건, 복지, 교육을 통합한 전문적 맞춤 서비스를 제공하는 국가 주도의 선진 아동복지 프로그램으로 빈곤의 대물림을 단절, 저소득층 가정 아동에게 상대적 박탈감을 불식시키고 사회의 일원으로서 균등한 기회를 보장하고 희망을 주기 위해 시작되었다.

국가와 지자체가 주도하는 이 사업은 2007년 전국 32개 지역에서 시범으로 실시하였고, 총 4,891명이 서비스를 제공받았다. 주요 사업의 내용은 임산부 및 0~12세 저소득 아동 및 가정(수급자 및 차상위계층 우선)을 대상으로 건강, 복지, 보육(교육)의 맞춤형 통합 서비스를 제공한다. 공공, 민간 합동으로 구성된 사례관리팀은 대상아동(가정)을 발굴, 욕구 사정, 서비스 제공, 연계, 지역자원 발굴 등 희망전달자로서 역할을 수행한다. 지역사회 차원에서 건강, 복지, 보육(교육)의 협력 파트너십을 구축하고 지역의 특성에 따른 차별적 서비스를 연계하여 프로그램을 진행한다.

(2) 아동발달지원계좌(CDA) 사업(씨앗통장)

아동발달지원계좌(CDA : Child Development Account) 사업의 기본 취지는 아동 스스로 어려서부터 저축하는 습관을 키워서, 경제적 자립, 더 나아가 정신적인 자립을 이루는 능력을 길러주는 것이다. 아동이 성장하여 사회에 진출할 때 경제적인 어려움 때문에 좌절하지 않고, 학업(진학)과 기술습득, 기타 자신의 장래를 위해 소중하게 활용할 수 있는 종자돈(seed money)을 어려서부터 준비하는 하나의 경제학습과정이라고 할 수 있다.

2007년 4월부터 시작된 아동발달지원계좌사업은 저소득층 아이가 CDA통장을 만든 뒤 보호자나 후원자의 후원금 중 일부를 저축하면 정부도 여기에 맞춰 최대 3만 원까지 함께 저축하는 사업이다. 만약 월 3만 원을 저축하면 정부도 3만 원을 붓기 때문에 실질적으로 매월 6만 원을 저축하는 효과가 생긴다. 이렇게 모인 돈은 저소득층 아이가 18세가 넘어 사회에 진출할 때 학자금, 기술교육비, 취업훈련비, 창업비용, 주거마련비용 등 자립을 위한 종자돈으로 쓸 수 있다.

(3) 위스타트운동

위스타트(We Start)운동은 사회구성원 모두가 나서서 가난한 가정의 아동에게 공정한 복지와 교육의 기회를 제공하고 확실한 삶의 출발선을 마련해 주어 가난의 대물림을 끊어주자는 시민사회운동이다. We Start는 Welfare Education Start의 약자로 공정한 복지(Welfare)와 공정한 교육(Education)의 기회를 만들어 준다는 뜻을 가지고 있다. We에는 우리 모두 힘을 합치자는 호소와 함께 복지(W)와 교육(E)의 뜻이 담겨 있다. Start는 여러 선진국에서 쓰고 있는 빈곤아동 지원사업의 일반적 명칭이다. 미국의 Head Start,

영국의 Sure Start, 캐나다의 Fair Start 등과 같은 프로그램에서는 빈곤을 예방하려면 가급적 어린 나이부터 개입해야 효과가 있다는 판단 아래 빈곤층 아동이 공정한 복지와 교육의 출발선상에 설 수 있도록 노력하고 있다.

위스타트운동은 다음과 같은 프로그램으로 빈곤아동을 지원하고 있다.

① 위스타트 마을 조성

위스타트 마을에서는 복합적인 문제에 직면한 빈곤층 가정에 대해 사회복지사를 파견해 상담을 실시하고 종합적인 해결책을 제공한다. 부모가 모두 일터에 나갈 때를 대비해 포괄적 보육 서비스도 실시한다.

② 건강 지킴이

열악한 주거환경과 건강을 위협받는 빈곤층 아동에 대해서는 건강검진 사업을 벌이고, 보건소, 병원, 약국 등과 협력해 정기검진을 실시하고, 질병을 조기에 발견해 치료해 준다. 지역보건소와 병원의 의사들로 구성된 건강 지킴이들은 정기적으로 가정을 방문해 아동의 기초 발육 상태를 점검하고 건강기록부를 작성한다. 위스타트운동본부는 빈곤아동 치료비 마련을 위해 모금활동도 실시한다.

③ 희망의 집 꾸미기

방과 후 갈 곳이 없거나 부모의 보호를 받지 못하는 아동이 공부하거나 쉴 수 있는 휴식터를 제공하는 사업이다. 희망의 집은 학교, 사회복지관, 주민자치센터, 종교시설 등 기존 동네 시설을 리모델링하여 사용한다.

④ 교육 출발선 만들기

교육 빈곤에 시달리는 아동의 인지능력을 개발하고 기초학력을 높여주는 일은 가난 대물림을 끊기 위해 매우 중요하다. 아동의 학교생활 적응을 위해 사회성 발달 프로그램도 운영하며, 학원 및 아동학습지 업체 등과 협력하여 빈곤아동이 공부하는 데 여러 가지 지원을 실시한다.

(4) 드림스타트

드림스타트는 모든 아동이 공평한 양육 여건과 출발기회를 보장받을 수 있도록 하여 빈곤의 대물림을 차단하고 나아가 건강한 사회구성원으로서 성장할 수 있도록 하는 능동적 복지사업이다.

현대사회에 들어와서 가족해체가 증가하면서 가족기능이 약화되고, 사회 양극화 등에 따른 빈곤의 대물림이 심화되고 있어 밀착형 서비스가 필요한 빈곤층 취약아동에 대한 집중관리가 필요하게 되었다. 또한 국가의 성장잠재력 제고를 위해서는 선제적 인적 투자로

서 아동에 대한 투자가 필요하다. 아동 빈곤은 아동의 전 생애는 물론 사회 전체의 발전 가능성을 저해한다. 아동에 대한 조기 투자는 성장과 복지의 선순환을 달성하고, 사회문제 예방 및 사회통합을 유도하는 등 사회적 환원효과가 큰 것으로 분석된다. 미국 랜드연구소에 따르면 아동에 대한 1달러 투자는 16.1달러의 사회적 환원효과가 발생한다.

드림스타트의 서비스 대상은 기초생활수급가정 및 차상위가정 등 취약계층 0~12세 아동 및 임산부와 그 가족이다. 드림스타트센터는 시군구에 설치되며, 전담공무원 3인과 민간 전문인력 3인으로 구성된다. 서비스의 내용은 가정방문을 통한 사례관리로 빈곤아동의 성장발달에 필요한 신체, 인지, 건강, 언어, 정서·행동 등 아동발달에 필요한 필수 서비스를 제공하고, 이외에 아동의 개별적 욕구와 상황에 맞춰 선택적 서비스를 제공하는 맞춤형 통합서비스를 실시한다.

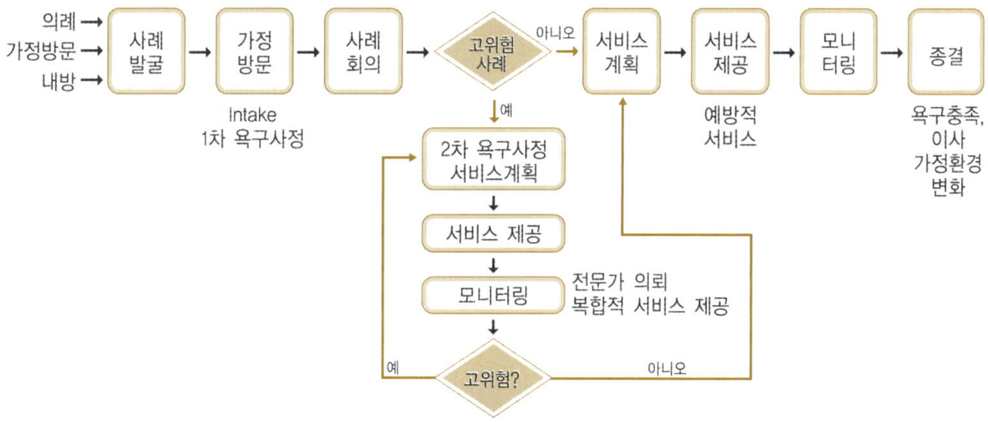

[그림 11-2] 드림스타트 서비스 흐름도

출처: 드림스타트. www.dreamstart.kr/sub_01/body02.asp

[그림 11-3] 드림스타트의 서비스 체계

출처 : 드림스타트. www.dreamstart.kr/sub_01/body02.asp

〈표 11-19〉 아동센터 이용 아동 수

단위 : 명

구 분	시설수	일일 이용 아동					
		계	미취학	초등학교 저학년	초등학교 고학년	중학생	고등학생
2006	2,029	59,172	4,133	25,149	21,426	6,846	1,095
2008	3,013	87,291	4,585	35,972	33,163	11,380	1,862
2009	3,474	97,926	4,838	39,053	38,032	13,600	2,072
2010	3,690	100,233	4,376	37,865	10,233	15,075	2,346
2011	3,985	104,982	4,578	37,407	42,324	17,374	3,014
2012	4,036	108,357	4,028	28,030	42,396	20,017	3,663
2013	4,061	109,066	3,714	39,293	41,025	20,817	4,006
2014	4,059	108,936	3,533	40,425	40,662	20,121	4,035

출처 : 2015 보건복지통계연보.

(5) 지역아동센터

지역아동센터는 지역 내 보호를 필요로 하는 만 18세 미만의 아동과 가정에서 부모에 의한 보호와 양육이 적절히 행해지기 어려운 상황에 있는 아동(학대, 방임)을 대상으로 보호와 교육, 오락 등의 서비스를 제공하는 아동복지서비스 기관이다.

지역아동센터는 아동의 학습능력의 제고와 학교부적응의 해소뿐만 아니라 아동의 정서 안정 및 건전한 인격 함양으로 지역과 가정에서 건강한 자녀로 성장할 수 있게 한다. 교육과 복지의 통합적 서비스의 실시로 가족, 친지, 지역사회 자원을 연계하여 아동을 지원하고 권리의 보호 및 보장활동으로 아동·청소년의 문제를 사전에 예방한 역할을 한다.

지역아동센터는 2014년 기준 전국에 4,059개소에서 108,936명의 저소득층 아동이 이용하고 있다. 지역아동센터를 가장 많이 이용하는 연령대는 초등학교에 다니는 시기이다.

(6) 복지관에서 프로그램

① 재가복지 서비스

조부모가정, 소년소녀가정, 결손가정 등 가족기능이 취약한 저소득 소외계층가정의 아동에게 종합적인 서비스를 제공함으로써 지역사회 내에서 함께 살아 갈 수 있도록 돕는 사업이다. 재가복지사업의 내용은 다음과 같다.

- 가사 서비스(가사활동 지원 서비스, 반찬 서비스, 도시락 서비스, 이·미용 서비스 등)
- 정서 서비스(한부모가족 지원 프로그램)
- 교육 서비스(학습지도 서비스, 학습용품 및 도서 전달, 교복지원 서비스 등)
- 후원결연 서비스(경제적 지원 서비스, 후원물품 지원, 후원자 모집, 후원자 관리 등)
- 주거환경 개선 서비스(소독, 집수리, 도배 등)

② 아동보호사업

방과 후 빈곤아동의 교육과 보호를 위하여 방과 후 교실을 운영한다. 방과 후 교실에서는 학습지도, 특별활동, 생활지도, 야외활동, 집단 프로그램, 개별 아동상담 등을 하고 있다. 좀 더 어린 연령의 아동을 위해서는 탁아방을 운영한다. 탁아방은 30개월 이상 아동을 대상으로 하는 무료아동보호사업이다.

참고문헌

김기원 (2000). 공공부조론. 학지사.

김기태 · 박병현 · 최송식 (2004). 사회복지의 이해. 박영사.

김태성 (2002). 빈곤과 사회복지정책. 청목출판사.

박용순 (2001). 빈곤과 자립. 학지사.

보건복지부 (1010). 장애아가족 양육지원사업. 보건복지부.

보건복지부 (2006). 한국의 아동지표. 보건복지부.

빈부격차차별시정위원회 (2004). 빈곤아동 · 청소년종합대책.

신현기 외 (2005). 특수교육의 이해. 교육과학사.

이두호 (1991). 빈곤론. 나눔출판사.

정영숙 (2004). 빈곤가족과 사회복지정책. 대구대학교 출판부.

Bronfenbrenner, U. (1994). Ecological models of human development. In T. Husen & T. N. Postlethwaite(Eds.), *International encyclopedia of education*(2nd ed. Vol.3. pp. 1643-1647). Oxford. UK: Pergamon/Elsevier Science.

Kadushin, A. (1984). *Child welfare service*. NY: MacMilan Publishing Company.

Kadushin & Martin (1988). *Child welfare service*. London: Collier MacMillan.

McLoyd (1998). Socioeconomic disadvantage and child development. *The American Psychologist, 53*(2).

U. S. Bureau of Census (2000). *Grandparents as caregivers*.

CHAPTER **12**

가정위탁과 입양

1. 가정위탁보호
2. 입 양

1. 가정위탁보호

1) 가정위탁보호의 개념 및 유형

가정위탁은 우리나라 전통사회에서 실시했던 수양제도와 유사하다. 전통사회에서는 부모가 사망하여 보호자가 없는 아동은 친인척이나 이웃이 수양아들 혹은 수양딸로 삼아서 양육하고 혼인 후 독립시켰다. 이는 아동을 자녀로 입적하고 영구적인 가족관계를 형성하는 입양과는 다르다.

가정위탁보호는 1980년대 이후 제도적 정착을 위한 시범사업이 전개되었으며, 1999년 가정위탁보호에 대한 법적 근거가 마련되었다. 특히, 2003년 4월부터 전국 16개 시도에 가정위탁지원센터가 개설되어 행정적·예산적 지원이 이루어짐에 따라 요보호아동을 위한 복지 서비스가 진일보하였다. 이는 민간의 전문위탁운영체계를 구성함으로써 행정기관의 전달체제하에서 요보호아동을 위한 제한적 위탁보호체제로부터 민·관의 협력적 아동보호의 형태를 마련하였다는 점에서 의의가 있다.

사회사업사전(Encyclopedia of Social Work)에 의하면 위탁보호(foster care)는 아동의 친부모 이외의 친척 또는 친척관계에 있지 않은 양육자가 아동의 가정 이외에서 아동을 24시간 돌보는 대리적 양육으로 정의된다. 미국아동복지연맹(Child Welfare League of America)에서는 가정위탁보호를 아동복지기관의 승인을 받은 위탁가정에서 아동의 일시적 보호와 양육이 이루어지는, 계획적이고 목표지향적인 서비스라고 규정하고 있다.

장인협과 오정수(1997)는 가정위탁보호에 대한 정의를 다음과 같이 요약하였다. 첫째, 아동 본래의 가정이 아닌 타 가정에 의해서 주어지는 보호이다. 둘째, 영구보호가 아닌 계획된 기간의 설정이 필요하다. 셋째, 사회사업기관에 의하여 마련되는 보호이다.

가정위탁보호의 대상이 되는 경우는 ① 부모의 가출, 질병, 실직 또는 심각한 경제적 어려움, 수감 또는 이혼 등의 이유로 자녀를 양육할 수 없는 상황에 있는 아동, ② 아동학대 및 방임의 경우로 아동을 친부모로부터 격리하고 아동과 친부모에게 적절한 조치를 취할 필요가 있는 상황, ③ 소년소녀가정 세대의 경우로 친부모가 양육할 수 없으나 시설에 입소되지 않고 독립적인 가구를 구성하면서 생활하는 상황, ④ 시설생활 부적응 아동이나 가정위탁을 희망하는 아동을 위탁가정에서 보호함으로써 큰 변화를 겪은 아동의 후유증을 줄이고, 심리적인 안정을 되찾을 수 있는 아동의 상황 등으로 나누어 볼 수 있다.

아동복지법 제10조에 의하면 가정위탁보호는 자신의 가정에서 적절한 보호를 받을 수 없는 아동을 위한 일시적·포괄적 서비스로서 아동을 일시적으로 건전한 가정에 위탁하여 가정적인 분위기에서 자랄 수 있도록 하며, 일정 기간 후 친가정으로 복귀할 수 있도록 지원해 주는 것이다. 위탁가정은 입양과는 달라 위탁아동에 대한 법적인 권리나 책임이 없으며 아동보호도 장기보다는 단기 보호를 목적으로 한다.

가정위탁의 궁극적인 목적은 아동보호를 극대화하고, 아동과 친부모가 재결합하도록 지원하고, 위탁아동이 다른 가족에 입양 또는 독립된 삶을 살기 위한 준비를 하도록 도와주는 것이다. 가정위탁보호는 위탁가정과 위탁아동의 관계에 따라 대리양육 가정위탁, 친인척 가정위탁, 일반 가정위탁으로 구분된다. 대리양육 가정위탁은 친조부모, 외조부모에 의한 양육을 말하고, 친인척 가정위탁은 친조부모, 외조부모를 제외한 친인척에 의한 양육(민법에 의한 8촌 이내의 혈족에 의한 경우)을 말하며, 일반 가정위탁은 조부모도 아니고 친인척도 아닌 일반인에 의한 가정위탁을 말한다.

2) 가정위탁보호의 선정 및 지원

일반가정위탁의 객관적 선정조건은 위탁부모의 건강 상태, 경제 상태, 연령, 교육 정도, 취업 등이다. 주관적 선발조건은 위탁부모의 태도, 가정위탁보호사업에 대한 이해도, 책임감 및 인격 등이다. 위탁보호를 신청한 위탁가정의 동기는 매우 중요하다. 위탁부모의 과거 생활경험, 불우한 아동에 대한 동정심, 양육비를 통하여 가정수입에 관심이 있는지, 자녀가 없기 때문에 아동을 길러보려고 하는지, 공공의 이익을 위한 열성 등이 중요하다. 위탁기관은 위탁보호를 신청한 위탁가정을 직접 방문하여 그 가정에 대한 각종 자료를 수집하고 그 가정이 위탁가정으로서 적합한가의 여부를 심사함으로써 위탁가정을 선발하게 된다. 위탁선정 기준은 다음과 같다.

기본요건(친인척 및 일반인 공통)

- 위탁아동과 동거할 것
- 위탁아동을 돌봄에 현저한 장애 및 건강상의 질병이 없을 것
- 위탁받고자 하는 자 및 그 가족에게 범죄, 가정폭력, 아동학대, 알코올·약물중독 등의 전력이 없을 것
- 위탁가정으로 적합한지 여부를 가정조사 시 이웃 등을 통해 확인
- 가정위탁에 필요한 교육을 이수할 것. 다만 대리양육가정 및 친인척 위탁가정의 경우에는 가정위탁 후 6개월 이내 교육 이수

일반인에 의한 위탁보호 요건

- 위탁부모가 혼인관계를 유지하고 있으며 위탁아동을 부양함에 충분한 재산이 있을 것
- 위탁아동에 대하여 종교의 자유를 인정하고 사회의 일원으로서 그에 상응한 양육과 교육을 할 수 있을 것
- 가정이 화목하고 정신적·신체적으로 위탁아동을 양육함에 현저한 장애가 없을 것
- 공립아동상담소 또는 이웃 주민 2인 이상의 추천을 받을 것
- 위탁받는 자의 나이가 25세 이상으로서 위탁아동과의 연령 차이가 60세 미만일 것
- 위탁가정의 아동은 자신의 자녀를 포함 4인을 넘지 않을 것(18세 이상 친자녀는 자녀 수에서 제외)
- 결혼하여 아이를 키워 본 경험이 있는 가정을 원칙으로 함(다만, 시장·군수·구청장이 위탁아동을 건전하게 양육하기에 특별히 적합하다고 인정하는 경우에는 위탁 가능)

(1) 경제적 지원

① 양육보조금 및 국민기초생활보장법에 의한 생계비 등 지원

- **양육보조금 지원** : 아동 1인당 월 10만 원 이상 지원한다. 양육보조금 지급방법은 위탁가정보호 결정일이 매달 15일 이전인 경우는 전액 지급하고, 16일 이후인 경우는 반액 지급한다.
- **국민기초생활수급자 책정 지원** : 위탁가정 소재지 시군구는 위탁보호아동에게 부양능력이 있는 부양의무자가 존재하는 경우에도 실질적인 가족관계의 단절로 볼 수 있는 경우는 급여를 실시한다. 생계·의료·교육 등의 해당 급여를 별도 가구로 보장하는 개인단위로 실시한다. 특히, 부모로부터 학대받은 아동의 경우 부양능력이 있는 부양의무자가 있어도 부양을 거부하거나 기피하는 것으로 시장·군수·구청장이 인정하여 기초생활수급자로 보호한다. 위탁아동이 만 18세 이상인 경우에도 중·고등학교에 재학 중인 경우에는 졸업 시까지 지원이 된다.

② 상해보험료 지급

2006년부터는 가정위탁아동의 후유장애, 입원, 통원 의료비 등을 지원한다.

③ 대리양육·친인척 위탁가정 전세자금 지원

국토해양부는 대리양육·친인척 위탁가정이 가구당 월평균 소득이 도시근로자 가구당 월평균 소득 이하인 경우로서 무주택일 경우는 일반주택 전세자금 및 공공임대주택 임대보증금을 지원한다.

(2) 정서적 후원

부모로부터 떨어져 낯선 가정에 위탁·보호되는 아동은 경제적 지원 못지않게 정서적 지원도 중요하다. 정서적 지원을 위하여 후견인 지정과 결연기관의 긴밀한 협조체계를 강화한다. 대리양육가정과 친인척 위탁가정 등 위탁보호아동의 경우 가까운 이웃에 거주하는 아동위원이나 종교인, 지역의 여성 지도자, 공무원, 가정위탁지원센터 상담원 등을 후견인으로 지정하여 고충이나 애로 사항을 상시 의논할 수 있다. 또 결연기관과 긴밀한 협조체제를 구축하여 위탁아동과 후원자와의 만남 행사 등 후원 프로그램을 활성화하도록 한다. 위탁아동을 대상으로 캠프, 나들이, 문화체험, 방문, 내방, 전화, 인터넷, 서신 등을 통한 정서적 지원이 이루어지고 있다.

	신청 →	아동 및 위탁가정 환경조사 →	위탁결정 통보 →	사례관리
대리친인척	• 아동 & 위탁보호 희망자 - 관할 아동 거주지 읍·면·동에 신청	• 조사 · 상담 • 아동카드 작성 시군구에 제출	• 시군구에서가정 위탁지원센터에 가정위탁보호 결정 통보	• 아동카드에 기재 관리
일반	• 아동 - 아동 보호 의뢰자가 아동 거주지읍·면·동에 신청	• 아동 조사 상담 (읍·면·동) • 가정위탁지원센터로 위탁부모 의뢰 (시군구)	• 시군구에서 가정 위탁지원센터 및 위탁가정 시군구에 가정위탁보호 결정 통보	• 아동카드에 기재 관리
	• 위탁보호 희망자 - 관할 가정위탁지원 센터에 신청	• 가정위탁지원센터에서 위탁보호 희망자를 선정		

[그림 12-1] 위탁가정 선정 절차

3) 가정위탁보호의 4주체

가정위탁보호사업은 4주체의 법적·사회적 절차로 이루어진다. 가정위탁보호의 최대 수혜는 위탁되는 아동이 되어야 하고, 위탁아동이 사업의 중심에 위치하여 위탁가정과 친부모 그리고 위탁전담기관이 그 역할을 적절히 할 때 아동은 좋은 환경에서 기본적인 욕구가 결핍되지 않고, 잠재능력이 발휘되도록 발달할 수 있을 것이다. 또한 위탁가정과 친부모도 이 사업의 수혜자 위치에 있으면서 아동을 위해 서비스를 제공해 주어야 한다.

아동의 건전한 발달을 이끌 위탁부모의 자질로는 다음과 같은 것을 들 수 있다. 첫째, 확고한 인생관과 도덕성을 가지고 있어야 한다. 둘째, 아동의 신체적·정서적 결함을 보충해 줄 수 있는 민감성과 이해력을 지니고 있어야 한다. 셋째, 아동에 관한 과거의 기록 등을 참작하여 아동의 수준에 맞게 보살펴야 한다. 넷째, 아동의 욕구와 문제를 도와주기 위해 유관기관의 협조체계를 잘 받아들여야 한다. 다섯째, 아동의 활동과 진전에 관심을 두고 필요할 때 언제나 도움과 지지를 해줄 용의가 있어야 한다.

친부모는 일시적으로 자신의 가정 내에서 양육할 수 없어 다른 가정에 자녀를 위탁하게 된다. 친부모는 자녀를 양육할 수 없는 점 때문에 가족 간의 갈등이나 심리적 좌절을 경험한다. 위탁기간 종료 후 자녀와 재결합하여 성공적인 가족구성을 위해 지역사회나 가정위탁지원센터는 아동뿐만이 아니라 친부모에 대해서도 관심을 가져야 한다. 친부모의 자립 및 정서적 안정을 지원해 주고, 신체적·지적·사회적·정서적으로 성장할 수 있도록 기회를 주어야 한다.

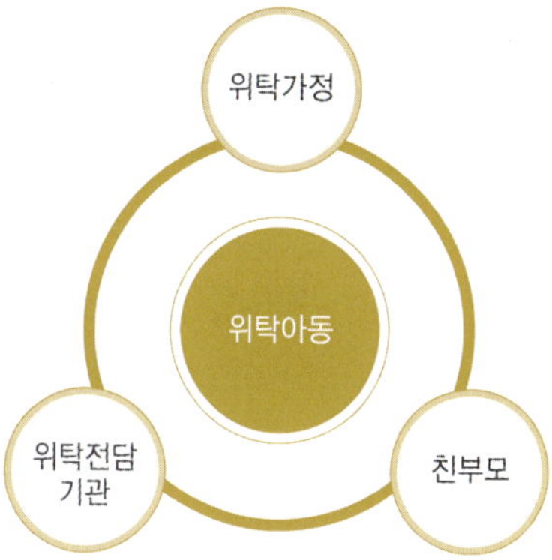

[그림 12-2] 가정위탁보호의 4주체

위탁전담기관에는 행정기관, 가정위탁지원센터, 민간단체를 들 수 있다. 행정기관은 보건복지부에서 읍·면·동의 해당 부서 및 해당 공무원을 의미하며 예산지원, 정책결정, 지도·감독의 업무를 수행하는 기관을 말한다. 가정위탁지원센터 및 민간단체는 가정위탁이 필요한 아동에게 위탁가정을 제공함으로써 아동이 바르게 성장할 수 있도록 위탁아동과 친부모, 위탁부모에게 종합적인 서비스를 제공하는 역할을 하며, 가정위탁사업의 저변 확대와 효율적 사업전개를 위해 각종 홍보, 교육, 자원 동원은 물론 협력기관 또는 행정기관 등과 협조하여 사업을 진행한다.

4) 가정위탁양육의 형태

가정위탁양육의 형태는 가정위탁되는 아동의 입장과 위탁부모의 입장을 고려한다. 아동의 경우, 그 발달적·상황적 특성과 함께 위탁이 종료되었을 때를 대비한 복지에 초점을 맞추고, 부모의 경우는 위탁양육에 대한 대가성 여부에 초점을 맞춘다. 이 대가성 여부의 기준은 위탁부모로서의 역할 수행을 직업으로서의 아동복지직과 자원봉사자로서의 아동복지 참여로 보는 것을 말하며 따라서 유료와 무료로 대별된다.

(1) 무료위탁가정

무료위탁가정(free foster homes)은 무보수로 아동을 위탁양육하는 가정을 말한다. 이러한 위탁형태는 양육에 대한 물질적 대가보다는 양육하는 과정에서의 기쁨과 성장시킨다는 보람에 더 의미를 두는 양육자들에 의해 실시된다. 최근에는 중류계층 이상에서 시간적 여유가 많은 중년기 여성과 불임 및 독신여성의 경우에는 아동양육에 대한 경험이 없으므로 특별한 교육을 필요로 한다. 무료위탁의 사례로 한국수양부모회 회원들의 가정이 좋은 예이다.

(2) 유료위탁가정

유료위탁가정(boarding foster homes)은 아동양육의 대가를 지불받는 가정을 말한다. 이러한 위탁형태는 거의 국내외 입양 관련 기관의 알선에 의해 실시된다. 우리나라를 비롯하여 가장 많이 활용되고 있는 형태이다.

(3) 고용위탁가정

고용위탁가정(wage foster homes)은 위탁의 형식을 빌려서 아동양육의 대가로 소정의 직업훈련 내지 교육을 실시해 주는 가정을 말한다. 일종의 도제제도와 유사한 것이다. 이러한 위탁형태도 크게 두 가지로 구분되는데, 노동을 제공해 주고 숙식만을 제공받는 경우와 숙식과 소정의 노동대가를 받는 경우가 그것이다.

과거에는 고용위탁이 아동의 노동력을 착취하는 수단으로 악용되기도 하였다. 그러나 노동권이 보장된다면 기본적 생활의 해결과 함께 직능훈련 및 기술 습득의 계기가 되므로 중·고등학교 이상의 청소년들에게는 권장할 만한 형태이다.

우리나라의 경우, 아동복지법에 규정된 아동양육시설에서 수용 보호되고 있는 아동은 만 18세가 되면 퇴소해야 한다. 따라서 퇴소 후를 대비한 직능훈련의 차원에서 본다면 고용위탁은 매우 바람직한 아동복지실천활동이라고 할 수 있다.

(4) 특수위탁가정

특수위탁가정(specialized foster homes)은 특수한 상태에 놓인 아동을 위탁양육하는 가정을 말한다. 여기서 특수한 상태란 주로 신체나 정신 및 행동장애를 가진 아동을 말한다. 이러한 위탁형태는 주로 유료이며, 위탁료도 그렇지 않은 아동보다는 높은 편이다. 물론 적은 수이기는 하지만 무료위탁가정도 있다.

5) 외국의 가정위탁보호제도

(1) 미 국

미국의 가정위탁은 대규모 수용시설에 수용되어 있는 아동을 구제하는 방법의 하나로 19세기 초에 이미 시작되었다. 보스턴 아동연구협회(Boston Children's Aid Society)의 책임자 찰스 버트웰(Charles Birtwell)은 1886년 아동을 위탁가정에 위탁할 때는 아동의 욕구를 먼저 고려하고, 위탁가정의 환경조사, 사후관리, 아동과 부모의 재결합 등을 고려하여 아동을 위탁하도록 하여야 한다고 강조함으로써 현대적 의미의 가정위탁제도가 도입되었다(허남순, 1998).

미국에서 가정위탁보호제도는 지방정부가 직접 운영하는 경우도 있으나 민간단체가 운영하는 경우가 많으며, 각 주의 법률에 의하여 지원과 감독을 받는다.

2000년도 모건싱 통계에 의하면 보호가 필요한 아동 중에서 73%가 가정위탁을 받고 있으며, 나머지 27%가 시설이나 그룹홈에서 보호를 받고 있다. 미국의 아동보호가 위탁보호 중심으로 이루어지며, 위탁보호가 아동보호서비스의 일차적 대안이 되고 있다.

가정위탁보호의 종류는 크게 친인척위탁과 일반가정위탁이 있고, 일반가정위탁은 다시 응급가정위탁, 집단가정위탁, 전문화된 위탁가정으로 나눌 수 있다. 전문화된 위탁가정은 비행청소년, 정서 및 행동장애가 있는 아동에 대한 치료적 위탁을 제공하고, AIDS에 걸린 아동이나 장기보호를 요하는 아동을 위탁보호하는 가정, 친부모와 아동을 보두 위탁하여 보호하는 가정이다.

(2) 영 국

영국의 가정위탁제도는 1984년 아동법의 기초가 된 커티스위원회 보고서의 영향이 크다. 커티스위원회의 보고서는 요보호아동을 위한 서비스로서 가정위탁보호가 시설보호보다 우수하다고 주장함으로써 정상적인 가정생활의 조건을 선호하였다. 이후 1984년 아동법이 제정되면서 요보호아동은 정부의 책임으로 규정되었으며, 아동은 시설보호보다는 지역사회 내의 가정위탁보호에 기초하고 있다. 이러한 정책의 영향으로 아동은 대규모 시설에서 퇴소하여 위탁가정에 배치되었다.

1950년대에는 요보호아동 중 약 35%가 위탁가정에서 보호받았으나 1995년에 와서는 약 65%로 증가하였다. 2000년대 들어와서는 더 증가하여 약 90%가 가정위탁에서 보호받고 있다(허남순, 2000).

영국에서는 친부모가 필요에 따라 자기 자녀를 단기간 가정위탁하는 것이 보편화되어 있다. 정부도 이를 부모의 권리로 인정하고 지원한다. 아동이 가정위탁에서 오래 머물수록 원가정으로 복귀하는 것이 어렵기 때문에 위탁된 아동은 단기간 내에 원가정으로 복귀시키는 것을 중요시하고 있다. 따라서 위탁가정이 위탁아동과 친부모에 대한 깊은 이해를 갖고 문제해결에 대한 기술을 습득하도록 위탁가정에 대한 교육과 훈련을 제공한다(허남순, 2000).

영국의 가정위탁보호는 주로 지방정부의 보건당국 관할하에 위탁계획이 수립되어 체계적인 위탁보호가 이루어진다. 최근에는 친족위탁보호에 대한 관심이 증가하고 있다.

(3) 일 본

일본에서는 가정위탁보호를 이자(里仔) 또는 이친제도(里親制度)라고 한다. 이친제도는 아동복지법에서 규정하고 있으며, 1974년부터는 친부모의 질병 등을 이유로 단기 이친제도도 만들어졌다. 이친제도는 1947년 제정된 아동복지법에 의하여 가정에서 적절히 보호받지 못하는 아동을 위한 정책으로 제도화되었다.

가정위탁보호제도가 만들어진 이후 보호받는 아동의 수가 계속 줄어들어 활성화되지 못하고 있다. 이러한 이유는 일본이 혈연을 중시하는 문화와 소극적 정책 등을 들 수 있다. 일본의 가정위탁보호 제도의 특징은 위탁부모연합회 활동을 들 수 있다. 10월을 위탁부모의 달로 정하고 위탁부모를 찾는 운동을 벌여 아동위탁보호에 관심을 북돋운다.

6) 가정위탁양육 아동의 배경적 특성

아동이 자신의 친부모와 친가정을 떠나 다른 가정, 곧 위탁가정에서 일정 기간 동안 생활하게 되는 배경은 크게 두 가지 상황으로 요약된다. 하나는 아동 자신이 당면하고 있는 발달 및 상황적 특성이며, 다른 하나는 아동의 부모나 가족이 당면하고 있는 상황적 특성이다. 후자의 비중이 더 큰 편이다. 이러한 상황적 특성들은 서로 밀접하게 관련되어 있으나, 일반적으로 가정환경 내지는 가족생활적인 특성이 위탁양육을 유발한 요인으로 더 크게 작용한다. 따라서 가정위탁양육이 이루어지는 배경과 그 구체적 요인 및 특징들에 대한 충분한 이해는 가정위탁양육을 성공적으로 이끎으로써 아동복지와 가족복지를 도모하며, 결과적으로 사회복지의 향상에 기여한다.

(1) 위탁아동의 친부모와 가정의 배경과 특징

가정위탁양육은 대체로 대상아동의 친부모와 친가족이 생활하고 있는 가정환경적 문제에 의해 발생하게 된다. 이러한 가정배경 특성은 아동이 당면하고 있는 개인적 특성보다 더 다양하고 복잡하다. 대체로 아동과 마찬가지로 부모나 가족의 질병과 부모-자녀관계 및 부부관계를 포함한 가족관계적 특성, 실업, 퇴직, 파산 등에 따른 빈곤, 그 밖에 범죄나 실종 등과 같은 개인적 비행 및 사고에 의한 부재를 들 수 있다.

- 부모나 가족의 질병 : 만성질환 및 고질병
- 부모나 가족의 신체·정신 및 행동장애 : 약물중독, 알코올중독, 범죄
- 부모나 가족의 경제적 문제 : 실직, 은퇴, 파산
- 부모나 부부 및 가족의 결손과 해체 : 갈등, 별거, 가출, 이혼, 실종, 사망

① 위탁부모의 위탁동기

위탁부모의 위탁동기는 그 친자녀의 양육사(養育師) 및 가정의 경제적 상황과 관련이 깊으며 다음과 같이 다양하다(이송이, 1999; 한국수양부모협회, 1999).

- 더 이상 자녀를 원하지 않거나 또는 낳기 어려울 때 자녀양육의 기쁨을 맛보기 위해
- 지난날 자신의 자녀에게 부족했던 점을 보상하기 위해
- 사회봉사를 위해
- 유료위탁의 경우, 가정경제의 보충을 위해

② 위탁부모의 사회경제적 수준

위탁부모의 사회경제적 수준은 위탁양육이 이루어지는 목적과 위탁부모의 위탁동기와 관련이 깊다. 즉, 우리나라처럼 입양을 전제로 한 일시위탁이 주요한 목적으로 실시되고 있는 경우, 위탁부모의 사회경제적 수준은 비교적 낮은 편이다(이혜영, 1980; Singer et al., 1983). 이는 위탁부모의 위탁동기에서 잘 파악할 수 있다. 그러나 경제적인 동기가 아닌 경우에는 가정의 사회경제적 수준이 비교적 높은 편이며, 점점 이러한 경향을 보이고 있다(이송이, 1999; 한국수양부모협회, 2001).

(2) 위탁아동의 개인적 특징

아동의 개인적인 발달 및 상황적 특성으로 위탁양육되는 경우는 시대와 사회를 막론하고 거의 대동소이하며, 거의 아동의 부모와 가정적 특성과 밀접한 관련이 있다. 즉, 대상아동의 질병과 특정한 신체 · 정신 및 행동장애를 가졌을 때이다. 다시 말하면, 이러한 장애로 인하여 친부모가 과다한 양육부담을 지니게 됨으로써 정상적인 가족생활을 영위하기가 어려운 경우이다(이송이, 1999).

7) 가정위탁보호 현황

가정위탁보호의 현황은 일반가정에 비해서 친인척 위탁가정이 많고, 친인척 위탁가정보다는 대리양육이 많다. 이는 아무 연고가 없는 일반 위탁보다는 연고가 있는 가정이 아동을 보호하기 유리한 점이 있기 때문에 장점도 있지만 일반 가정의 아동보호에 대한 관심의 저하 현상으로 볼 수도 있다. 대리양육 가정은 조부모나 외조부모가 돌보는 것인데, 부모 다음으로 아이에게 정을 줄 수 있는 양육환경이라는 장점이 있어 아동에게는 좀 더 나은 양육환경을 제공할 수 있을 것으로 보인다.

가정위탁이 소년소녀가정이나 시설보호보다 아동에게 바람직스럽다는 것은 주지의 사실이기 때문에 아동보호정책의 방향이 가정위탁이 중심이 되어야 된다. 2006년 가정위탁 아동 수는 14,465명이었던 것이 2010년까지 증가하다가 그 이후는 점차 감소추세로 돌아서 2014년에는 14,385명 이었다. 이는 아동보호의 정책 방향이 가정위탁보호이기 때문에 시설보호아동을 가정위탁으로 바꾸고, 소년소녀가정을 가정위탁으로 유도하기 때문으로 보인다.

〈표 12-1〉 가정위탁 현황

구 분	계		대리양육 가정		친인척 위탁가정		일반 위탁가정	
	세대 수	아동 수	세대 수	아동 수	세대 수	아동 수	세대 수	아동 수
2006	10,253	14,465	6,152	9,062	3,097	4,160	1,004	1,243
2008	11,914	16,454	7,488	10,709	3,436	4,519	990	1,226
2010	12,120	16,359	7,849	10,865	3,365	4,371	906	1,123
2011	11,630	15,486	7,463	10,205	3,351	4,260	816	1,021
2012	11,030	14,502	7,230	9,732	3,037	3,831	763	939
2013	11,169	14,596	7,294	9,776	3,086	3,843	789	977
2014	11,077	14,385	7,162	9,550	3,089	3,816	826	1,019
2015	10,706	13,728	6,944	9,127	2,927	3,556	835	1,045
2016	10,197	12,896	6,642	8,578	2,773	3,348	782	970

출처 : 2017 보건복지통계연보.

2. 입 양

1) 입양아동의 개념과 유형

(1) 입양의 개념

입양(adoption)이란 생물학적 과정을 통해서가 아니라 법적 · 사회적 과정을 통해 영원한 부모-자녀관계 및 형제자매관계 등 가족관계를 형성하여 아동을 위한 영구적인 가정을 제공하는 것을 말한다. 즉, 친부모로부터 아동의 현재와 미래에 대한 모든 권리와 의무가 소멸되고 행정적 · 법적 권한에 의한 혈연관계가 없는 타인에게 양육의 권리와 의무가 이양되는 것이다.

입양은 양부모와 입양아동(양자) 모두에게 공동으로 인간적인 욕구를 충족시키려는 노력이다. 입양은 아동의 복지를 위해 국가에서 정한 일정한 법칙 절차에 따라 이루어지고 법의 보호를 받는다. 또한 양부모는 양자의 양육에 관하여 친부모와 다름없는 책임을 장기간 지게 된다.

입양부모는 사회적 · 법적 절차에 따라 새롭게 부모가 된 사람을 말한다. 따라서 친부모를 대리한 차원에서 입양부모는 입양이 개시됨과 동시에 입양아동의 삶에 대한 총체적 책임을 영구적으로 지게 되고 입양 전 친부모가 가졌던 모든 권한을 이양 받는다.

입양아동은 입양이라고 하는 사회적·법적 절차를 거쳐 친자관계를 형성한 입양부모의 가정에서 생활하는 것을 전제로 한다. 따라서 입양은 가정이라는 장소가 지니는 구조적 및 기능적 요소를 충족시키는 것이다. 입양으로 맺어진 부모-자녀관계는 일정 기간 동안만 유지되는 것이 아니며, 계약관계도 아니다.

아동에 대한 친권의 소멸에 따라 완전입양제도와 불완전입양제도가 있다. 완전입양제도란 양자와 생물학적 부모간의 친족관계를 단절하고 양부모와의 관계만을 인정한다. 이 경우 입양은 출생과 같은 효력을 갖기 때문에 파양도 쉽게 허락하지 않는다. 이것과는 달리 불완전입양제도는 양자와 생물학적 부모와의 친족관계를 완전히 단절하지 않는 것을 말한다. 양자가 생물학적 부모 및 그 가족과의 친족관계를 그대로 유지한 채 양부모나 그 친족과의 법정혈족관계도 함께 가지게 되는 제도이다.

우리나라는 민법 제722조에 양자와 양부모 및 그 혈족, 친인척 사이의 친계와 촌수는 입양한 때로부터 혼인 중의 출생자와 동일한 것으로 본다고 하고 있으며, 입양의 효력은 가족관계의 등록 등에 관한 법률에 정한 바에 의하여 신고함으로써 그 효력이 생긴다고 하고 있다. 그러나 우리나라에서는 파양을 허락하고 있고 파양된 때에는 입양 전의 친족관계를 부활한다고 명시하고 있다.

입양이 성립되기 위한 일련의 조치로서 관계법의 제정부터 입양을 알선하고 성립시키는 기관의 모든 활동을 입양사업이라 한다. 초기의 입양사업은 주로 고아를 대상으로 입양사업이 전개되었으나 근래에는 미혼부모의 아동이 점차 증가하고 있다.

입양사업의 목적은 첫째, 아동에게 영구적 가정과 지속적이며 건전한 가족관계를 갖게 해줌으로써 아동의 건전한 성장과 발달을 도모한다. 둘째, 불임부부에게 부모가 될 수 있는 기회를 제공한다. 셋째, 가문의 이름을 지속시키며 유산을 물려주는 수단이 된다. 넷째, 자녀를 원치 않는 부모를 위한 대체 수단이 된다. 다섯째, 자녀를 양육하고 싶은 욕구를 지닌 사람에게 기회를 제공하게 된다. 여섯째, 시설수용으로 발생하는 아동보호의 문제를 해결하는 대안이 된다.

입양사업이 지니는 의의는 아동이 자신의 친부모로부터 분리될 수밖에 없는 아동에 대하여 친가정과 유사한 환경에서 지속적인 보호를 받을 수 있게 함으로써 아동의 복지를 장기적으로 보장해 줄 수 있다는 점으로, 아동의 입장에서는 부모 없이 성장함으로써 발생할 수 있는 다양한 문제를 예방할 수 있고, 입양가정의 입장에서는 입양을 통해 자녀양육의 기회를 갖게 되고 부모로서의 역할 만족과 무자녀로 인해 겪는 문제를 해결할 수 있게 된다(한성심 · 송주미, 2009).

(2) 입양의 형태와 특징

입양은 입양의 기본 전제와 입양이 성립되는 형식, 곧 입양의 목적, 절차, 공개성 여부, 입양대상 나라 등에 의해 몇 가지 형태로 구분된다. 이러한 구분에서 중요한 기준은 입양의 공개성 여부와 입양대상 국가 등이며, 여기에 입양에 대한 사회구성원의 인식수준이 반영되고 있다. 최근에 이를수록 가족이나 부모의 이익보다는 이동의 복지를 지향하는 방향으로 나아가고 있다(이소희, 2005).

① 위가양자제(爲家養子制), 위친양자제(爲親養子制), 위자양자제(爲子養子制)

입양이 누구의 이익을 위해 성립되느냐는 목적에 따라 분류될 수 있으며, 최근에 들어서는 아동 지향의 입양으로 나아가고 있다.

- **위가양자제(爲家養子制)** : 가족이 믿는 종교를 계승하고 그 종교적 양식에 따른 제례(制禮)의 단절을 방지할 목적으로 이루어지는 양자제도로써 가족 지향이다.
- **위친양자제(爲親養子制)** : 인간의 원초적인 욕망인 종족보존에 대한 욕구의 충족 및 노후의 외로움을 달래며 나아가 노후에 경제적인 부양을 받기 위한 목적으로 이루어지는 양자제도로써 부모 지향이다.
- **위자양자제(爲子養子制)** : 고아, 기아, 빈곤아동, 혼인 외의 자녀와 같이 가정이 없거나 보호가 필요한 아동의 복지를 위해 이루어지는 양자제도로써 아동중심이다.

② 독립입양(independent adoption)과 기관입양(agency adoption)

입양의 성립을 주도하는 자가 누구인가를 중심으로 구분할 수 있다. 최근에 이를수록 아동 지향의 입양이라는 관점에서 입양 전 과정에서 합리성과 공정성을 유지할 수 있는 방향으로 나아가고 있다.

- **독립입양** : 독립입양은 입양기관을 통하지 않고 친부모와 당사자 간의 협의로 입양이 성립되는 형태를 말하며 단독입양이라고도 불린다. 이러한 방법은 입양가정에 대해 어떠한 조사도 없이 이루어지기 때문에 아동양육에 적절한 가정인지, 입양에 대해 어떠한 생각을 하고 있는지 전혀 알 수 없다. 입양 진행과정 중 아동의 친부모가 마음이 변하거나 판사가 입양을 인정하지 않을 때 양부모는 어떠한 법

적인 보호도 받을 수 없다. 이 방법은 아동의 복지보다는 양부모의 요구에 비중을 둔 입양이다.

독립입양은 비용이 많이 들고 비밀보장이 어렵다. 그래서 입양 후에 친부모와의 문제가 야기될 수 있으며, 아동의 입장보다는 입양부모의 요구에 전문적인 심리적·사회적 도움도 받지 못하는 경우가 많고 입양아동이 문제가정에 배치될 수도 있다.

- **기관입양** : 기관입양은 입양 알선기관에 의하여 입양이 이루어지는 경우를 말하는데, 아동복지기관에서 전문가에 의해 친부모로 하여금 친권을 포기하게 하고 기관이 모든 법적 대리인이 되어 입양을 성립시키는 형태를 말한다. 이러한 입양형태는 입양기관이 주도적이 되어 양쪽 가정을 조사하여 가장 적절한 가정과 연결해 주기 때문에 입양 후 발생되는 문제가 적은 편이다. 그래서 아동이 안전한 보호를 받을 수 있는 여러 조건이 구비된 가정환경으로 입양될 수 있는 장점을 가지고 있다. 다만, 기관입양의 경우 서류상의 절차가 약간 복잡하며 입양을 기다리는 기간이 길다.

③ 공개입양과 비밀입양

입양의 구성요소들, 곧 친부모와 입양부모 및 입양 알선기관 등에서 입양 사실을 밝히는가의 여부에 따라 구분할 수 있다.

- **공개입양** : 입양부모가 자녀를 입양한 사실을 밝히는 형태를 말한다. 우리나라에서의 공개입양은 미국이나 유럽에서 말하는 공개입양과는 다소 다르다. 미국이나 유럽에서 공개입양이라 함은 입양아동, 입양부모, 친부모가 서로 정보를 공유하며, 원할 경우 정기적 또는 부정기적으로 만남을 가지며, 서로 연락을 교환하는 것을 뜻한다. 그러나 우리나라에서는 아직 아동을 낳아준 미혼모와 아이의 성장을 공유하는 가정은 드물다. 우리나라에서 공개입양이라 함은 아이를 낳아준 부모는 제외하고 입양사실을 가족과 이웃 그리고 입양되는 아동에게 알리는 것을 말하고 있다.

  입양사실을 어릴 때부터 알고 자란 아동은 입양에 대해 양부모와 많은 것을 이야기 할 수 있으며 입양이 숨겨야 하는 것이 아니라 가족의 구성원이 되는 방법임을 알고, 자신에게는 또 다른 부모가 있다는 것을 긍정적으로 받아들일 수 있다. 이것은 입양아동이 입양된 사실로 인해 방황하는 것을 막을 수 있어 긍정적 자아감을 형성하는 데 도움이 된다.

최근에 와서 우리나라에서도 공개입양을 시도하고 있다. 공개입양이 활성화되어야 한다는 목소리는 1999년 한국입양홍보회가 설립되면서 시작되었다. 비밀입양이 갖는 많은 문제점을 탈피하고 아동에게는 알권리를 충족시켜 주고, 입양부모에게는 입양으로 겪는 고통을 덜어 주는 방향이 공개입양이라는 인식이 증가하는 추세에 있다.

- **비밀입양** : 비밀입양은 양부모가 아동의 입양 사실을 소수의 가족에게만 알리거나 가족과 이웃에게 전혀 알리지 않고 부부가 출산한 것처럼 아이를 입양하는 것을 말한다. 비밀입양은 입양된 아동에게도 입양 사실을 알리지 않고 양육한다. 우리나라는 역사적으로 비밀입양이 주를 이루고 있다. 양부모는 아이를 입양하기 전 본인이 임신하였음을 가족과 이웃에게 알리고 입양하는 날까지 그런 모습으로 생활한다. 이를 입양기관에서는 가임이라 칭하고 있으며 아직도 많은 양부모가 원하고 있는 입양방식이다.

  입양된 아동이 입양 사실을 알기 전까지는 양부모만 입양으로 인한 두려움을 가지게 되고 입양된 아동은 입양으로 인한 갈등이 전혀 없어 아동의 입장에서는 양부모를 친부모로 알고 자랄 수 있어 장점이 될 수 있다. 비밀입양을 선택하는 입양부모는 아동의 입양 사실이 알려짐으로써 입양된 아동이 일상생활에서 불이익을 받을까봐, 혹은 입양사실로 인해 입양된 아동이 방황하며 탈선할까봐 우려하여 비밀입양을 원한다. 그러나 성장과정에서 입양된 사실을 알게 되면 아동은 큰 충격을 받을 수 있다. 이러한 비밀입양은 아동의 알권리를 침해한다는 점도 있다.

④ 국내입양과 국외입양

- **국내입양** : 국내입양은 아동이 태어난 그 나라에서 입양을 하는 형태를 말한다. 일반적으로 국내입양에 사회적 인식이 높은 편이다.
- **국외입양** : 국외입양은 아동이 태어난 나라가 아닌 다른 나라로 입양되는 것을 말한다. 일반적으로 후진국에서 선진국으로 입양이 성립되고 있다.

2) 입양의 역사적 배경

입양의 역사는 매우 깊다. 입양은 시대와 문화권에 따라 여러 가지 목적을 가지고 있었다. 로마시대의 경우, 아동을 입양한 목적은 가문을 계승하고 또한 가족이 가진 정치권력을 유지하는 데 있었다. 즉, 재산이나 가문 측면에서 좋으나 아들이 없는 경우에, 다른 아동을 입양해서 가문과 재산을 세습시키고자 하였던 것이다. 그러므로 로마시대에 실시된 입양은 아동을 입양하는 사람의 지위를 강화하는 것이 목적이지 아동복지를 증진하는 것이 목적이 아니었다. 입양과 관련된 로마법은 프랑스의 법령에 영향을 주었다. 이런 프랑스법은 다시 미국에 있던 프랑스 식민지 주와 스페인 식민지 주에 영향을 미쳤다. 그러나 가계 계승자로 입양하는 관행은 그대로 계속되었다(Costin & Rapp, 1984).

우리나라의 경우, 1950년에 한국전쟁이 발생하였고 이 전쟁 때문에 외국 군인이 우리나라에 주둔하게 되었다. 3년 동안 지속된 한국전쟁은 수많은 고아와 혼혈아를 양산하였다. 당시에 우리나라는 이런 전쟁고아와 혼혈아동을 보호할 여건을 갖추지 못하고 있었다. 그러다가 미국의 홀트(Holt)부부가 고아가 된 우리나라 혼혈 아동 8명을 입양하게 되었는데, 이것이 우리나라에 해외입양이 공식적으로 시작되는 계기가 되었다.

제3공화국 이후에 우리나라는 경제발전을 이룩하게 되고, 도시로 인구가 집중됨에 따라서, 미혼모 문제가 발생하기 시작하였다. 이에 따라서 해외에 입양되는 아동의 수가 많아졌다.

우리나라에서 국내입양을 본격적으로 실시한 계기가 된 것은 1976년에 국내입양특례법을 제정한 것이다. 이 법은 해외입양을 억제하고 국내입양을 권장하기 위해서 제정된 것이다. 입양된 아동이 친부모가 아닌 양부모의 성과 본을 따를 수 있게 된 것을 국내입양특례법의 가장 두드러지는 점으로 꼽을 수 있다. 1980년대에도 미혼모 문제가 심각한 사회문제로 등장하였다. 그러다가 1988년 올림픽 개최를 전후하여 해외 언론과 국내 여론은 우리나라의 해외입양에 대해 거세게 비난하였다.

국내에서는 우리나라의 경제가 발전하고 민주화를 추구하는 분위기가 강해짐에 따라서, 해외입양에 대한 문제점이 지적되었다. 국외에서는 한국이 보호가 필요한 아동을 보호할 수 있는 경제적 여건이 충분히 갖추어졌는데도, 이런 아동을 국내에서 돌보지 않고 해외에 입양시키는 것을 이해하기 어렵다는 비판이 있어 왔다.

그리하여 정부는 매년 해외로 입양되는 아동의 수를 줄이려고 여러 가지로 노력하였다. 최근에는 그 방안의 하나로 입양기관별로 입양 수를 할당하는 식의 쿼터제를 도입하였다. 그 결과, 1990년 이후에 해외에 입양되는 아동의 수가 크게 줄어들었다. 1994년에 '입양촉진 및 절차에 관한 특례법'을 제정하였는데, 그 이후에는 국내에 입양되는 아동의 수가 다시 증가하였다. 2005년에 개정된 특례법에서는 건전한 입양문화의 정착과 국내입양의 활성화를 위하여 5월 11일을 입양의 날로 정하였고, 입양의 날부터 1주일을 입양주간으로 정하였다. 2005년에 개정된 법에서는 국가 및 지방자치단체가 양부모가 될 사람에게 입양을 알선하는 데 소요된 비용을 보조할 수 있도록 하였다.

〈표 12-2〉 우리나라 입양정책의 변화

연 도	주요 입양정책
1960년대	• 1961년 보호시설에 있는 고아의 후견인 직무에 관한 법률과 고아입양특례법 제정 • 1962년 고아 한 사람씩 맡아 기르기 운동 • 1966년 고아입양특례법 제정
1970년대	• 1976년 입양특례법 제정 • 1976년 1982년까지 국외입양 전면 금지조치 • 1976년 요보호아동을 위한 입양 및 가정위탁 5개년 계획 수립
1980년대	• 1980년 국외입양 전면 금지계획 철회 • 1986년 1996년 국외입양 전면 중단계획 수립(혼혈아와 장애인 제외) • 1989년 입양사업 개선지침 마련–국내입양기관의 입양아 수를 할당(국외입양쿼터제)
1990년대	• 1995년 입양촉진 및 절차에 관한 특례법 제정 • 1997년 국외입양 쿼터제 실시 • 1999년 국내입양 규제 완화(양부모 연령 55세도 가능)
2000년대	• 2004년 요보호아동 가정보호가 우선 • 2005년 5월 11일 입양의 날 제정 • 2006년 양친될 자 자격요건 완화(50~60세) • 2006년 독신 입양 허용, 공무원 입양휴가제, 입양대상아동 입양정보센터 등록 • 2007년 13세 미만의 아동을 입양한 가정에 월 10만 원씩 양육수당지급, 국내입양 숙려제 5개월 도입, 입양수수료 정부 지원 • 2008년 가족관계증명서에 양자로 기록되던 것을 친자로 기록될 수 있게 함 • 2007년 입양정보통합관리시스템 구축 – 국내외 입양 사후관리 체제 확립 • 2010년 장애아동 양육수당 차등 지급(중증장애인 570,000원/월, 경증장애인 551,000원/월)

3) 입양의 구성요소

입양이 이루어지기 위해서는 우선 입양대상 아동과 그 아동을 낳아준 생물학적 부모가 있어야 하고, 입양을 희망하는 양부모와 입양을 알선하고 합리적인 입양절차와 입양 후 사후관리를 해줄 입양기관이 있어야 한다. 입양이 이루어지기 위해서는 이 4주체가 원하는 방향으로 협의가 중요하다. 모든 협의에서 가장 우선시해야 할 점은 아동이 건전하게 성장할 수 있는 조건이 충족될 수 있는지를 고려해야 할 것이다. 입양하는 양부모는

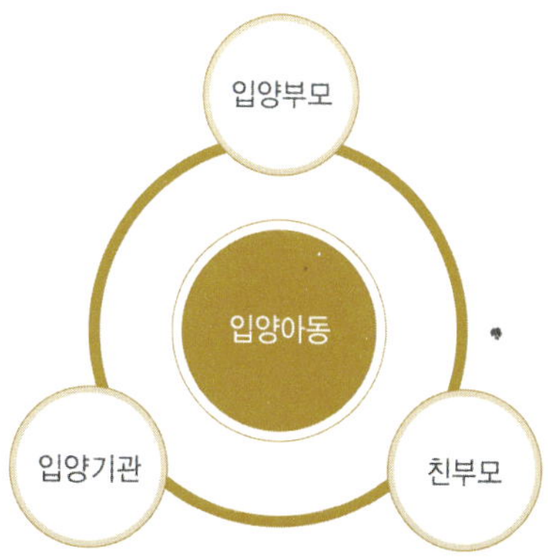

[그림 12-3] 입양의 구성요소

자신의 이익보다는 아동의 복지를 먼저 생각하고 아동이 행복하게 자랄 수 있는 양육환경을 만들어 줄 수 있는지를 성찰해야 할 것이다. 또한 아동을 낳아준 친부모도 자녀의 양육부담을 덜고 자신의 이익을 위해서 입양을 선택하기보다는 아이의 장래를 고려하여 보다 나은 양육환경을 만들어 준다는 자세로 아동을 보내야 한다.

(1) 입양아동

입양대상 아동은 18세 미만의 요보호아동을 뜻하며 보호자로부터 이탈된 자로서 시장·군수·구청장이 부양의무자를 파악할 수 없어 국민기초생활보장법에 의한 보장시설에 보호를 의뢰한 자, 부모 또는 후견인이 입양을 동의하여 보장시설 혹은 입양기관에 보호를 의뢰한 자이거나 법원에 의하여 친권상실의 선고를 받은 자의 자로서 시·도지사 또는 시장·군수·구청장이 보장시설에 보호를 의뢰한 자이다.

입양 의뢰되는 아동은 〈표 12-3〉과 같이 대부분 미혼모의 자녀이며 유기아동과 빈곤가정아동, 한부모가족 아동이다. 실질적으로 아동이 부모에게 양육되기 어려운 미혼모 아동과 유기아동인 경우는 입양이 오히려 아동을 위해서 유익하다고 볼 수 있으나 빈곤의 이유로 입양되는 아동인 경우는 입양보다는 빈곤을 벗어날 수 있는 대책을 마련해 주는 정책이 아동을 위해서 유익하다고 할 수 있다.

〈표 12-3〉 입양아동 유형

단위 : 명

입양 신청자	입양아동 유형						보호유형	
	계	미혼모(부)아동	유기아동	빈곤가정아동	한부모가족아동	기타	시설보호아동	위탁보호아동
971	686	641	24	5	8	8	260	426

출처 : 보건복지부. 2014 국내외입양통계.

〈표 12-4〉 국내입양 아동의 성별 분포

단위 : 명, %

구 분	1971~1980	1981~1985	1986~1990	1991~1995	1996~2000	2002	2006	2008	2009	2013
계	15,303	15,424	11,079	5,817	7,479	1,694	1,332	1,306	1,314	686
남(%)	57.8	50.3	52.3	46.4	48.0	37.3	36.4	35.9	34.9	29.6
여(%)	42.2	49.7	47.7	53.6	57.0	62.7	68.6	64.0	65.1	70.4

출처 : 보건복지부. 2014 국내외입양통계.

입양아동의 선호도는 남아선호사상의 변화와 맥을 같이 한다. 〈표 12-4〉를 보면 1980년대까지는 남아를 선호했지만 1990년대부터는 여아를 선호하는 현상이 나타났다. 이는 입양에 대한 목적이 변화하여 간다는 것을 추측할 수 있다. 남아를 선호할 때는 가계 계승에 입양의 목적이 있었다면 여아를 선호할 때는 가계 계승보다는 양육의 기쁨이나 아동의 복지를 위한 봉사의 목적이 더 크다고 볼 수 있다. 여아를 선호하는 현상은 우리나라뿐만이 아니다. 캐나다의 경우 41%가 여아를 선호했고, 남아는 26%, 남녀 상관하지 않는다가 33%이었다. 네덜란드도 입양부모 중 69%가 여아를 선호하는 것으로 보고되었다.

남녀 성에 대한 선호는 과거에 비하여 뚜렷이 변화된 모습을 보이나 장애아동에 대한 입양 선호도는 아직 개선되지 않고 있음을 〈표 12-5〉를 통하여 엿볼 수 있다. 최근으로 오면서 약간씩이나마 장애아동 입양이 늘어나고 있다는 사실은 앞으로 장애아동에 대한 입양 선호가 개선될 희망을 보는 것이다.

〈표 12-5〉 **연도별 국내 입양아동 수**

단위 : 명

구 분	2003	2004	2005	2006	2007	2008	2009	2010	2011	2012
계	1,564	1,641	1,461	1,332	1,388	1,306	1,314	1,462	1,548	1,880
비장애	1,544	1,634	1,434	1,320	1,348	1,277	1,278	1,415	1,483	1,680
장애	20	7	27	12	40	29	36	47	65	200

출처 : 국가통계포탈. 2013 국내외입양현황

(2) 친부모

입양을 의뢰하는 사람이 바로 아동의 친부모가 된다. 입양을 가장 많이 의뢰하는 부모는 〈표 12-3〉에서 본 것과 같이 미혼모가 가장 많다. 입양이 성립되려면 친부모의 자녀에 대한 친권의 포기가 이루어져야 한다. 원하지 않은 아이라 할지라도 부모로서 친권을 포기한다는 것은 천륜을 끊는 것이기 때문에 쉬운 일은 아니다. 아이를 포기한다는 죄의식과 심리적 갈등을 겪을 수밖에 없다.

친권을 포기하는 사유는 대체로 ① 경제적 빈곤으로 인한 생활의 궁핍, ② 이혼 등으로 야기된 가정파괴, 결손가정, ③ 가정교육 미비, ④ 성교육 및 성지식의 미비, ⑤ 자녀교육에 대한 무지와 무관심, ⑥ 가치관의 변화 및 불안정한 심리 상태, 도덕성의 문란, ⑦ 가족계획의 결여 등이다.

(3) 입양부모

입양부모의 자격과 함께 입양아동을 맞이하려고 할 때 가족의 동의는 중요하다. 양친이 될 자의 자격은 충분한 재산이 있을 것, 가정이 화목하고 정신적·신체적으로 양자를 부양함에 적절한 장애가 없을 것이라고 되어 있다. 입양아동이 입양되는 가정에 잘 적응하느냐는 입양아동 개인의 특성도 작용하지만 가족구성원의 특성에 따라서도 영향을 받는다. 입양가족 개개인의 특성은 입양된 아동에게 긍정적 혹은 부정적 영향을 미칠 수 있다.

2006년도부터는 독신가정에도 입양이 허용되고 있다. 독신가정인 경우 양부모 될 자가 35세 이상이어야 하며 아동과의 연령차가 50세 이하로 나이를 엄격히 제한하고 있으며, 사회적·경제적으로 안정된 직업에 종사하여야 하고 동성의 아동만이 입양이 허용된다.

〈표 12-6〉에서처럼 입양부모에는 자녀가 없는 가정이 65.5%를, 자녀가 있는 가정이 34.5%를 차지하고 있다. 입양을 하려는 양부모 중에는 불임에 의한 자녀양육 불가능을 입양으로 해결하는 부모가 더 많음을 알 수 있다. 양부모의 직업분포를 보면 회사원이 499명으로 가장 많고, 자영업, 공무원 순으로 나타났다.

〈표 12-6〉 양부모의 소득별 친자 유무 및 직업 현황

단위 : 빈도(%)

구 분	계	친자 유무		직업별					
		친자 유	친자 무	자영업	회사원	공무원	사회사업종사자	의·약사 판·검사	기 타
계	1,125	427	698	276	499	112	5	12	221
최저생계비 이하	1	-	1	-	1	-	-	-	-
차상위 120% 이하	23	15	8	-	4	1	-	-	18
전년도 도시근로자 가구당 월평균 소득 이하	293	116	177	53	130	27	2	2	79
전년도 도시근로자 가구당 월평균 소득 120% 이하	195	80	115	38	105	27	-	-	25
전년도 도시근로자 가구당 월평균 소득 120% 초과	613	216	397	185	859	57	3	10	99

출처 : 보건복지부. 2013 국내외입양현황.

양부모의 소득이 입양 조건에 포함되는데, 입양을 하는 양부모 중 전년도 도시근로자 가구당 월평균 소득 120% 초과하는 양부모가 613명으로 가장 많으며, 전년도 도시근로자 가구당 월평균 소득 120% 초과하는 양부모가 33.2%, 전년도 도시근로자 가구당 월평균 소득 이하인 양부모가 293명으로 나타났다. 최저생계비 이하와 차상위 계층의 입양은 미미한 것으로 나타났다. 아동의 양육을 위해서는 어느 정도 경제적인 능력이 있는 자가 양부모가 되어야 아동에게는 유리할 것이다.

(4) 입양기관

입양사업에서 가장 큰 역할을 하는 것은 입양기관이다. 입양기관은 양부모와 친부모, 입양아동을 연결하고, 입양가정의 환경을 조사하며, 입양아동에 대한 정보를 조사하여 입양부모와 공유함으로써 입양을 촉진하고, 입양 후 사후관리까지 담당하게 된다.

〈표 12-7〉 국내입양기관

구분	기관	주소	전화번호
국외 입양 기관	홀트아동복지회	서울 마포구 합정동 364-70	02-332-7501
	동방사회복지회	서울 서대문구 창천동 493	02-332-3941
	대한사회복지회	서울 강남구 역삼동 718-35	02-552-1015
	한국사회봉사회	서울 도봉구 쌍문동 533-3	02-908-9191
국내 입양 기관	성가정입양원	서울 성북구 성북2동 산 9-15	02-764-4741
	서울시립아동복지센터	서울 강남구 수서동 산4-1	02-2040-4200(지정기관)
	부산광역시아동보호종합센터	부산 서구 아미동2가 125	051-240-6362
	부산아동상담소(동방)	부산 중구 대창동1가 23	051-469-5586
	대구아동복지센터	대구 남구 봉덕2동 920	053-473-3771
	해성보육원	인천 남구 용현4동 183-6	032-875-3240
	광주영아일시보호소(대한)	광주 동구 소태동 446-3	062-222-1095
	늘사랑아동센터	대전 동구 가양1동 307-3	042-634-0061
	울산양육원	울산 울주군 언양읍 송대리 15	052-277-5636
	동방안양상담소	경기 안양시 동안구 비산2동 570-9	031-442-7750
	대한의정부상담소	경기 의정부시 녹양동 318-5	031-877-2849
	자비아동입양위탁소	강원 강릉시 포남동 1156	033-642-3555
	꽃동네천사의집	충북 음성군 맹동면 임곡리 산1-45	043-879-0285
	홍성사회복지관(한국)	충남 홍성군 홍성읍 오관리 701	041-632-2008
	전주영아원(홀트)	전북 전주시 중화산동2가 623-2	063-222-1559
	이화영아원(대한)	전남 나주시 보산동 127-1	061-332-1964
	임마누엘영육아원	경북 김천시 교동 591	054-434-2821
	홍익아동복지센터	제주시 도련1동 2043-1	064-755-0844

4) 입양정책이론

국가에서 입양사업을 하는 것은 국가의 정책을 실행하는 것이다. 그러면 왜 국가는 입양사업을 하는가? 그 당위성을 어디에서 찾는가? 이러한 물음에 대한 답은 입양에 대한 이론이 해답을 준다. 어떤 정책이든 그를 뒷받침해 줄 수 있는 이론이 존재하는데, 입양정책을 뒷받침하는 이론에는 사회적 양심이론, 합리이론, 시민권이론, 사회정의론, 음모론 등으로 나누어 살펴볼 수 있다.

(1) 사회적 양심이론

인간의 타인에 대한 사랑은 사회적 의무로서 국가를 통해 발현시킨다는 것이다. 사회정책으로서 입양은 인도주의를 실천하는 것이다. 인도주의라는 명목은 어떠한 이해관계를 따지지 않고 인간으로서 마땅히 해야 하는 것이다.

(2) 합리이론

사회적 양심이론이 인도주의의 실천이라면 합리론은 산업화의 부산물인 각종 부정적인 사회문제를 예방하고 해결하기 위해서 필연적으로 사회정책을 펼쳐야 한다는 것이다. 사회정책으로서 입양은 국가적 이익과 국가의 효율성, 생산성을 위해 필요하다는 논리이다.

(3) 시민권이론

현대 복지국가의 근거를 시민권의 확장으로 본다. 시민권은 자유권, 참정권, 사회권의 세 가지로 구성되는데, 18세기에는 자유권이, 19세기에는 참정권이 현대에는 참정권이 실현되었으며, 시민권이 복지국가의 이념적 기초가 된다. 사회복지정책은 시민으로서 평등한 권리와 의무를 보장하는 것으로 본다. 입양은 국가가 요보호아동에 대한 사랑, 사회정의 아동의 권리 등을 실현하고, 보장하기 위하여 추진되는 정책이다(김상균, 1987).

(4) 사회정의이론

사회정책을 자유 및 평등으로 표상되는 사회정의의 실천으로 본다. 정의로운 사회는 동등한 시민적 자유가 있으며, 정의에 의해 보장된 권리들을 어떠한 정치적 거래나 사회적 이익의 계산에 좌우되지 않는다는 것이다. 입양은 아동이 좋은 환경에서 자랄 권리를 어떠한 사회적 이익의 계산 없이 사회정의를 실천하는 제도가 된다.

(5) 음모론

사회양심이론과 정 반대의 입장이다. 이 이론에 의하면 사회정책의 주목적은 인도주의나 인정의 실현이 아니라 사회안정 및 질서의 유지 및 사회통제라는 것이다. 그러니까 입양은 사회 안정을 위해서 혹은 질서유지를 위해서 사회통제의 하나로 실시되는 정책이라는 것이다.

5) 입양의 의의

(1) 입양아동의 입장에서

부모와 가정은 최선의 아동발달을 기할 수 있는 필수 조건이다. 최선의 아동발달을 위해서는 요보호아동에 대해 시설 보호를 억제하고 가정에서 보호 양육하는 방법을 고려해야한다. 입양은 자신의 가정과 친부모로부터 분리될 수밖에 없는 아동이 시설이 아닌 가정이라는 환경에서 개별적이며, 지속적인 보호를 받을 수 있게 함으로써 아동의 복지를 장기적으로 보장해 줄 수 있다.

특히, 영유아기 입양은 아동기 입양보다 더욱 중요하다. 왜냐하면 입양되기 전 영유아는 그의 친부모로부터 부적절한 양육을 받아온 경우가 대부분이며, 이로 인해 애착형성의 실패와 함께 영유아 시기의 발달과업을 성취하지 못한 경우가 많다(Susan, 1976). 입양은 발달상의 부정적 영향을 최소화하는 데 기여할 수 있으며, 또한 입양 대상이 주로 영유아기인 발달 초기에 집중되어 있으므로 앞으로 더욱 건강하고 건전한 발달을 이룰 가능성이 다른 어느 시기보다도 크다는 것에도 의의를 지닌다. 특히, 친가정에서 친부모에 의한 양육을 기대하기가 매우 어려웠던 성장기의 아동으로서 새로운 친자관계를 형성한 입양부모와 함께 가정에서 영구적으로 생활할 수 있다는 점은 요보호아동의 복지를 위한 차선책으로서 매우 중요한 의미를 지닌다.

(2) 입양아동의 친부모와 가정의 입장에서

어떤 부모나 가정은 그들만이 당면하게 되는 여러 가지 사정으로 친자녀를 제대로 양육하기가 어려운 상황에 놓일 때가 있다. 이때 자녀를 친부모와 친가정으로부터 분리하여 입양시키는 것이 그 자녀의 발달을 위해 유익할 뿐만 아니라 입양아동의 친부모와 그 가족의 이익에도 관련된다. 즉, 친부모는 자녀양육 부담감 내지 죄책감으로부터 자유로울 수 있으며 동시에 그 가족들도 안정을 찾을 수 있다는 점이다.

(3) 입양부모와 가정의 입장에서

성인으로서 부모가 되어 자녀를 양육하는 것은 인간의 본능이라고 본다. 양육할 자녀가 없음은 성인으로서 부모가 되는 본능을 충족하지 못하는 것이므로 그에 대한 불만족이 쌓이게 된다. 또한 가족은 부모와 자녀로 구성되는데, 건강한 가족구조를 이루지 못하면 행복한 인생을 꾸려나가는 데 제약이 있을 수밖에 없다. 가족은 사회의 기초 단위로서 여러 가지 기능을 수행하는데, 종족 보존의 기능은 매우 중요한 기능 중 하나로 간주되고 있다. 따라서 입양은 바람직한 가족구조를 만들어 주어 가족복지를 증진시켜 줄 수 있다.

(4) 사회적 입장에서

입양은 사회의 구성원이자 국가 및 사회를 이끌어 갈 차세대 주역으로서, 미래의 중요한 인적 자원인 아동이 건강하게 자라도록 투자하는 것이다. 가정에 속해 있지 못하는 아동을 친자입양을 통하여 가정의 한 구성으로, 영구적으로 가족관계를 맺어줘 가정의 안정을 기하고, 나아가서 사회의 안정을 가져오는 역할을 한다. 국가적으로 요보호아동에 대한 복지예산을 줄이고, 국가가 양육하는 부담을 가정에 이양할 수 있다.

6) 입양절차

우리나라에는 국외입양기관 4곳과 국내입양기관 18곳이 있다. 이들 입양기관에서 입양에 관한 사무를 전담하고 있다. 일반적인 입양절차로서 가장 먼저 이루어지는 순서는 양부모의 전화나 내방상담을 통하여 입양에 대하여 안내를 받고 입양상담원과 상담하면서 상세한 입양정보를 받는다. 일차 내방상담을 받은 후 부부가 입양하기로 합의하면 소정의 서류를 갖춰 제출한다. 서류 접수가 끝나면 상담원이 가정방문을 해 입양될 아이가 자라기에 적합한 환경인지 알아본다. 이때 다른 가족들도 함께 참여할 수 있으며, 가족들도 상담원을 만나 입양에 대한 정보를 얻게 된다.

입양할 가정환경이 양호하다고 판단되면 입양부모에 대하여 입양의 올바른 가치관과 아동양육에 대한 예비지식을 알도록 부모교육을 실시한다. 부모교육이 끝나면 입양상담원은 아동을 추천하고 결연할 준비를 한다. 이때 양부모는 국내입양금을 납부하는데, 입양금으로 아동의 분만·보호에 필요한 비용과 신체검사 및 의료비, 상담원의 인건비 및 행정비, 후원금, 미혼모 숙소지원비 등이 포함되어 있다. 입양부부가 내방하여 입양될 아동의 생김새 등에 관한 정보를 듣고, 입양하기로 결정하면 입양일시를 정하고 서류를 작성한 후 아동을 인수한다.

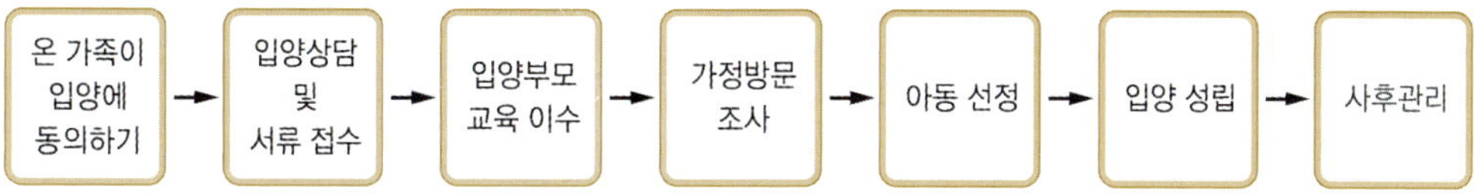

[그림 12-4] 국내입양절차

입양부부는 호적법에 따라 입양을 신고한다. 입양 후 양부모는 6개월~1년 사이에 아동이 입적된 호적을 발송한다. 입양상담원은 가정방문을 하여 입양아의 건강상태와 발육상태, 양부모의 문의사항에 대하여 상담하고 아이의 사진과 호적등본을 받아간다. 이것으로 공식적인 입양절차는 끝이 난다.

7) 입양 현황

우리나라에서 한국전쟁 이후 전쟁고아와 혼혈아동이 급등하면서 입양사업이 시작되었다. 입양사업을 시작한 초창기에는 국내입양보다는 국외입양이 월등히 많았다. 이는 우리나라 전통적인 혈통우선주의 풍토와 사회경제적으로 입양을 할 만큼 성숙되지 못한 까닭이다. 해외입양을 억제하고 국내입양을 권장하기 위해서 1976년에 국내입양특례법을 제정하여 국외입양이 감소하기도 했지만 다시 1985년까지 국외입양이 약 8,847명에까지 이르게 되었다. 국내입양이 저조한 상황에서 아이들을 국외로만 입양하는 것이 국제적으로 비난거리가 될 수 있어 국외입양 금지정책을 펴기도 하여 1985년 이후에는 국외입양이 감소하게 되었다. 1988년 올림픽을 계기로 해외로 입양되는 아동의 수를 줄이려고 여러 가지로 노력하였다.

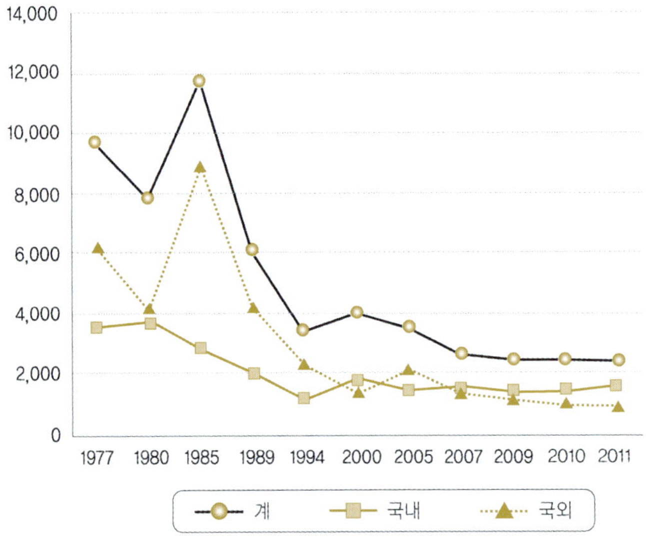

[그림 12-5] 국내외 입양 현황

출처 : 국가통계포탈. 2011 국내외입양현황.

그 결과, 1990년 이후에 해외에 입양되는 아동의 수가 크게 줄어들었다. 1994년에 '입양촉진 및 절차에 관한 특례법'을 제정하였는데, 그 이후에는 국내에 입양되는 아동의 수가 다시 증가하였다. 2000년도에 국내입양이 처음으로 국외입양을 넘어섰으나 2005년에 다시 국외입양이 국내입양을 앞질렀다. 2007년부터는 국내입양이 국외입양보다 많아지게 되었다.

〈표 12-8〉 요보호아동 발생 현황

단위 : 명

구 분	계	발생 유형				
		유 기	미혼모 아동	미 아	비행가출 부랑아	빈곤, 실직, 학대, 기타
2004	9,393	481	4,004	62	581	4,265
2006	9,034	230	3,022	55	802	4,925
2008	9,284	202	2,349	151	706	5,876
2010	8,590	191	2,804	210	772	4,613
2011	7,483	218	2,515	81	741	3,928
2012	6,926	235	1,989	50	708	3,944
2013	6,020	285	1,534	21	512	3,668
2014	4,994	282	1,226	13	508	2,965

출처 : 2015 보건복지통계연보.

입양아동의 수도 과거에 비하여 꾸준히 감소하는 추세에 있다. 이는 〈표 12-8〉과 〈표 12-9〉에서 보는 바와 같이 최근으로 올수록 요보호아동의 발생이 줄어들고 있고, 요보호아동 처리도 입양을 대체할 수 있는 가정위탁과 공동생활가정이라는 대안이 있었기 때문으로 볼 수 있다.

요보호아동의 발생은 최근으로 올수록 계속 감소하고 있으며, 발생 유형별로 살펴보면 단일 원인으로는 미혼모아동이 가장 많고, 빈곤과, 실직, 학대와 같은 원인에 의해 요보호아동이 많이 발생한다.

근본적으로 아동의 복지를 실천하기 위해서는 요보호아동 발생을 차단할 수 있는 예방이 최선책이며, 이를 위해서는 미혼모 발생을 방지할 수 있는 청소년을 대상으로 예비부모교육과 성교육 등을 실시하는 프로그램이 절실하다. 또한 부모에 대해 빈곤을 탈출할 수 있는 직업교육과 아동학대를 방지할 수 있는 양육기술 훈련과 같은 부모교육이 활성화되어야 할 것이다.

일단 요보호아동이 발생되었을 때는 아동이 불행의 늪에서 속히 빠져나올 수 있는 실질적인 방안이 마련되어야 하는데, 여러 가지 방법 가운데 아동의 발달과 성장에 가장 유익한 방법이 선택되어야 한다. 아동의 보호방법에 있어서 시설보호보다는 가정보호가 선호되어야 하며, 부득이 시설보호를 해야 할 때는 대규모 시설보다는 소규모 시설인 공동생활가정이 우선시되어야 한다. 가정보호는 시설보호보다 우수한 방법인데 입양보다는 아동에게 원가정을 유지시켜 주거나 회복시켜 줄 수 있는 위탁가정이 아동을 위해서 바람직하다.

〈표 12-9〉 요보호아동 처리 현황

단위 : 명

구 분	시설보호			가정보호		
	아 동	장애아	공동생활가정	위탁보호	입 양	소년소녀가장책정
2004	4,680	38	64	2,212	2,100	299
2006	4,313	53	–	3,101	1,259	308
2008	4,258	39	667	2,838	1,304	178
2010	4,196	23	623	2,124	1,393	231
2011	3,108	32	612	2,350	1,253	128
2012	2,948	25	775	2,289	772	117
2013	2,532	39	686	2,265	478	20
2014	2,384	10	506	1,688	393	13

출처 : 2012 보건복지통계연보.

참고문헌

김상균 (1987). 현대사회와 사회정책. 서울대학교 출판부.

보건복지부 (2010). 2010 보건복지통계연보.

보건복지부. 2009 국내외입양통계.

이소희 (2005). 아동복지의 이론과 실제. 학현사.

한국복지재단 (2004). 가정위탁지원센터의 바람직한 기능과 역할 모색. 한국복지재단.

한성심 · 송주미 (2009). 아동복지론. 창지사.

허남순 (2000). 가정위탁보호제도의 활성화 방안에 관한 연구. 아동복지학회지, 9(1), 263-287.

CHAPTER **13**

한부모가족 아동과 다문화가족 아동

1. 한부모가족 아동
2. 다문화가족 아동

1. 한부모가족 아동

1) 한부모가족의 개념과 유형

(1) 한부모가족의 개념

한부모가족은 부모 중 어느 한쪽이 사망, 이혼, 미혼모, 별거 등으로 인해 한부 내지 한모로 이루어진 가구로 18세 미만의 자녀와 함께 사는 부(父) 또는 모(母)와 자녀의 가족을 의미한다. 2007년 10월 모부자복지법에서 명칭이 바뀐 한부모가족지원법 제4조(정의)에 의하면 '한부모가족'이란 모자가족 또는 부자가족을 말한다. '모자가족'이란 모가 세대주(세대주가 아니더라도 세대원을 사실상 부양하는 자를 포함한다)인 가족을 말한다. '부자가족'이란 부가 세대주(세대주가 아니더라도 세대원을 사실상 부양하는 자를 포함한다)인 가족을 말한다. 여기서 모 또는 부는 배우자와 사별 또는 이혼하거나 배우자로부터 유기(遺棄)된 자, 정신이나 신체장애로 장기간 노동능력을 상실한 배우자를 둔 자, 미혼자(사실혼(事實婚) 관계에 있는 자는 제외한다)를 말한다.

한부모가족이라는 용어는 1999년부터 한국여성민우회를 통해 '한부모가족'이라는 용어를 만들어 확산되었는데, 이 한부모가족의 '한'은 '하나'라는 의미 외에 '크다', '가득하다', '온전하다'의 뜻이 포함되어 있어 한부모가족의 긍정적 이미지를 심어주고 있다. 이는 다시 말해, 한부모가족을 새로운 가족형태의 하나로서 긍정적으로 수용하고자 하는 의도이다. 최근에는 부정적이고 결손의 의미로 사용되었던 편모(부)가족, 결손가족의 사용보다 한부모가족이나 모자가족, 부자가족의 용어가 더 일반적으로 사용되고 있다. 한부모가족은 하나의 부 또는 모로도 어느 가정과 똑같이 평등한 가족으로 건강하고 행복할 수 있다는 의미를 내포하고 있다.

(2) 한부모가족의 아동

한부모가족의 아동이란 부모 중 어느 한쪽의 사망, 이혼, 별거 등으로 인해, 한부 내지 한모로 이루어진 가정의 18세 미만의 자녀를 말한다. 취학 중일 경우에는 22세 미만까지도 포함이 된다. 이들은 스스로 한부모가족의 자녀가 되기를 선택했다기보다는 부모의 선택에 의하여 한부모가족의 아동이 되었고, 양친 중 한부모와만 생활한다.

(3) 한부모가족의 유형

사회가 급격하게 변화하면서 사람들의 삶의 방식과 가치관이 다양해지고, 삶의 태도와 의식이 개방적이고, 자유주의적이며, 독립적인 방향으로 바뀌었다. 이는 가족구조의 분화와 가족해체를 가속화해 한부모가족이라는 가족구조로 나타났다.

이혼이나 미혼모가 출산에 의한 한부모가족의 증가를 일부 보수주의자들은 사회질서의 붕괴, 전통가치의 쇠퇴, 가족의 와해 증거라고 보았다(Popenoe, 1992). 하지만 많은 학자들은 한부모가족의 등장을 더 이상 병리적 현상으로 보지 않고 변화하는 사회 속에서 개개인 가족이 존속하기 위한 적응의 산물이라고 보고 있다. 따라서 한부모가족은 대가족, 핵가족, 입양가족, 무자녀가족, 재혼가족 등과 같이 다양하면서도 정상적인 가족형태의 하나라고 본다(한국여성복지연구회, 2005).

한부모가족을 체계적으로 분류하자면(Trost, 1980), 첫째, 부모집단의 유형에 따라 결혼을 했는지, 아니면 결혼하지 않고 동거 상태로 살다가 한부모가족(미혼모가족)이 된 경우로 구분된다. 둘째, 가족해체의 유형에 따라서 한쪽부모가 사망에 의한 것인지, 혹은 이혼이나 별거에 의한 것인지, 혹은 장기입원이나 구속에 의한 것인지로 구분될 수 있다. 셋째, 아동의 보호를 누가 맡느냐에 따라서 모가 양육을 맡게 되면 모자가족, 부가 맡게 되면 부자가족으로 나뉠 수 있다.

① 부자가족

개정된 한부모가족지원법에 의하면 부자가족이란 부가 세대주인 가족을 말한다(세대주가 아니더라도 세대원을 사실상 부양하는 자를 포함한다). 부자가족이란, "배우자와 사별 또는 이혼하거나 배우자로부터 유기된 남성, 정신 또는 신체장애로 인하여 장기간 근로능력을 상실한 배우자를 가진 남성, 결혼을 하지 않은 상태에서 상대방 배우자가 출산을 하고 아동의 양육을 포기하여 아동의 양육을 대신 맡고 있는 미혼부(사실혼 관계에 있는 자는 제외), 배우자의 생사가 분명하지 아니한 남성, 배우자 가출, 해외 거주, 장기복역 등으로 사실상 가계 운영을 혼자 담당하는 남성인 부와 부에 의하여 양육되는 18세 미만(다만, 취학 시에는 22세 미만)의 자녀로 이루어진 가정으로서 저소득 부자가정 선정기준에 적합한 자"라고 규정하고 있다.

한부모가족의 유형인 부자가족은 1990년대 초까지만 해도 용어가 생소하고 부자가족의 개념에 대한 정립도 잘 이뤄지지 않은 상태였다. 우리나라는 1990년대 초반까지 저소득 모자가족지원사업이 요보호여성 복지의 범주에 속하였다. 그러나 경제구조 및 사회인식의 변화로 부자가족에 대한 복지 지원의 필요성이 제기되었고, 1995년부터 부자가정에 대해서도 모자가정과 동일한 내용을 지원하기 시작하였다. 2007년 10월 법률명을 모부자복지법에서 한부모가족지원법으로 개정하고 모자가정과 부자가정 모두 동 법의 적용대상으로 명시하게 되었다. 또한 동 법에 부자보호시설 및 부자자립시설의 설치근거를 명시함으로써 부자가정에 대한 보호를 강화하였다.

② 모자가족

모자가족이란 모가 세대주인 가족을 말한다(세대주가 아니더라도 세대원을 사실상 부양하는 자를 포함한다). 일반적으로 배우자와 사별 또는 이혼, 배우자로부터 유기, 별거 및 결혼제도를 통하지 않고 성관계를 갖고 임신하여 아동을 출산한 미혼모(사실혼관계에 있는 자는 제외), 배우자가 정신 또는 신체장애로 인하여 장기간 노동능력을 상실하여 사실상 남편이 결손된 상태인 여성가구주 및 기타 보건복지부령이 정하는 여성이 18세 미만(취학 시 22세 미만)의 아동을 부양하고 있는 가구를 말하며, 이 가운데 소득과 자산에 있어서 7등급 이하에 해당되는 가정을 저소득 모자가족이라 한다.

모자가족은 과거부터 한부모 유형 중 가장 큰 비율을 차지하였고, 현재에도 부자가정이 급증하고는 있지만 여전히 한부모가족 중 가장 높은 비율을 나타내고 있다. 이러한 추세는 우리나라뿐만 아니라 세계적인 추세이다. 또한 한부모가족의 비율이 계속 증가추세에 있어 이에 대한 대책이 필요하다.

〈표 13-1〉 한부모가족 추이

단위 : 명(%)

구분	덴마크	프랑스	미국	이탈리아	한국		
					2000	2005	2010
계	5.1	8.0	9.2	8.9	7.9	8.6	9.2
여성한부모	85.1	85.3	77.5	82.5	80.4	79.0	78.5
남성한부모	14.9	14.7	22.5	17.5	19.6	21.0	21.8

출처 : 2011. 한국의 보건복지동향.

2) 한부모가족의 형성 원인

한부모가족의 형성은 일반적으로 배우자의 사별, 이혼, 사망, 별거, 유기 그리고 미혼모 등의 발생에 기인한다. 과거의 한부모가족은 주로 배우자 사망에 의해서 발생하였으나, 현대의 한부모가족은 이혼, 별거, 유기 등에 의한 발생비율이 점차 늘어나고 있다. 1997년 IMF 외환위기 이후 가장의 실직과 가정경제의 파탄으로 이혼에 이르거나 별거, 유기 등을 경험하는 가족이 증가하였다. 한부모가구의 총 가구 수는 1985년에 9,571가구이었던 것이 점점 증가하여 2005년에는 15,887가구로 늘어났다. 한부모가구 형성 요인은 사별에 의한 것이 가장 많고 그 다음이 유배우로서 배우자가 있지만 가출이나 유기, 복역 등으로 실질적인 한부모가족 상태가 두 번째로 많다. 최근 들어서는 이혼에 의한 한부모가족 형성이 늘어나는 추세에 있고, 미혼모 한부모가족도 증가하는 추세에 있다. 전체 가구에 대한 한부모가구의 비율은 7~9% 정도로 최근 들어 더 증가하는 추세에 있다. 한부모가족의 형성 원인을 유배우, 사별, 이혼, 미혼 등으로 분류할 수 있지만 이러한 원인이 발생한 근본 배경은 자연발생적 요인, 가치관의 변화, 경제적 위기, 문화적 요인 등으로 설명할 수 있다.

(1) 자연발생적인 요인

배우자의 사망은 자연적으로 한부모가족을 형성시킨다. 최근에는 의학의 발달로 질병에 의한 사망보다는 교통사고, 산업재해 등으로 사망이 증가하고 있어 재해에 의한 한부모가족이 많은 부분 차지한다.

〈표 13-2〉 한부모가족 형성 원인별 현황

단위 : 명(%)

연 도	총 가구 수	한부모가구					한부모 가구비율
		유배우*	사 별	이 혼	미 혼	계	
1985	9,571	254(30.0)	443(52.2)	50(5.9)	101(11.9)	848(100)	8.9
1990	11,355	227(25.5)	498(56.0)	79(8.9)	85(9.6)	889(100)	7.8
1995	12,958	216(22.5)	526(54.8)	124(12.9)	94(9.8)	960(100)	7.4
2000	14,312	252(22.5)	502(44.7)	245(21.9)	122(10.9)	1,124(100)	7.9
2005	15,887	328(23.9)	501(36.6)	399(29.1)	142(10.4)	1,370(100)	8.6

*주 : 배우자가 가출, 유기, 장기복역 등의 상태.
출처 : 여성가족부(2008). 통계연보.

〈표 13-3〉에서 보는 바와 같이 우리나라 30~59세 사망자는 2000년에 비하여 2005년이 줄어들기는 하였지만 남성의 사망률은 여성의 사망률에 비하여 2.7배 정도 높다. 이는 자녀를 양육하는 시기에 남성보다도 여성이 배우자와 사별을 경험하고 있음을 보여 준다. 이는 곧 어머니로서 자녀부양의 부담과 경제적 어려움에 처할 수 있음을 나타낸다.

〈표 13-3〉 성별 사망률

단위 : 100,000만 명

구 분		전 체	30~34	35~39	40~44	45~49	50~54	55~59
2000	남	45,297	3,035	4,791	7,371	8,189	9,455	12,456
	여	16,101	1,375	1,838	2,537	2,538	3,154	4,659
	대비	2.8	2.2	2.6	2.9	3.2	3.0	2.7
2005	남	39,476	2,267	3,408	5,865	8,711	9,102	10,114
	여	14,826	1,184	1,619	2,216	3,042	3,111	3,654
	대비	2.7	1.9	2.1	2.6	2.9	2.9	2.8

출처 : 통계청(2005). 인구동태통계연보.

(2) 가치관의 변화

산업사회를 거치고 정보화시대가 도래되면서 개인주의 가치관이 삶을 지배하게 되고, 가족 간의 결속과 공동체의식이 희박하게 되어 가족이 해체되기 쉬워졌다. 가족해체의 가장 큰 원인은 이혼인데, 현대에 들어와서 이혼율이 해마다 증가하는 추세이다. 〈표 13-4〉와 같이 2000년대 들어와 서서히 증가하는 이혼율은 2005년에 3.0%까지 증가하였다가 2007년부터는 조금 낮아지고 있으나 여전히 이혼율은 높은 편이다. 이혼의 사유로는 부부불화가 70.9%로 가장 많고, 그 다음은 경제적 문제 15.0%, 건강상 문제 0.6%순이다. 이렇듯 이혼의 사유가 부부가 가치관의 차이 또는 성격 차이로 인한 불화가 이혼의 최대 원인이었다.

〈표 13-4〉 조혼인율 · 조이혼율

단위 : 천 명, %

구 분	1970	1980	1990	2001	2005	2009	2011	2013	2014
혼인건수	295.1	403.0	399.3	320	316.3	309.7	329,087	322,807	305,507
조혼인율	9.2	10.6	9.3	6.7	7.0	6.2	6.6	6.4	6.0
이혼건수	11.6	23.7	45.7	135.0	128.4	123.9	114,284	115,292	115,510
조이혼율	0.4	0.6	1.1	2.8	3.0	2.5	2.3	2.3	2.3

출처 : 2015 보건복지통계연보

(3) 경제적 문제

1997년 외환위기 이후 가정경제 파탄으로 가출하는 가장이 늘어나고, 가족이 해체되거나 기능이 약화되는 사례가 늘어났다. 경제위기는 취업형태에서도 많은 변화를 가져왔다. 한정된 일자리를 놓고 구직을 하려는 사람은 많아졌고, 노동시장의 유연성이란 명목으로 많은 사람들이 일자리를 나누기보다는 기득권에서 밀려난 사람들이 비정규직으로 전락하게 되었다. 세계 경제의 불확실성이 증가되면서 취업의 형태가 비정규직으로 변하고 더불어 고용 불안과 저임금으로 고통 받는 사람들이 증가하기에 이르렀다. 근로빈곤층의 증가는 가족을 위기로 몰아넣는 결과를 낳는다. 가정이 건전하게 꾸려지려면 경제적 안정이 우선인데, 가정경제가 불안해지니까 가족이 해체되는 문제가 발생하는 것이다.

(4) 문화적 요인

산업화가 진행될수록 도시로 인구가 집중하고, 상업적 매스미디어의 발달로 성문화에도 많은 변화를 맞이하게 되었다. 성규범의 변화는 결혼과 이성교제의 문화에도 많은 변화를 가져와 청소년들의 이성교제로 인한 문제가 나타나게 되었다. 청소년들의 미숙한 이성교제와 성가치관의 결핍은 미혼모의 발생 원인이 된다. 성문화의 개방화는 결혼 상태에 있는 사람들에게까지 불륜으로 인한 이혼을 초래해 가족이 해체되는 사례를 만들었다.

3) 한부모가족 아동의 특성

한부모가족은 발생 원인에 따라서 자녀가 받는 영향에 차이가 있을 수 있다(엄미연, 2004). 사별의 경우 한쪽 부모가 다른 한쪽 부모의 죽음에 대해 어떻게 반응하느냐에 따라 부모의 죽음에 대한 자녀의 반응이 결정된다. 생존한 부모가 본인의 슬픔에 집착한 나머지 자녀를 돌보지 못하게 될 경우에는 지나치게 조숙해져 정상적인 발달이 이루어지지 못하는 결과를 초래하기도 한다. 또한 부모 사후에는 자녀에게 사회적 관계에서의 위축, 불면증, 우울 등이 나타나기도 한다.

이혼의 경우 사별보다 더 큰 충격이 되는데, 가정의 주된 기능을 맡고 있는 부부가 이혼에 이르기까지 그 자녀들은 부부간의 갈등과 가정불화를 경험하면서 심리적으로 큰 타격을 입게 된다(송성자, 2002). 이혼 후 자녀들은 부모의 결별 이후 정서적 불안을 느끼며 고통을 받는 것으로 나타나고 있다. 그 반응은 연령에 따라 약간의 차이를 보이는데, 취학 전 아동의 경우 부모의 별거를 자신의 탓으로 돌리면서 혼란과 두려움에 싸이게 된다. 반면에 취학아동은 부모의 이혼 사유를 보다 잘 이해하지만 자신의 장래에 미칠 영향을 걱정하며 심한 적개심을 표출하기도 한다(여성한국사회연구회, 2001). 부모의 이혼을 경험한 아동은 일반가정 아동에 비해 낮은 학업성취, 자아존중감의 부족, 가족에 대한 부정적 태도를 보이기도 한다.

모자가족의 경우 대부분이 경제적으로 낮은 계층에 분포하고 있어 경제적·정서적·정신적으로 불안정하고 결핍된 환경과 가족관계에서 아동이 성장하게 될 가능성이 높다(송성자, 2002).

또한 한부모가족은 부자가족인지, 모자가족인지 그 형태에 따라서 자녀가 받는 영향에도 차이가 있을 수 있다(엄미연, 2004). 부자가족은 아동의 건전한 성장에 필요한 모성과의 상호작용, 정서적 긴장을 완화시키는 애정적 역할, 여아의 동일시 대상이 결핍되기 때문에 자녀의 건전한 성격 형성을 저해하기 쉽다. 따라서 이러한 모성실조 부자가족의 아동은 감정통제력 결핍, 죄의식 결여, 대인관계에서의 어려움을 겪을 수도 있다.

모자가족의 경우에는 경제문제로 인한 긴장감과 그로 인한 심리적인 불안감을 가지게 되고, 이웃이나 친구들과 비교했을 때 열등감이나 수치감을 느끼게 된다.

피셔(Fisher)는 아버지의 결손이 자녀에게 미치는 영향을 설명하고 있다. 남아에게는 남성적 성향을 지닌 아버지의 지도를 받을 기회나 모방할 기회를 상실한 것이므로 사회생활을 하는 데 있어서 더 복종적이며 덜 공격적이었고, 더 의존적 경향을 보였다고 한다. 또 반대로 자기의 여성적 성향을 감추기 위해서는 더욱더 과격한 행동을 표현하는 경향이 있다고 지적하고 있다(김순애, 1987). 부결손 남아는 책임감이 부족하며 의존적이고, 유치하며 일반 가정의 남아에 비하여 비행률이 높다.

(1) 심리·정서적 특성

부모의 이혼이나 가출, 사망 등으로 부 또는 모의 부재는 아동에게 심리적 타격을 입힌다. 아동의 심리적 타격은 시간의 경과에 따라 다르게 영향을 미치는데, 초기 반응으로 공포, 생명의 위협, 슬픔, 상실감, 이혼에 대한 거부감, 부모에 대한 분노, 무력감, 강한 외로움, 자신 때문에 부모가 이혼하게 되었다는 강한 죄책감 등이 나타나기도 한다. 그 결과 자아에 대한 부정적인 태도를 갖게 되며 낮은 자아존중감을 갖게 될 가능성이 크다. 부자가족일 경우 모의 상실은 영아의 경우 동일시 대상의 상실로 인한 역할수행의 혼란은 물론 사회적 위축감 등 정서적 문제를 야기해 건전한 성격 형성을 저해하기 쉽다(신수자, 1995).

나이가 어릴수록 부모의 이혼, 가출 후 더 많은 파괴행동을 보여 주는 반면, 나이든 아이들은 우울증상이 더 많았다고 알려져 있다. 사춘기 때의 청소년들보다는 오히려 어머니, 아버지 관계에 높은 관심을 보이는 4~6세의 아동이 가장 치명적인 타격을 받는다고 일반적으로 알려져 있다. 그리고 부모의 이혼 당시 아주 나이가 어린 아동은 이혼 당시의 고통스러운 기억을 적게 가지기 때문에 고통을 덜 받는 편이다(Wallerstein, 1984).

정상가족의 자녀가 한부모가족의 자녀보다 자아존중감이 높다. 이혼가족의 청소년들은 사춘기나 사춘기 이후의 자아존중감의 변화에 대한 증거가 없는 것으로 보아, 부모의 이혼 전 불화로 인한 양육태도의 불일치, 이혼으로 인한 주위 사람들의 태도 변화, 부정적 시각과 평가에 영향을 받아 부모의 이혼을 내면화하여 자기를 낮게 평가하는 것으로 보인다. 아동의 문제는 부모가 이혼 후에 가정생활을 잘하지 못할 때 더 커진다.

이혼 후 안정을 찾기까지 일반적으로 가족에게 필요한 과도기는 적어도 약 2년이다. 아동의 긴장을 다루는 능력을 부모가 그들의 관계 문제를 해결할 수 있는 방법에 달려 있는 것이다. 그러나 과도기를 잘 조절하는 부모의 아동일지라도 불균형의 신호를 보이는 아동이 많기에 이혼은 아동기 우울증의 가장 큰 원인으로 지적받아 왔다.

이혼가족 자녀가 겪는 학교생활의 어려움은 교사가 갖고 있는 이혼가족에 대한 편견 때문이기도 하다. 교사는 이혼가족 자녀에 대해 부정적인 인식을 갖고 있으며, 이혼가족 자녀를 잠재적인 문제아나 비행아로 보는 경우가 많다(서영숙·황은숙, 2004). 교사가 갖고 있는 이혼가족에 대한 편견은 양부모가족 아동에게 전달되어 양부모가족 아동이 이혼을 잘못된 것으로 인식하여 이혼가족 아동과 교류하는 것을 막을 수 있다. 이로 인해 이혼가족 아동은 학급에서 동료들과 잘 교류하지 못하고 심한 경우 왕따를 당하는 등 학교생활에 어려움을 겪는다.

이혼, 별거, 부 또는 모의 사망 등으로 인한 부 또는 모의 부재 상황에 대한 사회의 부정적 시각 및 편견 때문에 한부모가족 자녀들은 부 또는 모의 부재를 숨기기를 원하므로, 다른 전문가나 지역사회의 도움을 받기가 어려운 실정이다. 또한 위축된 태도를 가짐으로써 교우관계 및 이웃과의 관계에도 영향을 미치게 된다(허남순, 1998).

(2) 신체 · 건강의 특성

아동은 건강하고 정상적인 성장을 위해 부모의 따뜻한 보살핌과 돌봄을 절대적으로 필요로 한다. 이는 최저한의 생명유지를 위한 음식 및 잠자리 제공 이상의 것이어야 하며, 여기에는 안전하고 충분한 보건과 영양섭취가 포함되어 있다. 한국에서는 가족의 건강과 영양 섭취는 거의 모가 신경을 쓴다고 말할 수 있다. 그러나 부자가족의 아동일 경우에는 최저한의 보건 및 영양 섭취조차 제공받지 못하는 경우가 많으며, 모가 없는 상황에서 아동이 깨끗한 옷을 입고, 영양가가 있는 음식을 제공받으며 보살핌과 보호 속에서 건강하게 자라기를 기대하는 것은 어려운 일이므로 성장기에 있는 아동에게는 심각한 문제가 아닐 수 없다.

(3) 양육 주체에 따른 특성

아버지가 양육을 하고 생활하는 모성이 부재하는 아동의 경우 여아의 사회성 발달이 부족하다. 여아의 경우 미성숙하고 덜 사교적이며 좀 더 의존적이다. 반면, 남아의 경우 성숙하고 사교적이며 독립성이 강하고 덜 요구적이다. 그러나 의사소통을 덜하고 애정 표현도 적게 하는 편이다.

아버지가 양육을 하며 생활할 때 성역할에 있어 여아는 동일시할 수 있는 성역할 모델이 없으므로 혼란이 야기될 수 있다. 그러나 이와 같은 영향은 부성부재로 인한 남아의 성역할 발달장애보다는 미약한 편이다. 오히려 아버지가 양육을 할 경우 여아의 경우 성역할 문제는 사춘기에 심각하게 된다. 주로 성문제에 대한 의논대상은 어머니이기 때문이다. 양육부모의 성과 자녀의 성이 같을 때 비교적 자녀의 적응이 쉽다.

어머니가 양육할 경우, 아동에 대한 부성 부재의 영향은 아버지의 부재로 어머니의 영향을 받는 경우와 아버지를 모방할 기회와 양육 받지 못해서 생기는 경우가 복합적으로 작용하여 자녀의 성역할 발달과 인지적·사회적 발달에 있어서도 그 영향이 두드러지게 나타난다. 어머니가 양육을 한 남아의 경우에는 덜 공격적이고 여성적인 경향이 있으며 동적인 활동보다는 정적인 활동을 즐겨한다.

4) 한부모가족 현황

한부모가족은 1997년 IMF 외환위기 이후 이혼율이 급증하면서 한부모가족이 많이 증가하였다. 2010년까지 한부모가족은 꾸준히 증가 추세를 보이다가 그 이후 점차 감소하고 있다. 그중에서도 80% 이상이 모자가정인데, 모자가정은 양육과 생계를 동시에 책임져야 하기 때문에 부자가정에 비하여 어려움이 더 가중된다.

〈표 13-5〉 기초생활보장 한부모가족 가구 수

연 도	모자세대 수	부자세대 수	모자세대 비율(%)
2004	70,951	17,916	79.8
2006	81,189	19,963	89.3
2008	82,880	19,744	80.8
2010	85,970	20,879	80.5
2011	83,525	20,479	80.3
2012	78,333	18,820	80.6
2013	76,270	18,366	80.6
2014	74,925	18,362	80.3

출처 : 2015 보건복지통계연보.

5) 여성가구주 현황

가족을 부양해야 하는 여성가구주가 지속적으로 증가하여 여성가구주 비율은 1975년 전체 가구 중 12.8% 정도이었으나, 2010년에는 무려 25.9%로 증가하였다.

〈표 13-6〉 여성가구주 비율

단위 : 천

		1975	1980	1985	1990	1995	2000	2005	2010
여성가구주 가구수		850	1,169	1,501	1,787	2,147	2,653	3,485	4,497
여성가구주의 혼인 상태	유배우	24.5	22.3	22.7	17.7	15.7	16.6	17.9	24
	사별	59.4	58.2	52.3	56.3	56.1	50.5	44.4	37.7
	이혼	4.3	3.9	4.3	5.6	7.1	11.6	14.4	16
	미혼	11.8	15.5	20.6	20.4	21	21.4	23.2	22.3
여성가구주 가구비율		12.8	14.7	15.7	15.7	16.6	18.5	21.9	25.9

출처 : 2010 통계청 인구주택총조사.

혼인 상태를 보면 2010년 기준으로 남편과 사별한 여성가구주가 전체 여성가구주의 37.7%로 가장 높고, 미혼 22.3%, 유배우자 16.0% 순으로 나타났다. 혼인 상태의 변화 추이를 보면 유배우자이거나 사별인 여성가구주 비율은 감소 추세를 보이고, 이혼과 미혼 상태의 여성가구주 비율은 점차 증가하고 있다. 이는, 즉 모자가정의 한부모가족이 꾸준히 증가하고 있음을 의미한다.

6) 한부모가족의 지원정책

한부모가족의 생활안정과 자립 기반 조성을 위하여 경제적 지원과 건강 및 양육 등에 대한 지원을 해주고 있다. 주로 경제적 지원은 저소득 한부모가족에게 이루어진다. 한부모가족 지원 내용은 아동양육비, 교육비, 생계비, 직업교육 등 자립지원, 양육교육 등이 있다. 아동양육비를 지급할 때에 미혼모나 미혼부가 5세 이하의 아동을 양육하면 예산의 범위에서 추가적인 복지급여를 실시할 수 있다. 이 경우 미혼모나 미혼부가 자녀를 양육하지 아니하고 미혼모나 미혼부의 직계존속이 양육하는 경우에도 추가적인 복지급여를 실시할 수 있다.

한부모가족을 지원하는 시설의 종류와 지원 내용은 〈표 13-7〉과 같다.

〈표 13-7〉 한부모가족 지원시설과 지원내용

시설의 종류	입소대상	지원내용	보호기간(연장기간)
모자보호시설(41개소)	무주택 저소득 모자가족	일정 기간 보호 및 생계 지원	3년(2년)
부자보호시설(1개소)	무주택 저소득 부자가족	일정 기간 보호 및 생계 지원	3년(2년)
모자자립시설(3개소)	무주택 저소득 모자가족 및 모자보호시설에서 퇴소한 모자	주택 편의 제공	3년(2년)
일시보호시설(15개)	배우자의 물리적·정신적 학대	숙식, 의료, 법률 및 심리상담	6월(6월)
미혼모자시설(32개)	미혼의 임산부 및 출산 후(6월 미만) 보호를 요하는 여성	분만의료 지원, 인성교육 및 상담, 자립 지원	1년(6월)
미혼모자공동생활가정(24개)	2세 미만의 영유아를 양육하는 미혼모	직업교육 등 자립 지원, 양육교육	2년(1년)
미혼모공동생활가정(1개)	출산 후 해당 아동을 양육하지 않는 미혼모	직업교육 등 자립 지원	2년(6월)

출처 : 여성가족부(2010).

(1) 아동양육비 지원

세대주인 모 또는 부와 그에 의하여 양육되는 만 18세 미만(취학 시 만 22세 미만)의 자녀로 이루어진 가정에 대해서는 아동양육비를 지원한다. 소득인정액 기준 최저생계비 130% 이하의 한부모가족의 만 12세 미만 아동에 대하여 아동양육비 월 5만 원을 지원한다. 2007년도부터 지원하는 양육비는 2007년에는 6세 미만 아동에게 지원하기 시작하다가, 2008년에는 8세 미만, 2009년에는 10세 미만, 2010년에 12세 미만 아동에게까지 확대해서 지원하게 되었다.

초등학생과 중학교 학생을 둔 자녀의 학비는 무상교육인 관계로 지원되지 않고, 고등학교에 다니는 자녀의 학비는 소득인정액 기준 최저생계비 130% 이하의 한부모가족 고등학생 자녀에 대해 입학금 및 수업료를 지원하고 있다. 초등학교에 입학하기 전인 어린이집과 유치원에 다니는 자녀의 학비는 정부의 공식 보육료와 유치원 수업료에 대하여 전액 지원하고 있다.

(2) 한부모가족 복지자금 대여

소득인정액 기준 최저생계비 130% 이하 저소득 한부모가족으로서 근로능력 및 자립자활 의지가 뚜렷하고 현실성 있는 사업계획을 제시하는 자에 대하여 1인당 2,000만 원 한도 내에서 연리 3%의 저금리로 5년 거치 5년 상환의 조건으로 자금을 대여해 준다. 금융지원은 저소득한부모가족이 기반을 잡을 수 있도록 하는 데 매우 중요한 수단이 된다.

(3) 미혼모 · 부 지원 거점기관 운영

미혼모 · 부를 지원하기 위해 전국에 17개 거점기관(건강가정지원센터)을 지정하고, 자녀양육 및 경제적 자립을 위한 포괄적이고 종합적인 지원 서비스를 제공한다. 미혼모 · 부가 발생하면 임신 초기부터 온 · 오프라인 상담 및 종합적인 정보를 제공하여 안전하고 건강한 출산을 할 수 있도록 돕는다. 또한 미혼모가 출산 및 양육과정에서 응급상황 발생 시는 아이병원비, 생필품 등을 지원한다. 미혼모 · 부들이 가정과 사회에서 소외되기 쉽기 때문에 이들의 문화적 결핍을 막고 사회적응을 돕기 위해 미혼모 · 부자를 위한 문화체험 및 교육 프로그램을 운영하며, 자조모임 운영을 지원하여 미혼모 · 부 간 자립경험 공유 및 네트워크 구축을 지원한다.

(4) 취약가족 역량강화 사업

소위 취약가족이라고 하는 국민기초생활보장 수급자, 최저생계비 이하 비수급 빈곤층, 저소득 여성가장, 가족역량이 부족한 부자, 미혼모 · 부자가족 조손가정을 포함한 한부모가족에 대하여 가족의 기능을 정상화하고, 건강한 가정을 꾸릴 수 있는 역량을 길러 주는 지원이 실시된다. 이 사업은 전국 17개 건강가정지원센터에서 사례관리를 통해 취약가족의 복합적인 어려움을 해결하고 기본적인 욕구를 충족시켜 주기 위한 것이다.

취약가족의 경제적 자립을 위해서 취업교육과 일자리 알선을 지원하고, 자녀의 양육과 교육, 주거문제 등 개별 문제해결에 필요한 맞춤 서비스도 제공한다. 지원사업의 활성화를 위해 각종 후원단체, 한부모가족복지시설 등 지역사회 자원을 발굴하고 연계되도록 지원한다.

7) 외국의 한부모가족 지원정책

외국의 경우도 한부모가족이 증가하고 있다. 한부모가족이 형성되는 원인이 과거에는 사별에 의한 경우가 비중이 높았지만 점점 이혼이나 미혼모로 인한 경우가 증가되고 있다. 외국의 정책들은 각 국가의 사회복지이념 및 정책의 방향에 따라 각국 정부와 노동시장이 한부모가족을 어떻게 취급하느냐에 따라 차이가 난다. 사회보장제도 내에서 공적 부조와 아동수당, 주거보장, 교육지원 등을 통해 보편적인 서비스를 제공하는 영국, 스웨덴과 같은 국가들의 경우 한부모가족을 위한 별도의 서비스가 존재하지는 않는다. 반대로 미국, 일본과 같이 잔여주의적 복지국가에서는 공적 부조 체계를 중심으로 한부모가족에 대한 지원이 이루어지고 있으며, 경우에 따라서는 모자가정을 위한 숙식과 기타 서비스를 제공하는 시설이 운영되고 있다

사회보장제도가 일찍부터 발달해 온 복지 선진국가들에서는 한부모가족을 위한 복지제도가 소득보장이나 공공복지제도 내에서 일반화되어 있지만 우리나라와 일본 같은 국가는 모부자복지제도 속에서 이들에 관한 지원을 법제화하고 있다.

외국의 한부모가족에 대한 지원정책은 〈표 13-8〉과 같이 경제적 지원, 자녀양육 및 보호 지원 등이 있다.

〈표 13-8〉 외국의 한부모가족 지원정책

구분		미국	영국	스웨덴	일본
경제적 지원	소득 보장	• 요보호아동가족 부조 • 저소득가족 시한적 지원프로그램 • Food Stamp	• 미망인급여 • 한부모아동수당 • 공공부조	• 자녀수당 • 아동연금 • 아동보조금	• 국민개인연금 • 대출 • 세금공여 • 아동수당
	주거 지원	• 주택 부조 • 광열비 부조	• 주택급여 • 난방보조비	• 주택보조	• 공영주택 우선 입주 • 월세조성
	고용 지원	• Workfare program	• 노동복지프로그램		• 직업상담 • 직장적응훈련 • 훈련수당 • 고용개발조성금 • 직장적응훈련

구 분	미 국	영 국	스웨덴	일 본
보호 및 양육	• 보육비용소득공제 • 자녀부양금 • 배우자 간 책임 강조	• 출산보조금 • 아동보호세금 • 아동양육보조 • 보육 서비스	• 출산수당 • 부모급부금 • 부양료 선불 • 양자녀수당 • 아동보호수당 • 가정탁아소 • 시간제집단 • 놀이시간센터	• 양육지원 위한 단기 · 중기 사업 • 보육소입소우선권

출처 : 장혜경 · 민가영(2002). 이혼여성의 부모역할 및 자녀양육 지원방안에 관한 연구. 여성개발원.

2. 다문화가족 아동

1) 다문화가족 아동의 개념

(1) 다문화가족

문화란 그 사회에서 행해지는 이상, 가치관, 행동의 틀 등 생활양식의 총체로서 사회에서 살고 있는 개인들이 세상을 인식하는 기준이다. 문화는 대대로 내려오며 이어지는 면도 있지만 시대에 맞게 변하기도 한다. 한 문화권에서 살고 있는 사람들은 공동의 생활양식으로 인하여 소속감을 가진다. 세계화의 진전에 따라 각 문화권에 있는 사람들이 다른 문화권으로 직업과 배우자를 찾아서 이주하는 사례가 빈번해지고 있다. 우리나라도 이러한 세계적인 흐름이 비켜가지 않고 현실로 다가왔다. 다문화란 어떤 사회에 단일문화가 존재하지 않고 여러 개의 문화가 섞여 구성되는 사회를 말한다.

한국에서 다문화가족이란 하나의 가정 안에 각각 다른 문화를 가진 사람이 결합해 가족을 이루거나 대한민국 국민이 아닌 다른 국가에서 이주해 온 사람들이 이룬 가족을 통칭하는 용어이다. 이 용어는 2003년 30여 개의 시민단체로 구성된 건강가정시민연대가 '국제결혼', '혼혈아' 등의 차별적 용어를 추방하고 한 가족 내에 다양한 문화가 공존하고 있다는 의미를 내포하고 있다는 다문화가족, 다문화가족 2세로 부르자고 제안함으로써 사용되기 시작하였다. 2008년 3월 다문화가족지원법이 제정된 이후부터는 '다문화가족'이라는 용어로 사용된다.

최근 한국에서 사용되는 다문화가족이라는 용어는 다음 세 가지 개념으로 말할 수 있다(박효섭, 2006; 서혁, 2007).

첫째, 외국인이 한국인 남성이나 여성과 결혼하여 만든 가정을 말한다. 이들은 결혼이 성사되면서 이주해 오는 경우도 있고, 국내에서 싱글로 살다가 한국 남녀를 만나서 결혼하는 경우도 있다. 이들은 결혼과 동시에 대한민국의 국민이 되고 그 자녀 역시 대한민국 국민이 된다.

둘째, 외국인이 직업 때문에 국내로 이주해 와서 이룬 가정을 말한다. 이들은 결혼 상태로 이주해 오는 경우도 있지만 국내에 들어와서 결혼하여 가정을 이루는 경우도 있다. 또한 자녀가 있는 상태에서 이주해 오는 경우도 있고, 국내에서 자녀를 출산하는 경우도 있다. 이들은 국적이 대한민국이 아닌 외국인 신분으로 살아가게 된다.

셋째, 탈북이주민(새터민)이다. 새터민이란 휴전 이후 다양한 동기에서 북한 사회를 떠나 남한 사회에 정착하고, 공식적으로 대한민국 주민등록을 취득한 북한 지역 출신 주민들을 가리키는 용어이다. 이들은 민족이라는 측면에서는 우리와 동일한 문화를 가진 사람들이지만 오랫동안 문화의 단절로 인해 이질화되었고, 국적이 대한민국 국민이 아니었기 때문에 대한민국에서 겪는 문화적 충격과 문화적 갈등을 고려하여 다문화가족으로 간주한다.

한편, 학문적인 용어와는 달리 다문화가족지원법에서 정의하는 다문화가족이란 다음 각 호의 어느 하나에 해당하는 가족을 말한다. ① '재한외국인 처우 기본법' 제2조 제3호의 결혼이민자와 '국적법' 제2조에 따라 출생 시부터 대한민국 국적을 취득한 자로 이루어진 가족, ② '국적법' 제4조에 따라 귀화허가를 받은 자와 같은 법 제2조에 따라 출생 시부터 대한민국 국적을 취득한 자로 이루어진 가족. 다문화가족지원법에 의하면 법적 지원을 받을 수 있는 다문화가족의 대상에는 외국인이 직업 때문에 이주하여 대한민국에서 살고 있는 외국인 노동자는 제외된다는 것이다.

(2) 다문화가족 아동

다문화가족 아동은 결혼이주민, 직업이주민, 새터민의 18세 미만의 자녀로 정의할 수 있다. 한국인과 결혼한 결혼이주민 자녀와 새터민 자녀는 국적법 제2조 제1항에 따라 출생과 동시에 한국 국민이 되므로 헌법 제31조에 의한 교육권을 보장받는다. 외국 노동자의 자녀는 한국 국민이 아니지만 '아동의 권리에 대한 국제협약', '유엔아동권리위원회 권고' 등에 따라 부모의 합법 불법 체류 여부와 관계없이 교육권이 보장된다. 그러나 외국인 노동자 자녀의 경우 유치원 학비나, 고등학교 수업료는 정부로부터 교육비 지원을 받지는 못하는 실정이다.

2) 다문화가족의 특성

우리나라는 오랜 세월 동안 단일민족으로 구성되어 살면서 타 민족에 대하여 배타적인 입장을 취해 왔다. 다문화가족의 자녀를 혼혈아라고 부르며, 여러 가지 차별과 사회에서 소외시키는 경향이 있었다. 다문화가족이 갖는 어려움은 사회적 편견 및 차별, 의사소통, 경제적 문제, 자녀교육의 문제 등을 들 수 있다.

(1) 사회적 편견 및 차별

우리는 전통적으로 단일민족에 대한 긍지 내지는 타 민족에 대한 배타적 관념을 가지고 있었기 때문에 우리와 모습이 다른 이민족에 대하여 편견을 가지고 있었다. 특히, 백인들에 대해서는 호의적인 반면 우리보다 경제적 수준이 떨어지는 동남아시아나, 아프리카 등 제3세계의 국가에서 온 사람들에 대해서는 냉담한 편이다.

산업연수생의 이름으로 한국 기업에 취직하기 위해 입국한 저개발국가의 사람들은 한동안 낮은 임금과 열악한 노동환경에서 인격적 대접을 받지 못하는 사례가 사회문제로 부각되기도 하였다. 이러한 편견과 차별이 오랫동안 지속될 경우 심각한 사회문제가 되고, 국제적으로 한국의 이미지가 실추되는 부정적 결과를 초래할 수 있다.

(2) 언어소통 문제

최근 들어 농촌 남성들이 국내에서 신붓감을 구하지 못해 외국에서 신부감을 데려와 결혼하는 사례가 늘고 있다. 이들 결혼이주민들은 사전에 언어적 소통을 위한 아무런 준비 없이 결혼과 동시에 한국 생활을 시작하기 때문에 언어 장벽이 이들의 생활을 불편하게 하고, 한국 사회에 적응하는 데 장애가 된다. 언어소통 장애는 가족 간의 대화 단절로 가족의 일원으로 정착하는 데 어려움이 있고, 가족 간 불화의 씨가 될 수도 있다. 언어소통은 의사소통뿐만이 아니라 한국문화를 이해하는 데도 어려움이 있어 적응을 어렵게 한다.

어린이집 또는 교육기관과 소통의 문제는 자녀교육에서 불이익을 받을 수 있어 자녀들이 학습부진이나 학교 부적응 아이로 전락할 수 있다. 결혼이주 여성이 한국어 능력이 낮을 경우 자녀와 상호작용에 제한을 주어 자녀의 언어습득에도 문제가 될 수 있다.

(3) 경제적 문제

사회적 차별과 언어소통의 문제는 경제적으로도 어렵게 한다. 외국인 근로자는 기술과 숙련도에서 떨어지기 때문에 고소득 직업에 종사하기 어렵고, 단순노무직이나 임시 비정규직 같은 신분으로 일하기 때문에 저임금으로 살아갈 수밖에 없다. 또한 결혼이주민들도 주로 농촌의 총각과 결혼하거나 저소득 총각들과 결혼하는 사례가 많기 때문에 경제적으로 부유하지 못한 형편이다.

경제적 이유로 식사를 줄이거나 끼니를 거른 경험이 있는 이주여성 가구가 전체의 15%에 이르고, 최저생계비 이하인 가구도 52.9%나 되는 것으로 조사되었다. 또한 여성이민자의 23.6%는 건강보험 혜택을 받지 못하고 있어 모성건강의 위험도가 높은 것으로 조사되었다(김보라, 2008). 특히, 더욱 심각한 것은 18세 미만의 아동이 있는 여성 결혼이민자 가구의 경우 절대빈곤율은 절반이 넘는 57.5%에 달한다(보건복지부, 2005).

(4) 자녀교육의 문제

다문화가족의 자녀는 계속 증가 추세이다. 이들 다문화가족의 가장 큰 고민이 2세 교육에 대한 것이다. 2020년에는 20세 이하 인구 중 21.1%가 다문화가족 자녀가 되고 신생아의 32%가 다문화가족 자녀가 될 것으로 추정된다(통계청, 2008). 결혼이민자에 대한 연구들(김이선 · 김민정 · 한건수, 2006; 설동훈 · 임경택, 2005)에 의하면 결혼이주민 여성들은 한국생활의 어려움 중 하나로 자녀교육문제를 지적하고 있다. 그들은 자녀의 한국어 습득과 학습지도, 학부모로서 참여하는 학교활동에서도 어려움이 많은 것으로 나타났다.

자녀가 유아기에 있는 결혼이주민 여성들은 아이를 유아교육기관에 맡기고 싶지만 혹시 자녀들이 상처 받을까봐 아이를 맡기지 못하고 집에서 돌보아야 한다. 이러한 처지는 다문화가족의 맞벌이 기회까지 박탈해 경제적 수준을 낮게 하는 작용을 한다(인봉숙, 2002).

다문화가족의 여러 가지 어려움은 그것으로 그치지 않고, 경제적 어려움과 자녀교육의 어려움으로 이어져 복합적인 문제가 된다.

3) 다문화가족 아동의 특성

아동권리에 관한 국제협약에 의하면 아동은 어떠한 경우에도 '아동 최선의 이익'이

보장되어야 한다. 그러나 다문화가족의 아동은 성장과정에서 가정환경이 일반 가정의 아동보다 불리하기 때문에 학습과 발달에서 이익이 보장되지 않을 수 있고 외모, 언어, 문화 등에서 부정적 경험으로 인해 정체성의 갈등을 겪을 수 있다.

(1) 외모에 따른 어려움

부모 중 한쪽이 외국인인 다문화가족 아동은 얼굴 생김새와 머리카락, 눈동자 색 등에서 일반아동과 다르기 때문에 따돌림의 대상이 되기도 한다. 실제로 설동훈(2005)의 조사결과에 의하면 집단 따돌림을 당하는 이유로 '엄마가 외국인이기 때문이 34.1%'로 가장 많았다. 따돌림 당하는 경험은 다문화가족의 자녀에게 매우 건강하지 못한 정서적 충격을 안겨준다(교육인적자원부, 2006a). 외모에 의한 집단 따돌림은 중국 동포들보다는 외모에서 이국적 특성이 나타날 수 있는 태국, 필리핀 등의 이주민 자녀들이 집단 따돌림 경험이 더 많다고 보고된다(정현영, 2007).

(2) 언어환경 문제

가정환경은 초기 아동기의 성장발달에 매우 중요한 요인이 된다. 어릴 때 말을 배우지 못하면 나중에 어른이 되어서 배우기가 어려워진다는 점은 이미 잘 알려져 있다. 어머니의 언어는 아동의 인지적 자극을 주는 역할을 함으로써 아동의 언어습득에 큰 영향을 준다. 국제결혼 자녀들은 말을 배우는 중요한 시기인 유아기에 한국말이 서투른 어머니 교육하에 성장하기 때문에 언어발달이 늦어지고 의사소통에 제한을 받아 학습부진을 초래한다. 이들은 일상적인 의사소통에는 큰 문제가 없으나 독해와 어휘력, 글쓰기 등이 현저히 떨어진다. 이는 그들의 부모가 대부분 사회경제적 기반이 취약하고 학습환경이 열악하기 때문이기도 하다(조영달, 2006).

다문화가족 아동이 언어소통의 어려움에서 기인된 학습부진은 사회관계 맺기에 어려움이 있고, 학교수업에 소극적이 되거나 과잉행동장애 같은 정서적 문제를 가질 수도 있다(왕한석 · 양명희 · 한건수, 2005).

(3) 정체성 형성의 문제

정체성이란 내가 나임을 변별하게 하는 제 요소 즉, 존재의 본질을 깨닫는 성질이다. 정체성 형성은 '나는 누구인가?'에 대한 대답을 찾는 과정에서 이루어지는데, 일관된 내가 '나'

임을 변별하게 하는 제 요소를 찾아내고, 그 요소들이 다른 사람과 같은 점 다른 점을 비교하는 과정에서 잘 형성되기도 하고 혼란을 겪을 수도 있다.

부모로부터 일관된 문화적 양식을 전달받아야 하는 자녀는 부모가 각각 다른 문화를 가지고 있고, 다른 언어를 사용하며, 외모에서도 다른 경우 매우 혼란을 겪을 수 있다. 자녀가 어느 정도 성장하여 또래를 사귈 나이가 되면 또래들의 부모와 자신의 부모를 비교하는데 자신의 어머니가 친구의 어머니와 외모가 다르다는 점 때문에 갈등을 겪을 수 있다. 또한 자신의 모습도 또래들과 다르다는 사실에 자신의 정체성에 대하여 혼란을 겪는다.

정체성 혼란을 겪는 아동은 또래와 자연스럽게 대화하는 것을 두려워하고 외모 때문에 놀림을 받을까봐 걱정하며, 어머니가 한국 사람이 아니라는 사실만으로도 위축감을 가진다(서현 · 이승은, 2007).

조사에 의하면 국제가정 자녀들은 10명 중 2명 정도가 집단따돌림을 경험한 것으로 나타났으며, 이것은 우리나라 초등생이 집단따돌림을 경험하는 비율인 13.4%와는 크게 차이가 나지 않으나 우리나라 일반 아이들이 경험하는 집단 따돌림과 다문화가족 아동이 경험하는 집단 따돌림은 내용에 있어서 전혀 다르다(조영달, 2006). 일반아동의 경우 집단 따돌림을 하는 주된 이유는 '잘난 척해서'인 반면 다문화가족 아동은 그냥 다문화가족이라는 이유로 따돌림을 받는다.

4) 다문화가족 현황 및 실태

(1) 국제결혼 현황

국제결혼 실태를 살펴보면, 1990년에는 총 결혼건수가 399,312건인데, 국제결혼 건수는 4,710건으로 전체의 1.2%에 불과하였다. 국제화, 세계화가 진행되면서 국제결혼 건수도 점차 증가하게 되어 2005년에는 총 결혼건수가 314,304건이었고, 이 중 국제결혼 건수가 42,356건으로 전체의 13.5%에 달해 최고치를 보였다(통계청, 2008). 이후 점차 줄어드는 추세에 있다. 국제교역과 문화의 교류가 앞으로 더 활발해질 것으로 보이기 때문에 국제결혼의 경향은 크게 낮아지지 않을 전망이다.

국제결혼이 1990년대 중반까지만 해도 외국남자와 한국 여성이 결혼하는 경우가 많았으나 1990년대 중반부터는 한국 남자와 외국 여자와의 결혼이 많아지게 되었다. 2011년에는 외국 여성과 한국 남성이 결혼하는 비중이 74.8%에 이르게 되었다. 이러한 현상은 한국의 국민소득이 높아지면서 중국 및 동남아시아 저개발국가에서 여성들이 한국 남자와 결혼하는 비중이 높아졌기 때문이다. 다문화가족 지원과 관련한 정책에서 결혼이주 여성과 그 자녀에 대한 지원이 절실함을 알 수 있다.

한국 남성과 결혼하는 여성은 주로 중국을 비롯한 베트남, 필리핀, 일본, 캄버디아, 태국, 미국, 몽골 등 다양하다. 2011년 통계에 의하면 결혼 이주여성이 가장 많은 국가는 중국(7,549명)이고, 두 번째 많은 국가는 베트남(7,636명)이다. 그 외 필리핀이 2,072명 등이다. 특히 베트남 여성과의 결혼이 급격히 증가되었다.

〈표 13-9〉 **국제결혼 현황**

	2003	2004	2005	2006	2007	2008	2009	2010	2011
국제결혼 총건수	24,776	34,640	42,356	38,759	37,560	36,204	33,300	34,235	29,762
한국남자 + 외국여자	18,751	25,105	30,719	29,665	28,580	28,163	25,142	26,274	22,265
– 중국	13,347	18,489	20,582	14,566	14,484	13,203	11,364	9,623	7,549
– 베트남	1,402	2,461	5,822	10,128	6,610	8,282	7,249	9,623	7,636
– 필리핀	928	947	980	1,117	1,497	1,857	1,643	1,906	2,072
– 일본	844	809	883	1,045	1,206	1,162	1,140	1,193	1,124
– 캄보디아	19	72	157	394	1,804	659	851	1,205	961
– 태국	345	324	266	271	524	633	496	438	354
– 미국	322	341	285	331	376	344	416	428	507
– 몽골	320	504	561	594	745	521	386	326	266
– 기타	1,224	1,158	1,183	1,219	1,334	1,502	1,597	1,532	1,796
한국여자 + 외국남자	6,025	9,535	11,637	9,094	8,980	8,041	8,158	7,961	7,497
– 일본	2,250	3,118	3,423	3,412	3,349	2,743	2,422	2,293	1,709
– 중국	1,190	3,618	5,037	2,589	2,486	2,101	2,617	2,090	1,869
– 미국	1,222	1,332	1,392	1,443	1,334	1,347	1,312	1,516	1,632
– 캐나다	219	227	283	307	374	371	332	403	448
– 호주	109	132	101	137	158	164	159	178	216
– 영국	88	120	104	136	125	144	166	194	195
– 독일	94	109	85	126	98	115	110	135	114
– 파키스탄	130	100	219	150	134	117	104	102	126
– 기타	723	779	993	794	922	939	936	1,050	1,188

출처 : 2012 통계청 인구동태통계연보.

(2) 다문화가족 아동 현황

다문화가족은 2000년대 들어서 표13-10에서 보는 바와 같이 큰 폭으로 증가하기 시작하였다. 2009년에 다문화학생 수는 26,015명으로 전체 학생에 대하여 0.35%이었는데, 2014년에는 67,806명으로 전체학생의 1.07%를 차지하게 되었다. 세계화 추세에 따라 향후 다문화가정이 더 증가할 것으로 예측되기 때문에 다문화학생에 대한 지원대책이 마련되어야 한다.

〈표 13-10〉 다문화가정 학생수 증가 추이

인원수 \ 연도	2009	2010	2011	2012	2013	2014
다문화 학생 수(A)	26,015	31,788	38,678	46,954	55,780	67,806
전체 학생 수(B)	7,447,159	7,236,248	6,986,853	6,732,071	6,529,196	6,333,617
다문화학생 비율 (A/B*100)	0.35%	0.44%	0.55%	0.70%	0.86%	1.07%

출처 : 교육부보도자료(2015.3.17).

2015년 다문화가정 학생의 현황을 살펴보면 한국에서 출생하는 경우가 68,099명으로 가장 많고, 중도입국 한 학생과 외국인 자녀의 학생이 각각 6,261명과 8,176명으로 조사되었다. 이들 중 초등학생의 비율이 66.9%로 가장 많으며, 중학생이 15.4%, 고등학생이 17.8%를 차지한다. 또한 미취학 아동의 수는 12만 일천명에 이르고 있어 이들이 점차 학교에 입학하게 되므로 향후 이들에 대한 교육대책이 시급하다. 이렇게 다문화학생이 증가함에 따라 교육부는 2015년 다문화학생 교육지원 계획을 발표하였다. 2015년부터 유치원 단계에서 다문화학생의 특성을 고려한 '선제적 맞춤형 교육'을 실시하고, 문화다양성을 수용하는 다문화이해교육확대, 범부처 협업 및 지역내 연계를 강화한다고 밝혔다.

〈표 13-11〉 다문화가정 학생수 현황

구분	2013년도				2014년도				2015년도			
	초	중	고	계	초	중	고	계	초	중	고	계
한국출생	32,831	9,174	3,809	45,814	41,575	10,325	5,598	57,498	50,279	11,075	6,745	68,099
중도입국	3,065	1,144	713	4,922	3,268	1,389	945	5,602	3,988	1,393	880	6,261
외국인자녀	3,534	976	534	5,044	3,454	811	441	4,706	6,016	1,397	8,388	8,176

구분	2013년도				2014년도				2015년도			
	초	중	고	계	초	중	고	계	초	중	고	계
계	39,430	11,294	5,056	55,780	48,297	12,525	6,984	67,806	60,283	13,865	16,013	90,161
비율	70.7%	20.3%	9.0%		71.2%	18.5%	10.3%		66.9%	15.4%	17.8%	

출처 : 교육부보도자료(2016).

1990년대 중반 기근과 경제난으로 시작된 북한 주민의 북한 사회 이탈현상은 최근 외부 정보의 유입으로 점점 더 심화되어가고 있다. 제3국을 거쳐서 남한으로 입국하는 새터민의 수도 급증하여 그 수가 1만 명에 달한다. 이들 새터민 가운데 6세 이상 20세 이하 학령기에 있는 아동의 숫자는 2007년 1,047명이다. 아직은 이들의 비중이 초·중·고 전체 학생 780만 명의 0.01%에 불과하여 교육정책의 주요 대상이 되지 못하고 있다(이수정, 2007).

초·중·고에 재학하고 있는 부모 출신국별 국제결혼가족 자녀 수를 보면 일본이 10,937명으로 가장 많고, 그 다음이 중국 5,204명, 필리핀 5,142명 등이다.

〈표 13-12〉 초·중·고 부모 출신국별 국제결혼가족 자녀 수 현황

구분	일본	중국	조선족	필리핀	베트남	태국	대만	몽골	미국	러시아	기타	계
명수	10,937	5,204	3,649	5,142	1,306	727	286	361	283	379	1,766	30,040
비율(%)	36.4	17.3	12.1	17.1	4.4	2.4	1.0	1.2	0.9	1.3	5.8	100

출처 : 교육과학기술부. 2010년도 다문화가정 학생 현황.

한편, 외국인 근로자 자녀는 총 1,402명이 재학하고 있고 이 중 몽골이 368명으로 가장 많고 그 다음이 일본 308명, 중국(조선족)이 284명 순이다.

〈표 13-13〉 초·중·고 재학 외국인 근로자 자녀 국적별 현황

구분	일본	중국	조선족	필리핀	베트남	태국	대만	몽골	미국	러시아	기타	계
명수	232	332	216	52	33	4	66	363	43	48	359	1,748
비율(%)	13.3	19.0	12.4	3.0	1.9	0.2	3.8	20.8	2.5	2.8	20.7	100

출처 : 교육과학기술부. 2010년도 다문화가정 학생현황

5) 다문화가족 아동의 복지대책

(1) 다문화가족 지원체제

다문화가족지원법에 의해 다문화가족에게 지원하는 기관과 단체, 지원요원, 지원 프로그램이 마련되어 있다. 이들에 관한 지원기준과 자격, 성격 등은 다음과 같다.

① 중앙관리기관 : 전국 다문화가족지원센터에서 시행하는 사업에 대한 프로그램 및 매뉴얼 개발·보급, 인력 양성, 사업 관리 및 평가 등 전국 사업을 관리하도록 위탁받은 기관을 말한다.

② 전국다문화가족사업지원단 : 전국 다문화가족지원센터 운영에 필요한 프로그램 및 매뉴얼 개발·보급, 인력 양성, 사업관리 및 평가를 담당하는 중앙관리기관이다.

③ 다문화가족지원센터 : 다문화가족지원법 제12조에 의거 국비 또는 지방비를 지원받아 운영하는 시·군·구 단위센터로서 독립형과 병합형이 있다.

- 독립형 다문화가족지원센터(이하 '독립형 센터'라 함) : 다문화가족 지원에 필요한 전문인력과 시설을 갖춘 법인·단체 중 다문화가족지원센터로 지정받고 국비 또는 지방비를 지원받아 운영하는 센터, 전국 27개소 지정
- 병합형 다문화가족지원센터(이하 '병합형 센터'라 함) : 건강가정지원센터 중 2010년 다문화가족지원센터로 지정받고 국비 또는 지방비를 지원받아 운영하는 센터, 전국 32개소 지정

④ 육아정보나눔터 : 자녀를 키우는 결혼이민자들에게 자녀양육 상담, 교육, 정보 등 육아 관련 서비스를 제공하고 결혼이민자들이 센터를 이용하는 동안 자녀를 일시적으로 돌봐 주는 공간이다.

⑤ 거점센터 : 거점센터는 설치지역을 전국 6개 권역으로 구분하여 권역 내 센터 중 관할지역 내에서 센터·관련 기관 간 네트워크 구축, 방문교육지도사 교육, 신규 센터 사업지원 등을 수행하기 위해 지정·관리하는 센터이다.

⑥ 다문화가족 방문교육 : 센터 방문이 어려운 다문화가족에 대한 한국어교육, 아동양육지도, 가족상담 등 서비스를 제공하기 위해 대상가정을 직접 방문하여 개별수업을 진행하거나 마을회관 등에서 그룹수업을 지원하는 사업을 말한다.

⑦ 방문교육지도사 : 한국어 및 아동양육 등 방문교육 서비스를 직접 제공하는 인력으로 한국어 방문교육지도사와 아동양육 방문교육지도사로 구분된다.

⑧ 다문화가족 자녀 언어발달지원사업 : 다문화 자녀의 성장단계별 언어발달 정도를 진

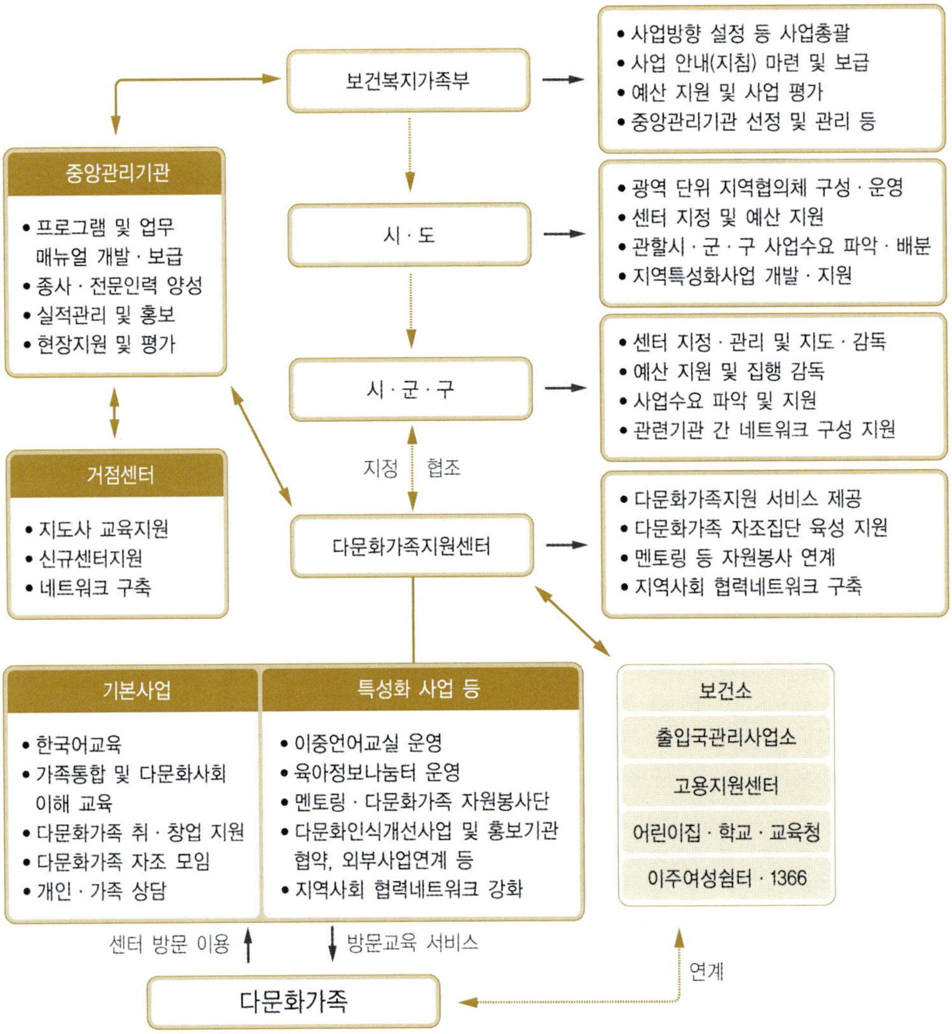

[그림 13-1] 다문화가족 지원 체계도

출처 : 보건복지부. www.mw.go.kr

단 · 평가하고 언어 향상을 위해 교육 프로그램을 제공하는 서비스를 말한다.

⑨ 다문화 언어지도사 : 다문화 자녀에 대해 언어발달 정도를 진단 · 평가하고 교육을 실시하는 인력이다.

⑩ 다문화 언어교실 : 다문화 자녀의 언어발달 및 이중언어교육 등 자녀 프로그램을 실시하는 공간이다.

⑪ 결혼이민자 통 · 번역 서비스 : 다문화가족의 가족 · 사회생활에 필요한 의사소통

을 지원하기 위해 제공하는 통역 및 번역 서비스이다.

⑫ 통·번역 전문인력 : 통·번역 서비스를 제공하는 인력으로 결혼이민자 중에서 선발한다.

⑬ 이중언어교육 : 다문화 자녀의 이중언어 활용을 지원하기 위해 실시하는 '엄마나라 말 배우기 교실' 등 결혼이민자 출신국 언어교육 프로그램이다.

(2) 다문화가족 이해교육

다문화가족에 대한 지원의 최종 목적은 이들이 한국 사회에 잘 적응할 수 있도록 하는 것이다. 이들이 한국 사회에 적응하기 위해 가장 필요한 것이 무엇인지 2006년 통계 조사한 결과를 보면 알 수 있다. 이 조사 결과에 따르면 다문화가족을 위해 가장 시급히 해결해야 할 사항으로 '다문화가족에 대한 편견을 없애는 사회 분위기 조성'이라고 응답한 비율이 30.6%로 가장 많았다. 이와 같은 현실을 해결하려면 일반 학생들 또는 국민을 대상으로 다문화가족에 대한 이해교육이 절실히 필요하다.

다문화 이해교육은 사회적 다양성의 수용과 사회통합에 목적이 있다. 그러기 위해서는 다수자에 대한 교육이 중요하다. 다수자에 대하여 다양한 문화를 이해하고 소수인이 가지고 있는 문화적 가치를 존중하고, 획일적 역사관이나 국수주의적 사고에서 탈피해야 한다.

교육인적자원부에서는 다문화가족에 대한 편견과 차별을 없애기 위해 2007년 개정 교육과정에서 다문화교육을 포함하였다. 국가인권위원회나 외국인 근로자 인권보호단체 등에서 일반 학교를 방문하여 학생과 학부모를 대상으로 외국인 인권교육을 실시하거나 외국인 학부모가 학교를 방문하여 일일교사를 하는 등의 형태로 다문화가족 이해 교육이 이루어지고 있다. 또한 다문화가족과 일반가정의 결연을 맺어 다문화가족 자녀의 지원을 위한 일반 학생들의 자발적인 참여를 유도하여 다문화가족에 대한 학생, 학부모, 교사들의 상호 이해의 폭을 넓히는 계기를 만들기도 한다.

그러나 결혼이주여성의 남편이나 시댁가족을 대상으로 하는 교육은 찾아보기 어려운 실정이다. 국제결혼 가정의 한국인 아버지들에게 다문화를 이해하고, 차이를 인정하고 어려움을 극복할 수 있도록 돕거나 다문화가족의 긍지를 느낄 수 있도록 자신감을 심어주는 아버지 교육이 필요하다.

(3) 다문화가족 아동 적응교육

다문화가족이 소수인으로서 다수인이 가지고 있는 문화에 적응하기 위해서는 출신 문화에 대한 자긍심을 가지고 새로운 문화에 대한 대응력을 형성할 수 있어야 한다. 이는 소수자와 다수자 문화 간 이해교육과 소수자와 소수자 문화 간 이해를 위한 교육도 필요하다.

■ 교육공동체적 다문화교육 여건 조성
- 다문화교육에 대한 인적 · 물적 인프라 구축(홈페이지 운영, 다문화체험실, 실내환경 구성, 관련 도서 및 영상물 비치, 외국인 강사인력 확보)
- 지속적인 전문성 신장을 위한 연수(교사 · 학부모 연수, 교수학습자료 개발)

↓

■ 다문화교육을 위한 교육과정 편성 운영
- 교과 교육과정 편성 · 운영
- 특별활동 교육과정 편성 · 운영
- 다문화가족 학부모 명예교사 수업 활성화
- 재량활동 교육과정 편성 · 운영
- 외국인과 함께하는 문화교실 운영(CCAP)
- 다문화가족 자녀 기초학력책임지도제 운영

↓

■ 다양한 다문화 체험학습 프로그램 구안 · 적용
- 학교행사일 다양한 세계문화체험-다문화의 말 운영(학교축제, 가족한마당, 음식 만들기, 의복 경연, 놀이 등)
- 다문화 관련 행사(독서, 생활수기, 체험내용, 글짓기, 그리기, 포스터 등)
- 다양한 결연 맺기 활동(다문화가족 대 일반가정, 친구 대 친구, 교사 대 학생 결연)
- 다문화가족 학부모 방과 후 학교 강사 활용(일본어, 중국어, 베트남어, 몽골어)
- 이중언어 구사능력 신장(한국어와 어머니 모국어)
- 학부모와 함께하는 우리 전통문화 체험)

↓

■ 다문화교육 편성 · 운영 평가
- 다문화교육이 반영된 교과, 특별활동, 재량활동 평가
- 평가 기준에 의한 다문화교육 평가

[그림 13-2] 국제결혼가족 자녀의 다문화교육 운영 모형

출처 : 교육인적자원부(2006b). 다문화가족 지원실천사례 나눔대회 자료집.

다문화가족 아동이 한국의 사회에 적응하기 위해서는 한국 문화체험 및 이해, 한국어교육, 교과보충학습지원, 부모교육, 상담 등 여러 가지 프로그램이 필요하다. 새터민 아동의적응교육은 성장을 추구하는 과정으로서 남한 사회의 가치와 행동양식을 내면화하는 것이 필요하다. 새터민 아동에게는 기존의 경험과의 단절과 새로운 가치체계로 전환하는 것이 요구된다.

국제결혼가족 자녀를 위한 교육인적자원부의 다문화교육운영 모형은 [그림 13-2]와 같다.

(4) 다문화가족 지원 프로그램

① 한국어교육

생활언어를 익히고 문화를 이해할 수 있도록 체계적·단계별 한국어교육을 실시한다. 한국어능력을 고려하여 1~4단계 과정 및 특별과정이 운영된다.

〈표 13-14〉 다문화가족 한국어교육 프로그램

세부 영역	내 용	운영시간
1단계	기초적인 단어 및 문장, 간단한 표현 교육	40시간×연간 2번
2단계	기본적인 단어 및 문장, 다양한 표현 교육	40시간×연간 2번
3단계	일상생활에 필요한 표준어 교육 등 일상적인 의사소통 가능하도록 교육	40시간×연간 2번
4단계	고급회화반 운영 등 한국어로 무리 없이 의사소통 가능 수준 대상	교재에 맞게 설정
특별반	한국어능력시험대비반, 교재연구반 등 운영가능	교재에 맞게 설정

출처 : 보건복지가족부. 2010 다문화가족지원사업 안내.

② 가족통합 및 다문화사회 이해 교육

결혼이민자 등 다문화가족 구성원에 대한 가족 내 역할 및 가족문화에 대한 이해력 향상 교육을 실시한다. 다문화가족 구성원이 가족, 지역사회 등 한국 생활 전반에 대한 적응을 용이하게 할 수 있도록 지원한다.

〈표 13-15〉 가족통합 및 다문화사회 이해 교육

세부 영역	내 용	운영시간
가족통합교육	• 가족 간 의사소통 및 가족관계 향상 프로그램 • 국제결혼의 특징 및 가정경제 설계 • 배우자 · 자녀 · 시부모 대상 가족의 의미와 역할 • 부모-자녀관계 및 자긍심 향상 프로그램 등	30시간
다문화 이해교육	• 다문화사회의 이해 • 다문화가족의 문화갈등과 적응 • 각 나라의 역사와 문화(한국 및 결혼이민자 출신국 중심)	20시간
법률 및 인권교육	• 국내체류 • 인권보호와 권익 증진 • 생활과 법	5시간
결혼과 가족의 이해	• 결혼과 가족의 이해 • 가족교육 관련 전문기관 안내	5시간
한국 사회 적응교육	• 공공기관 및 공중도덕 • 정보화교육 • 한국의 교육제도 • 각종 분야의 정보 제공 • 건강과 의료, 임신 및 출산 • 사회보장제도의 이해 • 소비자 · 경제교육	20시간
소비자 · 경제교육	• 소비자 보호 및 경제교육	

출처 : 보건복지가족부. 2010 다문화가족지원사업 안내.

③ 다문화가족 취업 · 창업 지원 프로그램

다문화가족의 경제활동 참여를 위해 지역 특성 및 결혼이민자의 수요 등을 고려하여 취업 · 창업 준비 프로그램을 운영한다.

〈표 13-16〉 다문화가족 취업 · 창업지원 프로그램

세부 영역	내 용	운영시간
취업 · 창업능력 향상 교육 프로그램	• 이미지 메이킹, 직장예절, 취 · 창업마인드 계발 등 직업 기초소양 교육 • 지역의 여건, 지역 내 결혼이민자의 수요 및 지역 내 기업 특성 등을 감안한 취 · 창업 지원 프로그램 수립 · 실시	연중 (지역센터별 일정에 맞춤)
취업 · 창업 연계 프로그램	• 해당 지역의 일자리 제공기관과 결혼이민자 연계 활동 • 지속적 취 · 창업자 상담 및 정보 제공 지속(자조모임 운영 등 활용)	연중 (지역센터별 일정에 맞춤)

출처 : 보건복지가족부. 2010 다문화가족지원사업 안내.

④ 다문화가족 자조모임

기 정착한 다문화가족이 같은 출신국 초기 다문화가족의 한국 사회 적응을 지원함

으로써 정서적 유대감과 조기 정착 지원 강화하기 위해 자조모임을 지원한다. 자조모임은 결혼이민자의 잠재적 역량을 강화할 수 있도록 다양한 프로그램을 가진 자원봉사단 구성 및 사업 활동가로 육성함으로써 사회인으로서의 주체적 역량을 강화할 수 있는 방향으로 진행한다. 자조모임의 유형은 결혼이민자 출신국별 모임, 배우자 모임, 시부모 모임, 가족통합 모임, 통·번역 자조모임 기타 센터 및 지역 여건에 맞는 자조모임 등이 있다.

⑤ 개인 · 가족 상담

결혼이민자 및 그 가족의 한국 생활에 필요한 정보 제공 및 부부·부모·자녀관계 개선 및 성·경제문제 등 심리·정서 관련 상담을 통해 다문화가족의 내부 스트레스 완화 및 자존감 향상을 지원하기 위해 개인 및 가족상담을 실시한다. 다문화가족지원센터 종사자의 상담을 통해 문제해결을 도모하고, 필요 시 관련 전문 기관과 연계한다.

⑥ 이중언어교실 운영

이중언어교실은 만 3세~초등학교 재학생을 대상으로 영어와 일본어를 제외한 결혼이민자 주요 출신국 언어를 습득할 수 있도록 실시한다. 강사는 한국어와 외국어를 동시에 할 수 있는 사람으로 한다.

⑦ 육아정보나눔터 운영

센터 이용시간 동안 자녀의 일시 보호 및 육아 관련 서비스를 제공하기 위한 센터 내 공간을 활용한다. 육아정보나눔터 운영시간 동안 방문교육 지도사, 자원봉사자 등을 배치하여 관리하도록 한다.

⑧ 멘토링 · 다문화가족 자원봉사단

다문화가족이 한국 생활에 도움을 줄 수 있는 멘토링 및 자원봉사단을 운영한다. 지역 결혼이민자가 필요로 하는 분야에 맞는 방문교육지도사, 지역 내 기 정착한 결혼이민자, 부녀회, 사회복지활동가 등 인적 자원 풀을 구성하여 센터 내 기존 프로그램 및 외부기관과의 연계를 통하여 멘토 양성 교육을 실시하고, 센터별로 지자체 및 민간단체 등과 협력하여 다문화가족 자원봉사단을 구성·운영한다. 법률 지원, 통·번역 서비스, 가사도우미 등 영역별 세분화된 프로그램을 운영한다.

⑨ 다문화가족 자녀 언어발달 지원

초등학생 이하 다문화가족 자녀 중 언어진단을 통해 언어발달교육이 필요한 경우 언어발달 지원 서비스를 실시한다. 서비스의 내용은 언어발달진단과 언어발달교육으로 나누어 이루어진다. 아동의 상황별 적절한 진단도구를 사용하여 아동의 언어발달 정도를 진단하고, 언어발달 진단 결과, 교육이 필요한 아동 대상으로, 어휘·구문 발달 촉진, 대화·의사소통 및 사회성 증진 등을 위한 언어교육을 실시한다.

⑩ 기타 서비스

다문화가족은 모든 일상생활에 어려움을 겪을 수 있어 다양한 서비스를 제공하고 있다.

■ **한국어교육 서비스**
- 한국어교육 서비스 및 가족상담 등 상담 지원 서비스
- 기타 한국생활에 필요한 기본 정보 제공

■ **아동양육 지원 서비스**
- 자녀양육 관련 상담 및 정보 제공 서비스
- 자녀양육 역량강화 교육 서비스
- 부모역할, 부모-자녀관계 형성, 영양·건강관리, 학교·가정생활 지도 등
- 가족상담 등 상담 지원 서비스
- 기타 한국 생활에 필요한 기본 정보 제공

■ **임신·출산 지원 서비스**
- 출산에 필요한 교육 및 정보 제공
- 출산 후 산후조리, 육아에 필요한 교육 및 정보 제공
- 기타 임신·출산 관련 상담 및 교육 등

■ **자녀 한글교육 지원**
- 초등학교 저학년 이하 자녀를 둔 결혼이민자에게 희망할 경우 본인과 자녀 동시 지원
- 결혼이민자에게는 한국어교육 또는 아동양육 서비스를 실시하고, 자녀에게는 수준에 맞는 한글교육(읽기, 쓰기, 말하기, 듣기 등) 지원

■ **결혼이민자 통·번역 서비스**

참고문헌

교육인적자원부 (2006a). 여성 결혼이민자 가족의 사회통합 지원 대책. 교육인적자원부.

교육인적자원부 (2006b). 다문화가정 지원실천사례 나눔 대회 자료집. 교육인적자원부.

김보라 (2008). 국제결혼 이민실태와 이민자 여성의 한국사회 적응: 경기도 남양주시의 사례. 서강대학교 공공정책 대학원 석사학위논문.

김순애 (1987). 결손가정 아동의 성격정서에 관한 연구. 성신여자대학교 대학원 석사학위논문.

김이선 · 김민정 · 한건수 (2006). 국제결혼 이주 여성의 문화적 갈등 경험을 통해 본 문화 간 소통의 현실. 한국사회의 새로운 갈등구조와 국민통합. 경제인문사회연구회 학술세미나자료집, 131-160.

박효섭(2006). 다문화가정을 통해 본 다문화교육의 현실과 가능성: 아시아공동체학교를 중심으로. 한국청소년개발원 편.

보건복지부 (2005). 국제결혼 이주여성 실태조사 및 보건복지 지원정책 방안 발표회 자료집. 보건복지부.

보건복지가족부(2010). 2010다문화가족 지원사업 안내. 보건복지가족부.

서영숙 · 황은숙 (2004). 한부모가정과 이혼 이해교육. 양서원.

서 혁 (2007). 다문화가정 현황 및 한국어교육 지원 방안. 인간연구, 12, 221-238.

서 현 · 이승은 (2007). 어머니의 부모 효능감 및 양육 스트레스와 유아의 감성지능과의 관계. 아동학회지, 28(4), 127-144.

설동훈 (2005). 다문화사회에서의 문화 상호 교류. 새국어생활, 18(1), 5-21.

설동훈 · 임경택 (2005). 일본의 국제결혼중개회사 관리체계 및 결혼이민자 정착지원 정책연구. 대통령자문 빈부격차 · 차별시정위원회.

송성자 (2002). 한국문화와 가족치료: 해결 중심 접근. 법문사.

신수자 (1995). 부자가정의 특성과 대책. 대구효성가톨릭대학교 대학원 석사학위논문.

여성한국사외연구회 (2001). 가족과 한국사회. 여성한국사회연구회.

왕한석 · 한건수 · 양명희 (2005). 국제결혼 이주여성의 언어 및 문화적응 실태 연구: 전라북도 임실군 및 순창군, 남원시 일원 사례보고서. 국립국어원.

이수정 (2007). 제3국 체류 탈북 청소년들의 실태와 정책 제언. 다문화 청소년 정책 방향 탐색. 2007 한국청소년정책연구원 고유과제 합동 심포지엄 발표자료집.

인봉숙 (2002). 한일국제결혼가정 2세의 한국생활 적응 실태조사 연구: 천안시 거주 통일교인 가정 중심으로. 동국대학교 교육대학원 석사학위논문.

장혜경 · 민가영 (2002). 이혼여성의 부모역할 및 자녀영육 지원방안에 관한 연구. 여성개발원.

정현영 (2007). 다문화가정 자녀의 학교생활적응에 영향을 미치는 요인에 관한 연구: 아시아 여성과 한국 남성의 이중 문화가정자녀를 중심으로. 숭실대학교 대학원 석사학위논문.

조영달 (2006). 다문화가정 자녀 교육 실태조사. 교육인적자원부.

허남순 (1998). 가정위탁관계양육법의 개정. 한국아동학회, 7(1), 157-189.

Popenoe, D. (1992). *Fostering the new familism: A goal for America.* Responsive Community.

Wallerstein, Judith S. (1984). Children of divorce: Preliminary report of a ten year follow-up of young children. *American Journal of Orthopsychiatry*, 454-458.

찾아보기

인명

내용

김호년

독일 아이히슈태트대학교 유아교육학(학사, 석사)
뮌헨 아카데미 Montessori 유아교육학(석사)
뮌헨대학교(LMU) 유아교육학 박사 수료
전, 계명문화대학교 유아특수보육과 교수
현, 김호년 유아교육연구소 소장
〈저서〉 유아교육기관운영관리 외

김성재

서울대학교 대학원 석사과정 스포츠철학 전공(교육학 석사)
전남대학교 교육대학원 석사과정 유아교육 전공(교육학 석사)
중앙대학교 대학원 박사과정 유아교육 전공(문학 박사)
건국대학교, 동국대학교 외 다수 시간강사
현, 순천제일대학교 유아교육과 교수
〈저서〉 유아동작교육의 이해, 유아체육의 이론과 실제 외

김현정

한국교원대학교 대학원 석사과정 유아교육 전공(교육학 석사)
한국교원대학교 대학원 박사과정 유아교육 전공(교육학 박사)
한국교원대학교 시간강사
현, 제주한라대학교 유아교육과 교수
〈저서〉 유아수놀이교육, 영유아교육과정, 유아교육론 외

박 윤

남부대학교 대학원 석사과정 유아교육 전공(교육학 석사)
조선대학교 대학원 박사과정 유아교육 전공(교육학 박사)
현, 남부대학교 유아교육과 교수
〈저서〉 교육학개론, 성공적인 장애유아 통합교육을 위한 교사지침 외

우수경

한국교원대학교 대학원 석사과정 유아교육 전공(교육학 석사)
한국교원대학교 대학원 박사과정 유아교육 전공(교육학 박사)
현, 협성대학교 아동보육학과 교수
〈저서〉 유아사회교육, 영아발달, 유아미술교육 외

이시진

영남대학교 대학원(문학박사)
대구대학교 대학원 사회복지 전공 수료
현, 대구보건대학교 사회복지과 교수
〈저서〉 영유아발달, 가족상담 및 가족치료, 인간행동과 사회환경 외

장정애

한국교원대학교 대학원 석사과정 유아교육 전공(교육학 석사)
중앙대학교 대학원 박사과정 유아교육 전공(문학 박사)
현, 한국영상대학교 유아교육과 교수
〈저서〉 유아교육과정, 아동관찰 및 행동연구
생태사진에 관한 이야기 나누기 활동 외

이인원

한국교원대학교 대학원 석사과정 유아교육 전공(교육학 석사)
한국교원대학교 대학원 박사과정 유아교육 전공(교육학 박사)
한국교원대학교 겸임교수
현, 계명문화대학교 유아교육과 교수
〈저서〉 교육방법 및 교육공학, 유아교육기관 운영관리, 교육사회학 외

개정판
아동권리와 복지

1판 1쇄 발행 ― 2016년 2월 20일
2판 1쇄 발행 ― 2018년 8월 30일

저　　자 - 김호년 김성재 김현정 박　윤
우수경 이시진 장정애 이인원

발 행 인 - 강 철 원
발 행 처 - 양 성 원
주　　소 - 경기도 파주시 검산로 173번길 29-20
전　　화 - 031-946-3861(代)
팩　　스 - 031-946-3864
이 메 일 - tnwpub@naver.com
홈페이지 - tnwpub.co.kr
출판등록 - 2015년 8월 31일 제 2015-000211 호

ISBN 979-11-6126-127-0

정가 20,000원